武侠大宗师：张彻

魏君子 主编

复旦大学出版社

本书编委会

主编

魏君子（魏海军）

编委

燕小六（付帅）

布宜诺斯（李佳澄）

迈子（孟巧乐）

本来老六（骆滢）

阿蒙（蒙玮迪）

秦五（陈上）

风间隼（杨春宇）

泉的向日葵（周晓晓）

宇木林（常杰）

目　录

翻拍者说

戏说张家班

张彻谈香港电影

回顾香港电影三十年

张彻论同行

论张彻电影

附　　录

序　重看张彻

年初偶与徐克、李仁港一聚，彼时徐克执导之《龙门飞甲》正热映，李仁港也将《鸿门宴》拍成武侠片。提起国内媒体皆言胡金铨与徐克之渊源影响，老爷颔首一笑，却说："其实张彻对我影响更大。"向来沉浸武侠世界的李仁港将徐克比作剑走偏锋的魔教教主，尊张彻为开山立派的大宗师，又感慨三代(胡金铨、张彻、楚原为第一代，徐克为第二代，李仁港为第三代)之后，武侠片后继何人？我则掐指一算，2012 年正好是张彻逝世十周年……三人六目相觑："不如我们做点什么罢!"一拍即合，遂有这本《武侠大宗师：张彻》和六月份上海张彻影展。

余生也晚，入媒体行时，张彻已驾鹤西游，虽然无缘得见，少时却也领略过张氏后期非邵氏作品。80 年代末在电视台瞄过《大上海 1937》，90 年代在录像厅看了《上海滩十三太保》，不过寥寥几部；真正大量系统观摩张彻电影，则是 2003 年天映推出数码修复邵氏影碟之后：曾开风气之先的《独臂刀》、《报仇》、《马永贞》、《刺马》、《少林五祖》后睹也快，一一印证这些只在影史资料中介绍的经典之作绝非虚夸。客观而言，纯从电影技巧出发，张彻电影不及胡金铨、李翰祥历久弥新，但胜在简单直接、情感炽烈，一心展示血腥浪漫的暴力美学。当然，最让影迷至今难忘的还是他打造的数代男星：从王羽、姜大卫、狄龙、陈观泰、王钟、李修贤，到傅声、戚冠军、李艺民、郭追、江生、董志华，张彻的"阳刚革命"屡次引领上世纪六七十年代香港电影通俗文化潮流……及至 80

年代，张门弟子吴宇森拍出《英雄本色》，化刀剑拳脚为枪炮子弹，张扬男性情谊，再创票房神话，则是后话。

但上述佳话，还不能完全解释我对“武侠大宗师”的疑惑：如果张彻只是作为一位“过时”的前辈，正好被我们找到时机纪念缅怀而已，那做这本书未免太没意义。必须承认，我最初组织张彻纪念活动，全凭一腔对香港电影的情怀，对张彻导演的认识则还停留在影像风格、影史八卦上面，只得其形。待真正从北京到香港一路访问下来，听完王羽、姜大卫、狄龙、陈观泰、李修贤、戚冠军、郭追等从各个角度还原评述时，一个真实而复杂的张彻终于立体呈现在我的脑海眼前：盛年的气势，晚年的执著；师徒的恩怨，识人的慧眼；洞悉大局但无法独善其身，片场指挥若定却受累于制片瞒报亏空；分明是自己戏中的悲剧英雄，只能站着死，但有一口气在，永不言休！张彻晚年手书稼轩词赠予爱徒：“千古江山，英雄无觅，孙仲谋处。舞榭歌台，风流总被雨打风吹去。斜阳草树，寻常巷陌，人道寄奴曾住。想当年，金戈铁马，气吞万里如虎。元嘉草草，封狼居胥，赢得仓皇北顾。四十三年，望中犹记，烽火扬州路。可堪回首，佛狸祠下，一片神鸦社鼓。凭谁问？廉颇老矣，尚能饭否？”狄龙将前辈书法传真与我，并言该词可做张彻一生写照——相信看完全书，各位或有同感。

在本书中，徐克说，张彻电影是他们那一代的青春记忆，正如我的青春来自 80 年代的港片；陈可辛说，张彻可谈者不在电影技巧，而在他创造的通俗文化、打造了偶像潮流；杜琪峰说，张彻是活在大片场的导演，是邵氏电影工业不可复制的标签；吴宇森说，张彻当年突破传统香港电影的老旧模式，勇于破旧立新，也不忘提掖后进。当然，还有张彻本人的笔耕不辍，他早年混迹政界，又曾做专职影评人，对电影潮流、工业格局始终有清醒的认识，留下来的影评文章至今读来依然犀利，发人深省。为此，我们专门联系张彻遗孀梁丽嫦女士，获得授权刊载了他的《回顾香港电影三十年》系列文章和《论李翰祥》等几篇影评，方便影迷更深入地了解这位“大宗师”。

《武侠大宗师》书名承《大刺客》、《大决斗》、《大上海 1937》之热血遗风，书中有我们对张彻的“正说”、“戏说”，有门生故交的“十三太保说”，也有他本人的“夫子自道”，数十万字，但从 2012 年 2 月正式筹备，至完成仅仅不足一年！这里要感谢的人太多，尤其是不计报酬、尽心尽力的一班影迷，必须另列名单感谢！而随着华语电影紧密交融，市场亟需有风格有质量的商业类型片，张彻身为动作(不仅指武侠)类型片潮流开风气之先者，又以“联合导演”名义首创对香港电影工业影响深远的“监制”和“执行导演”制度，理应得到更多的研究和关注，察昔抚今，自有其借鉴参考价值——于公于私，各得其所，岂不快哉？当浮一大白！

魏君子

2012 年 5 月 4 日青年节于北京

十三太保说张彻

门 生 弟 子

王羽说张彻

作为张彻的入室大弟子，邵氏第一位“百万小生”和华语影坛武侠巨星——王羽大哥，始终称张彻为老师。年届七旬，他的思路和记忆依然极清晰，接受访问时的“案件重现”可以精确到年、月、日，某人的一句话。

王羽之所以在圈中被称作“大哥”，因他性格爽朗，有江湖豪情，帮过的人不计其数。他的故事，简直可称传奇：少年以打架闻名，阴差阳错入邵氏；成名后不服待遇，夜盗合同。他谈及张彻，更流露复杂感情，因重承诺，在邹文怀成立嘉禾之时，与张彻产生误会；因重情义，故不忘师恩，在张彻落魄台湾之时出手相助……

武侠开先河

我出生在上海，从小喜欢打架，小学四年级开始学北派功夫，以前在大陆是游泳运动员。到了香港以后，我继续参加比赛，1962 年拿了三个冠军，1964 年打水球打架被停赛。刚好那时张彻出来招生，我面试时打了一套拳、耍了一套刀，考了三次就进去了。三千多个考生，考取了四个，我、罗烈、郑雷，还有一个想不起名字了。

张彻本来是写影评的，每天骂邵氏的电影。后来邵氏签了他进去做编剧：“请你不要再骂我们了。”他进邵氏做编剧时，对电影一窍不通，因为写影评是一回事，拍戏是另一回事。张彻做导演需要一个摄影师，就把好朋友徐增宏拉了过来。徐增宏已经是很出名的摄影师了①，拍了《江湖奇侠》，就有同样的班底，张彻的编剧，徐增宏的导演，我的正派，罗烈的反派。

张彻认为，当时的武侠片拍得像京戏，左一刀、右一刀、低一头、跳一脚……他问：“为什么我们不拍日本片那样打得比较真的戏？”他需

---

① 徐增宏在张彻前，执导三部由王羽主演的影片：《江湖奇侠》(1965)、《鸳鸯剑侠》(1965)、《琴剑恩仇》(1967)。

要武术指导，就找了唐佳、刘家良，那时候他俩本身就是很出名的武者，工作态度也好，对张彻来讲事半功倍。唐佳、刘家良以前拍广东片的习惯，是有一些套招的，导演就说："我要的不是这样，把那东西改掉。"

张彻导演的第一部，是黑白片《虎侠歼仇》(1966)，都是靠我和罗烈两个真打。那时还没有唐佳和刘家良，结果打完三天不能拍戏，受伤了。道具都是用真刀真枪，根本就没办法拍：做刀是把锋给磨掉，做出来一把差不多有十公斤，我一只手还拿不动。罗烈用一个真的流星锤，也有七八公斤，不要说拿起来根本动不了，弹回来，自己就被拽着动。直到后来，找了一个邵氏有名的道具刘安，在木头外面包橡皮，喷黑以后，拿乳胶做了些尖刺在上面，才可以打。那时候的经验，是慢慢摸索出来的。

《虎侠歼仇》上映后卖了四十万港币，好像武侠片就成功了。是张彻一步一步把武侠片构想实现的，而邵逸夫是生意人，哪种类型的戏卖钱他就拍哪种。

独臂树雄风

拍《独臂刀》(1967)时，张彻说砍右手，我反对，跟他说："不行，右手砍掉的话，我左手不能打的。"张彻找我出来，说："小开(称呼王羽)，你的武功在右手，对不对?"我说对。他说："把你左手砍了，那武功还在。这次把你右手砍掉了，你武功完全没有了，要从左手重新练习，这个才有说服力。"我觉得他讲得有道理，就同意了。我自己习惯用右手，戏里要砍右手，所以每天要练左手，做什么都用左手。拍戏时需要绑手，拍前面的时候，手就绑在后面，拍后面时就反过来绑。手绑在前面时还比较好，可以动。绑在后面时，没有重心了，一跑就摔。

1967 年闹暴动，电影院根本就没有人去。我那部戏一出来，过百万，不得了，大家就造成轰动说百万小生。但说实话，过百万的港片，第一部是左派公司的《金鹰》(1964)[①],主演是高远。邵氏以前是女星挂头牌的,但《独臂刀》后,就变成男星挂头牌了,我之后岳华、罗烈都挂了。要不是《独臂刀》,男星永远没有头牌的,永远排在后面。

拍了《独臂刀》后,张彻是顶级大导演了。邵逸夫有一些公司上的决策也需要他。整个邵氏是上海帮的,邵逸夫、张彻、邹文怀、何冠昌都讲上海话的。张彻的脾气大,工作人员被他骂死,一开始的副导演换了七八个,后来没有人当副导演,找不到人了,午马是后来才去的。

但张彻不骂演员,只有一次拍《金燕子》(1968)时,我从东京坐六小时巴士到长野,六小时后转小车上山,四十分钟坐到半山腰,再换其他的车。好辛苦,又想家,那天我就闹情绪,闹闹闹,也不拍了。张彻从来没有骂过我,那天说:"你不拍,不拍怎么办?不拍你也回不去!"我说:"怎么回不去?"头套一拉,我就走了。

当时的制片是蔡澜[②],跟在我后面,说:"你没有车,怎么走?"(我心想)没有车,走路都要走回去!后来他说:"我带你走!"山后面有一片芦花,有很多蜻蜓在那儿飞。他说:"我跟你讲,你拿手转,蜻蜓的眼睛会跟着你转,转到后来手一打,蜻蜓就打下来了。"我去了我就这样开始用手画圈圈,圈子越画越小,越画越快,蜻蜓眼睛转得越快,到最后打下来抓了五六个。我就在那儿笑,原来是真的啊。蔡澜看我心情好了,说帮帮忙,回去拍,我就回去拍了。后来我问他,他说我骗他的,我是因为手快,才能抓到蜻蜓。

演导俱威风

我当时是张彻的御用,就像凌波是李翰祥的御用,相互不能外借的。我刚拍完《独臂刀》,拍张彻导演的《独臂刀王》(1969)跟程刚导演

---

① 凤凰影业公司出品,陈静波导演。

② 蔡澜,新加坡华侨,青年时代就读于日本大学艺术学部电影科编导系,1957 年担任了邵氏电影公司的驻日制片经理,1963 年到港长期任职邵氏、嘉禾等大电影公司监制。

的《神刀》(1968)。两个就撞期了，两个就抢人了。程刚嘴巴很会讲，说这个戏怎么好，为你量身打造，我就接拍了。拍了以后，因为张彻的制片欺负程刚的制片。程刚晓得我的个性，就跟我诉苦，说张彻的制片欺负程刚的制片，一周他们可以拍六天，自己这边一天也不给拍。我就集中时间拍他的《神刀》，结果这部戏又要火烧，又要下雨，又要雪地里爬，眼睛还瞎。有一场戏，我两个脚被吊起来，在空中拿把刀在跟人对打。结果程刚说："小开，吊两个脚大家都会，吊一个脚你行不行?"我说来啊，结果吊一个脚，我一扭，坐骨神经就受伤了，拍完《神刀》大概有半年不能走路。《神刀》卖到九十八万港币，然后就下片了，就是不让程刚做百万导演。

我拍完《独臂刀王》以后，拍了一部片叫《春火》(1970)，吴思远是这部戏导演罗臻的场记。他也讲上海话，我们在一起比较聊得来。所以，拍《龙虎斗》(1970)的时候，我就把他拉了来，让他做第三副导演兼场记。我拍完《龙虎斗》，成了全邵氏最年轻的导演，才二十三岁。武术指导用的最年轻的唐佳，摄影师用的最年轻的华山，执行导演是杨静尘和吴思远。吴思远因为这部戏学了好多经验，后来拍一部戏叫《荡寇滩》(1972)，卖大钱，渐渐起来了。

《龙虎斗》是在韩国拍的。零下三十多度，摄影机的外壳都结冰了，机器开不了，早上电一开，咯噔咯噔不动，太冷了。我和罗烈两个人在冰天雪地里决斗，手不能相互碰到，碰下痛到骨头里。我去了大概两个礼拜，没有办法开戏，因为找了一个外行的制片，是罗维推荐的。他说："小开，去那边拍戏，我这个表妹在韩国开餐厅的，很罩得住，叫她帮助制片。"可是她对电影一窍不通。我到了那边，要在雪地里有一棵树，她连一棵树都没办法弄到。

后来，我就打电报给邹文怀，请蔡澜过来。蔡澜是所有早期制片人里，我看过的最能干的人。他只要能到，没有办不了的事。蔡澜来了，两天我就开工，十天就拍完了。他把木工、灯光、道具都给我找好。拍到后来不下雪，我说不连戏了，他说没关系，买盐巴、面粉洒，背景看起来很像。

云高不胜寒

邵氏对员工很刻薄，我第一部戏跟邵氏签了八年合约。第一年到第三年，每月基本薪水港币两百块，拍一部戏片酬两百。第三年以后，一部戏是四百还是八百，忘掉了。我爸爸那时开三家工厂，我自己买了一部一千五百多块港币的 MGB 敞篷跑车，每个月汽油钱就到了三百多块。拍戏拿的钱，汽油都不够。

后来有一部日本导演拍的戏《亚洲秘密警察》(1967)①，我拍完张彻的《断肠剑》刚好有空档。何冠昌找我，问："日本戏要不要去？"我那时年轻，还没坐过飞机，就去了。看看日本的工作环境，学到一些东西，眼界不一样了。看到人家的明星开好车、住洋房——这才叫明星。我们是狗屁明星，一个人拿两百块钱港币。我后来和何冠昌谈判，就加到八百块钱。

拍完《独臂刀》，我想走，这才有机会跟老板反映加薪。邵逸夫是大老板，真正管我们的不是他，是邹文怀和何冠昌。因为我要走，邵逸夫就跟我改了合约，当时是破天荒的。以前的合约，没有规定拍几部戏，有空再去拍。后来就规定，一年五部，一部戏一万五。他说你看，凌波一个月才几千块钱，都没有你多。可问题是，这个合同里面有陷阱的。这一年七万五分成每月六千两百五十块先给你，结果一年拍不到五部，合同约满了你也走不了。我算了，一年大概我们从头到尾拍，没有什么休息，也只能拍三部。后面五年二十五部，你才拍了九部，这样绑死你。

后来，邹文怀要离开嘉禾，他第一个就问我走不走。他走因为待不

① 上世纪60年代，邵氏力邀日本导演来港执导，《亚洲秘密警察》导演"麦志和"，本名松尾昭典，本片由邵氏公司和日活公司合作拍摄，香港版的男女主角是武打演员王羽和日本女星浅丘琉璃子，但为了迁就日本市场，日本版的男主角则改由当时走红的小林旭担纲演出。

下去，邵逸夫后来找了凌思聪做总经理，再后来找了方逸华进来，邹文怀没办法做了。他还问张彻："你叫小开走，他会不会走？"我说，我跟张彻的，他走我就走。邹文怀说："邵氏待不下去了，我们自己出来做公司，赚钱大家分。可是现在有个问题还没想通。你走了，合同还在，他可以告。"我想了半天，我说知道合同在哪里，我来想办法。邹文怀就笑笑，说你怎么想办法，我自告奋勇说你不要管了。

有一天五点半下班后，我就拿了口香糖粘在大门的锁那边，这个是电影里学来的。负责关门的人是张小姐，我知道她是很粗心大意的人，果然门没关好就走了。她一走我就进去，轻轻一推就开了。这次我偷了八份合同，不能只偷我一份，太明显了。那时有几个演员跟我比较要好，我就把他们那几份都偷了。第二天出事了，邹文怀后来就把我找去了，问："小开，那个是你做的吧？"我说，你怎么知道？他说，那还有谁啊。我就笑，说对呀。他说："老板本来要报警的，我叫他不要报，你怎么拿八份呢？"我说，那怎么办？他就笑，说，可是还有那么多人呢！

过了两天，我再去偷，偷了一百多份合同拿回家。记得那天偷完一个包包都放不下这么多合同。天气很冷，我把合同藏在风衣里拿回家。我老婆林翠①看见了问，这是什么东西啊？我就拉开风衣，她拿来一看，说你神经啊，你要死了！你搞那么多合同来干什么？我说，我偷的。她说，你偷来干什么？我说，偷来烧掉啊！我们就跑到天台把合同烧了，好好笑。楼下的阿婆阿伯还在问，你们干什么？我说我祭祖宗烧纸钱。每个合同有两个铜钉，最后好几百个都放在马桶里冲掉，马桶堵了两个星期。

邹文怀事后也帮我，告诉邵逸夫："老板，最好不要报警，你一报警，所有的演员都知道没有合同了，所有的演员都要跑！"邵逸夫就没有报警，合同有影印本在，骗演员，"你表现好，你加四百块钱"，每个演员找

---

① 上世纪50年代影坛"学生情人"，成名作《翠翠》(1953)。第一任丈夫为粤语片著名导演秦剑，后下嫁王羽，两人育有三女，长女王馨平为台湾著名女歌手。

去重新签。一般演员都不知道,都签了。

可是这时,张彻却让我留下。他是有计划的,“现在邹文怀一走,刚好整个邵氏是我们的,你不留下你干吗?”我说:“张先生怎么可以这样呢? 叫我跟邹先生走也是你,我们怎么可以不讲义气呢?”我说做人不能这样不讲道义,我要走,结果我们俩闹得不愉快。所以,我还是跟邹文怀说我要走,邹文怀说嘉禾成立要延后,说你现在走怎么办? 我说:“我到台湾去,自己成一派,自己赚钱养自己,你不要管我,到你公司成立我来报到。”我就先走了。

单刀闯江湖

1970 年冬,我就在台湾几张大报纸登了:本人跟邵氏的合同已解除。邵氏就开始告我了,他有影印本。香港的法律是这样,影印本可以证明每个人能拿多少钱,就是表示还是真的,打官司没得打。可是香港的法律到不了台湾,我回香港他可以告我,在台湾他打不赢我。

我回到嘉禾的第一部戏就是《独臂刀大战盲侠》(1971),跟邵氏闹了一个很大的版权官司。《独臂刀》剧本是倪匡写的、张彻改的,倪匡客气,说:“《独臂刀》剧本,除了我倪匡两个字,全部改了。”邵氏有禁制令,我们在香港不能拍这个戏,但日本他管不到。我在日本拍戏时,到那边民事法庭开庭,法官问:“你是 Mr. 王?”我说对。“王羽,你是电影明星,在这边干什么?”我说我在这边玩。“你是来玩的还是工作的?”我没有工作证,我说:“来玩的。香港冬天没有雪,我来看雪,我来富士山看雪。”结果他不能扣留我。

《独臂刀大战盲侠》有两个结尾,因为是安田公义、徐增宏联合导演,但实际上徐增宏是讲不到话的,很不开心。我说好了不要不开心,先拍完帮老板渡过难关再说。对日本观众来说,盲侠不可能输,香港版独臂刀不可能输,所以日本版结尾是盲侠站起来,我血一直在流,受伤了,不知道有没有死。他说:“很多事是误会造成的。”他表示跟我只是误会。香港版我们补了镜头，在香港找了一个跟日本有点像的地方，找了身影各方面跟盲侠很像的替身，加了两个镜头，我这个刀一举起来，盲侠一下倒下去。

这个版权官司解决了，邵氏不能再告我，赔我一万块港币跟我和解。其实我花的律师费大概五十万也不止，我本来不打算跟他和解的。“如果打输给你，我会到你邵氏门口摆一个摊子卖花生米，我也不会来给你拍戏。”邹先生劝我算了。邵氏告了那么多人，和解的只有我一个。

我又拍了《独臂拳王》(1971)，算我私人公司的戏，我香港电影公司叫“正明电影公司”，“正大光明”的“正明”。后来又有《独臂拳王大战血滴子》(1976)和《独臂拳王大破楚门九子》(1976)，徐增宏写的剧本，还在跟邵氏怄气，你邵氏那么多人物，楚留香什么什么的，把你们通通干掉。《独臂双雄》(1976)是我和姜大卫两个人独立制片，我是《独臂刀》，他是《新独臂刀》(1971)，我们两个拍。但那个戏最后不卖钱，因为戏里他也不能输，我也不能输，剧本是古龙写的，打到最后，两个人一跳起来，空中就定格，就没有结尾了。1970 年张彻捧姜大卫、狄龙，《报仇》得了亚洲影帝，给我的感觉真是“报仇”了。张彻认为叫我留我不留。他随便捧一个就捧起来了。

当年，张彻在香港告我，开庭时他还帮邵逸夫做证人去告邹文怀。那天我俩在法庭里坐在一起，旁边没有人，我就跟张彻说：“哎，张彻你怎么可以反过来告邹先生呢？”张彻他不讲话。张彻原本想，邹文怀走了，他在邵氏，他最大了。可是邵逸夫厉害，后来把李翰祥找回来约束张彻。李翰祥要把张彻弄走，张彻就自己跑到台湾搞了一个长弓，“张”拆开就是长弓①。他刚到台湾时，我也在台湾，中午去探班，他带了自己一班干儿子。

但是在台湾拍戏，张彻后期连薪水都发不出来，找过好多人，我也

---

① 张彻曾自述：“‘长弓’是查良镛先生为我题名，很精彩；可能是从他自己将‘镛’字分拆为‘金庸’来的灵感，但优胜之。因为比较形象化且具武侠味，有杜诗‘挽弓当挽强，用箭当用长’的气势！”

帮过他，借了几百万台币。他上个月还不出来，还不出来以后他说再延两个月，我说没关系，你用。过了两个月金庸先生找我，就开个支票，他说张彻欠你的钱还你。我说这事你就不用管了，他说“没有没有，我跟他有债算”，张彻欠钱要还的。

张彻只会拍戏，不会理财、不会发行，后来钱全被弄光了。

（访问：魏君子；编辑：迈子）

小传：

王羽，原名王正权，1944年3月28日生于上海，祖籍江苏无锡。张家班第一代弟子，共参演张彻电影八部。其参演影片《独臂刀》（1967）、《金燕子》（1968）、《独臂刀王》（1969）、《龙虎斗》（1970），连续四年为香港电影票房冠军。

姜大卫说张彻

张彻初见姜大卫时，这个形状单薄而身手灵活的少年还是武师，即便此行当当时颇吃香且收入很多，可在张彻看来，“总有点‘性命相搏’之感，故人之子，在这样年纪就以此维生，心里多少有点不舒服”，遂有了“恻然之感”，继而从留意到重用，开启了双生时代。

对姜大卫而言，他始终感恩在张彻电影里纵横飞扬的好时光。演过无数大侠的他，历经江湖风雨，即便早已荣辱不惊，提及恩师，仍曾讲出这样令人动容的话来：“我这一生，除了生命是父母给的，其他的都是他给的。我能够有今天，也是他给的。我们不能够说，如果以前没有碰到他我会怎么样，我真的不知道。可是这么多年过去了，到今天还有人记得我姜大卫，还有人找我拍戏，也是因为我以前一直跟着这个导演的关系。”

提携故人子　量身塑角色

我被二哥秦沛拉去拍《圣保罗炮艇》(1966)，碰上唐佳、刘家良两位武指，才算又回到影圈正轨，而当时唐佳、刘家良正是张彻导演的左膀右臂。我跟张导演的认识，是在拍《金燕子》(1968)的时候，当时我还是初入门的武师，做井淼的替身。后来，听张导演说起，说他认识我的父亲严化[①]，从那时开始，张导演就几乎每部戏都有一个小角色，派给还是小武师的我饰演。

我拍《铁手无情》(1969)时跟邵氏签的演员合约，酬劳很少。拍完《保镖》(1969)、《游侠儿》(1970)，到《报仇》(1970)之后，酬劳就开始加了，而且加了不少呢，肯定也是张彻导演给我们争取的。通常邵氏演员

---

① 张彻曾撰文《我与姜大卫》写道：“抗战胜利后我回上海，经营过一阵戏院，因为放映的是当时‘国泰’、‘大同’的影片，故同他们的主人柳中浩、中亮兄弟很熟，我之为人，似天生有‘幕僚’倾向，不久便成了客串的‘参谋’，故而‘国泰’、‘大同’的人有许多都很熟，大卫的父亲严化，是‘国泰’演员，我生平所写的第一个剧本(即 1947 年的《假面女郎》)，就是严化和顾兰君担任男女主角的。”

签合同都是一签签八年，我是签三年，很特别。因为我不想签那么长，我就跟张彻导演说，签了三年，结果到一年半就加酬了，加了百分之一百多，不到两百。然后那个合约再过一年左右又加了差不多百分之一百。但邵老板不是说你要多少他就给你多少，是看你能力值多少钱，他就给你多少钱。

我的形象本身和王羽那种是不一样的，不特别高大。当时拍《游侠儿》的时候，我就已经知道张彻当初想做另类的游侠，不是浪子、不是大侠，所以他叫我笑什么的，慢慢才变成比较孤僻的那种，慢慢才变得酷了。前面是小游侠，是一天到晚嬉皮笑脸、捣蛋，小子类的。后来慢慢教才会变，《保镖》(1970)啊、《新独臂刀》(1971)啊什么的就变，观众也接受那一类。所以就顺理成章地往这方面去发展。这种角色定位可能会给我本身的性格或生活带来一点影响，后来我以为我自己真的蛮酷的。可能是在一九八几年的时候，因为自己不会讲话，有时候说话得罪人都不知道，所以有时候就想，算了，在外面比较少说话吧。人家就说我酷。

张彻导演这个人其实很风趣。他在现场其实跟我们没什么分别，我们有什么说什么，都可以聊，也可以不开心。平常生活也是一样，比如说拍完戏收了工，都会说，"哎，吃饭了，走了"，一票人去吃饭。到后来我们各自拍拖，又各忙各的，比较少聚。但也有聚，他太太跟我们太太、跟其他人，有时候一去去八个、十个人，都是一带一的。张彻跟我们出去吃饭什么的都好，其实等于是一家人。我们都非常尊重他，他也很尊重我们。他不会说我是导演，我是怎么样。常常有很多人说他骂人什么的，这有一点点误解，他只有真的你这个人做错事情，他才会骂，而且那个事情是真的很麻烦的事。或者是骂骂就发觉这个人根本就……可是他不会炒人鱿鱼。比如说一两个制片部的人他会骂，但他骂人从来不带脏字。就算你真的很没用，他也不会带脏字，他只是说你，你低着头听他说好了。

雷力断右臂　新独斗嘉禾

在我到邵氏之后的一年多两年吧，拍完《报仇》之后，邹文怀他们出去了，成立嘉禾[①]。邵氏知道他们要拍王羽的《独臂刀大战盲侠》(1971)，觉得“独臂刀”是属于张彻导演和邵氏公司的。王羽觉得《独臂刀》是他演，所以就很难说清楚。因为《独臂刀》是邵氏公司的版权，我们用了一个《新独臂刀》，嘉禾不能用，只能用《独臂刀大战盲侠》。邵氏跟嘉禾就对打起来，那个时候，邵氏那战是赢了。后来因为时代变迁，公司的手法转型，慢慢慢慢就被比下去了。

《新独臂刀》拍摄是临时起意，有点赶。可是赶是赶，我们一样搭了一条大桥，又搭了一个山庄在桥后边。那个桥很结实，上面能走十几二十几人过去，还可以让马过去。等于说也是不惜成本。电影最后是要我一个人从桥这边杀到那边去，有个镜头很长，很耗费体力。但我当时年轻呀，而且每天打，状态很好，感觉就是小菜一碟。我现在一个镜头打几十招也同样可以的。

陈可辛有很多戏的原始架构是来自张彻导演的，《武侠》是，《投名状》是，《十月围城》也像我们的《十三太保》和《上海滩十三太保》。记得当年谈《新独臂刀》要我演雷力的时候，是张彻导演、倪匡、董千里和我几个人在老板家。本来我是不想拍的。我当时说《独臂刀》是王羽的，何必做人第二个呢？因为我们当时签合约做演员同我们做主角，都想尽量避开王羽的影子，大家知道，林黛第二、后期的李小龙第二，谁谁第二都没有用，你一定要做回你自己。张彻导演曾经跟我们说过这句话，这个底在那儿。所以有时候我觉得我不想演这个戏，张彻导演说，不要紧，不演就不演，大老板叫去，你就去谈谈吧。吃完饭大家坐在那里谈，

---

① 1970年10月10日，原邵氏副总经理兼制作部经理邹文怀，宣布辞去邵氏职务，创办嘉禾，带走何冠昌、蔡永昌、梁风、赵耀俊等人。

我记得我一直都没有说话。他们说到雷力断手这里，我就加了一句话，“断右手”，就搭进去。当然如果断了左手，右手比较方便，可是我坚决反对。我说，一、王羽那部《独臂刀》是断右手，我们也应该断右手，二、因为雷力是用右手，如果断右手的话，后面成功效果更加好。后来就等于说加了什么呢？雷力断手之前是双刀。其实他左右手都可以打，只是心理上断了一只手，就以为不成，再给他一个兄弟感情，激发他上去。

邹文怀出来做嘉禾的时候，好像有请张彻让他过去。我记得好像张彻、邹文怀、我、狄龙四人在一起谈过一次。那时候邹文怀好像已经建立了嘉禾，可是还不算成功。当时张彻导演的态度我忘了，大概就是我们大家商量一下，决定还是不走了，留在邵氏。我跟狄龙基本是听张彻导演的，如果张彻去嘉禾，我们俩应该也会走。

来台建长弓　外景风险多

后来张彻导演去台湾，我们也跟他过去。听说是邵氏有一笔钱在台湾，我们跟张彻过去，还是邵氏的员工，张彻只是好像表面上离开邵氏，建立长弓①。外边的舆论好像还是说属于邵氏，用邵氏公司在台湾的钱。

我们这一批弟子跟着张彻去了台湾，邵氏也开了钱，开了一两部戏吧。我们跟他拍的不多，拍李翰祥《倾国倾城》(1975)的戏，就回邵氏了，后来基本上就没有回台湾，回去的话拍得也不多。那时候张彻就拍《洪拳小子》(1975)，拍了很多傅声、戚冠军的戏。我们这边就是拍其他导演的戏。

---

① 张彻在回忆录中自述：“邵氏在台湾积存了大量资金，不能调回香港(受法令限制)，这些资金需要消化，就准许我以‘长弓’的名义，运用这一笔资金，用邵氏资金拍片交邵氏发行，赚钱归邵氏。这与其他邵氏片有何分别？分别只在我自掌制作权，有较大的创作自由，但也需负亏损的责任，近乎包拍性质。”

张彻导演以前是台湾的官员，最早的时候好像跟过蒋经国。记得在拍《八道楼子》(1976)的时候，蒋经国本来说要来，结果没来，碰巧派了另外一个人来探过班。好像也是一个军官吧，我忘了是谁，反正是来过……

《八道楼子》有一个群众演员被炸死了。拍电影大部分有意外，当然如果你能够留心，真的听清楚不会有意外，可能就是人家说的时候没有仔细听，听说他一扑就扑在爆炸点上了。那个时候大家饭都吃不下，没见过。在香港拍戏哪里有这种事情发生？因为香港拍戏大部分是在棚里面，到台湾很多都是实景。找了很多本地人，而且我们要在一个很大的空地上，攻打、爆炸，爆炸点很多的，都是当地的军火。这戏好像是在台中拍的，有军队来支援。军队来了几千人，很大的场面，拍摄的难度很高，很难。当时我们刚刚在吃饭，打开那个饭盒，一个长官过来说，报告导演，我们牺牲了一个，阵亡了一个。我们就跑去看，哎呀，血肉模糊。回去再打开这个饭盒，鸡腿都吃不下，那个颜色差不多。有点灰色的，有血。

张彻导演的电影虽然都是很暴力的，但那些都是假的，这个是真的。我们拍戏用的那种血，是日本订回来的一种特别的血浆，不是香港那种。香港是用什么花红粉拌的，因为化学作用，拌下来弄到手上什么的洗都很难洗。这些血浆都是在日本订的，那时觉得这种血浆比较鲜艳。因为香港做的比较生涩，颜色太生了，日本那个比较像西红柿汁，比西红柿汁再红一点。那个血浆很贵的，好像是五百块钱一桶。几十年前，很多演员一个月才赚三四百，那桶血浆就五百。一部戏张彻导演大概要用两三桶，特别是最后的一两场戏，尤其是演员死的那场。具体多少桶我就不晓得了，反正是用了很多。

我们可能笨，从来没有借过钱。在70年代初，我一年四部戏基本上都是张彻导演的，而张导基本上从1970年到1975年，每年都是四部。但后期我拍的就比较少，后期有傅声、戚冠军等一票新人了。

弟子与副导　晚年颇感慨

张彻导演的弟子分好几代，我们之后，还有傅声、戚冠军等人。傅声也是我带出来的，等于我带他跟张彻一起，加强他的戏[①]，慢慢他红了。这个是一定的，我们很早就明白这一点，尤其是对张彻，不可能会有任何抱怨。

副导演来说，午马是最能帮他忙的，是最棒的。午马在现场就会控制一切，当然张彻导演在，拍的时候导演说怎么拍，午马就去执行。午马是一早就已经做到这一点，而且他会教人演戏，他本身戏也好。张彻比较少教人演戏，实在不成，他才会提出他的要求。吴宇森的时候，他好像等于是第二副导演。后来午马不做了，他才升到第一副导演，没做多久他出去了，跟了张导演几年吧。

我们这些弟子跟张彻，虽然他是导演，我们是演员，却是百分之一百的师徒关系。这行很多人，干爹、干女儿、干儿子很多，但我们跟张彻导演没有任何正式的仪式，导演也说过他从来没有收过任何徒弟或干儿子。跟着他赚钱的很多，被他带红的人很多。大家心里有数，都明白不需要这种仪式。所以，在他出殡的时候，我们带着一班师兄弟，在灵堂上，大家叫他一声干爹。我们心中都觉得他是我们的师傅，也是我们的干爹。他帮过我们很多人，公司合约问题、钱的问题啊，有很多事情就是他帮助我们解决。所以他也可以算是师傅，也算是家长。

后来李修贤和我们一起，帮张彻拍了纪念他从影四十周年的《义胆群英》(1989)。徐克、吴宇森也都一起来做。本来我们是想拍这部电影，给他一笔钱，让他养老，结果他又拿着去拍电影，他的钱都在电影上花掉了。除了《义胆群英》，前面还有一个《上海滩十三太保》(1984)。

---

① 1974年，27岁的姜大卫与傅声合演《朋友》，傅声借此获亚洲影展最有希望青年男演员奖。

那部戏也是类似帮张彻的,是在台湾拍的。我们都是才拍几天,没有说是像《义胆群英》这么大帮人来帮他拍。

你看楚原,虽然他到晚年,但是他生活得很好。因为楚原太太会投资啊,他们会买房子、买什么的。张彻导演不会投资,我们也学了他,不会投资。所以张彻赚了很多钱,晚年他的钱都是搞在电影上了。还好我们那时候跟他拍了一部《义胆群英》,而且还好不是他控制那个钱。钱不是说一下子都给张彻了,是分下来一阵给他一点,一阵给他一点。最后还有一笔钱,不是很多,但也不少了,给了他太太。

张彻也到处写剧本什么的,问题是,你红的时候你什么剧本都能够拍成,到你这个人年纪大了,不红的时候,那时候写再怎么好的剧本都没用,拿个《教父》的剧本出来都没有人要拍。这么残忍的事出来,没办法。怪了,这行就这么残忍。时代不同,大导演的叫法都不一样。到了新艺城那段时间,因为有集体创作嘛,没人认识你是大导演。以前我们邵氏,肯定有大导演衔接起来。如果是集体创作,有公司。对不对?有一段时间,只有大公司,没有谁谁谁,比如新艺城,这个公司出的东西就好笑。后来慢慢再分出去小的独立制片,看谁捧出来,谁就是大导演。

老板予信任　张彻为智囊

在张彻导演的时代,当然以导演为主,除了老板最大就是导演了,有时候老板也会听导演的。我们邵老板相信你这个导演,他就会尽量方便,你要怎么样,尽量帮你。在邵氏公司,我很少听邵老板说,哎呀你不能拍这个,不能拍那个,这样不成,那样不成,没听过他说不许这个导演怎么怎么样,这个要不成顶多下部戏不签。甚至于拍了看了不好,他就烧掉不要了,我宁可这笔就浪费掉。在你拍的时候他就相信你。老板他这个理念好厉害。他会看全局,而不是看一部戏,而且他相信的人他就尽量信任。

他对张彻导演是非常信任的,张彻在邵氏不仅仅是一个导演,等于是一个智囊。他早上十点多十一点钟来拍戏，拍拍拍，中午吃完饭，然后常常下午大概两点多钟会见老板，然后在三点多钟再上来。甚至常常有时候他拍着戏，老板叫他上去。但是你说他是不是参与邵氏很多决策，我也不太清楚，当然很多戏，他也有提很多意见。有时候要拍譬如一部戏或是一个系列，有很多导演，有一个总导演带三四个新导演出来，比方说我们拍的“水浒传系列”①，总导演是张彻。那个时候感觉手法蛮新的，类似 TVB 监制的作用，一下子带几个导演分组。这个模式以前没有的，都是一个导演拍一个，很少是一个导演带动两三个导演出来拍。那就是他的意见，确实带出了很多新导演。

蛮后期的时候，张彻导演才会在现场睡着。因为他做功课、弄剧本什么的，弄得晚上睡觉很晚。虽然第二天很晚才去上边拍戏，可他并不是晚起。他太太说的，他起来得不晚，起来以后要在洗手间待大概一两个小时。他洗手间里有个桌子，剧本什么都在那里，相当于一个小办公室。就算他十一点到片场，大概也是八九点起来。所以他后期可能会累，再说在现场热，也会困，留下一个冷气机放在那里吹是没有用的。尤其有时候拍打戏，套招搞半天呢，拍一个镜头好几个小时的。没人跟他聊天，没什么玩的，没事坐在那儿就困了。我们都会，别说他了，对不对？

邵老板差不多每天都会上来，每个棚去看看。有时候他在睡觉了，老板来了，我们想叫他，老板说不用不用，就走了。所以这个老板很会体谅人。

无意他人言　持风格为先

导演椅从古到今都有，不是只有张彻这种大导演才有的待遇，而冷

① “水浒传系列”共有四集，分别为《水浒传》（张彻、鲍学礼、午马，1972）、《林冲夜奔》（程刚，1972）、《快活林》（张彻、鲍学礼，1972）、《荡寇志》（张彻、午马，1975）。

气机不是公司的，是他自己买的，并且给我们用。以前棚子里没有冷气机，旁边的风扇对着他这附近，吹冷风而已，要不然就大风扇。后来我们知道有冷气机了，都凑着去坐，因为棚子里面实在太热了。所以他没有什么特别的大导演的派头，没有。

张彻导演的电影大概百分之八九十都是剧本写好就照着拍，现场有时候我们给点意见，午马啊，或者是武术指导啊，他大部分都会接受，再改，改了也不影响戏，主要是不能够影响剧本的骨干。所以基本上剧本改动是比较少的，除非突然之间想起，改一改。因为那时编剧也蛮权威的。电影常常是铁三角，导演、演员、编剧，大部分人都知道导演是谁、演员是谁、编剧是谁。后期就比较少人知道编剧到底是谁了。现在很多戏编剧都是由导演自己来。后来到独立制片了，有时候改很多，实际上也是这个剧本实在太烂了。

其实每一件事情都有正面有反面，对不对？人家怎么说，我们根本从来就不介意，这也是张彻导演跟我们说的。何必介意人家怎么说呢？对不对？自己做好自己的本分，人家说你不成，我们尽量做到成，我们成功就好。张彻导演给我们说的很多了，尤其是人家就算对你好，也不一定把他理解为好，也不一定百分之一百，要看清楚。最要紧的是自己对人家真的要全心全意的好。你为人家做好九件事情，一件事情不好，人家就记住那一件事情，前面九样好的全部完了。所以，有时候我们觉得做人比较平淡一点才好吧。

电影这样古怪的东西，张彻导演跟我说过，我们尽量不要改变你的形象，就像做导演也是，导演的风格尽量不要改。比如我们做演员的拍打戏，不要以为你会演戏，你会哭，观众不接受。观众花钱就要看你打。比如洪金宝，看你这么胖还打，看你成龙爬上爬下，危险。什么《大兵小将》，观众就不喜欢看。洪金宝，打得这么好，有一段时间拍什么《八两金》、《七小福》，反正不肯打了。但是观众花四十块钱，就要看你打。你看成龙、洪金宝现在多好，有号召力，又打。所以，张彻导演大概也是抱着这个宗旨，尽量不要太轻易改变自己的形象。

（访问：魏君子；编辑：泉的向日葵）

小传：

姜大卫，原名姜伟年，又名姜大伟，1947年6月29日生于香港。香港著名演员、导演。他生父严化、母亲红薇、继父尔光、其兄秦沛、同母异父的弟弟尔冬升，妻子李琳琳均为香港著名艺人。张家班第二代弟子，共参演张彻电影四十一部，其中，1970年凭《报仇》成为香港首获亚洲影展影帝的演员，《叛逆》(1973)则令他获亚洲影展最具性格演员奖。

狄龙说张彻

狄龙演惯大侠，戏下亦以“说教”著称，但若明白是发自内心，便知耿直难得。所以他一落座便声明：“我不知道你要访问几位，但我这部分是很坦诚的，可以完完整整地刊登。”狄龙说张彻，有恩必念，有情必抒，但也不为逝者讳，算是客观。聊至投机，狄龙取出一瓶清酒自饮，念到张彻误会他并留一封信“多谢关顾”时，六十六岁的老人家居然委屈得失声痛哭，令小弟我感同身受，以致连“为何只派儿子出席张彻葬礼”这个问题都不忍问出口……

千里马常有，而伯乐不常有

没有张导演就没有我，他根本就是我的恩人！为什么呢？我只是一个对电影有好感、有兴趣的年轻人，喜欢看王羽的《边城三侠》(1966)，张彻导演的阳刚派电影。那时候我接近二十岁，已经有一个很好的起点，高中结业在半岛酒店做游客生意。但我很喜欢看张导演的电影，就去学功夫，练一点健美。因为电影是一个综合艺术，太多东西要学了。我练的功夫是咏春，后来投考邵氏公司武术演员，那时候整个邵氏都是讲普通话的，北方人掌控的，广东人根本没有地位，尤其是你不会讲普通话的，根本就进不了门。

张导演那时候开了个先例，他在报纸上写明，不管你普通话好与坏，如果通过考取就培养你，让你进入演员训练班。我看到这些觉得有勇气，就去投考，碰到张导演，连番考试，安排我去训练班，学开车，学跳舞，学所有电影有关的动作，刀、剑都得学，慢慢地走上电影圈之路，这是一个开场。我之前的收入是两千多块港币，因为游客生意好做嘛，但是一进邵氏开始五百块一个月，五百块根本不够支撑家里的生活开支。还好妈妈鼓励我，说这几年大家辛苦一点，然后就签了八年合约。

从此跟张导演结了缘，就认识了姜大卫、王钟，我是什么都不懂，慢慢磨炼，从演一些小角色做起，一边做一边学，开始学普通话，请老师回来调教，纠正这个发音。张导演给我们全方位无限度地支持，从来没有从我们身上获取某些利益，但当时我跟他很有距离感，因为他是饱学之士。后来才了解，他没有进电影圈之前，跟蒋经国先生当过秘书，蒋经国很器重他，送给他一个皮包，他还给我看。

后来慢慢跟他交谈，他讲普通话和上海话，上海话是偏宁波话那种，我们都不太懂。张导演是言简意赅，后来教我说话，了解你的分寸，要了解你的能力，喝酒要了解你的酒量，他教我的一生受益。当时年少气盛，闯了祸，跟外国人发生口角打起来，把外国人打晕了，后来才了解他是警务人员，犯了一件很严重的错误，后来经过张导演教导啊，邵逸夫先生也帮忙啊，把这个罪弄得很轻，事业方面没有受到很大的影响。

《独臂刀王》(1969)我演一个小角色，一开场跟林嘉在一个树林，叫"这位小姐快回去，这不是你来的地方"，然后飞镖过来，就死了。这么一点点戏，这句对白在家里排练上万次，但是讲出来满场大笑，因为实在很烂。虽然上映是配音，但现场都同步收音嘛，这是我要改进的空间，所以到现在还记得"这位小姐快回去"这句台词。张导演捧新人有他的方法，对白不用给多，不能多，点到为止，然后慢慢让你增加信心，慢慢调整，后来对白越来越长、越来越多。

"血腥导演"远见先行

我、姜大卫、王钟，这种竞争都是良性的、互动的，因为邵氏公司是一个很完整的电影机构，有很多不同的部门，我们在这个地方感觉它完全是一个培养 superstar 的摇篮。那时候香港电影完全是女生当家，漂亮啊，男生是陪衬的角色，张导演把它完全逆转过来，他对很多事情都有远见，是一个先行者。我拍一个戏叫《死角》(1969)，是讲一个年轻人，从小喜欢上一个有钱人的孩子，家里人就反对了，这个男孩是一厢情愿，要追到这个女孩，有场戏是我遇纠纷给抓进警察局，了解到有钱人使黑手，了解到狱警这个东西，就在现场揍得一塌糊涂。他拍出来，但是当年的电影处把这个整个拿掉，说是破坏警民关系，因为这是真的嘛！从来枪打出头鸟，张导演希望把这种事情提早曝光，但当时那个电影环境，很无情地把它剪掉。没有这场戏凸显有钱人使用这种权力令弱势群体很无助，他的爱情这么悲凉、苍凉，张彻导演是想演出贫富悬殊啊，弱势力和不人道这种误解，他是有这种想法的，很人性化的。

我讲这个是因为很多人说我们的中国戏很残忍。双节棍，中国历史悠久的武器，而且不是每个人都能打，会打回头的嘛，双节棍在戏中都剪掉，不能用，但是美国的机关枪、火箭炮，一下死十几人、几百人，不更残忍？所以这是不对等的，但都让我们张彻导演碰上了。如果当时的电影很开放，张导演的影响力跟地位会出国际，会跟外国的导演并驾齐驱。

李翰祥和张导演是暗斗，不是明争，也是一种文化的冲击。你知道，张导演的戏都是很阳刚的，脱了衣服打，肠子都出来了人还没死，这种精神状态很亢奋的。李导演有他的一套，完全娱乐的，没有必要这么血腥，所以张导演有"血腥导演"的外号。日本人说他把死亡美化，把死亡弄得很美。张导演研究日本电影配音，砍人的时候有那种空声，后来发现，原来日本配音师砍一个很长的瓜，刀一砍瓜是空心嘛，这个特殊效果就出来了，他把这个引进来，还引进日本摄影师宫木幸雄，研究怎么把这个场景拍出来。因为日本人拍的武士动作戏都很有他们的格调。张导演很有视野，很多方面有他的看法。

量身定造　邵氏护航

张导演写过一段词，不知道你记不记得，是在《金燕子》(1968)里面："萧然一剑天涯路，鹏飞江湖，九霄云高不胜寒。关山万里，枝栖何处，问王谢旧时燕子，飞向谁家户？"他描写金燕子初到江湖，如果你的功夫不够，很容易被人淘汰掉，给人杀戮，所以他要把他的演员，独立的养成稳定的，王羽、罗烈独立了，到外面去可以。我们那时候受保护的，太早出来可能叫做心急吃不了好粥，画虎不成反类犬，所以他保护着张家班，给我们量身定造。姜大卫的《游侠儿》(1970)，他的跳脱、他的轻盈，独立出来，其他导演不敢的，因为这么瘦弱的年轻人怎么拍？但他有他的性格，很多影迷很喜欢姜大卫。我是刚毅木讷，所以接着张导演也把我凸显出来，这是他的强项。

但是说回来，没有资本家就没有艺术家，没有邵氏公司的包装，张导演的票房就没有那么顺利，他那一代的演员也不可能走到现在，当然有些退出来了。所以你问的问题，为什么成为张家班，最主要动作戏要有好的班底，比如说武术指导最好的刘家良、唐佳，铁哥们。后来换成台湾的，也不是不好，但是好像做事需要磨合，他们要重新和新演员磨合嘛，就没有达到那时候的水平。《刺马》不知道你有没有看过，《十三太保》(1970)、《少林五祖》(1974)都是唐佳、刘家良他们设计的。我觉得是，怎么说呢，是当时最好的。后来合久必分，有离开也有加进来，形成后来我们的合作，我就去楚原那里了。因为我是邵氏的资产，张彻导演离开，我留在邵氏，楚原就重新发展古龙的系列，把我重新包装，《天涯明月刀》(1976)啊、《多情剑客无情剑》(1977)啊、《楚留香》(1977)啊，拍了那一系列比较感性一点的电影。

拍《刺马》那时候他很公开，问谁愿意演反派？当小生的一听有点抗拒，演反派会不会不讨好呢？那么我就想，戏里面只有一个反派，就是马新贻。这个反派如果在表演的艺术领域来说，是一个突破，而且对我来说没演过。陈观泰也没有表示要演反派，姜大卫更加不会演反派，我就头一个吃螃蟹，我说好，我来试试看，希望导演能帮助我。结果没想到这个戏也拿到了最佳男主角、男配角，最突出演技，在香港、新加坡都拿了奖。那时候给我一个强心针，使得我认为这个演员啊，没有小角色，只有小演员，每个角色都要把它演好。演反派的时候，这种神韵，张导演也调教一下，我也请教一些资深的演员，怎么去用眼神，当然现在看起来还是很毛糙的。坦白说人是会进步的嘛，那时候却是很舞台化的，古装戏嘛，要大一点动作，现在会比较收敛。《刺马》后来重拍了，电视也重拍[①]，电影也重拍[②]，他们觉得有重拍的必要，李连杰演得很好。我这个反派角色，反而有人同情，因为人在江湖，身不由己，拍得很立体、很人性，我也很喜欢。最后跟姜大卫两个人上那个山头对杀，很苍凉的。我最记得的一句对白是"凡是阻挡我去路的人，我都要一脚把他踢开"。《刺马》是清装戏，导演根据历史多少要我们把前面额头剃掉一些[③]。当然姜大卫剃掉就不好看，他头很大、个子很小。所以剃掉之后，他加一条带子，把这弥补了，在视觉上，他也有一些突破。

除了张彻、楚原，我还拍过李翰祥导演的三部戏，《倾国倾城》(1975)、《瀛台泣血》(1976)和《武松》(1982)。我拍李翰祥的戏，也获益良多，因为李导演实在是一个不可多得的艺术家。他方方面面都做得很好，摄影啊，服装啊，表演啊，音乐啊，都有他的看法，并不一般。他个人的文学修养，家里的书啊，都使人觉得他不是空枪上阵的，他是有材料的。不像现在，会叫 camera 都算导演。

大将之风　扶持新导

跟张导演去台湾拍《八道楼子》(1976)、《海军突击队》(1977)都是用台湾最好的武行，利用台湾最好的条件。最让我难忘的是《八道楼子》。那时候爆破都是用 TNT，结果我眼睁睁地看着一个演员被炸死。因为我们都要算准，要跟军人练习怎么扔手榴弹，怎么匍匐前进，练劈刺都要受基本训练。片场我是不用替身的，旁边人就忽略了危险性，走几步靠心算，等爆破之后，轻一点再前进，那个演员心急了，到了爆破

① 1992 年，张彻和鹿峰合导的台视电视剧版《刺马》，由姜大卫饰演马新贻，张汶祥由邵传勇出演。

② 即陈可辛翻拍的《投名状》(2007)。

③ 张彻曾撰文回忆："当时香港圈内的说法，认为南洋观众不喜欢看到辫子，会引人耻笑，以致拍到清装，只在头上包一块黑布，十分滑稽；把《刺马》改成古装，原因正在此。我认为时代在进步，不必有此种顾虑；为美观起见，不妨用辫子而不剃头。我拍清装戏不剃头，颇为人所诟病，却不知在当时是一种妥协。"

点,整个炸飞就死掉了。当时副导演过来说,报告导演,我们这部戏不幸阵亡一个演员。张导演愣了一下,十分震惊,他走过去,看了下镜头,最后完全大将之风,人已经死掉嘛,整个炸得都空了,肠子都出来了,都没办法救,只能处理后事。副导演已经哭得不行了。当时让我觉得,他是猝然临之而不惊,无故加之而不怒。这种大英雄的气势,这种修养,让我感觉很深,这是第一次。

第二次是在泰国为一个戏宣传,大家下车,有一个人把车门一关,把他的手夹在那里,等把手弄出来,戒指整个渗进皮肤去了,他一声不吭。很经典的一次,普通人无法了解。我们跟他一起生活,也没法了解,他个人看得很淡泊。他应该是政客还是大导演?我说他选择大导演是对的。

他鼓励我做导演,那时我觉得还没成熟,我获得的经验跟做导演还有一定距离,我是不敢的。他说既然姜大卫已经做导演了,你也应该做了,这是很公平的,每个人都会有成功失败,你不踏出这一步,你是永远不会成功的。我了解我并不是一个学问很高的人,而且这么多年在电影圈是在补课,姜大卫从小在电影圈混大,他妈妈、他爸爸都是电影人,对他来说,有一个潜台词,他做导演是顺理成章的。他导一部叫《吸毒者》(1974),《吸毒者》是我演的,我是导一部《电单车》(1974),是他演的,对调嘛。后来姜大卫又导演过好几部戏,我也再导一部《后生》(1975)。但我了解到欲速则不达,还是太年轻了,做导演没掌握到很多重点。做导演必须要有做导演的条件,兼顾的事情太多了,灯光方面认识,摄影方面,对出来的片子怎么剪辑,宣传,音乐,方方面面的,还有怎么调教演员的戏,太多方面,所以平心而论没有到位。没有到位就单纯做演员吧,这样会舒服很多。所以后来我跟导演说,完成这两部戏之后,安心做演员吧。

《少林寺》(1976)是我们带动新的梯队,后面就是郭追、江生他们这一代了。我们那时候没有管太多,其实那时候也是很矛盾的,一拍完戏就玩,打保龄啊、去拍拖啊、去喝酒啊,也不会很周密地想很多。但是没有张导演的帮助，绝对不能延续到今天，无论是演技方面还是经济方面，没有他的支援，没有他的帮忙绝对不会有今天的成绩。所以我就讲，千里马常有，伯乐不常有。

晚景凄凉　误会狄龙

张导演也会遇到一些问题，就是观众的接受能力，这个接受能力是国民的鉴赏指数。为什么大家这么捧外国血腥电影啊，日本那些，我们已经超越了它，反过来我们妄自菲薄，他完全是大师级的嘛。大家都是摸着石头过河，看着他很多戏，然后再模仿他，拍出一些与众不同的电影，他带领潮流的，真的是一个很了不起的电影制作人。内地开放了，张导演也曾经到内地去，拍过几部戏[①]，戏名我也忘了。你要知道人的气势会走运一条龙，失运一条虫。同样的东西，观众已经长大了，所以他就离观众远了，后来体力方面也是走下坡。

如果他在挣钱的时候，会理财，会处理后续的事情，晚年不会太凄凉，但他全部都花在电影上面。他也不是中风，但已没有走路能力，扶他的大陆人没有工作证，出去买菜被抓到了，香港政府把这个人赶走。他写一封信去有关部门，说这个人是我的拐杖，难道对服务一位老人这么多年的人，你们都不肯网开一面吗？我觉得这个事情给他一个很伤心的打击。这个大陆人走了之后，他在家里，除了他之外，没有人再肯服侍他。

后来我有一天去看他，那时候他已经生病了，他等在客厅很久了，他耳朵已经听不见了，不能对话了，就写字。我看他在洗手间很久都没出来，原来坐在那里睡着了。我就想到一首诗："佣赁难堪一老身，皤皤

---

① 1985年，张彻应香港新华分社代中央的文化部出面邀请，北上拍片，成为最后受到礼遇的香港导演，成立了"长河公司"。从六十二岁拍到六十九岁，拍摄《大上海1937》(1986)、《过江》(1988)、《江湖奇兵》(1990)、《西安杀戮》(1990)、《西行平妖》(1991)、《神通》(1993)等影片。

力役在青春。”老人家体力什么的都不行了,所有的大头各走一方了,他老人家一个人守着那个位置,“林园手种唯吾事”。他帮助我们,提拔我们,把我们好像一个苗一样守着,“桃李成阴归别人”。但我们各战四方,结婚、买房子,弟子都不在他身边。所以后来我老劝他全身而退,优雅地下楼梯,安享晚年,甚至住安老院。我送给他十万块,这十万块是不够的,但是我一份心意,我劝他退下来,不要再管电影圈的事。但他误会了,以为我嫌弃他,就留一封信,写给我。

阿龙:

道理是有两面的!我要“安享余年”的先决条件是要有钱!没有积蓄就要有收入,否则连开饭都有问题,怎么“安享余年”?!我有屋住,因为是邵氏的职员,水、电、伙食要钱,雇工人要钱,看医生吃药也要钱,没钱怎么养好身体?邵氏除免费的屋子外,还有少少(广东话,一点的意思。——编者注)钱拿,主要靠中国星给的月薪收入。

靠别人同情救济是不能长久的,长贫难顾!仍要人家觉得我有用!如果“唱”我年老,应不做事养生,就无异断我生计!住安老院就破坏形象,给人以老而无用的感觉,再说也要有钱住才行。

所以,我目前的“用处”已经很少,足不出户,只联系一些“有用”的大陆关系,是仅有的“作用”了!中国的政策在开放中,只能盼望入世之后增加商机,排拒对我不利,更使我变得“无用”了。

我不会太积极参与,但不能一事无成。道理至为明显。我也不会太麻烦朋友帮忙,但希望朋友理解,我不是有福不享,在自找麻烦。我现在没有西医能治的病,看中医,吃中药调理身体,也很贵的。

为做一点点事,所以还要有助手,助手贤仔是旧日邵氏同事的儿子,我也要付少少津贴给他,现介绍他给你,可以同你通电话联系。多谢你关顾,祝日安。

张　彻

2001.11.26

狄龍：

道理是有兩面的！我要"安享晚年"的生活，經濟是要有錢！沒有積蓄也要有收入，否則連開飯都有問題，怎說"安享晚年"？！我有房住，因為是邵氏的職員，水、電、伙食要錢，僱工人要錢，看醫生吃藥也要錢，沒錢怎能養好身體？邵氏除免費的房子外，還有少少錢拿，主要靠中國出版的有薪收入。

靠別人同情接濟是不能長久的，長貧難顧！你要人家覺得你有用！如果"嫌"你年老了不做事養生，必無異斷我之計！住老人院我認為很可怕，使人以為無用的感覺，再說也要有錢住才行。

所以，我目前的"開支"已經很少，是不出門，只要保持一些"有用"的大陸關係，是僅有的"作用"了！中國的政策在開放中，已能夠進入世界經貿的商機，排拒對我不利，更使我變得"無用"了。

我不會太積極參與，但不能一事無成。這點要請明瞭。我也不會太麻煩朋友幫忙，但希望朋友理解，我不是有福不享，自找麻煩。我現在沒有西醫能治的病，看中醫，吃中藥調理身體，也很貴的。

要做一點點事，所以還要有助手，助手是從前舊日邵氏同事的兒子，我也要付少少津貼給他，現介紹他給你，可以同你通電話聯繫。多謝你關顧，祝

好

Tel. 23580516　　張徹 26/11/2001

张彻在 2001 年给狄龙的回信

他说“多谢你关顾”，我觉得已经排外了，好人难做啊(哽咽)。他觉得我嫌弃他，其实他不了解我，真的(抽泣)！后来他病危，我去医院看他，看见他没事，他最喜欢吃蛋挞，说过几天出院，我就去拍戏，拍《还珠格格》，几天之后，老人家就病逝了(长叹)。

船过水无痕

他跟我之间，有几件事情是我必须要讲的。有一次台湾要搞他，因为他把一个片子重复卖了，走投无路要上法庭。他打电话来，阿龙，我需要你签一个文件。我说什么文件，他说比如片酬啦，你拿了我多少钱，你给我拍了几部戏。我说我一毛钱都没拿你的，导演请原谅我，就是我得罪你，我都不能签，因为这是违法的，影片我是免费给你拍的。后来他回到香港，再去拍《义胆群英》(1989)，是李修贤做监制，拍了两天就把我拿掉了。当时我生病了，牙齿全部要做手术，我拿医生证明给导演，说我必须要停掉，不能拍打的，先停掉我十天，让我先做好手术，李修贤觉得麻烦，不能等，就把我换掉，让陈观泰来演我这个角色。当时是吴宇森导演，我看那个剧本之后，就问吴宇森，我说我戏中角色的太太最后跟姜大卫走，为什么我使她这么厌恶？我有什么缺点，你一定要让观众同情，让观众理解，不然的话这个拍出来会浪费。他不信我，吴宇森当时已经拿了最佳导演，没有商讨的余地，他完全就是戏已经定好了，不改，我说不改的话没有说服力，就算我是变态的，虐待她都可以。后来没有给我回复，把我换掉了。

有时候我会想，张导演是不是这样一个人？把路边的石头随便拿来磨光它、磨滑它，证明他有这个能力？因为电影圈我觉得是只有名利，没有人情的嘛。后来戏拍完，他送我一个小金牌，上面写着一个“义”字。然后他就教我：“阿龙啊，船过水无痕啊。”我也口服心服。我知道他当时很需要钱，也不再怪他。后来我定期去看他，找人给他理发，买东西给他吃，送十万给他，因为我住得跟他近，还是很尊敬他。但是我要说，他在不顺的时候，他在经济困难的时候，已经是众叛亲离，都散掉了，这是典型的一个电影圈的悲剧人物。

张导演是我一辈子的恩人。导演有他困难的时候，他也要面对生老病死，面对他的处境，哪怕是这么一个有学问的人，也有他解决不了的事情。他对电影圈的贡献是不可否定的。他现在摆放他灵灰的地方是一个小盒子，这么大的一个人物，我每年都会去给他磕一个头。我觉得香港电影圈欠他一份人道精神，应该调配一些人手，医生也好、护士也好，照顾他晚年，这是应该的。有这个能力，没做到。什么叫做长幼有序？敬老护老都没做到，使人觉得很心酸。

电影圈是“跟红顶白”，一文钱逼死一个英雄汉。你做了制片，求人很多，求人要用钱。像李翰祥到北京去拍戏，一个门一个门去敲，很耗费人的体力。李翰祥导演、罗维导演老来都是力不从心，推动不了，没有钱推动不了，最后筋疲力尽，两位都是心脏病过去的。他们把一生投放电影，全部钱投放电影，不留余地啊。多说一句就是没有经营人生规划，老的时候对过去的光环不舍得。但是你看外国的老导演没有啊，他们老下来的时候很优雅，而且很出彩，可能这个制度(不同)。外国一个演员拍一百部戏，他一辈子享受一百部戏的版权，导演也是。但在香港，一拍完断掉了，所以无以为继，一文钱逼死英雄汉！

（访问/编辑：魏君子）

小传：

狄龙，原名谭富荣，1946年8月19日生于香港，1968年考入邵氏公司的南国演员训练班。凭《冷血十三鹰》(1978)获亚洲影展“演技最突出男主角奖”，《英雄本色》(1986)获第二十三届台湾金马奖最佳男主角奖，《流星语》(1999)获第十九届香港金像奖最佳男配角奖。张家班第二代弟子，共参演张彻电影三十二部。其中，《刺马》(1973)中的反派人物马新贻，令他获得第十一届金马奖“优秀演技特别奖”、第十九届亚洲影展“表现特出性格男演员奖”。

陈观泰说张彻

“双生”之外，张彻兴起“物色一个专长于拳脚片的演员的念头”，是源于李小龙的出现。力排众议的他，选择了陈观泰。自主演张彻“名片”《马永贞》(1972) 起，其“朴厚稚拙的气息”便为张彻定了型，所演的角色十之八九是誓不低头的硬汉。

陈观泰本人亦有着“举目苍凉，仍屹立不倒”的豪气。快言快语的他，在采访中常“语出惊人”却不以为意。只是谈到张彻，却依然毕恭毕敬地喊着“老大”。这就是习武人所谓的做派规矩、武德武品，一日为师，终身为父。在张彻那里，他承袭了诸多精神食粮，也深悟着恩师“电影即生命”的炽热情怀。

唐、刘领入门　《马永贞》当先

我从小学武[①]，是广东人，在香港长大。念的是左派学校培侨中学，方平是我的同学。因为那个年代政治气氛的影响，家里要送我去北京念大学，我离家出走。为生活开大卡车，开始自己赚钱，从 1963 年到 1967 年，当了四年消防员。每个部门我都做过，还去训练学校当教官。其中有次差点被炸弹炸死了，我觉得人生命的价值不止如此，所以就离开了。

也可以说，消防队生活把我训练为一个所谓真正为人民服务的男人，能担当、能坚持、能勇敢。所以后来我拍电影一下子红了，我不觉得我是运气好。这是我在消防队积累来的，不谈工作精神，讲虚幻一点，是我所救过的人，他们给我的福气。

消防队不干以后，我最早干武行，跟唐佳、刘家良。那时他们在邵氏。合作半年下来，邵氏的戏很忙，他们两个分身不了，就让我去指导邵氏外面的电影，包括国泰，还有一些独立公司[②]。香港这个圈子很奇

① 陈观泰八岁学功夫，十六岁时拜“大圣劈挂门”陈秀中师傅门下，苦练拳击。

② 陈观泰为国泰的《龙沐香》(1970)做过动作设计和演员，出演过《黄飞鸿勇破烈火阵》(1970)等电影。

怪,虽然大家都是凭能力竞争,竞争的过程里面就分得很清楚。所以我是属于被他们拖到外面去,霸占市场,打外围。

国泰我拍了两三部以后就倒闭了[①],后来我也插手嘉禾。《唐山大兄》(1971)闹内讧,我跟着原来的吴家骧走掉。我当时拿过武术冠军[②],回来香港一下子出名了。邵氏很厉害的,虽然我那时不在邵氏当武行,但跟刘家良、唐佳很密切,有一定的联系跟关系在。当时《马永贞》(1972)[③]是唐佳、刘家良做武术指导,所以一下子把我又拉回去。张彻找我回去,说他要拍《马永贞》,是一个实打实的拳头电影。他那时搞了一个选拔,其实就已经内定,是一种新闻的曝光和炒作方式。那时候在我来说,等于有个很大的心理斗争。我当武术指导,很赚钱。但张老师说,你只要签约,我一定要你红,我说我相信你,最后就签约邵氏。本来是签约三年的,后来一开拍《马永贞》,另外一个三年的又来了,就等于签了六年。

《马永贞》是我第一次做主角,可以说,我在拍摄的过程中问题很大。因为什么呢?我本身是武术指导,唯一问题就是不懂演戏。当然我当指导时,可以告诉主角你这招以后,你的表情应该怎么样,但自己该怎么样,就懵了。哪里说得出来什么是演戏?所以在拍的过程中,我就请谷峰老师教我演戏。他跟我说,演什么戏?你什么都不用学,演你自己。先学会怎么做人,不要学怎么演戏。

张彻导演就把我们当儿子一样,当时我们不知道他爸爸也是大佬[④]。张彻说,大佬怎么演啊?你就演你自己好了,他就这样子。包括倪匡也是,他所有写我的剧本在早期对白都很少。每次倪匡写剧本的时候,张彻都跟我们一起吃饭,包括姜大卫、狄龙,看我们最近的状态怎

---

① 1971 年,国泰结束在港的电影制作业务。

② 陈观泰曾获 1969 年新加坡举办的东南亚国术擂台赛轻重量级冠军。

③ 张彻、鲍学礼合导。

④ 张彻的父亲单名欧,字秉澜,是浙系军阀,曾为浙江"省长"夏越的副手,掌管军队。

么样，他才弄剧本。张老师会跟倪匡说，他要拍什么戏，怎么样怎么样，他们两个沟通。

我敢说，《马永贞》里我根本都不会演戏，就是打。而且打得很菜，因为要赶着过年档期，六十个工作日换成一个月内要赶完。早班晚班不停转，他两个导演拍嘛，到最后我都懵了，看到谷峰怎么有四个在那边。试戏时，我一拳就把谷峰给打伤了，他是我影业生涯里打伤的唯一一个人——因为我一直当指导，知道怎么去迁就别人的动作。那个时候确实赶戏赶得都疯了。那个戏杀青以后我昏迷了十天，等于是失聪了，还好年轻。

《马永贞》出来以后，我就红了。之前有一部片是《独臂刀》(1967)，也是张导演的，卖了邵氏第一个百万，然后《马永贞》说是第二个。当然前面姜大卫他们也有百万，但是没有我这个高。那个年代一百万是个很大的数字。香港只有两百万人口，能卖两百万的收入。那时候票价也便宜，才十块钱，好像最贵十四块。这个比例很恐怖。

弟子难平衡　愤而走台湾

《马永贞》到《仇连环》(1972)，是马上就开拍了。邵氏要签死我，所以我在那个六年里面，从 1970 年到 1976 年，其中不到四年时间，在邵氏拍了五十几部电影，等于一年十多部，同时接两部戏的时间比较长。

薪水我们是按合同，每月拿的是固定的，我很佩服邵老板所谓的某种作为。当然外面不管怎么说，他是老板没有错，他对一个公司有他的管理和手段。但是我、姜大卫、狄龙三个演员，每个戏上演，卖得好的都要有个红包。这个不算在合同里，额外算是个奖励。我们就靠这个，不然我的资金哪里来，五千五百块一个月？不然我干吗每天两组戏挂在身上，我干吗这么累？

在拍完《马永贞》、《仇连环》这些电影之后，基本上我们这一代张家班的弟子，就是姜大卫、狄龙、我、王钟、李修贤就差不多齐了。然后有傅声。所谓五个手指有长短,我们也必须要去体谅一个领导人,他很难去平分所有的人,这个我是最能理解的。

最早张家班就王羽一个人,罗烈是反派,很简单。下来就是姜大卫、狄龙两个,就很难去平衡了。再没多久我就加入了。光是为了我们三个人,导演就很头痛。我是比较特别的。那个时代,公司看重我,等于是给张导演一个任务,要把我捧红。那样我就是另外一棵摇钱树了,就等于在张彻手上有三棵树:狄龙、姜大卫,再加上我。所以那个时候基本上,就我主演一部,狄龙主演一部,姜大卫主演一部,然后我们就两个人三个人的又一部。后来王钟、李修贤,还有其他的一票人,他顾不上,就等于拨出去,给何梦华、孙仲这些导演。

然后因为狄龙开始接拍孙仲、楚原这些人的戏,张导演就懒得再去搞平衡,放开了你们自己发展,所以也不是说偏心了。你想想,李修贤当年基本上我们演的戏他都有演:《水浒传》(1972)、《刺马》(1973)、《五虎将》(1974)。其实都是属于张导演旗下的演员,给他的角色还是不错。可能他那个时候还没成熟,这也不能怪他。

再下来就由离心开始。因为李翰祥,看你张彻在邵氏再这样子的话……他就开始动脑筋了。所以也可以说,他分化了张彻核心的一个团体。在我的感觉是这样子。他们两个导演在公司已经很那个了,张导演也不想明着来跟别人斗。最后受不了,就离开算了。

后来就是他跑去台湾,在外面挂名一个长弓公司,其实都是邵老板背后支持的。长弓所有的人最后都还不是邵氏的?他离开的时候,李修贤、王钟包括我都没有带。我们是跟邵氏有合同,跟你是长弓公司,我们就不能去。结果就变成我们演他的戏,他们等于是借人。从那时开始,我就得陆陆续续两边跑。傅声他们就常住台湾。

然后刘家良从台湾离开,跟张彻当时闹翻了。他们就是有某种程度的恩怨。我和刘家良都是拍功夫片的,是真功夫,我跟他是最佳搭档。所以前期在邵氏的时候,做导演的会重视我们。前期刘家良全部都是找我，拍我演的戏[①]。后来台湾那边长弓也没有了，傅声回了邵氏，刘家良就开始拍傅声。然后我就开始策划我的《铁马骝》(1977)。

邵氏大学堂　外接需批准

在邵氏除了张彻导演，我还有拍其他导演的戏，因为都属于他的班底。比如鲍学礼、桂治洪，还有孙仲。后来可能理念不一样。这是他们个人的事，但起码我们那几个等于是你要问我拍戏，必须要老大(即张彻)点头。像李翰祥他们的话，要用我这样张彻捧出来的演员就可能很难。分派系嘛。说真的也没有明文规定不能去。但是这点我做到了对老大的忠诚，你老大点头要我去才去。就是每部必须得经过他批准。

我在整个过程里面体会到什么叫电影。我拍每一部电影都跟着导演学习，跟摄影师、灯光师打好交道，吸取了很多经验。真的，我今天所有的东西都是在邵氏那段时间学到的。包括跟程刚，从写剧本到最后剪片。在我来说，我跟着张导演有学到一套东西，跟程刚也有学到一套东西。我真正学到怎么编剧是从程刚那边学的。他会告诉你，这场戏怎么样怎么样，他讲故事太好听了。但是他情绪化，我为了他拍戏，就跟方逸华[②]拍桌子。所以我跟方逸华的恩怨，搞到最后很难去化解。

你看从邵氏出来的，这么多演员，有几个可以自己独当一面，可以搞制作、搞发行？张彻班子里面只有我跟李修贤。制作跟行政是两父子。李修贤那个时候不得志，也是都在那学习。邵氏真的是一个电影大学，可以学到很多东西。它有六七十个导演，每个导演的风格都不一样，摄影师更多了。每个人学到的东西也都不一样。

---

① 陈观泰和刘家良合作过《神打》(1975)、《陆阿采与黄飞鸿》(1976)等。

② 1969年，邵氏开拍《新不了情》(1970)，恰逢采购部一邵家亲戚离职，邵逸夫便找方逸华入组，主管采购事宜，不久升至道具部。张彻在他的回忆录里说："在邵氏公司，职位是什么，完全不重要，只要六老板看得起你，你便有着与职位完全不相符的权力。邹文怀是如此，方小姐也是如此。"方逸华加入邵氏后，大刀阔斧对会计部等做出许多新规。

1972年,我自己就在外面搞公司、搞制作,那个时候纯粹我是请人的,后来到1976年我就第一部自导自演《铁马骝》。就为了这个戏,得罪邵氏,打了两年官司,让我学会法律,到了另外一个层面。当时我去了台湾,在打官司的过程,六老板去台湾找我。那时谈了两期,谈到最后基本上都谈好了。老板说,我送你一栋别墅,你回来。我说好,我唯一的条件,你先把房契给我。结果又是方逸华。方逸华就坚持要我回到香港再把房契给我。

张导演给我一个评价,最难搞的是陈观泰。我不是难搞,而是我有自己的东西,别人不知道我在想什么。所以他就觉得我不是一个很听话的人,但我觉得我不听话没有不尊重别人,没有得罪别人,只是我想自己有一番事业。

回归大本营　物是人已非

从《铁马骝》开始,我唯一能争取的是什么呢?我慢慢开公司,但我不能替第三者拍片,出去做同样的工作。老板跟我,我们是对等的。和解了以后就是继续跟邵氏合作,我又和邵氏签了两年十部戏。

那是1978年,当时张彻导演带着他台湾的那帮弟子回来了。我又去拍《残缺》(1978)、《五毒》(1978)。那时狄龙就很少拍张彻导演的戏了。这个倒无所谓了,每人有自己的个性,反正我做好我的本分就好。那种合作就变成我是看老大的面子,我去演,而且是演大反派。

在我自己来说,我不计较这些东西。我觉得一个演员不是靠你怎么去变化你这个形象,就不像狄龙一直演大侠,所以也可以说他的戏比较窄。他就《刺马》的时候自己争取演了一次反派。那个反派也是有苦衷,是吧?当然更多的角色是从桂治洪那个时候,我就一直改变。不停地变,包括喜剧我也演,好像江龙导演的《卒仔抽车》(1982)。

但是张彻从台湾回来,比起以前不一样了,就再加上方逸华……以前是怎么说呢?老大一拍到三点钟他就直接去办公室找老板,然后谈半个小时再回来拍戏。后来呢，就是他去见老板必须要经过方逸华。所以他很不爽。那时不管是李翰祥、张彻还是楚原，想见老板都得经过方逸华。当然以前也没几个人可以去见老板。我是可以直接见老板的其中之一，到后来就不行了，就是因为方逸华的原因。

作为一个大公司，结构和行政管理有问题以后，员工就会有疑心。在邵氏有部何梦华导演的《黄飞鸿》(1973)，本来是我演，后来变谷峰演了。那个戏拍之前三天我跟老板谈好了很多所谓条件的变换，老板都答应了，说马上要把剧本送给我。我去现场化好妆，准备开拍了。方逸华直接跑到片场，说："你前几天跟老板谈的事不算，我们重新再谈。"我一摘头套，就不演了，走了。在后期我经常失踪，记者都知道我失踪去哪里了——去了新加坡。住在三老板邵仁枚的家里，三老板很喜欢我。后来三老板跟六老板闹了毛病，也是因为方逸华，把整个电影王国弄成这么一个局面。

其实方逸华一点都不省钱，省的钱不是省在公司里面，是省在她口袋里。以前我们从来没有说，接下来我要挣多少钱，我要工作怎么样，大家都是一个大家庭，回来工作很开心。方逸华执政以后，就变成，啊，下班了，过钟。我们又想了很多办法来对付她。不是武行过钟补工要补钱的吗？你这么扣的话，我们反过来让你多花钱。比如说武行我们拍打的时候一直 NG；再比如说我们七点钟收工，最后一个镜头拍我或者拍姜大卫，永远找不到人，一定要等到七点二十分，这样子我们才有补工。这是我们跟武行的一个默契。"去哪里？""上厕所。"都是去上厕所，你不能不让我去。

我跟姜大卫都会骑马，就故意给她耗着。姜大卫替我骑马，我替姜大卫跳弹簧床，就这样搞。其实都是姜大卫自己跳，单子就两个人给你报。其实反过来都是要帮武行他们多赚点钱，因为我们也是武行过来的。邵老板是个好人。他会跟我们聊天，说他以前怎么苦怎么苦，给我们作为少年学习的一个经验。所以我们替老板可惜，就是人际斗争什么的，会导致一个公司的垮台。所有其他人包括邵逸夫的儿子都没有权力,都没事做,方逸华一把抓。这女人太厉害了。TVB也是这样。

摄影到武指　淡然大将风

张彻拍片,用日本的摄影师龚幕铎最多,所以我的摄影技术都是从他那儿学的。这个光怎么变化,那个位置怎么摆,怎么跳轴。日本人做事很有一套。你看他那个年代,我们没有摄像机,但是摄影师他要求用升降架。我们没有设备怎么做呢?拉个帘,上面不是天桥板吗?让武行拉上去。所以他们的合作就是技术上大家很容易沟通。张彻要什么,摄影师明白,可能摄影师加了个东西,老大想要求更超越。

但是时代不一样,当年观众的要求也不一样。更多的是要求一场戏要打几分钟,更过瘾,所以完全落在唐佳、刘家良的身上。

唐佳和刘家良做武术指导,没有明显的分工。有时候很多戏,这场戏,你没空,他就整场,唐佳负责的唐佳完成,下一场戏也许刘家良负责。他们动作设计基本上区别不大,拳脚唐佳是不行的①。刘家良他是能把传统武术运用到电影里,他完全是有意的。他很多是老传统的训练方法,有点变动,因为你老拿很传统的东西,不一定好看。像我《方世玉与洪熙官》(1974)里洪熙官打那个穴位,就是一种变化嘛。如果现在拍,更好,现在有特技。

张彻作为导演,现场对动作指导不过问。他就是把开始跟结果告诉你,过程他不管。比如他说,狄龙、姜大卫,你们从这个门进来,打多少人,你们去想。最后结果是,狄龙手受伤还是姜大卫中剑。结果要管,开始要管,中间不管,他连镜头都不管。但有时候偶尔他会说,这个镜头这样摆更好看。

记得拍鲍学礼导演的《五大汉》(1974)时,因为工作人员的疏忽,一辆车从斜坡上冲下来,直奔张彻,当然最后没有撞到,但他很镇定。我

---

① 唐佳师父是袁小田,舞台技巧比较多。刘家良则是学洪拳的。

们有次在清水湾这边拍外景。张彻运气好得不得了，下很大的雨，他照样出发，到了那边，就出太阳了。很神奇，不是一次，好多次。他每次都很镇定，都这样说："出发，没关系，到了那边天就好了。"还有一次，张彻下车，他腰不好，就扳着那个门，有个演员不知道，把门给关了。张彻手被夹住，他喊都不喊，就敲这个玻璃。

张彻对我们就像对儿子一样，我们对他也是像对爸爸一样。更多时候我们没有多余的时间在外面娱乐，大不了也就是一个月两个月一次收工了在外面吃个饭，吃完饭去打打麻将。张彻不是很会打麻将，他是用另外一种方法，就给我们钱。他那时在邵氏的时候，基本上我们没钱了就跟他说没钱了，他就给我们。

张彻在片场有他的威严在，很多人不敢接近。他在片场跟老板两个人吃饭，很多人不敢陪他吃饭。我们对张太很尊敬。她很理解她的丈夫，每天做好饭亲自送到片场来给他吃。张太对我们说，来，过来吃。其实等于就没有了那种顾忌。他只是大哥，你不要把他当成大导演。他最喜欢的是傅声。因为傅声最皮，怎么样都能搞。开玩笑都开到张彻头上了，张彻一样还是哈哈笑。他就喜欢小孩子一样的人。我是比较严肃的一个人，戚冠军比我还木。张彻老对我说，你又在想什么？我没有啊。

工作即生命　金钱如粪土

张导演他的工作就是他生命的动力。好比某人说的，他是一个演员，我就要死在里面。他是这样的一个人。我现在也体会到，我电影的工作就是我生命的动力，我不在乎我挣多少钱，而且会继续下去。

说真的，我们跟张导演在私底下很多东西没有细谈跟沟通。但是整体大方向上，我们就是以他老人家为主。张彻对钱没有概念。我曾经亲眼看到《上海滩十三太保》(1984)那个制片捞钱。譬如说干冰，二十多块一块的，他就报两百块一块。我想我已经改制作这么多年了，就对张彻说，你的账有问题，他们会乱改。他回我一句什么话？——你个小孩不懂。他还是把我们当小孩。我们能怎么说呢？

最后因为这部戏，搞得很麻烦，在台湾闹官司。因为谁都知道，我们这批人去拍这部戏是送给张彻的礼物，都没有要片酬。但是那个负责人黄卓汉，等于说是制片人，用他的公司来制作，就等于把钱全部吞掉。不知道谁出主意还是怎么的，张彻就派人去冲印间把底片偷出来，最后被调查，判张彻偷钱。因为那个事情弄得大家都很不开心。后来是蒋经国直接让张彻走，没有报酬。但法律还是摆在那边，所以他从此就没有去台湾。他跑到大陆，就一直在赶制作。

《义胆群英》(1989)是纪念张彻从影四十周年，李修贤发起的。他就一句话，说老大没钱了，二话不说。我那时已经脱离电影圈，做生意了。他们找我要给老大拍这样一部电影，我再忙我也来拍。其实他们写那个剧本的时候①，我不是很清楚。我参与那个戏，我没有给任何意见，你们通过了给我我就做，我要做好我这个本分。

执著捧新人　美感延至今

我敢负责任说，张彻导演在中国电影导演中，没有一个比他更成功，更忠于他电影的创作跟职业。

我简单一点说吧，他手下所有捧出来的都是新演员。他没有用过有名气的演员，但后来他捧出来红了，为他重用了。你数一下多少个？王羽、罗烈、姜大卫、狄龙……我们是第二代，还有第三代、第四代。我敢说没有一个导演你捧新人，你一连捧好几次。你说哪个导演不是为了他的票房有多么的成功？张彻并不是这一类的导演。说真的，跟张彻合作的这帮人，都能成气候，这个很难得。当然了，有一百个人不可能一百个都成气候，你有十分之一出来，已经很不错了。

---

① 由倪匡、侯志强编剧。

这个说明什么呢？他一生贡献于电影。从我们跟随他到我们成长以后，看到他的制作，他从来没有考虑我今天要赚多少钱，只是想拍电影。他就是为了电影的电影人，拍一生也不懂理财。他把一生所有赚的也好，怎么的也好，都奉献给别人，没有求任何的回报。我们长大以后也搞制作，知道电影圈这个制作有很多违规的事情。在台湾，他拍《上海滩十三太保》(1984)。他知道他没钱，我们给他做了这部电影送礼，想给他老人家养老。不是说我们怎么回报他，这是我们应该做的事情。离开邵氏以后，你不能孤独，不能没有生活。这是第一个。再下来1989年，拍了一个《义胆群英》。结果他把钱又投到电影里边。我就敢说，你中国历代以来所有的导演，有谁会自己拿钱出来拍电影？都是花别人的钱。

这点我学了我的老师。从在邵氏时期，我就开始搞制作，这是因为我自己的喜好。所以我自己就在想，张老师带给我们很多精神食粮。包括刚才我们说的，我爱电影，我拿我自己的钱来演。另外一个，也是学习他不求回报，喜欢拍什么就拍什么。

还有就是，那时传媒信息没有现在这么发达，他所带领的这些所谓徒弟，都算大牌的。整个我们那票人的成长，包括吴宇森、午马、李修贤，有哪个没大红大紫过？哪个有负面新闻？哪个在外面乱吹牛乱搞事？比如说傅声，他老婆是名歌星什么的，他们都不爱吹这个东西，基本上每一个人都是在默默做自己喜欢做的事。这就是张老师给我们的精神上的教导，可以说是他的宣扬，我们慢慢去吸取。

我可以说跟张彻出来的人，包括吴宇森，都是在那里面继承、发展、变化。大同小异。万变不离其宗。1986年，我到内地拍电视剧《一代枭雄》，就是《马永贞》的影子，等于把它变成一个电视剧。所以很多人以为是张彻拍的，不是。意思就是说，我们延续了他的那种血腥、暴力的美感。

我最近在李仁港的两部戏《锦衣卫》(2010)和《鸿门宴》(2011)里面有露面，但我并不熟识他。他就是因为对张彻的一种致敬，他也看我们的电影，然后找我去演了两部戏。不管怎么说，我的工作态度就是给到你，也不跟你争个角色什么的。反正我跟他说得很清楚，我今天有活了，就是我的工作，就是我的生命力。我能打的我给你打，唯一的就是不能跳。说真的，哪怕你现在科技多么发达，你拍一个不会打的，就是看不到那个味道。

现在中国新一代的很多人，他们根本不认识我们的过去，他们永远就是要看最新的东西。其实温故才能知新。没有旧的，哪里能有一个比较和衡量？反而海外很多电影人，他们对我们那个时代的功夫片印象特别深。包括我前年参与的《铁拳》(*Tekken*,2010)，那个导演还有他们整个团队，跟我聊得挺开心，我每部电影演什么，剧情他比我还清楚。他们团队十个人，用我们中国功夫片里不同的武术，来帮助创作。我做生意以后就不再投资了，但我把我的经验贡献给别人。我有个工作室[①]，带了四五个三十岁左右的编剧，在搞创作。现在马上要有一部小制作的电影面世。

（访问：魏君子；编辑：泉的向日葵）

小传：

陈观泰，1945 年 9 月 4 日生于广东，有“大圣劈挂门”高手之称，是香港著名电影演员，后期导演、监制多部影片，成立过纬恺电影公司。张家班第二代弟子，共参演张彻电影二十一部，其时与姜大卫、狄龙并称“铁三角”。

---

① 泰琳工作室，由陈观泰和董琳在北京成立的电影制作公司。

李修贤说张彻

李修贤是当年一班契仔中，最不受张彻疼爱的一个。连张彻都曾自认："李修贤虽由我引进电影界，但并未在我手中走红；他拍警匪片知名，是他自己闯出来的成绩，我不能掠美。"但成名后的李修贤，从未忘记尊师张彻"伸手一指"的恩情。无论是向恩师致敬的纪念电影《义胆群英》(1989)，抑或操办张彻后事，李修贤均倾尽全力，尽心尽意。故香港影坛以"修哥"来尊称李修贤，实为敬仰其义薄云天之豪情。

一日为师，终身为父

最早，邵氏第一期的训练班，我加入不到一个星期①，有一天晚上训练，刚好张彻跟午马、鲍学礼，他们三个人拍晚班，经过我们道场。因为我们那个地方，刚好在片场隔壁，走过的时候，可以看到我们在里面训练。张彻一看，哎哟，就停下来了。那个时候我们在训练，在摔柔道，他站在那边，一直看着我，但我也没理他，我们继续训练，他就跟午马、跟鲍学礼在讲，讲什么我不知道。结果第二天早上七点半就有一个制片打电话给我，叫我回去签约，那个时候我十七岁多，签约的时候还不到十八岁，要我妈去签的。就是他讲了一句话，把我一生改变。

他叫公司把我签下来，但是他没有一部戏给我做男主角，他从来没有一部戏来捧我。但我对他是很尊敬的，没有他，我这一辈子不晓得是在干什么。他后来去台湾，做长弓公司，不带我们去，只留下我跟王钟，我们两个人留下来，坐冷板凳差不多有一年。虽然后来我在邵氏还演了很多戏，一直都有，但不是张彻的。因为我们和邵氏的合约是每年要完成四部戏的工作量，派给你什么，你就要演什么，还轮不到你去挑啊怎么样。你完成不了，你拿的钱，变成欠着他的钱，你不能不拍。在大公司拍电影，合约是没有用的，没有一条是保障我们的。公司要你走，

---

① 1971年，邵氏公司开设艺员训练班，自己培养电影演员，李修贤投考成功，成为第一期学员。

要你学什么东西,你都不能反对,不能不拍,但还是拍了最卖钱的两部戏,《中国超人》(1975)跟《猩猩王》(1977),都是蔡澜做监制的。

我重新计划自己,学所有的东西,剪片、配音、拍戏、怎么写剧本。1976年的时候,我要拍第一部戏《Friend过打Band》,我就给方逸华弄这个剧本。人家都说:"不行,现在拍武打片,你拍警匪片,谁看?"但是我一直要拍这部片,自编自导自演,到1979年,一百一十万把它拍出来,卖大钱。把刘家良导演的《御猫三戏锦毛鼠》,打得一塌糊涂,单线我卖了六百八十万,他双线才卖四百多万,疯掉了。那个时候邵氏自己只有十几家院线,差不多没落了,刘家良联合其他差不多四十家戏院,我才有二十一二家戏院,上那部片。等于说同期上片的几十家,三倍我的戏院数量,我卖六百八十多万,他卖四百多万。方逸华让黄家禧跟我谈,想要把我拉回去,金公主那边也派陈勋奇来——我刚从邵氏出来,和陈勋奇比较熟,他就找到陈勋奇来找我。我说好,我就跟永佳①签了两部导演的合约。我知道回去邵氏也是完蛋,因为你非要听人家的话,变得自己的想法、各方面都不行。你在外面就不一样。

永佳那边,我第一部刚拍下来,就要拍《公仆》(1984)。那时候,刚好《上海滩》(1983)上了,我的角色,我要周润发演,艾迪的角色我让吕良伟来演。结果陈勋奇说不行,不用。最后怎么办?我说,要不然我演,没有人比我熟悉这个角色,因为我写的剧本,我只收导演费,不收演员费,我来演这个角色。另外我要艾迪,他刚凭《边缘人》拿了金马奖。就这样造成《公仆》。

我在永佳的时候,金公主已经叫我开公司了,但是因为签了这个合约,要先把永佳的那两部戏拍完,一拍完我就马上成立万能公司②。我一直抱着张彻导演的态度,当时他有能力可以提拔新人,他就提拔。当我的万能公司成立,我也没有用一些名气很大的演员。还有导演,像刘

---

① 即永佳影业有限公司,成立于1981年。曾发行李修贤重要作品《公仆》。

② 即万能影业有限公司,1987年由李修贤成立的电影摄制公司,作品多以警匪、罪案纪实为题材。金公主院线为获得稳定片源,会资助万能公司拍片。

伟强[①]、邱礼涛[②]，我说我们的老人家张彻导演，那个时候就是点石成金。

《义胆群英》整个戏是我们拍来纪念张彻从影四十周年，我们全部不拿薪水，我公司停下来制作，完全替他拍这部戏。是金公主先垫这笔钱，所以就变了万能公司制作，由我们公司筹备去拍，在金公主院线上映。完了以后，扣除了所有的支出，所有的钱都给他，第一批最多，差不多有八百万。第一张支票，我记得是六百八十万，第二张是一百多万，相差不到一个月，然后几个月给他十万、二十万这样子。

邵氏大导，片场轶闻

他是一个需要所有东西都准备——他的剧本，他的筹备——各方面都很完整的导演。他每天不到中午十二点以后，不会上片，不管他说的是八点钟到还是九点钟到。那个时候我们是新人，小鬼，什么都不知道，说八点钟我们就八点钟到现场准备了，像姜大卫、狄龙，他们两个，不到十二点、一点他们不会到。因为他们知道张彻还没起床。每天他们都算准，司机一点钟去接他了，他们就化妆。所以，每天我们耗的时间就四五个小时，但是他两点钟来拍，抢白天戏的时候，三四个小时，但是他还是能把那天的工作完成，他很快。

那个时候拍，对文学、对剧本、对人物，他是非常熟悉每一点。但他唯有对摄影跟武打，我看他还要补充。所以他在邵氏的时候有最好的武术指导、最好的摄影师：龚慕铎、鲍学礼。他只需要顾着他的剧本、人物、结构、故事的内容，其他的都放心了，打，他就睡觉。他每天在片场，坐在那边，拍戏的时候，他从来不管演员怎么演法。那个时候，吴宇森是副导。他拍戏有他的一套。

---

① 由李修贤监制其作品《朋党》、《伴我纵横》。

② 其成名导演电影《八仙饭店之人肉叉烧包》由李修贤监制。

那个时候，他要谁红，拍谁，就红。但是，他没有拍我，他把我给张曾泽[①]，张曾泽也是邵氏旗下的导演。那个时候，你要抢狄龙、姜大卫就比较难，大导演说"我的演员"，其他导演要用他们，就很难，除非张彻的剧本你来拍，张彻导演来监制，这样可以。没办法，那个时候他拍出来的戏，全东南亚都卖钱，在邵氏公司，你没有这个能力，你也不能做这种事情。他有这个能力，他不做，也不行，他也是为了保护他自己。他不做，要是随便那样一让，他在那边也占不到一角，他也要把他的王国创造出来。没有能力的人跟他抢，根本抢不过。因为国泰老板陆运涛撞飞机死了，李翰祥只有回来邵氏[②]，70 年代张彻跟李翰祥，他们两个斗，斗什么？试片间。因为只有两个试片间，一个是邵逸夫看电影的，一个就是一般导演看试片的。要是他要看片的时候，刚好李翰祥在，哦，大发雷霆……一定会闹，李翰祥也会闹："这边在看什么？我昨天说好了要看片的嘛！"其实大家发发牢骚，我们见怪不怪了，也知道没什么。

李翰祥想尽办法拍他自己的戏，他也抢不过张彻拍武侠片。张彻有最好的武术指导，唐佳、刘家良，最好的武打影星狄龙、姜大卫。公司里面其他的，不会打，也不会演。拍《马永贞》(1972)的时候，他一签签了几个冠军，三个人：陈观泰、陈沃夫，还有陈惠敏，三个都是冠军，签回来。只有一个陈观泰，一拍就红，《马永贞》。陈沃夫因为在宿舍偷煤气毒死了。他死的宿舍是我以前住过的，我要搬宿舍，空出来就给他住。刚开始，方逸华管理的时候，就说每个演员在宿舍里面都要自己交煤气费，他就私自把煤气管接了，不想交钱，结果漏煤气，洗澡死掉了，就拍了一部《太极拳》，还没拍完。

（访问：魏君子；编辑：秦五）

---

① 即 1973 年李修贤主演的《江湖行》。张曾泽在 2005 年出版的《预备，开麦拉！》一书中写道，"张彻太霸道了"，会永远霸着他的演员，除了程刚没人敢跟他抢。

② 1964 年陆运涛等国泰集团高层乘坐的飞机在台湾失事，原本与邵氏分庭抗礼的一大电影公司就此失势。1963 年受国泰邀请离开邵氏至台湾成立国联公司的李翰祥，亦受到极大影响，苦撑数年后，于 1971 年回到邵氏。

小传：

李修贤，1952 年 8 月 6 日出生于上海。演员、导演、编剧、制片人。1970 年加入邵氏艺员训练班，很快被张彻相中，成为张家班成员，因此与电影结缘。李修贤在张彻导演的电影《五虎将》（1974）、《荡寇志》（1975）等中均有令人印象深刻的演出，但其在邵氏担纲主演的电影均非出自张彻之手。离开邵氏后李修贤更着力于幕后发展，1987 年成立万能影业有限公司，拍摄成本不高的诚意之作，题材多为李修贤自幼最感兴趣的警察生活，警察形象亦在后来成为李修贤最广为人称道的银幕形象。

戚冠军说张彻

戚冠军在“张家班”众门生里，尽管不是人气最红、影响最大的那位，但对张彻的情，却是无可置疑的真诚，正如他在访问中所言，当张彻开拍《上海滩十三太保》时，他二话不说便拔刀相助，甚至为此尝到人情冷暖，亦是在所不辞，可见在他心里，张彻永远都是他的恩师。

非但如此，在傅声离世后，张彻第三代门生，便独戚冠军一人，而他口中的张彻，或许亦在代傅声道来，毕竟，傅声生前面对抉择时一句义无反顾的“帮老窦”，其实也是戚冠军的心声，皆乃忠义汉子所为！

真正的“洪拳小子”

我十二岁开始学洪拳，师承赵威①，按辈分刘家良算我师叔，本来职业是做厨师，先考过国泰的武术训练班，洪金宝也在，我们同一个师傅啊，吕国权师傅嘛。从国泰出来以后，有一家长江影业公司②，要拍一部戏，叫《男子汉》，举办一个“男子汉”选拔赛，超过一千多人参加，我是得到冠军。他们要跟我签约，结果一签他们又跑了，不知道跑到哪里了③。然后才看见张彻在报纸上招考演员，我记得我们那一组是七个人一起见张彻④，其中有陆剑明和叶天行，我们是第一期，第二批就有郑则仕、王龙威、梁家仁。

我拍的第一部戏就是《方世玉与洪熙官》，但不是演戏，而是串商标，张彻为长弓公司设计片头，就是我光着上身张弓引箭。这部戏我还在片头表演了“洪拳三路”⑤，但是戏都没有，到第二部戏《少林子弟》才

① 林世荣为戚冠军的师祖，传承关系为“林世荣—赵教—赵威—戚冠军”。

② 全名为“长江电影（香港）有限公司”，成立于1971年，创业作为王羽自导自演的《剑》，最后一部参与出品的影片则是张彻的《过江》（1988）。

③ 《男子汉》最终仍开拍，但戚冠军并未参演角色，主演为白彪、鲁俊谷（即王振仰，元秋前夫）等。

④ 七人分别为戚冠军、陆剑明、叶天行、梁金城、陈天伦、胡华及李振标。

⑤ 指的是正片开映前的短片《洪拳三路》，张彻介绍称：“短片由三段片段构成。第一段是陈观泰演出的‘工字伏虎拳’。第二段是傅声演出的‘虎鹤双形拳’，第三段是戚冠军演出的‘十形拳’。这‘三合一’短片，正式在香港电影中介绍了洪拳的面貌。”

有。我拍戏就是武打，先拍试镜，差不多试了四五次，有四五个工作天。后来就说，试完了你上去，换个衣服站在那边。张彻的东西不告诉你，也不教你演戏，叫你怎么做你就怎么做。然后就由刘家良来武术指导嘛，做给我们看。因为我跟刘家良同门，都是洪拳，激发他打洪拳门路来演戏，结果第一部戏打出来之后蛮不错的，就连续拍下去。傅声不是学洪拳的，当然要学习，很用功，但打出来味道还是差一点点，因为我们练很久了嘛。陈观泰他练的是大圣劈挂，手法跟我们不一样。

我们长弓到了台湾，台湾人吃我们啊，给一百块伙食，他弄了三十块去，住也不好。我是主角的角色，傅声他们住饭店，我就住宿舍，跟武行和工作人员住在一起，觉得不公平嘛，后来有人跟我说，你应该去要求。张彻不管这些事情啊，但他喜欢演员，演员有什么要求，合理的他就会答应。我跟他说过以后，就在外面租地方给我住。

我这个人比较木讷，自尊心强，吃饭的时候，那些台湾演员都会围着导演吃饭，奉承他，我不会，我会拿着便当跑到别的地方吃，每次张彻看到我不在都会叫我过去，但是我就不过去，张导就叫人拿鸡腿、拿菜给我吃，我跟他说，我不喜欢跟他们一样围着你一起，还是个性问题。所以倒茶水的都欺负我啊，我说倒点水给我，结果倒水阿婶给那些演员喝，都不给我喝，就是这样子的。有一次我发脾气了，给张彻知道了，马上叫人拿杯子给我。以前台湾人都是很现实的，拍《海军突击队》，大家都穿一样的衣服，有一个台湾的演员坐在沙滩椅那边休息，我走过来，他马上站起来让我坐，抬头看清楚是我，马上坐下去，为什么？他以为我是狄龙！

与傅声成为好友

我跟傅声经常在一起①，没事的话经常一起玩，他女朋友出国了，

---

① 戚冠军眼中的傅声："是个活泼开朗的少年，不拘小节，说话非常直爽，容易亲近，给人捧在手掌心的人，我跟他最好，曾一起穿一条内裤，共吃个苹果，他演的角色跟他本人没两样。"

一个人住在饭店里，让我过去，陪他一起玩，人多的话他不叫我我就不会过去，因为太多人巴结他嘛。演员排名我从来不要求，但是听说有人争。我是不管这个东西，反正你爱怎么样就怎么样。我第一天拍第一部戏第一个镜头，我连自己演什么都不知道，化妆师给我化妆，化完之后我说我演什么角色啊，他们也不知道。我刚开始还不会看剧本，第一场开始的时候，就是一个打十五个，打得头都昏了，从来没试过这样子的嘛。后来才知道，我是做其中一个主角的，戏卖不卖钱，我也没有问。后来有一些片商跟我说，你现在很红哎，我说怎么红法？你看你在海报的位置多大？

刘家良后来离开张彻从台湾回香港，我想是因为刘家良拍了这么久的戏了，他要求拍一部做导演的戏，但是张彻怎么会让他做导演呢？最好搭配是他做武术指导，张彻做导演，以前是唐佳跟他搭配武术指导，但是唐佳没有来台湾，所以刘家良认为既然没有办法发展做导演，就要回去。后来我们也回到邵氏，拍《少林寺》的时候，刘家良也在拍戏，他找我过去，劝我跟他，但方逸华不准。因为我是张彻请的嘛，张彻和我们搭配也有好几年了嘛。我和刘家良关系一直很好，2000 年后我还帮他拍了一部《醉马骝》。

离开张彻独闯荡

回到邵氏后，有一个台湾制作人叫黄卓汉[①]。他的制片一直要找我出去，说有八部戏等我来拍，每一天都寄三四封信给我。我说不行的，有合约，他说没关系，王羽我都把他弄出来了[②]，你怕什么。我那时

---

① 黄卓汉生于 1920 年 1 月 25 日，1949 年由南京来港，1952 年分别创办拍摄粤语片的“岭光影业公司”及拍摄国语片的“自由影业公司”，1967 年又创办“第一影业机构”，1993 年获台湾电影金马奖“终身成就奖”，2004 年 10 月 8 日逝世，享年八十四岁。

② 王羽 1972 年加入“第一影业机构”，除演出多部武打片，亦在黄氏支持下执导《四大天王》(1974)、《虎鹤双形》(1976)、《独臂拳王大破血滴子》(1976)等片。

候在长弓，在邵氏，都不是很愉快的。因为拍了十几部戏，没有一部是让我完全出来的，反正快散伙了，好，试试看吧，就出来了。张彻也跟我聊过，他说你要出来没关系，这样吧，你要出来我把你转借到嘉禾，你先进去，我后续再来。我说我看看吧，然后谈条件，他在台湾开一个公司，长河公司[①]，他叫午马来导演，制片还是以前的制片，就去台湾拍了部《胡惠乾血战西禅寺》，张彻没有挂名。那部戏咖啡钱就五百万，就是喝咖啡的钱，所有经费都被花光了，拍一部戏哪用那么多钱？以前在长弓也是一样的，住也住不好，吃也吃不香，花的钱去哪里了？那时候有好几亿嘛，邵氏这笔钱在外面不能拿回去，所以就花光，花光了以后就回邵氏了。制片做的那些事，张导应该知道，他这么聪明怎么不知道？他不管，什么都不管，就管拍戏。事情你要做好，做不好他就骂，但他真是给那些人搞垮了。

拍完《胡惠乾血战西禅寺》我就跟邵氏解约了，无声地，反正他们都习惯了。跑到台湾拍戏[②]，那几年，怎么说呢，被骗了，没一部有创意，一个月拍七部戏，拍到身体不好了，最后也没睡眠了。在邵氏一年才拍八部嘛，很舒服，这个不是，一个月拍七部啊。

“十三太保”助恩师

离开张彻以后，听说他要拍一部《上海滩十三太保》[③]，说是最后一部纪念作，我就去找他，想义务帮他拍，我知道他住哪里，但在台湾跟张导的那几个人，不是郭追、江生啊，他们不错的，就是演《上海滩十三太保》的那几个台湾演员，不让我进去，态度恶劣，眼睛看着上面，头朝天。

---

① 其实是“长年”，全名为“长年(香港)电影有限公司”。

② 1978 年至 1984 年，戚冠军一共拍摄了二十五部影片，其中多数是功夫片。1979 年，戚冠军在台湾成立“冠军影业公司”，并自导自演了《大恶客》，走的是张彻以《马永贞》首开的“上海滩片”路线。

③ 戚冠军在片中饰演“豹”。

他们很会拍马屁，就是陪张彻打麻将，陪他吃饭。就是这样子。我去找张彻的时候，按房铃，他们两个人出来，说："你是谁啊？"其中一个以前还跟过我，我照顾过他，他还经常去我们家玩的，就是不给我进去，说："张彻没有约你啊，你们有没有约时间啊？"我说没有，是我来找他的。然后那人说："哦，他在睡觉啦，没空啦。"我说你帮我传达一下，帮我叫一下，但他又说："不要，你改天再来好了。"态度真的非常恶劣。结果张彻在里面听到了，就说："阿才进来吧。"我小名叫阿才，我就进去了。我说导演，我来不是讨戏的，我做徒弟的，您拍纪念作，我一定要到，免费的，我没有拿他一毛钱，拍戏都是自带便当的。不是我不行，我外面还有很多戏，我抽空来帮张导演的。那几个台湾人不知道，以为我来抢他们饭碗，很奇怪。人就是这样子的，尤其是电影这一行，很黑暗。

《上海滩十三太保》之后，我跟张导演就没有后续了，因为什么呢？他有一大堆人围着，愿讲什么就讲什么，我不喜欢这样。我还继续留在台湾，我现在蛮喜欢台湾的，生活没有那么紧张，比香港大，环境不错，人情还好啦，也比较适合生活。张彻导演真是一个艺术家，真的，他对电影的开发，真的不错，很有创意。只是最后没有人帮他而已，尤其经济方面，没人帮他，就慢慢感觉那戏不如以前了。他最强势的时候，就是我们这票人出来的时候，70 年代最强势，全世界卖得都不错。我跟张彻合作的戏，最喜欢《洪拳与咏春》、《方世玉与胡惠乾》，打得都不错。

（访问/编辑：魏君子）

小传：

戚冠军，原名吴栋才，1949 年 6 月生于广东番禺，十二岁拜入洪拳名师赵威门下学武，1968 年进入"国泰电懋演员训练班"，当时洪金宝是高他一期的师兄。1973 年参加"男子汉选举大会"，在千名参选者中脱颖而出，夺得冠军。同年又投考张彻的长弓公司终获录取，参演的首部作品为《少林子弟》(1974)，其后又演出张彻执导的《洪拳与咏春》、《洪拳小子》、《少林五祖》、《马哥波罗》、《八道楼子》、《方世玉与胡惠乾》、《八国联军》及《海军突击队》等片，后转赴台湾发展，拍摄多部功夫片，1984 年的《上海滩十三太保》是他与张彻合作的最后一部影片。

郭追说张彻

郭追自小家境窘迫，由武师入电影圈，见到大导演张彻那刻，“双脚都在发抖”。这个来自台湾的穷小子，就似他主演的《侠客行》(1982)里的石破天：率性、单纯，懵懵懂懂间被抛入一个陌生而喧闹的世界。他曾说：“我没希望自己很红，我怕摔。不要不红，也不需要大红，保持稳定就好。”命途却不似他希望的那样简单……

许多年后，尝遍了电影行背后的辛酸，郭追已经可以用很淡然的语气开导后来人。而他在张彻镜下那些利落矫健的身手，则永远定格在胶片上，不会抹去。

“一见钟情” 班师回朝

我父母亲都是跑江湖的，我从小就喜欢习武。十四岁那年，我进入陆光闽南歌仔剧康乐队，学习翻跟头、舞台功架等戏班活，十九岁离开剧队出来，在台北的民间团里打杂直到二十一二岁。

那时候张彻的长弓电影公司一直在台湾拍摄电影，我一直不知道有电影这一行饭捞，但后期听说几位前辈大哥常去拍摄电影，只是我们不懂拍电影的经验。1974年，前辈大哥想招十位身手好点的武师拍摄《八国联军》(1976)，这次我算是有机会。刘家良师傅设计动作，打斗安排我跟戚冠军他们打，反正他怎么说我们就怎么做，一定没问题，都可以搞定，刘师傅很欣赏也满意我们的动作。有一天张彻看到我的表现，感觉这小子还不错，因为我那时候帅嘛，在打斗及反应摔地这方面动作灵活。我拍完一个镜头坐下来休息时，张彻微笑着叫我过去，叫傅声跟我比高低。傅声看到我打个招呼。我是一七零，傅声也是。他很喜欢搞笑，踮踮脚，说我们两个一样高。张彻一看，说：“还不错。”我因为害怕，一直微笑。就这样，我和张彻建立了他称的“一见钟情”。

某天有人打电话来，说张彻想接见你，我心里感觉奇怪，当然见大人物心里很高兴嘛。我到了老爷饭店，张彻介绍我给编剧倪匡。他看看我，聊聊几句，半个钟头就把我打发了。后来倪匡写个《马哥波罗》

(1975)的剧本出来，就是我的第一部戏。我从没演过戏，动作及刀枪把子之类的，我是稳扎稳打，拿到什么玩什么，不用套路，适应快，只要一学马上现场就做了。《马哥波罗》拍到三分之一的部分，刘家良和张彻的关系搞不好，撤走了，回邵氏开发自己的天地，所有的香港武师也跟他回去了，就刘家辉、王龙威、梁家仁等几个在，因为戏里他们有角色。张彻当导演的没办法，马上在台湾招两位武指，就是谢兴跟陈信一这两位。

张彻在台湾拍摄电影一直是挂着“长弓公司”的名号，在台湾拍摄几年了，初期拍摄的影片听说还卖钱，但后期拍摄的每部戏就不怎么卖钱，结果我听说他欠了邵氏很多钱。我们跟他几年了，张彻理财方面是很差的，手头很松。他从来很少骂演员，除非是真看不过去了，他很烦，才会骂，但都是骂制片头或服装头及有关部门。后来听说邵氏要张彻撤台回港，他没办法之下就带了二十几个武师，两个台湾武指，班师回朝。

我们进邵氏前，要把之前的戏全部赶完。到香港之前，我们拍了一部《海军突击队》①(1977)，这个是跨景的，因为那些军船在台湾才有，从台湾外景拍完后回邵氏再拍摄厂景，有刘永等大班人马。《海军突击队》赶完了以后，还有一部《天堂人间地狱》②，也是部分留在邵氏拍。再回邵氏开拍《少林寺》(1976)，把港台拍摄过张彻导演的演员融合在一起，是张彻那时班底最全的一部戏。阵容就是除了第一批(王羽前辈除外)，我们第四批跟第三批、第二批融合在一起，主要由他们带我们新人起来。那时我进邵氏已经是基本演员，江生跟鹿峰还是武师。邵氏后期，张彻感觉江生不错，人缘很好。江生在复兴剧校人缘是特别的好，在台湾他的名字老是在耳边响着。张彻觉得这个小伙子嘴巴很溜，

---

① 由张彻、鲍学礼、午马、刘维斌联合执导。

② 即《第三类打斗》(1980)。本片早于1975年由长弓在台湾拍摄，因不符合理想，回邵氏后又重排。倪匡为首的编剧团将“天堂”、“人间”、“地狱”三个故事组成全片，分别用中国戏曲、现代舞剧及武打形式表现。

而且给人感觉很轻松，跟导演他也很直接，没有什么拘谨。我们这批人都是这样。我跟江生等五个朋友早期组过一个复兴杂技团，我跟他是搭档，配合最好。所以进了邵氏以后，在动作方面安排我跟江生搭档最多，只要我做下把他就做上把。什么东西都是我带着他走，动作基本上都是很流畅的，很爽。

五毒残缺 提升指导

张彻一直想在电影方面有创新，第一次就是由《五毒》(1978)带起这个风潮。《五毒》主要是剧本写的好，类似《刺马》(1973)兄弟情的感觉，只是戏的味道不同。后来《残缺》(1978)他也是利用这种关系，用另类的方式带起来，像人本身一些残疾的缺陷概念，眼睛啊、手啊、脚啊、哑巴啊、耳聋啊。不过我说实在的，动作上张导演给我们的感觉是没话说，他的镜头有力，戏更不用说。不过有一样，就是拍摄动作镜头比较固定死板。除了轨道，他镜头摆就是摆，由顺弯、推大、拉宽，然后偏、推，是这种力道，他主要抓的是这个。现在再看我们当初拍的时候很死，不灵活，但画面很有实在感。张彻拍《金燕子》(1968)时，开始与日本摄影师宫木幸雄①长期合作。宫木在摄影方面，我敢肯定是专业中的专业。张导要求的东西他最多拍两次，不会超过第三次，否则那个助手可能就挨批了。张彻所要求的难度宫木基本上是一定能做到，比如文戏要求车轨的镜头到位，他真的做得都很好。但后来不知道为什么心情不好，离开了张彻到外发展，后来我打听到说是宫木在港多年，邵氏一直没有搞定他的要求，无法长期定居香港，一气之下便出外发展。后来张彻另找了曹惠琪，他的摄影也不错，不过说实在话，就是没有宫木那么百分百的专业。但后期他跟张导演一直拍下来，进步了很多。

① 又名龚慕铎。他在邵氏拍的第一部电影为戴高美执导的《黑鹰》(1967)，和张彻合作的最后一部电影为《第三类打斗》(1978)。

手提什么他一说就明白，只是在镜头方面，构图可能略差一点。宫木的画面构图感觉真的有种大气，曹惠琪拿的位子比较少看到这种感觉。也许各有各的手法概念。

我做演员，有基本的动作条件，但说实在的，邵氏两年期间一直没有加过工资，我们的钱很可怜，不够用。而且我们的跟斗及敏捷的身手如果找别人套招，他们做出来可能不见得我们喜欢。但没办法，我们不能反抗，只能顺从。后来台湾两位武指不喜欢留港发展，离开了张彻返台，张彻叫了在电视台工作的武指李家鼎过来。那时他已经不错了，但在动作上感觉他利用不到我们专长的身手，当指导一定要了解演员的身手，会利用演员本身专长去发挥长处，不是凭一张嘴用讲的就可以说服，当年的动作指导都是以身示范要下工夫的。也许他是摸不着门路，他的招式用在我们身上，未必适合我们戏里所要的。后期改变了，张彻安排我、鹿峰、江生还有戴彻几个人做动作设计，每部戏轮流安排，一来我们工资方面可以补贴一些，二来当然在安排指导方面我也很开心，因为打什么都是自己设计招式。我和鹿峰是陆光，江生、戴彻是复兴剧校，我们几个人都是由戏班里的一些套路演变到电影动作，如演、打、翻腾动作，比较全面。

张彻导演对动作指导是有要求的。比如说他想怎么样，他告诉你，我们在套的时候他基本在看，然后到哪个点他喜欢的，就到哪儿为止，他不喜欢他会告诉你。每部戏里我们所扮演的角色、所需要的兵器方面都开会研究，每个演员拿什么兵器、需要什么东西等。在现场难的是套招，我们不知道他怎么接，一个镜头打斗动作二十几招下来，他从来不看的。到我们真的受不了了，导演就说 OK 啦，就套到这里为止。唉，我们就松一口气了，然后休息一会就正式开拍。我们做动作的，一直打下去真的很不好受，所以我们就想一些主动的位置，比如翻腾，翻下来，然后在地下滚，一到蹦床有些动作。导演其实一直也在看你做，做完之后他知道你下面会怎么做。我们没办法说导演我们接这个镜头，接那个镜头，偶尔跟他说接这个镜头，他说 OK，这种情况真的很少。哪怕我做动作指导的时候，张彻对镜头也是控制比较严格。镜头不是我们摆，除非有时他放心了，知道我们动作，说你们搞定，他就去睡觉。因为后期我们要出外闯天下，有必要让我们磨炼一下，所以镜头摆位方面才让我们去控制，慢慢放给我们处理。那时候我们才有机会去摆镜头。江生、鹿峰、我，我们三个在现场套招，然后去研究镜头。摄影师精力比较足，在这方面也很帮忙。有时候高位低位啊、车轨啊，我们抓不准的就跟他协商。

第四代契仔的故事

邵氏本身每年都有招生，训练一些武训班子弟，然后参与各方面导演的一些戏。说到张彻是有很多人希望参拍的，因为本身他名字响。在他手中捧红了很多演员，一说谁拍出来的，张导演的(笑)，这个都是必然的。反正谁红就拍谁的戏，希望能分一些喜悦。其实张家班集中的也就是我们这几位。我们在张家班有时候很多人看不过去，等于说借着张彻的名望，借着他背后撑着，有这句话出来，但其实没有这么回事。主要我们不会广东语，只能说“国语”(普通话)。我们讲“国语”有部分人不怎么懂，也就瞪着看！

当时我们每年最少拍三部戏，每部戏大概有两个月，或者两个多月，准备道具或服装什么的都是时间很充足的，完了以后就陆续拍下去。最顶峰时我们有时占三个棚，很厉害的，真的很少有人可以这样子。后期可能力道不足了，威望减弱了，开始下降，这个我们也感觉得到。所以后期张彻打算再次冲击新路程，主要是由江生、鹿峰、我三人，希望再去台湾那边闯天下。

现在我是这么猜测，其实张彻这方面的心早已有了。应该是在1978年、1979年，张彻就开始问我们要不要出去闯，我们都没有出声。他说你们拍了那么多年有经验，我现在找台湾的鲍学礼协助，请他写一个剧本，借这个机会，希望你们三个能出去，我们看能不能东山再起，不靠邵氏。鲍学礼是我带出来的，而且他自己开公司当老板，也是导演，拍了很多戏，在台湾人缘不错，还是有名望的，怎么样都可以找到一些投资者。张彻跟我们说着说着，每天就是打麻将，这一打差不多半年左右，只要有空就"四人帮麻将"，然后每天就是灌输一些出去闯的话，说起码这样能搞出一番事业来。

张彻的心思也是为我们好，因为在邵氏这样下去已经不行了。我在邵氏拍了二十五部戏，除了《五毒》、《残缺》，还有最后面的《冲霄楼》(1982)，其实百分之七十的戏都不是很卖座。一直拍戏下来，我们内心感觉也不是怎么好，香港后期拍摄的戏都是差强人意。结果张彻一直希望我们三个人心要一致往外发展，缺一就不行，最后无奈也就答应张彻离开邵氏。方逸华小姐知道我们要离开，就找我过去谈，问我说你们要离开邵氏出去吗？我说是的，我们想出去发展。她劝我不要离开邵氏，我每个月给你酬劳两万块。我心里就很犹豫，那时候两万块很多，在我住的那个村里一年就可以买一个小单位。为了去留这件事，我去九龙城狮子石道一家"草草风水命相"算命，他说我有两条路，一条是走斜一点，一条是直线。不过风水师提醒谁带你来，谁就是你的恩师，你就跟他走。就这么一句话，我就跟了张彻去台湾。

说实在的，在邵氏五年，到外闯我们人际等方面不怎么懂，如果在邵氏，我们还有胆量，但是在外面大放手当家给我们做，这方面真的是太过仓促。本来《荡寇英雄传》(1982)[①]这部戏应该是张彻先带着我们，他掌握拍摄，我可以执行导演，第二部放手让我们来拍摄，我们比较有信心，结果他安排我执导。可能张彻知道我在这方面比较有责任感，比较专心，所以他觉得好像我是老大，年纪也比较大，就安排给我，希望在这方面我能独当一面，去掌管这部戏。我完全意想不到，提出应该给江生执导。他说每个人都有机会，第一部戏你先执导，第二部戏就给江

---

① 内地名为《术士神传》，台湾名为《忍术》。执行导演：郭追；导演团：郭追、江生、鹿峰。

生，反正我们签了一年三部戏，每人一部戏这样子。结果这部戏拍得很累很累，也很失败。戏是从头到尾拍完了，分组拍摄，鲍学礼拍一些文戏，我们三人拍动作，大致上就是我又演又导又动作，江生、鹿峰，指导组，每人兼几职。

台湾香港那些年

那个算命先生说得真的很准，他说我这条路走得会很辛苦，但是最后会好起来。我离开邵氏去台湾再也无法回港了，我太太证件有效期间留在香港这边。我走了以后，签协议说每年拍三部戏，每部戏九万块，他分每个月给我，结果我连第一部戏都没拿足。我去了才拍了两个月，我太太在香港每个月租金两千七，三个孩子要她一个人照顾，很惨。在电话里我哭了。我当时心里很难受，在邵氏五年里我们没有钱，我每一年赚的钱很少很少，直到最后两年做动作指导，稍微一直加、加，但所拿的钱都要交税。我在台湾打电话给张彻，我说我要回来，你想办法。我当初跟你说过，我不想离开邵氏，而你非要叫我离开。我还有两年就能拿到居留证，现在五年的担保断掉了。我戏拍完了，太太还在香港，证件快到期了，只剩一个多月就必须要走，没有办法。我跟张彻说，我一定要回香港。他说我给你想办法。我等了差不多一个月，张导演总算想到了办法，找其他公司担保给我办回港证件，希望我过来之后可以继续拍，但邵氏的保转不了，得重新来。我最惨的时候就是 1981 年离开香港，在“齐天”[①]拍完戏以后，1982 年重回到香港就一直等消息。我租了个房子，待了一年没戏拍。江生、鹿峰就在台湾拍本地电影、电视。

我后来曾经想过，狄龙、姜大卫、王钟、李修贤、傅声、戚冠军、梁家仁等大队人马，在台湾做长弓公司搞了很久都没搞起来，都撤回来了，

---

① 张彻计划早期的长弓公司不用，改用“齐天电影有限公司”，寓意他、郭、江、鹿的组合，四人齐心闯天下。

你说把我们三个带出去闯，跟姜大卫他们比，怎么能行？张彻又留在邵氏拍戏，我们跟谁啊？我们去那边闯什么呢？张彻当时说两边呼应，他在香港那边拍着，你们出去闯，然后鲍学礼怎么怎么样。因为是他说的，我们完全只有听命于他，没有办法。张导演因为之前大规模的戏都不卖座，一直找不到投资者。后来江生、鹿峰在台湾也是在等待着张彻的消息。

我每一天都很难受，我想这样挨下去不是办法，我打电话告诉张彻，我要回邵氏。他说你听我说，忍耐点，很多人都是我捧出来的，怎么样怎么样，机会有的，过几天我去台湾参加金马奖等我回来再说。我不再相信，我感觉这条路已经走到这种地步了，再等下去我不知道会怎么样。最后我回邵氏了，我和张彻的合同上也没什么解约，就一笔勾销了，我钱拿了也就几期而已，可能是三四万，其他我就不拿了。因为曾经我老婆去取钱，说又来拿钱了。我听到这句话我心里很痛苦，为什么我又去拿钱，我不该拿的吗？如果当年我答应方小姐留在邵氏，我相信不会差到我要去乞讨似的向张彻要钱，最起码他说出来他应该做到的，但是他没有，那无所谓。说良心话，我对恩师的失望是他不懂某些问题的重要性，性格太主观，我郭追今天能在邵氏拍戏，对，是张彻的栽培，每一部戏他都给我很重很重的角色，让我有机会去发挥，但有很多话我也摆在内心，我说出来也没有意思。当我离开了张彻，有人说我去唱衰恩师，形容我广东话叫“反骨仔”，就是出卖，我不知道我出卖谁。我郭追从来不做这种下三滥的事情，我回来一直是很窝囊地待在香港村子里，不知道等待着什么，没有人会理解，我也不需要人同情的，事在人为。我用我的良心来讲，当年我在香港没有朋友。因为我目前是走投无路，有福同享必找你，有难谁理你？因为我是台湾人，不是本地人，没有人会关心，只会多踩你一脚。

最后为了生存，我想通了，靠自己吧。我打电话给黄家禧，他问你们怎么样？很好吧？其实心里真的很窝囊。我说我要回邵氏，他说我不可以做主哦，要我问问方小姐。我告诉他我的居留问题，还有一个多月到期，如果不行的话那我就回台湾。我等了一个月，最后黄家禧打电话来。方小姐答应我回邵氏，一年三部戏，每个月七千五。我是怎么都行了，只要能居留在港。进邵氏以后拍的第一部戏是邱家雄的《弟子也疯狂》(1985)，为了这部戏跟公司闹得不愉快。原因是这个角色不该是我演的，但偏偏要我演个光头和尚，我心里已经有数了，再回邵氏来是没有什么作为了，没有了背景感觉就是秋后算账了吧，得个“整”字，为了居留只有忍耐。第二部就是我演一位“金毛狮王”，脸上粘满了假面具，基本找武师演都行的，我拍了一天很受不了，辞演。第二度跟公司闹不开心，我心灰，怕又是跟前面一样，唯有多捞点钱，向钱看了。包括我跑去佳视电视台，干最底层的武师和替身，都是为了钱，为了根基，为了居留。程小东拍《鹿鼎记》(1992)我也去捞替身，留下一句话，有机会去他那里帮忙。后来邵氏知道了，要和我解约，就这样我 1983 年 3 月进了 TVB，拍《鹿鼎记》转为幕后工作，四年后拿到香港正式身份证，1988 年提升为动作指导，一切重新开始。

从 1989 年还是 1990 年起，我改名叫郭振锋，是我请有位朋友到家看风水，我说想把郭追这个名改过，郭追这个名字是恩师给的，不想再用。朋友帮我改了郭振锋。但别人要叫我郭追也无所谓，他们习惯了。

至老不服输　野心不放弃

我从来很低调的。说实在的，目前我在香港，所有合作过的人，我都很少跟他们接触，我不善于应酬，更不大会讲话，不理解的人看我很凶，不敢跟我说话，我也不会主动，都是被动多点。如果说打电话约出来喝茶什么的，我真的很少这样做，因为很现实的圈子，谁约谁到底谁请客呢，我不喜欢欠朋友人情，所以宁愿在家里面看网络电影，要不然就搞自拍自剪接的片子，或是拿 70 年代的电影修成短片摆放在空间里，与网友分享回味过去的影片。

在香港我当幕后时期，从来很少跟张彻导演接触。曾经有一次他给我电话,说有部戏的片头要找我帮忙拍摄动作,要我去他住处详谈。后来我帮忙,还拿点酬金给我,我不收他变脸了,无奈也就收下了。其后我很少跟张彻联系。《上海滩十三太保》(1984)本来找过我,但是我推掉了。大家叫我去,说是筹拍后收入给他,一点心意。有太多人了,而且我自己也正在忙就没去拍。有一天,我那个传真机响了,我过去一看,是他写的——那时候他是用手代嘴,只能写了,他耳朵也听不见了——他说你应该是做导演的材料,不应该再当指导。他看过《辣手神探》(1992)和《狼族盟约》(2000),他说现在我有个方案,找了周星驰、梁家辉他们,搞一部电影。我一听这个东西,我就摇头了。我说导演,我很满足我的现状,我不要求我能达到什么水平,达到什么目的,现在的我已经足够了,安居乐业。我不会勉强自己去闯什么高峰,我感觉我现在很满足。然后张彻又来了一封信,说你有没有空,到我家聊聊。我很久没有去,后来去了,他老婆看见我,吓一跳,说,郭追,好久不见了。我说对啊。我就进了房间坐下来,他写了很多,我就用笔写回答他,意思就是说我不需要了,他就摇头。他说我现在在大陆也在拍戏,现在是新一代的那些弟子,好几个还在拍。后期这个传真来来去去,很多,我一直就很少回了。因为我怕再回的话,永远他一直在写,基本上很难去面对他,真没有办法。我跟他那么多年,所以有些理解。他一直在内地拍着戏,那时候他状态还可以。

说实在的,他在拍戏这方面是一直存在希望及雄心,一直想拍戏,不放弃,其实是到老都不服输的性格。但是拍出来只能说浪费及无奈,基本上都是给他老人家面子。而且有时候他比较固执,他片子真的很难做。后期是到这种地步了,有位朋友告诉我,听说他后期拍戏时他睡在那边,他们就拍,不敢叫他,拍完了以后给他看,他不喜欢,就大吼大叫,还骂人,但是下次到现场他又睡觉。后来钱也有时候不清不楚,主要是管钱的那些人,都不知道去哪里了。他对钱的方面没什么概念,你要怎么样就怎么样。所以在台湾拍戏拍那么久了,人家都盖了房子,可以想象得到他的理财概念……他到老还住在邵氏的宿舍。狄龙哥就住在附近，有时候有空就看看他，姜大卫也会去探望他。

张彻的葬礼，出殡的时候有姜大卫、王钟等很多人，大部分跟他合作过的演员都来了，除非真的是没有空，或者在别的地方，那就只能电话说说。

血性与小子片　开创一代风气

我入行之前就看过张彻的电影，很欣赏《独臂刀》(1967)，觉得很震撼。

一般来说倪匡写完一个剧本，张彻会跟倪匡说这一段我要这样，那一段我要那样，倪匡会尊重他。当然他不能脱离原著太离谱，因为原著有它自己的道理在。如果不是原著的话，他会改，这方面他们自己会协调，基本上都没有什么冲突，就算改也是一点点而已。但我们没有研究过，如果有改剧本的话，也是媒体写出来了，我们才会知道。

张彻第一，在血性方面是真的创新，走了一条英雄路出来。第二，他电影后来风格也有改变，就是我们几个人的戏份连在一起，搞搞笑。因为我们本身不是很高档，脸形方面不像姜大哥、狄龙哥、王钟、李修贤帅。我们就是小子，就演小子片。你说我们当然是没办法，一定要融合几个人串起来，这个气氛才会好一点。

张彻真的是很好的恩师。他很理解我们。我们不开口，我们一旦开口想说什么，只要说前面一句话，他就知道后头你想说什么，基本上猜得很透彻。他知道我们的心情，他知道我们需要什么。不过其实除了拍戏我们跟他接触以外，私底下我们很少接触，除非他无聊了，找我们过去聊聊天。但是总归叫我们过去是有重点，告诉我们他后面要干什么，会说这种意思出来。他主要说的一般都是拍戏的方面，因为他们看片看得多，而且是国外的片，都是老板给他们看，他给老板一些意见。比如现在应该拍什么，现在要走什么路子，他都有提意见，但接不接受是老板的事。我们基本上没什么资格跟他谈政治，因为我们不理解,也不会去理解。他说政治就是带过,让我们理解一下。他除了跟我们聊天多以外,其他交流很少。现场他来拍戏,有时候棚里很热,有部冷气机,冷气一吹坐那儿就等于是小休。他就每天坐在那边安排一下镜头,然后累了就睡,由得我们拍。我们很多人不敢叫他,就我们三个叫他还无所谓。别人叫他的话,真的有时候他很不开心。我们叫他,他睁开眼睛一看,是我们,没辙了,也不敢发脾气。有时候他心情好、精神好的话,就唱京剧。哼一哼京剧,摇摇头,脚踏踏板,那样。

张彻真的是很难得的一个导演,他拍的戏有点让人感觉有保存价值。他的电影主要是动作片,像我们干这一行的跟不干这一行的看,角度都差不多,就说明它有深度。而在文戏方面、镜头方面,所有一点一滴的他都有感觉。他的风格你没办法淡忘。因为你跟他那么久了,不管怎么样,我到现在都喜欢他那种感觉。嚓、哗,或是一片风声,这是力道;介绍每个人时,镜头有些人紧,有些人慢,其实慢动作这些都是由他走出来的,他那几个弟子,比如吴宇森等,都受到启发。有时我们拍戏就会用到他专长的一面。只要用到他的一面,人家就感觉那是张彻的手法,他创造了一代的风气。老外很多也是这样。他们拍一部戏,也必会看一些老片。老外戏精彩就是因为把戏灌输进去,每个部门该有的制作费用是必须有的,所以有场面看,有画面的深度,就算是大堆头,真的有戏味看。港片做到今天这个地步都是自为的,没有制作费,来大堆头,全给了演员,拍摄缩水,跟红顶白,最后虎头蛇尾,能看到什么戏呢?惨败的都是投资者,但还是有投资者愿冒险,这样拍下去只能说是,你情我愿。

(访问:魏君子;编辑:泉的向日葵)

小传:

郭追,原名陈举陆,又名郭振锋,1951 年 10 月 21 日生于台湾,曾

因电影《倩女幽魂》(1987)与程小东等获第七届香港电影金像奖最佳动作设计提名。张家班第四代弟子，后期参与一系列电影的动作设计，其中代表作有《五毒》(1978)、《残缺》(1978)、《卖命小子》(1979)等。

吴宇森说张彻

《独臂刀》颠覆传统，带来震撼

我年少的时候，香港的“国语片”很流行，不过我们思想所谓比较新的年少的一代人，就觉得“国语片”拍得并不好看。我们很受法国电影新浪潮的影响，很崇尚西方的电影。我崇拜很多西方的电影导演，像特吕弗、戈达尔①，还有我的偶像导演皮埃尔·梅尔维尔②。那时觉得“国语片”拍得很不好，就觉得太没感觉了，都抓不到，都不能从当时的国语电影里找到我们所需要的感觉。

我们那时一方面也受法国电影导演的影响，也是希望学他们跳出摄影棚，像他们那样拿一部很轻便的摄影机走在街上拍电影，拍有剧情的电影，拍属于我们自己的电影。当时，我除了崇拜一批法国导演外，对日本导演也很崇拜，我非常崇拜黑泽明、小林正树，还有沟口健二，还有很多我喜欢的日本导演。反而我们中国的导演几乎没有哪一个会引起我们多大的震撼，后来忽然间张彻导演的《独臂刀》一炮而红，叫我们震撼。

之前也看过张彻第一次当导演，也就是跟袁秋枫联合导演的《蝴蝶杯》，不过对这部电影没多少印象，后来接着是《虎侠歼仇》、《边城三侠》。到了《虎侠歼仇》，给我们的感觉很惊喜，哇，原来“国语片”可以那么拍。从此，我们就开始注意到张彻导演，《独臂刀》让我们更是非常惊讶，居然张彻导演可以，你们现在用的词是颠覆，颠覆传统。

他是把传统的中国电影完全改变，用了一个非常新的面目来创作电影。从他开始，当然后来还有胡金铨导演。张彻他不光是超越一个新的武侠电影的境界，他同时还对当时的中国电影产生一个非常重大

---

① 特吕弗、戈达尔：法国电影新浪潮的两大旗手，分别以《四百击》、《筋疲力尽》等代表作影响世界影坛。

② 皮埃尔·梅尔维尔：战后法国著名导演，法国电影新浪潮运动的先驱，其代表作《红圈》、《独行杀手》深深地影响了吴宇森。

的影响[①]。

张彻电影开启我对武侠世界的想象

我一向很喜爱古代的仁人侠士，非常崇尚那种侠义精神。其实我到现在为止，从来没有看过一部武侠小说，连金庸我都没有看过。因为我年轻时读西方的翻译作品比较多，都是思想性的，还有艺术性的文学作品比较多。

虽然我没有真正看过一部武侠小说，但我非常喜爱看《刺客列传》[②]。我从《独臂刀》开始，找到我一向所喜爱的那份感觉、那份精神。所以我就开始非常崇拜张彻导演，我内心一向崇尚的那种精神，古代的侠客精神，游侠隐士，都从他的电影里面找到了，所以对他的电影有一份很深厚的认同。

我另外喜欢张彻电影的一个原因是，我很喜欢姜大卫，非常喜爱看姜大卫演的电影，我觉得我们两个的样子有点像。那时我们喜爱看《中国学生周报》，有一天看周报看到姜大卫写的一首短诗，我就非常敬仰，一个香港的电影明星会写诗。我那时觉得他是一个有内涵的演员，也就更喜爱张彻的电影。后来，我太喜爱张彻的电影了，他的武侠片我每部都要看。

偶像张彻，让我梦想成真

我年轻的时候有很多的梦想，我当时很穷，虽然穷我并不怎么当一回事，但是穷会让我增加很多的困难。

我当时有几个梦想，第一个，我喜欢梅尔维尔的时候，我很想到法

---

① 张彻打破当时以女性为主导的香港电影潮流，开创以男星为主的“阳刚”之风。

② 出自司马迁《史记》。

国去流浪。因为我喜爱法国，我想到法国去流浪，我想跟梅尔维尔，或者是特吕弗，当他们的助理，当他们的副导演，给他们送咖啡，我只希望能够站在旁边看他们拍电影，然后从他们那边学电影。或者就到日本去做黑泽明的副导演，或者是做他的助理，就有这样的一个梦。但是当时那些梦是根本没有可能实现的，因为我穷得连——你不要说买一张飞机票——吃饭的钱都没有。但是我有一个梦想，我喜爱电影的话，我喜爱那个人的电影的话，我很想跟他去学习。但是我们连沟通的机会都没有，因为在当时的香港不光是电影圈，任何的行业都还是在学徒制度的阶段。

那时香港的电影圈不光是学徒制，等于是大半个家庭式的工业。就是说里面一个师傅，他牵连到，他可以把他的小舅子的亲戚都带进这一行。我们这些所谓也算是半个学院派的年轻人根本没有机会，很难有机会进入电影圈。

后来也是我们有一份运气，在60年代末期，除了邵氏，还有一个国泰，国泰当时有一位新的总经理叫孙家雯。孙家雯先生，他是第一位留学意大利读电影回来的电影知识分子。他做国泰公司总经理的时候，他第一个打开门户，邀请我们这些所谓新浪潮的电影知识分子，学电影的年轻人，搞实验电影的年轻人。他还请了罗卡、黄志强①、林年同。孙先生有一个愿望，希望把当时的香港的“国片”做一个改革，所以招一些当时的知识青年进电影圈，不需要凭关系地请了我们进去，那我就被请做场记。

我在国泰公司做了差不多一年，后来升了做副导演，觉得很开心，觉得有实习的机会。但是我很想跟张彻导演，但我们所听到的张彻导演他是一个大人物，他是一个伟大的导演，我们在不同的公司，我不晓得怎么样去接触，等于是我不晓得怎么样去找一个门路。后来在国泰

---

① 黄志强即石琪，与吴宇森编导《死结》，意识大胆，吴宇森作为男主演在片中背部全裸。

公司做了差不多一年的时候,国泰公司不幸就结束了。

当年我有一个非常要好的朋友邱刚健,他来自台湾。邱刚健和我们是第一批,也是同一个年代拍实验电影的年轻人,不过我们是在香港,邱刚健他们是在台湾。他比我年长,他比我更先进。后来他去了邵氏公司做编剧,那时他已经给张彻写了两个剧本,他给张彻写了一个戏《死角》,他已经是很有名气的一个编剧、导演。

我请他给我介绍认识张彻,我希望跟张彻做场记也好,做副导演也好。他倒若无其事,我却战战兢兢,我是怎么个状态呢?因为我非常喜欢法国,穿得很随意,头发很长,抽烟也抽法国烟,喝的咖啡也是巴西咖啡,还有那个欧洲咖啡,就是很苦的那种,整个样子都不像当时的电影圈的人,我也没有钱去添置衣服。后来邱刚健带我去张彻的办公室,他也很惊讶,他首先给我一个非常亲切的笑容,邱刚健在中间给我们介绍,我是有一点点颤抖,因为看到我敬畏的大师。

面对着他的时候,没有想到他是一位非常谦虚、随和的一个人,他与我想象中是很相反的一个人。他不用听我的故事,我本来想讲我的经历,讲我的理想,他根本不用听我讲什么。他看了一会,就一句话,叫我的名字,我的英文名字叫 John①,他说 John 你明天就来上班吧,根本不用听我讲什么。

他是一个非常随和的人,他给我一个感觉,就是他已经知道我的背景、我的故事,他没有对一个雇员的感觉,一开始给我是一个像朋友的感觉,他也没有准备说要收一个徒弟怎么样,反正他已经给我一份尊重。就说你喜欢这吗,你愿意的话,你明天就来上班。

伯乐张彻:一个导演的诞生

最开始的时候,我跟张彻做场记,后来很快就升到第二副导演,这

---

① 吴宇森英文名:John Woo。

样做做做，就这么简单。张彻也没有架子，也没有说一个大师的架子，他从来没有这样叫过自己，也不愿意别人称他为大师。他对我是非常客气，让我当时就感觉，就像我们中国古代那种知识分子之间有一份礼仪。他支持年轻人，一进入到张彻的圈子，他的班底，你会有一个年轻的感觉，不管是刘家良师傅，还是唐佳师傅，你都是感觉年轻，有一个很朝气蓬勃的感觉。

他会看人，他看得很准。他认为哪一个年轻人有哪一方面的才干、有哪一方面的才华，他就会很容易把他的才华发挥出来，他会让年轻人很自由地发挥他的所长。所以整个邵氏的制片厂，他的班底，他的电影都很有一份很年轻的感觉，这份年轻的感觉，在别的班底里面看不到。

记得拍陈观泰演的《马永贞》的时候，最后一场大战是张彻拍的，我是跟着张彻。因为重要的事，张彻都说了，我是那场重头戏的第二副导演，张彻让我跟演员去讲戏。有一段戏描写陈观泰，陈观泰被人劈了两下斧头，然后他就滚下楼梯，给他讲对白，然后陈观泰就演这段戏。我看了一下剧本，我就出去找陈观泰顺着导演的意思去做。我说，你的戏导演说了，你在楼梯上揍了一批人下来，你要滚下来，我就跟他这么说，我先演了一遍。

姜大卫很震撼，他说你比他演得还好。我就是倾情上演，那时我爱演戏。当时，我只是希望能够成为一个演员，其实做演员是一个很奢侈的愿望。另外一方面我就觉得，我第一体形不够好，我走路有一点缺陷，因为我一条腿短一条腿长，个子较矮，多多少少有一种自卑感，因此我觉得不会有能力做(演员)。还有，那时年轻人很难有机会做导演，我没有梦想做导演，我不会觉得自己有能力做导演。

我热爱电影，我拍了很多实验电影，张彻也知道我拍过实验电影。不过我是觉得只要有机会做一个剪辑，或者是做一个摄影师，做一个技术性的岗位，就已经满足了。我也像很多迷惘的年轻人一样，知道自己能够做电影的一些创作，但是不知道自己能做什么。我觉得我也能演戏，姜大卫他们也看得出来。那时张彻要开一个戏叫《年轻人》，他需要一个年轻的反派，等于是第三男主角。

姜大卫、狄龙，其他人的意思都希望我来演，那么找我来做第三男主角。姜大卫、狄龙极力在张彻面前推荐我来做那个主角，他们说我演得比演员还好，他们看到我在现场做示范，他们想说服张彻，他们跟着摄影师龚慕铎帮我试镜，然后拍东西给张彻看。

因为我很崇拜詹姆斯·迪恩[①]，当时的形象也很像詹姆斯·迪恩，我演戏的形象，还是很叛逆的。因为我有叛逆性，比较像艺术家的那种吊儿郎当的性格，然后他们给我一个外号叫法国飞，在香港就是阿飞，就是小太保、小王爷的意思。

临到试镜的前一天，张彻忽然间下令全部停止，不让他们给我试镜，说不会让我演这个角色。姜大卫就问为什么。张彻就跟他们说，吴宇森还是在幕后比较好一点，他将来会是一个导演。

我像我前面所说的，我像一般的年轻人，是一个很迷惘的年轻人，看不到自己，也不会觉得自己会有那份前途，不会有那样的机会。但是张彻看得出我有那个能力，他看得出我可以做一个成功的幕后创作者，他觉得我幕后比幕前会好。如果我一心想做明星的话，我不会成为一个好的导演，他叫我还是专心。

跟随张彻，学习摸索到创新

我跟随张彻的时候，张彻给我另外一份尊重，他从来不会在我面前、在很多人面前教导我一些技术性的还有经验性的电影的问题，他不会在我面前说，吴宇森，这个电影应该是这样这样。

他没有徒弟，他到最后也不会承认他是某某人的师傅。他跟我在一起的时候，因为他对我很信任，他喜欢跟我一起看毛片。他有时候在

---

① 詹姆斯·迪恩：美国传奇演员，他叛逆的形象成为当时“垮掉的一代”青少年的代言人，通过各种反社会行为表达不满，1955 年 9 月 30 日死于车祸。

拍摄的现场，每一个镜头都亲力亲为。当他拍摄到某一段戏的时候，他跟我像朋友一样讨论：吴宇森，如果这场戏是你在拍，你觉得需要一些什么，缺少一些什么？我说，如果有一个镜头可以看到大全景，从大全景摇下来感觉会比较好。好，他就去拍那个镜头，就这样。

看毛片的时候，我对剪辑很有兴趣，他的戏有两个副导演，我是第二副导演，那我主要是给他做后期的工作，因为我喜欢剪辑，所以我跟他看毛片。跟他看毛片的时候，有时他会主动地问我，有的时候他会跟我说，这场戏他希望剪出来效果是这样这样。有的时候，他也问我一些意见，我很大胆，他不怕年轻人大胆地去跟他讲一些意见，他很容易接受。如果他采纳了，好，他就叫我去传达给剪辑组。当时剪辑是郭廷鸿，也是朋友，他的戏剪得很好。我就很喜欢躲在剪辑室，在剪辑室听他的戏，整理他的戏的镜头，帮他传达他的意思，导演的意思嘛。

张彻另外一个创新的地方，不管后来的影响好坏，他提倡配音的制度。这样子的话，他可以让不同省区的演员有一个发挥的机会，有些不会讲"国语"的，比如广东演员，或是四川演员，或是台湾演员，都有表演的机会，他利用配音创造了很多的演员，也出了很多的影帝影后，所以说这个对当时电影的贡献非常大。

我 70 年代有两部戏，跟张彻的题材是比较像的，一个是《少林门》，一个是《豪侠》。我很想拍一部戏像张彻的电影，但是到底都摆脱不了一种模仿的感觉。另外，我觉得我太早成为一个导演，因为我的人生经验还是不够，我有技巧，但是没有人生，人生经验不够。一拍到情感的部分，或者是精神内涵的东西的时候，就往往表达能力很不足。

离开张彻，离不开默默支持

当我说离开他，我骗他说有人支持我做导演，其实是没有。他不知道我离开是因为我在他那堆联合导演里面，我丢失了所有朋友，我不想丢失这些朋友，所以我离开，我不想做总副导演。

因为他对我很信任，他每天拍完戏，他都看毛片，不管看到多晚，他联合导演的戏的毛片，他也要看。他看的时候我跟他一起看，在看的时候他会问：吴宇森你看他这场戏有什么问题吗？我那时太年轻了，就是所谓的不懂事，我是直话直说，我就说这是某某的特性。好，你明天就去跟某某导演说，叫他加油。那我说好，我就去。因为我跟张彻的时候，就好像有某一个地位，外面看起来是，但是我不是，我只是有对于电影的一份热爱。

我就跑去跟那个导演说，张导演说戏里面加一点某某的特性，那就糟糕了，因为听起来很不舒服，以为我在作怪。广东人有一句话叫“鬼头仔”，我不晓得“国语”怎么说，有一点窝里反的意思。后来张彻还叫我做所有联合导演的总副导演，叫其他导演的副导演、制片，所有的报告单、场记单，什么单都统统给我，让我看了以后报告给他。

有人以为我在作怪，以为我在张彻那边说他们的闲话。话传得越来越多，就觉得越来越不对劲。因为我喜欢朋友，我跟每一个都是朋友，后来就变成我没有朋友，因为张彻对我太信任，他的戏有的时候镜头的长短，他也听我的意见说剪短或留长一点，那这样就不好，连带我得罪了很多的朋友。

我就觉得不能做下去，我不能够没朋友。所以不管张彻对我多好，我对张彻多尊重，我都决定要离开。那时刚拍完我最喜爱的张彻的戏[①]，最后一天，我就留了一封信，连夜我就搬离姜大卫给我的宿舍，就跑了。

他一知道之后就很生气，他不是对我生气，他以为其他的人把我弄走。他先打电话问其他的导演，是不是把我弄走的，然后他一个一个叫来，对他们发脾气，一个一个地骂，连带方逸华也在跟他吵。当时方逸华对我还不熟悉，她都不知道吴宇森是谁。一个副导演走了，他为什么发那么大的脾气？他连夜找人，要把我找回来，然后跟方逸华说，不管我要多少钱，都要把我找回来。然后连带姜大卫，他知道我跟姜大卫、

---

① 即《刺马》，张彻代表作，吴宇森任副导演，狄龙、姜大卫、陈观泰主演。

狄龙关系都很好，都找来吵，找来骂。

姜大卫叫我还是回去跟他解释，以免大家，包括其他的联合导演都难过。后来我就回去，第二天就跟张导演道歉。我还是骗他，我说跟他学了很多，我觉得我够成熟，我觉得我有能力去导演一个戏，像午马他们一样去导演一个戏，有人支持我做导演，但是我没有说是跟其他联合导演引起那么多的误会。所以他一听，哦这样，他就很高兴，他就反而高兴，那好。

他当然是希望我回去，他听我这样解释，他才把这个事情平息下来，才让我走。为什么会有这样的想法呢？有一段时期，张彻拍《年轻人》，他平常的脾气很大，他在摄影棚发脾气的时候，我很少在现场，他一发脾气，有人就会打电话到剪辑室，叫我赶快到现场。我一到现场，他一看到我马上能够安静下来，马上没有脾气，他就叫我到旁边，跟我讲讲他下一个镜头怎么拍怎么做。大家都在旁边偷笑，我就帮他处理完三个镜头，拍完一个镜头以后，大家都安安静静的，我就溜掉，然后到剪辑室去。反正他脾气一来的时候，有人就会偷偷地告诉我，他一看到我，就会安静下来。

后来有人支持我，我有一个朋友，有人支持他拍一部独立制片，他的能力还不够做一个完全的导演，他请我帮他做联合导演，那是1973年，我尝试一下，那时我已经离开张彻了。我们两个穷光蛋，有人拿几十万出来给我们拍一部戏，拍一部真正的电影，我那时才二十六七岁。我还在实验自己的能力，我拍了第一部戏。虽然那部戏后来垮了，因为戏禁演，因为暴力的问题，在香港禁演，上不了片，那我就签给嘉禾公司，幸好嘉禾老板何冠昌很喜欢那个戏，也知道整个戏的95%都是我拍的。

再加上幕后有一位张彻导演，张彻跟嘉禾的老板很熟，写了一封信，跟他们讲了一些话，何冠昌也喜爱我的电影，马上就给我一个三年的导演合约，就这样我起来了，我几乎不相信我是做了导演。那是张彻举荐的原因，所以我对张彻有一份感恩的心，他是一个这样的人，他平常不会对你说什么，他默默会给你一份感觉，给你一份礼遇。

就像古时候，一些知识分子，一个古代君子，他就是默默之中有一份惺惺相惜。这种惺惺相惜，他没有告诉我，他不会告诉你他背后曾经帮你多少，他曾经帮你写过一封信，幸好后来何冠昌跟我说的。许冠文第一部戏[①]，导演的戏我帮他的，我幕后帮他，也是张彻写信给嘉禾的老板，说是我在帮忙许冠文，这个戏将来一定会是一个好戏。

我去美国的时候，他只是给我写了一个传真，亲自写了一个传真，叫我用西方的技巧来融入东方的精神，然后不要忘记我是一个中国人，就是把我们中国人的精神放在西方的电影里边，一定会成功的，所以我就是用他给我说的那个方式来拍戏。

跟随张彻，除了他的电影之外，我学了很多，不光是他电影的精神。我学了很重要的一点就是怎么样去处理演员，他爱护演员，我后来拍电影的时候，我也以演员为中心，我非常爱护我的演员。你会注意到我的电影，我拍《英雄本色》也好，我拍以前的喜剧也好，我拍好莱坞的电影也好，我拍《赤壁》也好，我都是以演员为中心。

我对其他的都没有那么多的重视，我也是用张彻挖掘年轻人的方式，想方设法去发掘一个演员，把他的长处挖出来。在片场，我让我的演员受到十分的尊重，我不会让他受到任何的骚扰，我会让演员有充分的时间休息，有充分的时间去培养一份情绪，一份感觉，一份感情。也会听年轻人给我讲一些话，不管他是场务也好，副导演也好，编剧也好，我会听他们的话，我会听年轻演员的意见，听他说想要什么，我会把我本来设计好的一些戏马上改变，来迁就他的方式。这种影响，我觉得是从张彻那学的，就是说拍一部电影，是从怎么样去爱护一个演员开始。

联合导演：对年轻人的提拔

联合导演是因为张彻的年产量非常之多，一年至少两部戏，两部戏

---

① 《鬼马双星》。

太少了，多了他也忙不过来，同时他也想提拔一些年轻导演，跟一些年轻的导演合作。所以那时，鲍学礼、午马、桂治洪，还有好几位都是跟他经常合作的。

每部联合导演的戏，他跟联合导演都有充分的沟通。在维持张彻电影的特色之外，也让另外一些年轻导演发挥他的创意。他跟鲍学礼合作的时候，鲍学礼很喜欢用长镜头，张彻平常是比较喜欢用宽角镜的镜头，还有一个正常用的镜头。比如说特写，拍特写的时候，应该是用七十五毫米的镜头，拍中景的时候就应该是用五十毫米的镜头。但是鲍学礼拍的时候，因为他很懂得摄影，他喜欢用七十五毫米来拍全景，来拍远镜头，把演员的神态拍得更真实，拍得更透彻，这是用长镜头，张彻就让他用。

午马拍得更为仔细，分镜头比较多，因为张彻比较粗线条，从大方向去做，午马喜欢从细节方面去做。但是每到一个重要的大戏的时候，比如说最后的大决斗的时候，张彻要么就自己去拍，要么大家一起拍。

总的来说，都是以张彻的特色为主。但是同时，他让另外一些年轻导演有他发挥本身创意的空间，让他有创作的空间。当那个戏成功了，他就让那个导演去独当一面，去拍他的电影，拍他自己的电影。

我相信这是张彻提拔年轻导演的一个方式，因为当时的制片公司很难相信年轻人，到现在也是。现在你要让一位投资人去相信一个年轻导演的话很难，在好莱坞也一样，好莱坞除非你的确是有某一方面或者是一定程度的知名度或者是成就，否则很难让一个年轻导演去参与，让他去导演一个戏。好莱坞我想用一个年轻人，不光是联合导演，我想用一个年轻的新的美术指导都很难。因为好莱坞也是需要有经验的人才，用年轻人的话，这人一定要出身名门。

有些年轻导演的确是很有才华，很有抱负。按我的理解，我是觉得张彻利用这个机会来提拔或者是支持那些年轻导演，所以才有联合导演的做法。你说是不是早期的一个监制的作用，我觉得也不是从他开始。后来的监制制度，我是有另外一个想法，我觉得是一个很不健康的制度，一个不良的工作方式。

后来在 80 年代,所谓监制制度就是起源于集体创作。这个集体创作,就是说有几个导演在一起,当中有一位总导演,或者是一个监制,一起讨论一个大戏,甲导演提出一个很好的桥段,这场戏你来拍,然后乙导演提出桥段,蛮有噱头,你适合来拍,你去拍。

从当时的流行的所谓贺岁片开始,后来就形成了一个所谓监制制度,由监制来调控,控制年轻导演的作为新导演的创作。我觉得这样很不好。后来这种制度慢慢地消失。在 80 年代,一直到 90 年代初还是有这样的情况。我最反抗监制制度,那这是后来的事情。

《英雄本色》的题外话

1984 年到了我很不得意的时候,1985 年我从台湾回到香港,我在非常痛苦的时候,徐克说支持我拍《英雄本色》,重拍龙刚的《英雄本色》。虽然《英雄本色》是别人写的剧本,不过徐克鼓励我,把当时的真感情写到戏里面。因为那时我变得很狼狈,有人说,我的电影已经不再适合潮流了,过时了。

有人讲这样的话,我后来也没有记在心上,也没有在意。现在重新再讲出来,好像也不应该,但是那时我的确是蛮伤心的。因为我觉得我还有能力拍好的电影,就是没有机会而已。徐克就鼓励我,把我的那份感情拍进去,所以《英雄本色》我觉得是一个友情的故事。本来是讲两兄弟,狄龙跟张国荣,周润发的故事是很小的一部分。

起先周润发也是客串,本来就十二天,后来他的部分越来越强。我就把我跟徐克两人共患难,那份惺惺相惜、互相尊重的友情都写在戏里面,我不把它当成警匪片,我把它当成一个友情的故事。就是讲我们怎么样互相认识,怎么样重视友情,说出那个心声。

到了《喋血双雄》,我跟徐克还是基于一份友情,觉得对朋友有一份真感觉,你必须进入他的世界,了解他,才能够领会,这样去讲一个警察跟杀手的故事。我拍《赤壁》也是,那几个人是我平常朋友里面的几个人，我并不是真正的周瑜，当然戏里的周瑜也是经我考据的，你说真正的周瑜的故事，在历史上也没有多少大的故事。

他跟诸葛亮确实是惺惺相惜的，怎么样惺惺相惜呢？也没有典故。我平常跟某个朋友，我跟徐克有过某一些过节，也是到最后化解了，到最后还是以朋友为重，友情为重，主要还是欣赏对方的才华。

所以我讲我以前跟张彻也没有一种徒弟跟师傅的感觉，或者是雇员跟老板的感觉，只觉得他是比我年长的一个兄长，一个朋友，他是给我这样的一个感觉，我觉得他伟大的地方就在这里。还有，无论《喋血双雄》也好，《辣手神探》也好，其实我是在拍现代的武侠。

《义胆群英》与张彻

张彻这个人呢，他不管怎么样，他有什么难处，他有解决不了的事情，或者是电影创作上的困难，有任何事情的时候，他从来不会求人帮忙。有一次坐车，他要上他的车，他的司机不小心，早关了车门，把张彻的手给夹住了，夹得流血，他不吭一声，张彻就是一个这样的人。所以他拍戏的现场，每一个镜头，即便是一个小镜头，比如要拍一个手的特写，他都要自己拍，自己分镜头。他从来也不跟人家诉苦。他后来在台湾成立了自己的长弓公司，一部一部垮，垮到没有钱了，他也不会告诉你，也不会求人帮助。那么他曾经帮过无数的人，也帮过很多人成名、成功，赚大钱，他从来也不要求人家回报。

他帮了姜大卫，帮了狄龙。他有困难的话，也不会叫姜大卫他们来帮他一把，他不是这样的人。而我们曾经受过他的教导，受过他的帮助，我们后来有我们的发展、各有各的成就的时候，也没有一个人回去，所以我们真该回头想想张彻曾经给过我们多大的影响、多大的帮助。

我们觉得有点亏欠了他，我们觉得有点对不起他。他最后孤独地过，他跟他太太冷冷清清地过他们最后的岁月。后来他的电影不成功的时候，他还一样地拍，没有钱也要拍电影。后来他先去了大陆，拍几个戏也不成功,因为他用非常低的成本来拍电影。

他越来越没有钱,但是他没有跟人家说一声。李修贤就发起了,希望我们给张彻一个回馈,希望大家能够一起来帮张彻拍一部电影,希望给他赚一些钱。李修贤是稍晚期加入张家班的,但他是最孝顺的一个人。因为张彻的钱都给人家,我们听说,他的戏都是给制片的什么钱,我听说的,不擅经营,这样子损失了一些钱,到最后是根本没什么钱。

我们希望帮他拍电影,赚了钱,让他好好退休,因为他的年纪也大了,让他能够好好退休,能够过一个好点的晚年。所以就发动所有一起在张家班曾经做过的演员,义务地帮他拍一个戏。结果这个讲出来,他们几乎都来了,一商议大家都惊愕,原来他帮过那么多的人。

这事也引起了一个新闻,就是这个让大家都很感动,都觉得大家有义务出来帮他拍一部电影,我们就是都不拿钱地来拍《义胆群英》。这个戏连工作人员都是义务,几乎都是义务地来帮他。结果这个戏也算是卖了钱,我们就把那个赚到的钱交给张彻,他没有预料到这个样子,大家都很感动,他也很感动。我们就希望他退休,结果他老人家就拿那个钱到大陆、到上海,继续拍他的戏。我们希望他退休,没有想到他还是拿那个钱放在拍戏上。我们都说张彻这样一个人,他不要人家帮助,他有骨气,他有那份尊严。

分工呢,本来是一人拍一部分,因为我们都是各有各忙,不能够全部集中。但是后来他们觉得大家都有不同的风格,那拍出来,让人家觉得我们在拼凑一个故事,这样就对张彻不利,媒体舆论就会觉得我们好像是在盲目地拼凑一个戏。那么他们为了统一风格,就叫我多拍一些。所以变得后来我拍的比他们还多,他们只是拍一些小的部分。他们希望是统一的风格,这样子。

点评张彻与胡金铨:大开大合与工整写意

张彻电影,我觉得也有一些他可以拍得更好的,鉴于当时的环境,或者是拍的时间，不是很理想。

张彻是一个大开大合的人。他没有顾忌，他是一个很奔放的人，他想到什么就拍什么，他事先不会把剧情控制住。我在现场看他拍戏的时候，他想到什么就拍什么，他想要一份感情有多浓厚就多浓厚，应该淡薄就淡薄，需要奔放的时候他就奔放，他不会计较那场戏的长短。如果他要表达一个动态的美感，用动作来表达的话，那个动作就算穿帮了，打开的时间不对，但是只要那份美感出来，他也照样 OK，他也照样采用。然后到剪辑那场戏的时候，才考虑到那场戏的感觉，才考虑到那场戏的镜头的长短。有的时候他故意就让它长，长得没有道理。所以你会觉得有些镜头，比如慢镜头是不是太过分了，是不是用得太过了，你会有这样的一个感觉。

我对胡金铨也是非常敬佩，我也很喜爱他。我觉得胡金铨拍电影，他拍得很工整，因为这是他对电影的要求。他对电影的语言非常熟识，他对电影的要求，除了是电影之外，还要是一幅画。所以他要求每一个画面都是一幅画，他的视觉效果很优美、很传统，同时也很诗意。但是这样往往就会，他的感情有的时候也会太过要求像一幅画，就是有所节制，有的时候是点到为止。

因为他要求每一个部位、每一个环节都有一个节奏，这个节奏就来自他心目中的音乐，他心中所想的音乐，所以他的电影你会觉得他的剪辑很成功，他的电影有一个蛮强烈的音乐的节奏感，或者是韵律感。

所以张彻跟胡金铨有很大的不一样，并不是说哪一个是缺点，哪一个是优点，就是感情的表达方式，一个很大度，一个很仔细，说到底是对电影的要求不一样的看法、做法。

我看他们两个人的电影是这样的，所以他们两个在中国电影史上有不同的伟大的贡献。我觉得他们两个人的贡献在于，对后来的年轻人，像我跟徐克这样，就是说是现代的一代人，无论是香港的或者是大陆的很多年轻导演，都有很大的影响。

就我们那一代，我们七八十年代的导演都觉得对拍摄电影的要求是很用心,每一方面都要求做得很有气势,同时也希望能够追求一种美感,还有寻求完美的工作作风。所以我们拍戏的时候要求很严格,在拍摄的现场,我们对演员,我们不会让演员过度地控制。不会像现在有一些人拍戏,明星来控制导演,有一些年轻导演被一些明星牵着走。

做一个真正的电影工作者,拍出一部真正的自己的电影,就是让其他的年轻人能够多一点学习的机会。因为我们对两位导演太敬佩了,我现在有一个看法,就是说不管是张导演还是胡导演,我希望一些年轻人,我们对前辈应该有一份敬仰、一份崇拜。同时,我们作为导演,应该保有一份像他们那样的精神。

(访问:魏君子;编辑:宇木林)

小传:

吴宇森,著名导演,出生于广州,成长于香港。1973年,吴宇森首次独立执导电影。1986年他导演的《英雄本色》获得当年度香港电影金像奖的最佳影片、最佳男主角两大奖项,在台湾金马奖评选中,吴宇森被评为最佳导演。从此片开始,吴宇森塑造出自己独特的"暴力美学"电影风格,后成为首位成功打入好莱坞的华语导演,先后凭借《断箭》、《变脸》和《碟中谍2》等片奠定其好莱坞A级大导地位。2010年秋荣获第六十七届威尼斯电影节终身成就奖。

附:吴宇森在"张彻与电影大工厂时代"论坛上的讲话[①]

张彻导演对我恩惠深远,我虽然待他如父,他却视我为至亲朋友,引导我在电影道路上步向导演事业,对我影响很大。当年张彻导演在邵氏公司身兼重任,举足轻重,但对我等,他的下属及晚辈态度极其亲

① 该论坛于2012年6月18日下午举行,在第十五届上海国际电影节"向大师致敬·张彻单元"《马永贞》一片放映结束之后开场。吴宇森导演因远在美国无法参加,遂写此短文交由徐克,请他现场代为宣读。

和包容，亲如挚友，常以朋友的感觉互交意见，一贯都不会用教导的口吻，只有鼓励及解释。我自己曾经要选择演艺的道路，张导演语重心长劝谏我在编导的路上用功，若非张导演的指引，自己也没有今天坚毅的志向。张导演鼓励我大胆把自己的感情灌入作品里，把生活和创作融为一体，使我得到启发形成我自己今天的风格，对我影响重大。

张导演曾赐我三张书法。第一张书法是我离开他之后在嘉禾公司当导演，那时候每看完我一部作品后，必定用传真把他的意见告诉我，看到张彻导演的手笔多次，后来我请求他赐给我他的书法，他写来两句：宇森有沉潜之长，而余有多高明之失。这两句给我的鼓励及他自嘲的幽默、谦和的态度令我深思自己创作中的强弱之处。另一张书法是当我的儿子出生时托他改名，他写了五个字：教子以义方，所以我的儿子叫吴义方。第三张书法是我去好莱坞拍戏，张彻导演写来一句名言提醒我“用西方技术注入东方精神”。

张彻导演在我心目中是一位君子，他热爱年轻人，他的电影就是年轻人的世界，他尊重年轻人，栽培年轻人，他的做人做事都深深地影响到我们。张彻导演晚年健康欠佳，令我感到当年太早离开他，出去一闯天下，我一直都想拍部武侠电影来纪念他，这个想法一直还在努力中。如今，张导演离我们而去，但是我的心目中他永远还在，永远用他的眼睛看着我们这群学生。我们永远记得他对我们的栽培与心血，他是我们心中永远的一代宗师。

武指武师

刘家良说张彻

2009 年 3 月在香港机场撞见刘家良，惊喜之余，斗胆要了联系方式，终于在 4 月香港金像奖颁奖礼当天约成访问。刘师傅知无不言，有宗师气派，有时客气，但说到具体细节，又明摆一副“舍我其谁”的豪气。

问及张彻，刘师傅言语更不客气，原来当年随张彻去台湾创建长弓时曾有积怨，虽然时隔多年，依然耿耿于怀。如此一来，刘家良说张彻未免主观，但问题是谁又能保证自己所言完全客观呢？我们秉承如实照录和兼听则明的态度，刘师傅固然一面之词，却可能最大限度还原张彻导演的多面性，因为如果看到人和事的多面，就意味着离真实更进一步。

南北结盟创新武侠

我和唐佳很小就认识，在粤语片时候就开始。他跟袁小田，以前袁小田控制整个武行，他的徒弟，石燕子、林家声、罗燕卿这些，打的是舞台打法，五虎堂、四人堂都是一套套的，京剧都是这样，打到各位低头……打得很厉害，但都是不碰到的，表演成分很重，靠自己的反应[①]。好不好看？以前说好看，后面到了《黄飞鸿》出来，就是另外一种打法，比较写实。日本式的就是《穿心剑》、《用心棒》、《盲侠》这些戏[②]，黑泽明这些，有型，一剑就全部倒下去。后来看看有点觉得不对，又变，吊钢丝，《红影飞天侠》[③]开始用这些。后来，我就想怎么变，大家看来看去这些武打都是像唱大戏一样。镜头怎么摆是自己学的，我本人不敢当

---

① 张彻在回忆录中也解释了这一点：“这只要看粤语‘残片’中的‘打北派’，龙虎武师们大致皆承袭海派京剧的武打，动作常常违背武术原理，可见一斑……如‘一字马’（北方叫‘劈叉’）根本不是‘马步’，很难起身变更姿势，完全任人攻击，只是表演可用……暴露弱点，对方很易攻击，更谈不上马步，下盘不稳，照理不可应用于实战。”因此北派在张彻眼里，是属于“适用于舞台，求其花巧悦目”。

② 张彻后来拍武侠片亦显著受日本片影响，如《边城三侠》便近乎全本照抄五社英雄的《三匹之侍》，而张彻本人也承认过：“片中只有三侠，没有边城。”

③ 即《假面忍者赤影》，改编自横山光辉的漫画作品。

这个武术指导，因为他们控制整个场合，邵氏韩英杰，我们很好的朋友，我说不如你来做，他是我叔父辈，我很尊重他，不想爬在他前面。

后来拍《南龙北凤》[①]，粤艺公司的，从那开始。唐佳说林家声来我不做，我说他是师父辈的不好这样，他说不管师不师父，后来还是要拍，我们就想，我南派唐佳北派，拍出来，南跟北很清楚地打出来。那时候还不算打响名堂，国语片我们还没机会拍，他们左派嘛。后来长城公司就找我们，傅奇来找，我们一商量，觉得不行，因为一拍左派就不能去台湾了。后来还是拍他们的片子，《云海玉弓缘》，我们这些武师坐车过邵氏这些公司的片场，都要蹲下低头，不给别人看到。张鑫炎和我说，我拍一部戏，你来指导，我不要以前那种，你好好拍。他们给我一个很好的思想，很有计划，安排得很有条理。我们广东戏哪有这样的？唐佳叫我大佬，他说大佬怎么拍？我说吊威亚，王葆真从场这边平飞过去，打的时候有人升起来，有人拖到地下去。以前是傻的，怎么会这样拍？香港之前都没有！有些把钢丝剪去，刷一下子就到面前，多快……

《独臂刀》助力"张百万"

《云海玉弓缘》这部戏卖得很好，拍三十万，卖六十万，邵氏公司的邵逸夫看了眼睛都弹了出来，他们都是对比的。邵氏要拍新派武侠，当然要找我们了。当时是徐增宏找的我，他比张彻做导演要早一点，张彻拍一部戏给他看，他说："好……把他烧掉。"我们拍第一部是《江湖奇侠》，王羽主演[②]。后来张彻也开始拍片，就和徐增宏说借我们两

---

① 关于在《南龙北凤》中合作武指，刘家良另一版本的口述为："唐佳说，'家良，不如我们两个做指导。'唐佳的师傅是袁小田。我说不好，这方面一向由你师傅做，我们不可以捞过界。他说话不是这样说，那套戏需要南派功夫，他说不怕，我们试试。这就是我第一部做武术指导的戏……我们两人走到一起，有南北的东西看，令人一开眼界，这就形成我和唐佳两个接着搭档做武术指导。"

② 取材自平江不肖生的《江湖奇侠传》，也是王羽第一部做主演的影片，张彻是该片的策划，并为主题曲《爱与恨》填词。

个去拍《边城三侠》，王羽、罗烈、赵雷三侠，拍完之后就抓着我们不放。最重要的是《独臂刀》，叫王羽拍，王羽叫我师父，半师半友，问我断哪只手好看，我说最难的就是左手打，有难度嘛。我和唐佳花了很多时间研究武戏，怎么相克相斥①，怎么破武器，怎么反破，断刀怎么锁住，一出来，好得不得了。张彻从这部开始就得了个称号“百万导演”。

说服张彻拍功夫片

张彻是上海人，就想拍大上海，杜月笙、仇连环，想了很多。他有个很好的徒弟鲍学礼，升他做导演让他拍。我很喜欢陈观泰，他当时还在做武师，我说“马永贞”这个烂仔一定是陈观泰，因为很像，跟张彻讲一定要用他，他说好，你负责跟鲍学礼搞，我们两个就一起拍《马永贞》，拍出来，台湾卖得不得了，陈观泰就很高兴，握手跟我说师傅师傅感谢感谢。

后来我跟张彻去了台湾，唐佳没有去②，他说要稳定下来，台湾不稳定。张彻为什么去台湾？邵氏公司在台湾钱太多了，又拿不出来，要人过去把那些钱花掉。到了台湾之后，他就开始拍《少林五祖》了。我和他说：“张生，要拍功夫了。”“功夫有什么好拍？”我说：“试试洪拳，虎鹤双形，螳螂，蛇形。”张彻说：“不要来这些，难听死了。”我就说试试看了，交一部分给我，我做导演我拍，那部是《少林子弟》，傅声、戚冠军、陈观泰还有打拳嘛。因为虎鹤双形要打弓字形，拍完这部戏我说真是好，他说拍多一部，我说《洪拳小子》，他开始相信我了，再拍就是《洪拳与咏春》。

---

① 1984 年刘家良执导《五郎八卦棍》，亦构思出锁住杨家枪的兵器，与《独臂刀》的创意不谋而合。

② 唐佳留在邵氏后，转为楚原的古龙武侠片做武术指导。

分道扬镳自成一派

当时我和张彻在台湾搞得非常不开心，因为我要帮王羽拍一部戏，他经济出现了问题，我跟王羽那么好的朋友，我说不行的，你一定要和你干爹说，他说我去讲，张彻也没有讲不许我拍，我当然相信王羽了，马上开机了，十万块港币，那时候十万块一栋房子，结果跟张彻闹翻了。但我跟张彻那么多年的朋友，有问题应该和我说，因为我不懂嘛，但他要告我，赶我出台湾，我说："以后都不跟你混了。"他说："你回去都是不行的。"我说："张生，不要欺人太甚。"[①]当时带了很多刘家班人过去，我走之后，都跟我回来了，就剩下我一个弟弟，刘家辉，他走不了[②]，合约在那，武行当时是一个月一个月签的，他是几年一签。

张彻给我一个很大的刺激，为什么朋友也都这样？我说我要拍一部好过你。我在台湾拍谭道良，跟我很好的朋友，他说他准备去美国发展，我说我没戏拍也过去，他说好，两兄弟美国打天下。正准备去，方逸华打电话过来："回来吧，不要生气，到公司我们聊一下。"我说不谈，她说明天叫车去接，请我吃饭。她说张彻和你是两件事情，你是和邵氏签约，不是和张彻，你拿的钱是我们邵氏的。我说这样好了，我和邵氏公司解约我不做了，她说不好这样，你看邵氏公司多大？这么多厂，做导演吧！我说我不做。她说你行的，我算钱给你，我说七万块。她说不行。谈了很多次。我说我一定走，去美国。我太太跟我说不行，你走了家里怎么过，孩子要读书，每个月都要给钱，还要等你寄钱回来，怎么办？我只能低头。

---

① 但在张彻笔下，这又是另一段截然不同的说法："我想我并未压制他做导演，家良心里是完全明白的！但他也同李翰祥一样，是个有权谋的人，他明白若不以我为敌，很难摆脱'张家班'的阴影，而独树一帜，不免如午马、鲍学礼的情况。于是他一回香港，便处处摆出和我对抗的架势，并交结一些听一面之词的人如林冰，推波助澜。"

② 张彻则声称当时为尽早让刘家辉回港，"特地为他跳拍赶戏，却说成我扣住家辉不放，家辉本人也明知而故意反过来说，都对我很不公平"。

一个武术指导怎么可能做导演呢？先说写剧本吧，我说有了，我以前有三个剧本在邵氏公司，因为张彻叫我去台湾，答应给三部戏我做导演，但如果让我写剧本，那就是在为难我了。后来我跟倪匡坐下来聊了三个，一个《神打》[①]，一个《陆阿采与黄飞鸿》，一个《的士》，《的士》就给姜大卫拍了。方逸华说开拍，我说拍《神打》，她说很久了喔，打电话叫人翻那部《神打》剧本出来。一拿出来，就说明天开工吧，演员都没定，我说不需要明星。我从制片那里走过来，有两个人跟着，制片说师傅应该先找演员，我说很容易，一看汪禹蹲在那里赌钱，汪禹当时只是在李翰祥的电影里做一些咸湿皇帝仔[②]，我说这个吧，汪禹望着我，他不认识我。制片说没景喔，我说拍露天，临时演员八十个，汪禹一个，拍一场求神求下雨……如果不行就算了，炒我鱿鱼。我拍了三十二天，然后试片，邵逸夫打电话给我，叫刘家良马上过来，我说死了，他看毛片嘛，我和曾志伟[③]他们说："你们这帮家伙，以后就要小心了。"曾志伟说："大不了一齐走咯。"我之前从来没有见过邵逸夫，他说哎呀拍得真好啊，我说你为什么看着会觉得好？他说我看电影看了不止五千部，你的东西，我从来没看过，从来没想过，你现在给我看，哇，好得不得了。回来和曾志伟他们说去买啤酒，三十六天拍完，马上开多一部《陆阿采与黄飞鸿》。老板问给你什么人，傅声好不好？我说我不要明星，那你要谁啊？我说我想找我弟弟拍，刘家荣[④]？我说不是，是刘家辉——我要把兄弟

① 张彻在回忆录中称，《神打》他亦有份参与："我'放'他（刘家良）回香港，并向邵氏推荐，足以证明我的善意；事实上，他第一部导演的《神打》(1975)，是我为他约了倪匡一同谈剧本，他原本是肯定神打的，后来拍成否定神打的喜剧，也是我出的主意。"

② 指汪禹在李翰祥的《北地胭脂》中饰演同治皇帝。

③ 曾志伟初做武行时，便是被刘家良带往张彻在台湾成立的长弓公司，而曾志伟亦称刘家良将自己视为他的近身。

④ 刘家荣首次为张彻片做武术指导是《十三太保》(1970)，后来还参与了《马永贞》(1972)、《年轻人》(1972)、《水浒传》(1972)、《少林五祖》(1974)、《荡寇志》(1975)等片的武指工作；而张彻支持狄龙及姜大卫执导《电单车》和《吸毒者》，刘家荣也是武术指导之一；80年代后，刘家荣还为张彻两部"群星片"《上海滩十三太保》(1984)及《义胆群英》(1989)设计武打场面。

从台湾救出来。老板说在长弓喔，我说那我就不拍了，他说好好好，我说："他回来马上拍。"结果三天马上回来了。

（访问/编辑：魏君子）

小传：

刘家良，1937 年 7 月 28 日生于广州，其父刘湛为林世荣的亲传弟子，即是黄飞鸿的徒孙。刘家良九岁便随父习武，1950 年加入影坛，因父亲是关德兴版"黄飞鸿"片的武术指导之一，因而在这些作品中当过龙虎武师，1963 年的《南龙北凤》是他首次担任武术指导，并与唐佳成为拍档，后得张彻及徐增宏赏识参与武侠片的武指工作，尤其为前者设计了许多经典的动作场面。1975 年独立执导《神打》，继而又导演了多部硬桥硬马的南派功夫片，其中《十八般武艺》获第二届香港电影金像奖"最佳动作设计"提名，在香港影坛独树一帜，人称"功夫良"。

曾志伟说张彻

曾志伟是香港影视娱乐界多年不倒的“奖门人”，导演、演员、编剧、制片，仿佛为电影行业量身打造。这如鱼得水的一生，从加入邵氏担任张家班的龙虎武师开始，有心人若加以留意，还能从那些被修复的邵氏电影里，找出他瘦小的身影。

武行的恩人

他是我们武行的恩人啊。因为张彻跟方逸华是过不去的嘛，张彻说：“我明天要八十个武行。”方逸华就问：“有那么大场面吗？”张彻说：“有有有！”好，八十个武行就去吃早餐那边等着，张彻说快收工了，“来来来”，八十个武行走过镜头，收工，去领钱，张彻是这样子的，很疼武行。所以武行每一个人对他都很投入，只要张彻的戏，大家都拼了，你要怎么摔怎么打，骑马，往城门摔下来，都去。就跟后来的洪金宝一样，养兵千日，用兵一时，你天天待在那边没事做，最后要你拍一个要命的镜头，就这样。我很幸运，这些我都跟过。

悭吝的老板

他帮邵氏打工的时候啊，帮我们拿的福利是好得不得了，他自己做老板的时候，我们惨了，原来打工跟张老板是两回事。我最记得我们是6月6日去的长弓①，“断肠时”啊！我住的那个房间，所有人都睡在客厅，一张床铺、一个塑胶柜，好像医院一样的，我就跟刘家良老婆的弟弟，我们两个住在一块儿。我那时比较有钱，就买了个录音机，买了个风扇，但是那个风扇太小了，放在中间只吹到每个人的一半，头都吹不到，嘎嘎嘎嘎，好惨。我们那个窗户也打不开，为什么呢？一打开，顶到隔壁那个墙壁，所以只能打开那么一点点，好热。狄龙、姜大卫住华美

---

① 即张彻成立于1973年的长弓影业公司。

大厦,多漂亮!我们就住通华街,很惨!我们就写了一首歌:“回去吧,留在这里有什么用,还不是没有冷气用,还不是袋里空空。”

长弓那个年代,发薪水最后三天,就要去当东西了,当到最后,单车也拿去当,最后把家里的电话割去当。谁拿去呢?剪刀石头布,谁输谁拿去当。乒乓一剪,戚冠军输了。他说我是明星,不好看啊。管你什么明星呢,你输了你就去,要不然晚上不要吃宵夜——当了我们晚上才可以去吃点东西。因为我们平常都是吃大锅饭的嘛。我试过一次晚回去,饭大家吃完了,叫我们那个师傅。“老师啊,我还没吃饭呐!”“留两块给你,汤都喝完啦。”我说:“那怎么办,有汤吗?”“哎,我弄碗汤给你喝。”他就弄了碗汤出来。哇!怎么会那么好喝?因为看不到里面的料,我就问这是什么汤。“还有什么汤,酱油汤啊!酱油蘸点滚水不就喝了嘛。”就是很苦,苦到什么程度呢?上午出去喝咖啡,如果我们说“喝咖啡啊”,“好!”大家马上用跑的,为什么呢?跑第五个,就没得喝了,因为四个一部计程车,一个人坐不进去,第五个就没得去了。我生病,我们十三个武行过去,十二个去开工了,钱加起来都不够我去看医生。

我后来回来了,为什么?我跟冯克安还有另一个人,我们打了一个有钱人,这个有钱人有个马仔,他哥哥是警察,现在的说法就是副局长,他出了赏红:谁抓到这三个,不需要有罪,抓他回警局,就三万块,那个时候三万块很厉害的!我天天在躲,最后就求刘家良带我们走①,不要薪酬我们也走,“带我们走啦”。

我第一部拍张彻的戏是《哪吒》,我演傅声的弟弟木吒,我们香港武行跟郭追他们台湾武行打过架,在邵氏,约了在工地打架。他们说,不要以为我们台湾人来到这里跟你们争饭吃,来吧,谁怕谁,可是不好意思,因为我们在香港,喊个一百两百人多容易啊,他们人在他乡嘛。开

① 刘家良原为张彻御用班底,张彻组长弓公司时亦跟赴台湾。但不久后两人即闹翻,刘家良回香港重投邵氏。

始大家吵得很厉害，后来我拍《金燕子》也找他做动作导演，睡都没得睡，但合作愉快。

（访问：魏君子；编辑：秦五）

小传：

曾志伟，1953年4月14日生于香港，原为职业足球运动员，后加入邵氏成为龙虎武师，追随张家班踏入电影行。曾志伟后任编剧、导演、制片人，台前能作诙谐表演令人捧腹，幕后能度幽默桥段起死回生，是电影界绝不可缺的人才。曾获第十一届香港电影金像奖最佳男主角奖（《双城故事》），并凭借《甜蜜蜜》（1996）获第十六届香港电影金像奖及第三十五届台湾电影金马奖最佳男配角奖。参演过张彻执导的《哪吒》（1974）、《少林五祖》（1974）、《洪拳小子》（1975）三部戏。

忘 年 故 交

徐克说张彻

张彻在《回顾香港电影三十年》里，用“才华横溢”、“自具风格”、“领袖风骚”来形容徐克，直称：“这部片(《蜀山剑侠传》)在‘嘉禾’是刘亮华以独立制片人身份拍的，她携邹文怀之命来问我意见，我极力赞成，并认为徐克是拍这部小说的第一人选……徐克完全只拍原著的精神而不为其故事拘泥，而想象之瑰丽雄奇，直逼还珠楼主本人，实在是中国电影中的一部杰作！”

而被张彻封为“武侠电影第二代掌门”的徐老怪，则对武侠宗师满是高山仰止的崇敬。李仁港曾多次回忆，某次一香港官方电台搞了个香港经典电影选举，张彻导演作品无一在内。未几，张彻召开小型记者招待会，邀请徐克等人出席。“魔教教主徐克难忍怒火，率先出剑，招招狠辣，把那个所谓经典选举骂了个狗血淋头。在这平反大会进行中，我看着久经战场的张导演一脸慈悲，心中领情，把教主徐克和我拉到一旁，在纸上写了几句跟徐克说的话：‘你、我和仁港是武侠片老、中、青三代，几时可合作一次？’徐克凛然接命即回复：‘随时可以。’”

张彻与徐克，恰如古龙笔下豪气干云的大侠，英雄相惜，相识恨晚。

张彻电影是青少年成长的浪漫精神体验

电影圈永远有张彻。我觉得张彻最重要的一点，是在我们十几岁的少年时期，给我们一段很长的中国电影的体验，这种体验跟过去我们看胡金铨导演也好、李翰祥导演也好的体验，是不太一样的。到张彻电影的时候，他完全是另类的。这种另类对我们来讲，是成长中激励人的某种冲动。我觉得里面的浪漫，跟我们青少年成长的一些情绪常常很像。长大之后，也许经过年纪、生活的体验变化，我们看他的电影或许不是那么认同和深入，但我们还是很怀念，他带给我们很强的光荣的回忆。

我小时候看张彻的电影，最早有印象的是《边城三侠》(1966)，那时候我十几岁。我记得《边城三侠》当时画面的开场，就是三个英雄跟骑兵打的一个慢镜头。看到三个人物都很大块头，感觉很特别。看《独臂刀》(1967)[①]的时候就觉得太好了，终于看到一部中国电影、武侠电影让你很兴奋的。因为以前我们看很多武侠小说，听很多武侠故事，可在电影里面看，很多时候我们还是要把它联想到我们的一些阅读经验，因为基本上银幕没有给我们东西。那看到《独臂刀》的时候，就觉得把以前的阅读经验放下来，我们完全以电影的角度去看，也是带来了一个完全不同的体验。所以那段时间对张彻就开始有什么电影，就看什么电影了。

我觉得张彻走的是一个很突破、很创新的路。胡金铨导演走的路，是比较让我们返璞归真，回到中国的传统文化上。张彻导演的作品有时候会让你感觉可以是世界的，不光是中国的，但是胡导演的一定是中国电影。因为从戏剧人物的描写和故事的结构，张彻的戏给你的感受就是很强调这种人物的感觉。也许胡导演是做很多历史资料搜集和研究，那张彻导演就比较自由，感觉是应该怎么样就怎么样。他拍清装的话，也是长头发，不理历史的。

我记得我们那时候看张彻导演的电影，就是连他镜头怎么用，我们都差不多很熟悉。姜大卫出场位怎么样啊，狄龙出场位怎么样啊，音乐是怎么样啊，我们基本上很熟悉的。但张彻导演有个很有趣的习惯，他的音乐老师[②]用同样的音乐，没变过。服装他也许也没怎么变，而且所有的主角都是白衣服[③]，连死的时候都是白衣服。逃不掉那个感觉。我觉得这点就变成他必然的一个语言，所以对我们来讲是一个很大的学习过程。我们在那段时间看电影，就基本上体验了张彻给我们电影的一个感觉，体验张彻给我们精神的一种状态。在张彻电影里，他给我

---

① 胡金铨的把兄李翰祥曾言："我看过《大醉侠》(胡金铨导演，1966)，也看过《独臂刀》，以制作来讲，《大醉侠》是胜过《独臂刀》的，但以故事的完整、情节的感人来说，那《大醉侠》可就望尘莫及了。"

② 张彻电影的配乐人多为王福龄、陈勋奇。

③ 张彻曾说："京戏的人物和造型，其实颇为'现代'，我拍武侠片深受其影响，我的'白衣大侠'，是受京戏武生造型和旧小说'白袍小将'的影响。"

们不断地重温我们成长过程中的某种感觉。

才子与分析家张彻

我们这批导演,我跟吴宇森不太一样,吴宇森还跟了张彻,我根本就像他的粉丝。最早邵氏找我,其实当时我有点趁机会去认识几个导演,我就说我可以跟三个导演谈吗？一个是楚原导演,一个是李翰祥导演,一个是张彻导演。我见了三个导演,问他们的看法。张彻导演给我一句话：你不用急,慢慢来。那我理解他的意思应该是,我不一定要这么急加入邵氏,我可以在外面锻炼一下。我是这样解读他这个意思,那我就出去。

我接触最多的导演就是张彻。胡金铨导演我足足接触了一年,李翰祥导演我接触过好长一段时间,但张彻真的是一直都跟我们有关系。比如说我们有时候会通传真,有时候我去找他,我觉得这里面都很有对他的一种尊敬,和我们对他的一种亲切感。所以我有时候在他家里会看到狄龙,看到他以前的一些做事的弟子、演员。

当时我跟黄霑一起去张彻那里。黄霑和他很熟,一直跟他有联系,因为黄霑觉得他就是一代才子,在电影里面他有一种影响,无论策略还是文采,他都是一代才子。黄霑说张彻是个很厉害的分析家,他在策略上是很有见地的。所以平时我们听他讲话都很小心,很多人以为他讲笑话,其实是在讽刺某种事情。比如说他有次在金像奖颁一个奖。他讲了一段话,说因为颁奖都是一个小圈子的决定,所以没有找到更公平的方式,他也无可奈何之下做这个事情,大概意思是这样的。当时听了我觉得,他能够讲这个话实在是很有风范。因为很多人来参加这个活动,其实没有真实讲出,我们来参加这个活动干什么的。他笑着讲——而且他的广东话很怪的,很高音。所以我第一次见到张彻的时候有一点不习惯,因为他讲的广东话几乎是京剧里花脸丑生的声音。所以我后来就习惯他每一次讲话,都很小心地听。我就跟黄霑讲,其实他这个耳朵是不是真的听不到大家在说什么？真的是他猜我们在讲什么？他有一些讲出来的智慧可能是试我们。由于他的讲话跟我们说的话可能没有直接关系，所以他讲出来的东西都带有哲学性。另外他都是有一点讽刺、提示。黄霑就说，其实真的很难说，张彻导演喜欢听的话他就听得见，不喜欢听的话他都听不见。

《义胆群英》与晚年

回来再见到张彻导演的时候，我就觉得有点担心他的身体健康。我一直都觉得我们需要多珍惜跟他在一起的时间，去了解他、去从他身上学更多过去我们也许在银幕上没见过的一些他对人生的体验和看法。张彻导演讲话都很有智慧的，也许他带有某种讽刺性，带有感受。那我们觉得这些都是一个老前辈给我们这些后来的导演，带来很多启发跟很多帮助。

后来张彻晚年我们去看他，他已经既不能看，又不能够听。我觉得张彻可能真的被李白“天生我材必有用，千金散尽还复来”这两句话影响，所以他一直都很好奇地做电影，其实相当于一直都没有退休，一直在搞很多的剧本。1989 年有部纪念张彻从影四十周年的戏，叫《义胆群英》，我是监制。这个电影发起是因为两个因素吧。第一，我觉得来这么多人，是去谢一次张彻导演，因为他给我们这么多电影的记忆，打开了我们很多人对电影的机会和可能性。第二，也希望这部电影能帮助张彻导演，回馈他一些经济上的好处，希望他能够用这笔钱支持他往后生活上的一些费用。可是我们发觉他很快把那个钱又投入拍电影了（笑），好笑吧？就觉得我们的老师就喜欢电影嘛。我们当时还让他做《义胆群英》的顾问，希望一来对他多一点接触，二来希望能够继承他的精神。我们问：“张彻导演，你看过我们的剧本没有？”旁边那个助理说：“张彻导演已经不能够看东西了。他这样看的。”我们就说，好好好。我说，我们拍个电影给你看，希望你给意见，告诉我们其实应该怎么样怎么样。我们还是很想跟他在创作上、在生活上有保持联系，给他感觉到他跟我们在一起搞电影。张彻晚年的时候，我每次去看他都带一盒雪茄，我不知道这样做是应该还是不应该。因为他身体那么糟，我还带雪茄给他，那是致命的。

后来张彻去世了，我那天在他灵堂上看到很多人。我记得邵逸夫、方逸华都来了，包括张彻晚年邵逸夫给他做的事，我觉得邵逸夫还是挺念旧的。

冯克安跟我讲，张彻最后一句话是问他，他是不是安乐死？那我们自己说，其实他有这么多弟子，而且他也是病拖这么久了，我不知道他最后感觉是什么，应该算是一种安乐死。

弟子改朝换代　电影感觉不同

不管成不成功，张彻其实开拓了很多题材，尝试了很多不同的类型，可还是带着很重的张彻班底的特点。我记得《年轻人》(1972)都是姜大卫、狄龙他们做大学生。我当时觉得不大像大学生，有点像邵氏公司训练班里面的。我们觉得张彻拍现实题材的时候，就有点怪怪的。

无论是《死角》(1969)也好，《小煞星》(1970)也好，《年轻人》也好，他带给我们的感觉就是邵氏环境的世界，并非外面香港真实的世界。其实从真实感来讲，过去的电影里我们常常会感到电影是电影，真实感是真实感。直到电视台出现电视节目后，我们才开始把这两者联系起来。因为电视台里面的长剧都讲一些我们平时生活里面的环境，比如酒店什么的都很像，因为他真的在酒店里拍。可是邵氏有时候拍一些电影的话，也许就搭景，也许演员就是找一些邵氏里面的演员。所以我们所理解的，我们的香港世界、真实世界就是邵氏公司，理所当然张彻导演拍的时装片就是邵氏的世界。比如说当时张彻导演也拍过《报仇》(1970)、《马永贞》(1972)、《仇连环》(1972)、《四骑士》(1972)，在日本拍过《恶客》(1972)，然后拍过现代的戏。那我觉得他是那个世界的。我们看的时候，就是看张彻怎么看香港，张彻怎么看我们的世界。哦，张彻是这样看的，所以很不一样。

他分了几种类型，一种是古装的，另一种是他的世界的香港，另一种我认为非常有代表性，像《报仇》，包括《刺马》(1973)当时也是相当不同的电影。他把这些有心理层次的角色放到他常用的演员身上，带出不同的表现形式，而不是历史是这样说的就一定这样拍。我们记忆里面，张彻导演给我们很多不同的体验，包括也许不喜欢、也许不太熟悉、也许觉得记忆很深刻的一些电影。

其实我觉得他去了台湾以后，他的格调还是保持很具突破性的，可是带给我们的故事不太一样。我记得《少林五祖》(1974)，还有《八道楼子》(1976)跟《八国联军》(1976)，就不太一样，不知道是不是因为后来狄龙、姜大卫没有跟他走。梁家仁跟戚冠军跟他走了，陈观泰也跟着去了。所以后面的戏就很奇怪，就不太一样。也许是因为张彻导演这么多年留下来给我们的印象，他的代表就是狄龙和姜大卫，然后他当然有戚冠军、陈观泰这些多少算成功的。只不过后来他的电影里少了狄龙和姜大卫，陈观泰好像后来也很少在他的戏里出现。开始我还觉得好像很怀念张彻过去的作品，然后张彻又回到邵氏去了，又出现郭追、江生他们一批弟子，又完全不一样。那批又是另一种不同的张彻阶段的戏。

风格不变　片场即世界

以前我们是张彻导演的纯影迷，其实到郭追那个阶段，我们也差不多成长了，也开始拍电影了。所以看他电影的时候，就有一个不同的体会，但张彻导演依然是保持他过往的风格。那我们感受跟年轻的时候就不太一样。他很多剧本，他特别的一些感觉尤其是暴力美学，是让你无论在画面看到还是潜意识，都在暴力方面有一定强烈的程度。所以很多时候看他的电影，就一定要撑得住对男人肉体上的摧残，必须要承受得住。后来他到内地拍一些电影也保持这个东西,也相当暴力,挖肠啊、拉肠啊……对一般的家庭观念来讲,很多东西其实都是很大的挑战。所以其实连贯下来到后面,我们觉得好像我们也到了一个年纪,看张彻导演的作品时,觉得很怀念他过去一些电影里面的浪漫感,后期这种浪漫慢慢不是那么强烈了。

张彻导演将近拍了一百部电影,但是风格呢,基本上是不变的,我觉得这跟他的习惯有关。因为那个年代里录影带实在很少,电视是后面才出现。他们拍戏时,特别张彻导演这么忙,他呆在片场多过任何地方,所以他给自己的真实世界,就是电影里面的真实世界。所以我觉得他一定有他的一种表达自己的方式,可能是他很投入自己的一个世界里面,他看的东西就是这样子的。现在其实因为我们参考过前辈的一些经验,创作上一些成败,我们也从他们身上学到一些提醒自己的东西,我们尽量是为自己的电影创造推进和发展。但张彻导演给我们的感觉是,那一代的导演片场就是他们的世界,所以我不知道那个感觉应该是羡慕还是什么。我觉得他可能会面对将来一种现实的挑战吧。因为你看很多导演,哪怕是外国电影的导演,在自己电影的片场,都是活在自己的世界里,不断拍他自己所想到的东西。他所想到的也许一直就是每天看到的一些演员、一些布景。从这点而言我觉得对我们后一辈的导演来讲,我们从他们身上吸收了很多特点,就是我们在片场里看到这样的东西,在现实里看到那样的东西。然后我们在他的作品里,看到我们有多少自己的东西,多少是他们的东西。这些都是上一辈给我们很珍贵的经验。

细论张彻佳片

我觉得张彻几部电影都令人印象深刻。《铁手无情》(1969)我觉得很干净、很简单,人物塑造很成功,而且开拓了一个后来很多人模仿的模式,就是一些小人物其实都是大反派。还有就是当时看的时候感觉很强的《报仇》。这个戏一直有很多人想重拍,可是当年的《报仇》是民初军阀时期那种英雄对付军队、提防军队的故事，很浪漫，其实很有上海滩的感觉，我觉得它开辟了一个很不一样的路子，对我来讲是一部很突出的电影。那《独臂刀》当然也是。可是《独臂刀》现在很多人看，也许未必知道我们当年看时那种很强烈的感觉。我们现在看《独臂刀》可能觉得有些紧，觉得有些打斗和表演方式可能已经给人家超得太多了。

我很喜欢《独臂刀王》(1969)，应该讲比《独臂刀》还要喜欢，还觉得好看。因为我觉得《独臂刀王》带给我们体会英雄人物他自己那种行欲止而风无停的感觉，就是觉得自己想过平常人的生活都不行，因为江湖上充满了他要拔刀相助的事情。而他也不能害到别人，所以他隐姓埋名。结果还是牺牲了很多人，最后在那个戏里面是武林跟江湖的纠缠。我不知道是张彻体会到影圈还是社会、年代给他的这种感觉，很感慨，很苍茫。因为我太喜欢《独臂刀王》和《独臂刀》，所以《新独臂刀》我局部喜欢，总感觉它是代替我很喜欢的东西的一种文物。我觉得还是先入为主，以前那个对我来讲距离拉得比较近。

还有《仇连环》(1972)我也喜欢，它更干净一点，而且里面有爱情。要从张彻电影里面看到爱情，很难，特别女角色在张彻导演的戏里真的很少看得到。《恶客》(1972)他做了很多描写女性的东西，我觉得他很吃力。就是《仇连环》里面还有一个比较接近我们的女性角色，这个很少见。

印象深刻的还有《水浒传》(1972)。《水浒传》是我在美国看的。我记得我去美国念书的时候，心里很空虚。我觉得我要离开香港电影几年，没法再有机会看香港电影。第一年念大学的时候，我就去了纽约，第一件事就是在唐人街里面看电影，看的是《水浒传》。人在异乡，当时我就很兴奋，觉得哎呀，终于看到一部香港电影，还是张彻电影。

从《独臂刀》到《刀》

我记得当时我看《独臂刀》的时候，我很兴奋。这给我一种中国新电影的感觉，中国电影有了一个新的空间、风格和路线，我觉得这是一个很兴奋的路线。这个电影给我这么深刻的感受跟影响力，我就很想把这种感觉拍成电影。可是因为我不能够照搬拍《独臂刀》，而且我觉得版权也有关系，就干脆把它叫《刀》(1995)。我觉得这里面完全充满了我童年看他电影的某种感觉，我是把这种感觉放到电影里面去。

因为以前我在纽约的时候拍纪录片，我觉得纪录片的手法拍电影是很有益的。可是，用纪录片的手法去拍电影很耗时间、很耗胶片，而且也很耗演员的精力。因为演员要不断挖掘人物在一些处境里面的真实感觉，反映成一些故事片断里的某种感觉。他不一定靠对白，也不一定靠视觉上的帮助，他可能就是人本身的一个基本原型。所以挖掘那个东西出来很花时间，而且在演员身上可能要做很多工夫，我一直都很想拍摄这种感觉的东西。后来有机会，我觉得我可以试一试，把一部武侠电影拍成一部纪录片的风格，就尽量去这样做。虽然《刀》未必是很纪录片，但已经摆脱了我一贯的一些习惯。当时我拍《刀》也遇上很多困难，因为这样对摄影师很不利……摄影师是第一次做摄影的，是从摄影助手变成摄影师的金星[①]。

当时我对金星说你应该从纪录片开始拍，他就很担心。他说这样子感觉好像抓不到，变成不会拍电影、乱拍一通这样子。所以当时我也遇上困难，变成很多纪录片的手法没有再跨进一步把它强化，但是我已经尽量这样去做。比如说我让演员去演，然后我叫摄影师去找演员演技的各方面。我当时用一个耳机跟他讲话，你看谁在演什么，你尽量过去那边找焦点。然后这个戏拉回来，看谁在演什么，这样来控制拍摄的过程。那演员方面我也尽量说，好，我给你对白的大概意思，可我不是给你对白。比如说你进来肚子饿，三天没吃饭，你大概想说其实你不喜欢吃牛肉，你心里还不介意吃牛肉，进来做这个事情。那演员后面也很担心，因为他不知道自己讲什么。

其实那个体验是挺好的。我一直都有这个想法，正好是有这个机

① 即姜国民，又名姜国文。

会可以让我试一试。比如《笑傲江湖》(1990)、《黄飞鸿》(1991)、《东方不败》(1992)不能试，那个是已经拍过的、留下来的一个系列。如果用纪录片拍的话，观众看可能会觉得很奇怪，说这部电影怎么会变成这样子？是不是这个导演发神经了？或者怎么样。可是如果完全一个新题材的话，你就可以去尝试一下这个手法，再让观众去体验，到底这个感觉是什么样子的。

我不知道张彻有没有看过《刀》。可能我不敢问他吧，因为实在很多元素是从他《独臂刀》来的。

论张彻的贡献与影响力

我觉得导演是很难看到自己的。导演就是无处不在的一种精神力量。如果到现场去，整个地方就是一部电影的一个概念、一个灵感及发展出来的创作。所以我不知道导演是一把声音、一个人，还是基本上就是一个很大的推动力在做这件事。我觉得导演真是很难定义，哪怕你拍一部小电影都可能有很大的影响力。我觉得很多导演都是从第一部电影就开始影响到很多人，那算他是大导演还是小导演？是以成本来算呢，还是影响力来算呢？论影响力的话，我觉得跟成本无关。如果跟成本有关的话，一定要投资成本很大，做成一个预算很高的导演。

因为我没在邵氏做过，其实我并不真的了解。我想其实在邵氏，有很多新导演或许不那么容易能够做到这个位置，然后你保持那个位置也不容易。很多导演拍了第一部之后就没有了，消失了。因为导演还是要很好地控制预算，发行还要可以回收，并且邵老板要对他有一定的喜爱，他才会为之拍下去。我们看到张彻导演、楚原导演、李翰祥导演，都是当时在奠定邵氏电影的质量跟影响力上，有很大的功劳。其实像李翰祥导演应该是很早的，然后是张彻导演，然后是胡金铨导演，然后是楚原导演。这些都是能够说代表一个时代的电影创作的很强的一辈人。那其他还有很多，类似龙刚啊，周诗禄啊，类似拍很多不是邵氏电影的王天林，他也拍过不少得奖而且观众很记得的电影。那换句话说，其实我们当时感觉到这些导演就是可能代表那个年代。

我觉得李翰祥确实是拿下了我们年轻时候的一个符号，他的确给我们一个很强烈的中国电影的感觉。但张彻导演改变了我们所熟悉的武侠片，他走阳刚路线，其实就有几个很大的贡献。第一个贡献，他栽培新人。他把很多我们不熟悉的面孔搬上银幕，用他电影的魅力把这些新人变成明星。这是最大的影响。现在这些明星还存在我们的电影里，还是给观众一定的印象跟影响。第二，我觉得张彻导演最大的贡献是他把武侠电影带到一个很不一样的风格。其实他让观众感觉到，这些演员在体能上、外形上有很强的一种中国男儿的感觉，跟过去不太一样。过去就很强调一种明星的样子，这些张彻的弟子、演员，都是告诉你他们可以打得很厉害。至少他们不用很费力地打，无论是陈观泰、傅声还是戚冠军，我们都感觉到他们是很有本事的。他等于是把武侠电影带到一个很不一样的表现方法，而且带给我们一种男人之间很浪漫的男性情谊，是那种类型电影。从这里来讲，好像就没有可以能跟他比较的导演，如果要比较的就是吴宇森导演①。

《英雄本色》与张彻电影的真诚与热量

我觉得甚至现在来看的话，在其他的电影里面，我也许都能找到张彻导演的一些痕迹。其实张彻的电影里面，男性的浪漫、互相的友情、两肋插刀的那种感觉是很强烈的。无论他拍历史题材也好，现实题材也好，他的男主角常常给我们感觉那种对生命、对友情的完全投入。这点上，我觉得为什么当时我们拍《英雄本色》(1986)就是……其实当时没有特别说去模仿这种情怀。其实当时我们觉得，那个年代里面缺乏

---

① 张彻在《回顾香港电影三十年》中回忆：“他(吴宇森)后来自己导演的影片，尤其是‘英雄片’虽不无我的影响，但至少也是青出于蓝而胜于蓝……黄霑写字条给我：‘(《英雄本色》)拍得极其悲壮，犹如你以前的盘肠大战，不过是现代化的枪战。’”

一种自我牺牲的东西。因为很多时候我们看到很多电影都是去占别人的小便宜，没有说我担当起这个挑战，去做这个事情，然后为了一个事情我牺牲自己，没有。当时我们好像很久没看到这种电影，其实很久没看到张彻导演的电影。

所以我们拍《英雄本色》的时候，原来的原型是龙刚导演的《英雄本色》，其实我们拍出来的东西是张彻的元素。当时看了之后我们就觉得很满足，当然吴宇森也很满足，因为他把他自己最强的能量建立在他的《英雄本色》里面，很满足。我记得在看试片的时候，很多新艺城的同事还说，这个电影可能不行。因为它不够像一些同类电影里面那么刺激。比如说，同一类型的电影里面可能表现很野蛮的男性挑战什么的，就你们的电影里都这么斯文，穿风衣还戴墨镜，还抽雪茄，这什么黑社会电影啊。但是真的我们当时追求的，后来回想起来其实跟张彻很有关系。慢慢张彻导演跟吴宇森导演越来越密切的这种电影一部部也浮现出来了，后来我们在延续张彻导演的一种精神和气质。比如说从《英雄本色》到后面也有一大堆讲男性的电影，就好像没有那么淋漓尽致，也没有这么让人感觉到很痛快。我不知道是我们追求的标准没有提高还是怎么样，我觉得可能是需要某种作者针对那个事情的真诚跟他的热量。张彻导演有真诚、有热量，吴宇森有真诚、有热量，其他导演我觉得还是很需要这种真诚、热量的。

（访问：魏君子；编辑：泉的向日葵）

小传：

徐克，原名徐文光，1950年2月15日生于越南，1966年移居香港，香港著名电影导演、监制、编剧。凭《黄飞鸿》(1991)和《狄仁杰之通天帝国》(2010)两夺香港电影金像奖最佳导演奖，以《鬼马智多星》(1981)摘下台湾金马奖最佳导演奖。曾任《义胆群英》(1989)监制，并执导《刀》(1995)，以纯然阳刚的杀戮风格，一脉相承张彻的血性暴力电影。

李仁港说张彻

李仁港并未如前辈吴宇森般，赶上与张彻共事的机缘。但幸运的是，由于首作《94独臂刀之情》(1994)翻拍《独臂刀》(1967)，他与张彻面见，自此常常互通消息。对他而言，那是他人生最宝贵的一段时光。

在李仁港看来，若说许鞍华是正派武功，徐克是魔教高手，那张彻就是大宗师。他用张三丰来类比张彻，同样的纵横不羁、同样的潇洒来去。"刀剑趋亡而成道"，这就是李仁港对张彻的看法。而他的电影，也多少承袭了张彻的风格：浪漫武侠，不拘一格。

结缘儿时，大银幕记忆

我们香港看武侠片有两大路线：一个是广东武侠片，一个就是张彻导演带出来的，我们是喝这两个奶长大的。其实广东武侠片也有很精彩的，像《武林圣火令》(1965)，大部分是在电视上看的，当时丽的电视台经常重放这些黑白片，那些戏上映的时候我们可能太小了，但我进电影院看的都是张彻的，看到大银幕感受会特别强。

我看的第一部张彻电影是《独臂刀》，可能是小学一二年级吧，可能是六七岁。怎么打我都记得，招数、武器什么都记得清清楚楚，但看不懂。看过一遍而已。看《马永贞》(1972)时候比较大一点，十二岁，他最后那些招数、骨头藏在哪儿我都记得，进到左进到右我都记得清楚，很过瘾。《水浒传》(1972)是父亲带我去看的，我父亲对于《三国》、《水浒传》有那种情怀，所以他带我去看，还记得最开始那段感觉好看得不得了。就是有一个中箭的，被人追过去，之后林冲去救他，后来还是死掉了的那场戏，我看到精彩部分很紧张。

现在想来，这两种养分区别的不光是广东话跟"国语"，也是张彻跟其他武侠片的区别。他是从心而发的力量，脑袋里有武侠感。更难得的是他不用很多东西，而是很简单的一把刀，人去报仇就能体现那个情况，看到那个时候我就投入进去。他那个设计感很强，人物、武打设计、武侠设计都很强，元素很多。现在我们好像念书念得很多，所以脑袋里面有很多资料,但当时那个刀是怎么拿的,剑是怎么拿的,门派是怎么样的,让他们怎么站,讲话是怎么样的,很多跨时代的东西,就是放到现在来讲,都完全是一个非常新的概念。

《94 独臂刀之情》,真实相会

后来我和张彻的第一次接触就是拍完《94 独臂刀之情》,他就找人约我去。当时他没有看到《94 独臂刀之情》,只是晓得有一个人翻拍《独臂刀》,叫我出来聊聊天,问有没有那个拷贝,带过来给我看。所以第一次我是这样带《94 独臂刀之情》给他看,我是坐在他后面看他看我的《独臂刀》(笑)。

但当时他没有看完,看了大概二十五分钟左右,他就说我暂时不看了,晚上再看。他说,我已经了解了你是什么导演,好,我们过去吃点东西。就预备一些蛋糕,招呼让我们吃一下,喝茶聊聊天。我就问他一些意见,他开始也没有讲,后来他说你一些镜头的感觉很强,美术很强,剧本那些要看完以后才晓得。就这样开始讲。讲了一段呢,他就开始说起,其实我有一个故事想找人拍,现在可以跟你讲一下这个事情。这就是他想找我拍的第一部戏。那是一个戏班子的故事,有点儿像《大武生》(2011),但它的背景有一些地下党的元素。我现在还记得他说,他心目中的那个主角应该像蝙蝠侠一样,专门做一些杀汉奸的事,很有趣的。他说蝙蝠侠的时候我感觉特别有趣,一位老前辈来跟我说蝙蝠侠。

《94 独臂刀之情》我是向他致敬的,但这个概念呢,我不是准备用一部戏这样做。就算是你看我后头《鸿门宴》(2011),里头都非常张彻,完全能看到以前邵氏那种味道。基本上我们念那种学校出来的,用的都是那种手段,可能每个人风格不一样,但是最核心是要把一个正常人的力量推到最高点发挥出来。为了一个正义的事情,为了一个目的。像项羽冲过去要把虞姬拖过来的时候,你看到那种你就会感觉,这就是最美的事情,这些概念是一样的。但是拍《94 独臂刀之情》的时候,我没有特别为了张彻设计什么，是按照自己纪录片的方式实现我想的东西。徐克也问过我，他说你是不是其实没有针对《独臂刀》拍这部戏？我说我是针对。他说那为什么你只有半个臂？我说我要是重拍这个题材的话，应该有一个自己的看法。我不是说我这个看法对不对，但就是感觉我应该有一个不同的看法，对独臂的解读。所以那个时候我就想，独臂不是一个训练的招数，而是一个把恩仇完结的概念。因为我这个手能拿剑，能拿剑就能打下去；只要我的手断了，那个根就完全断裂了，事情的恩怨就跟断臂一起断裂了，所以我把这个留到最后变成这样。

因为《94独臂刀之情》，我跟张彻就有了来往。我感觉那个时候，对我人生来讲是最宝贵的一段时间。一方面因为张彻是武侠片大师，另一方面他是一个邵氏大导演。他们那个年代已经过了，我们已经没有机会跟他学习什么，但是我有机会跟他交谈，多少能感觉到以前邵氏大导演的风范。那个文化和风范我们就算学不了，但是应该感受一下，虽然没有在现场感受，但是起码家里头我们在谈天、聊天的时候感受过。你看老子不是说吗，要是碰到类似老子的那种，不是他真的教你什么你才跟他学东西，只要跟他一起生活你就感受到，要你自己主动去抓。我在他身上抓到很多很多的东西。我感觉最好的一个上课就是这样一个谈论，反正他那个时候也没有太多的事情。很有趣的是，我跟他交谈是写字，因为他已经听不到话，就这样写字写来写去。

还有一些事想记录下来的就是，有一帮法国人，是我认识很久的好朋友，在外国弄一些杂志，对港片很熟，说谁演什么戏他比我熟。我带他们去访问张彻的，那个是千载难逢的好场面。访问的时候，老外就问张彻，你以前有个访问是这样讲，要是现在你会不会还是那样讲？你看他们的资料，对港片热爱到那种地步。到最后我送他们的时候，真的是泪在心里头流。你看这故事如果拍武侠片，就是段誉在天竺寺里面学六脉神剑的故事。然后你会看到老人家发挥出来的光芒，也非常感动。这是因为张彻是这种人、这种导演，所以才能在一个房间里头经过一个访问发挥那个光芒。这样的座谈在他家里头我就能感受到，所以我说

张彻与李仁港

跟他学戏，也不是说多少，是有还是没有，我拿到很多东西，就光是那一天我就非常满足了。要说我喜欢英雄的话，更喜欢年老的英雄。要是看我以前的戏，《三国之见龙卸甲》(2008)里面的赵子龙也好，《94独臂刀之情》里面的姜大卫也好，年老的英雄最有味道。他的精神状态、经历，他看事情那个层次，所以他会有那个反应——坐在车上面看人家打的时候他都不想问，而是看自己刀为什么掉地上去了。他的第一个反应是，刀出鞘了，几时出鞘的？

张彻诀窍，情绪至高点

每个人看张彻的东西都会有一些看法。其实我感觉，倒过来，我感觉张彻最有魅力的事情其实是简单，没有太多可讨论的。他是从心而发，把人的情绪推到最高点，这就是张彻用的手段。剧情也好，武术设计也好，悲情也好，他只是把一个人的状态推到最高点，这也是我感觉武侠片最重要的一个元素。以前我记得他谈过，就是没有报仇就没有武侠片，但是报仇要是再攀升一点，报仇里头要包括一个情绪，情绪是什么？能把一个正常的人推到最极端的力量，仇恨是其中一个，但其他情绪很可能都一样，爱也是。母亲看到儿子给车撞了的时候，她的情绪也是被推到最高点。

你看《刺马》(1973)有些很帅的慢镜头[①]，在那个年代看到，很特殊，很刺激，但你喜欢它的原因在哪里？为什么要慢镜头？它有必要吗？不慢又怎么样？原因是那个能让情绪看清楚，是那个最高点时候的情绪，我其实打那么久我就是给你看那个情绪，可能我杀人的时候那一剑的特写，慢镜头没有动作，但我要你停顿在那里面，让你呼吸不了，就是那个情绪。那个时候太快过了你感受不到，所以才用慢镜头，不是随便哪个招数就用慢镜头，好帅啊，不是那个意思。

---

① 《刺马》中，片尾张汶祥刺杀马新贻时，使用了大量慢镜头。

我记得《独臂刀》看完很兴奋，后来再看《独臂刀王》(1969)，就是田丰做反派那个，抱着多大的兴奋心情去看。那也是小学的时候看的，看到最后打的时候，站在那个瓦顶上面，从天黑打到天亮，到最后绝招一过，把那个手一夹，然后抽出来一把短刀，把他捅死……怎么说呢，那个义气呀，一个人抗那个事情，站在那个高的位置，我感觉那个非常满足。我看到好像是在那个临界里，他能把人推到一个这样的高点。其实好看的原因是什么呢？我是看到他很想做一些正义的事情，尤其是不可为而为之，所以我们才满足。现在我们看武侠片，也是用刀，也是武打演员，为什么不感觉他武侠？因为他没有那种悲情的力量，明知不可为而为之，他没有把那个力量推到最高点。

我听说过一个泰拳的师徒比赛，是拳界的一个经典的拳赛，当时是一定要打的，师父跟徒弟打，当然绝对是那个年轻的占便宜。结果那个师父到最后怎样呢？到最后一条腿断了，站不起来了，他只能拉着那个绳来打，他希望站着，我感觉这是在一个武侠的状态。我不怕疼，我应该完整，我今天要比赛，难得我徒弟能把我推到最高点，我最高点是什么？最高点是我断了腿也要打，要是我不断腿，我不能呈现给观众看我能到什么境界。最后师父死活拉着绳子单手打，他徒弟一边哭一边打，一打完徒弟就跪下了。这故事是真实的，是周比利①讲给我听的。我为什么感动？我感动不是因为师徒关系，是我看到一个人的能量，一个人能把状态发挥到最高，我希望看到这个。

张彻的电影就充满了这个。他有一个最简单的核心，他就做一件事情，做一个框架出来，然后把情绪推到最高点。手段就是这些，要么是报仇，要么是感情。这些事情为了一个主题，最后我们看英雄来呈现，直到我们看到慢镜头那个情绪。到最后其实都是为那个服务的，而其他的东西，比如仇恨，其实到最后说的也不是报仇，而是报仇之中我

① 周比利，香港动作片演员，曾是职业搏击手，并曾获世界自由搏击冠军，出演影片包括《飞龙猛将》、《精武英雄》等。

们能看到人性最强光芒的时候。所以无论女性也好，其他各种，都变成了一个附着性的东西，他没有太多东西，他讲这个讲好了就行。

所以我看到张彻导演我绝对不会问，今天他有没有新的概念，新的讲故事方式。这个不是“张彻”那一类，不像我们这一类的武侠片的粉丝。所以你今天要拍张彻导演的戏，要不要拍3D？不要，关3D什么事，要用什么？我今天要拍真的什么电脑特技都不用，就用最正统的简单钢丝、简单的弹床、简单的刀具，没有人受伤。能做到这些就行了，我们能学到的就是怎样体现把一个人推到极致，只要外加东西多了肯定影响我做这个事情，这是一个最大的矛盾。你看外加的东西多了一定不是好的武侠片，我没看过一个很多外加东西的能像他那样的。同时，他用的手段基本上跟其他所有武侠片最大的区别是在哪里？他是从心而发，他的剧本、动作设计、演员的造型、挑演员，都完全是一个思维推出去，不会是一个集体创作，就很有力度，所以完整性最好。

暴力美学，武侠的精神

你看很多东西他都拿捏得很清楚，比如在暴力里头能呈现人最美的地方，用一个词，暴力美学就对了，我感觉这个词来形容张彻导演是非常好的。他呈现的是美学，我们刚才说到，他把人性推到最高点，其实这是一个美学。可能日本人在切腹的时候，就感觉是很美的事情，是武术中最美的事。黑泽明在《姿三四郎》(1943)里头，主角去参禅，保佑他和那个对手对打成功，刚好看到他对手的女儿在那边祈祷，求保佑她父亲。然后那个姿三四郎就说，今天我们千万不要骚扰她，我明天再来。因为每个人想去尽心去做一件事时是最美的，这是一个美丽的概念。其实日本人这种美丽，中国人也有，张彻也是。我喜欢看他这个暴力，其实是因为他帮你呈现了美，这不见得在今天其他戏里能呈现，我感觉这是武侠片很重要的元素。

后来我拍姜大卫的《九阴真经》，当场砍他师父的时候，那一刀下去不是很简单吗？一刀下去然后那个头飞到城上面，下雨天，看到那个血大部分流在头发上，那个是很暴力的，但是完全是必要的。你看侠士想做的事情讲那么久，所有恩仇都跟着那个血流下来了，下大雨把它洗得干干净净，结果完了之后把那个女孩子带走。那就是非常张彻的一个事情，那些都是从他身上学的。

过去电影那么多，只要不是跟所谓的最美的世界有直接关系的，时间久了，就让人感觉不想看了。但只要关乎我刚才说的那些美的事情，现在看还是好看，和故事啊手法啊镜头啊没关系，而是那个精神状态。如果没有那个，是经不起时代考验的。还有就是，张彻还跟我讲过，拔刀的事情。《独臂刀》不是很多拔刀镜头吗？我感觉拔刀剑出来的时候，在我看来是英雄最美的状态，剑出鞘的时候是最神的事情，我们注重这个。他见我拍的电影也有很多拔刀镜头，他就说那个蛮过瘾的，他说原因是你对刀剑有尊重。你看，就算那把剑没有开锋，但是我只要拔那个剑，在我心中会有一个杀伤的力量在里面，其实砍呀割呀也没事，因为它只是一个信念。你要是没有那个信念，你就对那个没有太多的感情。你有没有看过，公园里老人家练那个剑，缩起来跟伞一样，短短的皮包拿出来练比较方便，我死活不会做这种事情。要是我有这样的徒弟我就给他一巴掌，你拿剑都嫌弃它长、麻烦的话，你根本不是一个练剑的。所以从心里体现出来就是这样，所以说我拍戏拔剑那件事情很重要，肯定很多镜头的，绝对不会打一个灯下去是绿色的寒光，不可能的事情。以前张彻导演还告诉我很多武侠规矩，他说你有没有听说过这个概念，大侠站起来不低头。你看张彻导演的戏，从来都是刀剑过来，你都没看到过大侠低头闪。大侠不低头，这是张彻导演，张家班留下来的一句话。像姜大卫，要是他演一个配角可能会，要是主角绝对不会，刀砍过来人绝对不闪，大侠不低头，你看这是一个精神状态。然后呢，他也很注重拔出来的那个鞘，你看姜大卫他是不会扔掉那个鞘的，因为刀鞘很重要，一手拿鞘，一手拿剑。

所以我最后的总结就是，为什么今天武侠片那么凋零没有人看？

是因为很多戏可能外在手法能学到，但内在是你本身要存在那种文化，要存在这个心。比如有一天我拿剑的时候，虽然是假剑，但是我不在你面前拔开，因为你是我朋友，我会感觉到那个杀气影响你，所以我不拔开；比如我的枪永远不会指着你，就算是没有子弹，但是要有一个感觉就是永远不该指向你。你如果没有到那个感觉，可能很难投入那个世界。

在我心中，张彻是得道的

狄龙第一次约我聊天的时候，就送了我那一首辛弃疾的“千古江山，英雄无觅，孙仲谋处”①，然后我送他画集的时候，当时我画集上面也题的这个词。那时候说武林的事情，都看的是那种悲情，好像没有悲情都不是武侠(笑)。我觉得他是从张彻那边看到的。但是我感觉那不是张彻的一生，那只是他的过程。我是这样写他的：“因刀剑而成名，因刀剑趋亡而成道”，我心目中的他是得道的。我可以说一下他写给狄龙的那个纸条，他生气不是说你把我看老了，老就是老，但是你把我那个生命力看成是一种……这种角度去看，我怪的是你不了解我。

我举一个例子给你听。有一个禅宗大师，他临死之前，可能快没有气的时候，那些弟子就问他，老师能不能留几句话给我们？然后那个禅宗大师就说了一首诗：“一二三四子，平看复仰视。两口无一舌，本是我宗旨。”就是道可道，非常道，我的宗旨就是两口无一舌。后面那个是我对张彻的见解：“年满七十七，无常在今日。日轮正当午，两手攀屈膝。”就是我今天可能隔一分钟、五分钟、十分钟就离开了，但“现在七十七岁，无常在今日”是告诉那些学生，我现在不是完结，我现在才是真正的无常，我一辈子等的这个无常，谁说我是句号，教你们那么久你们说我是句号？说老师你快离开了教我几句话？我现在才是无常、最有趣，我

① 张彻晚年临辛弃疾《永遇乐·京口北固亭怀古》赠予弟子。

辛弃疾 稼轩词

凭谁问，廉颇老矣，尚能饭否？

可堪回首，佛狸祠下，一片神鸦社鼓。

四十三年，望中犹记，烽火扬州路。

元嘉草草，封狼居胥，赢得仓皇北顾。

想当年，金戈铁马，气吞万里如虎。

斜阳草树，寻常巷陌，人道寄奴曾住。

舞榭歌台，风流总被，雨打风吹去。

千古江山，英雄无觅，孙仲谋处。

张彻

张彻晚年临辛弃疾词赠予弟子，狄龙认为颇能反映导演晚年心境生命还有力气把手攀屈膝时的时候，我就做这个。你怎么把我看得快死了？你是跟我那么久的学生，你这样看我？我对你失望。你懂我的意思？我是这样看这件事情的。他写“多谢关照”是一个很气的状态，这是很清楚的，他肯定失望，当然也包括了我这个英雄怎么怎么的，不应该在这样的一个状态，而应该保持燃烧的状态。

我说他“刀剑趋亡而成道”，这是我感觉作为一个武侠的尤其是张彻的迷，心态应该像禅师，无常地经过。他没有过去，只要我们能继续，我们这样谈论，其实他就在。千万不要弄得小觑了张彻这个人，他一定是在我们思维里头了，除非有一天我们都不在了，我们都不拍了，没有人晓得、记得他们是谁，那就完全没有了。

一个很遗憾的事情就是，有天张彻跟我和徐克谈，关于我们三个几时能合作，那个纸条我都有保留。他一个脑袋，加上徐克怎么样去部署，怎么样去弄剧本，编排好了，我就下场去打，很可能会过瘾。像我们是当打的人，能打拳的人，要是真的能用他的脑袋，让他做幕后，我们替他去打这个仗，也不晓得会怎么样。没有试过，但感觉是一个很有趣的事情。

（访问：魏君子；编辑：布宜诺斯）

小传：

李仁港，1960年生于香港。香港导演。美术指导出身，从小习画，其电影作品往往以强烈美术风格见长。早期在亚视拍摄电视剧，作品有《九阴真经》(1992)等，1994年首度执导电影《94独臂刀之情》即翻拍张彻《独臂刀》(1967)，此后拍摄多部武侠动作片如《三国之见龙卸甲》(2008)、《鸿门宴》(2011)，并屡屡找张家班弟子如姜大卫、狄龙、陈观泰等出演。

附：武林往事(李仁港)

功夫片和武侠片可有分别？有。两者本是不同戏种，若要分别之，亦殊为容易。

“武功者为何？力之奋也。武侠者为何？意气之奋也。”

有武功，不一定能任侠。反之，不懂武功而能行侠仗义者却为数不少。单看司马迁《史记》中有食客三千之孟尝君，及为他舍钱买义之食客冯骥，窃符救赵之信陵君及手下侯嬴、朱亥之辈，又如完璧归赵之蔺相如等，未闻他们武功如何，但都能急君之难，一口正气，一身肝胆，往往令敌人闻风丧胆。又如近代“不惜千金买宝刀，貂裘换酒也堪豪”的鉴湖女侠秋瑾，“望门投止思张俭，忍死须臾待杜根”的戊戌六君子之一谭嗣同。二人更是不用审其武功而被公认为义薄云天，侠中之侠。

武侠者如是，武侠电影亦如是。且不用计较片中武打有多精彩，但凡能伸张这口凛然正气者，皆可归类为武侠电影。武侠电影中，一切武打设计皆只是电影语言，借之而说出电影中之侠客意气，例子之多，不需在此论述。武侠文化是中国文化中的一项宝藏，而武侠片之定义亦由武侠电影先辈开始，我辈等信服之，且望能继承之。

提到武侠片先辈，最令我倾心的是武侠片大宗师张彻导演。

我和张导演之认识是这样开始的。1994 年间，在我重拍张导演《独臂刀》之后，一友人致电给我，说张彻导演想看一下我如何演绎他的《独臂刀》。那天下午，我就带着一盘《94 独臂刀之情》的录像带到他家中，坐在他老人家背后陪着他看自己的拙作。那是我一生最大的荣耀，也是一辈子从未有过之压力。看完片后，张导演即给我一个武侠剧本，原来他是想我帮他拍一部他新写的武侠片。那时候张导演已行动不便且耳聋，我们沟通都要在纸上书写，非常武侠。我说我可为他当副导演，助他老人家完成拍摄。他听后向我微微一笑，吸了一口雪茄，在纸上亲授我一句张彻武功心法，他写的是“成功不必自我”。在张导演过身前几年我们常见面，几年下来我存了一大沓和他的对话，我把这“武林秘籍”通通收藏在我流沙道堂。

数年之后，江湖出了一件大事。一个香港官方电台搞了一个香港经典电影选举，而一列名单中，居然没有张彻导演的作品。我义愤填膺，这些所谓代表电影的机构，敢视我们武林界手无尺寸之刃？想张导演为武侠电影创宗立派，立下多少汗马功劳，这江湖就这么凉薄？看着导演一把年纪，随着武侠电影低潮，就把他忘得一干二净？未几，我收到张导演的一个邀请函，邀我到他家出席一个他为某某电视剧做监制的一个小型记者招待会。

那天到他家中却让我吓了一跳，那所谓小型记者招待会原来竟是一个久未重现的武林大会。坐在导演左右的分别是他首席门生——姜大卫、狄龙，而第二代门生如罗莽等都依张家班家规分站二大弟子之后。只见他们个个豪杰，人人英雄。众人不发一言，眉宇间藏着一股杀气，双目中似要替天行道。而出席的客席导演都是香港电影界顶尖人物，最后连杜琪峰及武侠电影第二代掌门徐克都亲自到了，真是文武精英尽列，黑白两道俱齐。一刹那把这小小记招变成鸿门之宴，渑池之会。

原来这班武林同道都是有所为而来，目的则一。以贺张导演监制电视剧为名，借传媒臭骂那个什么经典选举为实。在姜大卫、狄龙二大弟子正想向传媒出招时，只见张导演看了他们一眼，微微一笑，二人会意，只得强忍怒气，分别代表张导演说了些开场白。魔教教主徐克却难忍怒火，率先出剑，招招狠辣，把那个所谓经典选举骂了个狗血淋头。在这平反大会进行中，我看着久经战场的张导演一脸慈悲，心中领情，把教主徐克和我拉到一旁，在纸上写了几句跟徐克说的话："你、我和仁港是武侠片老、中、青三代，几时可合作一次？"徐克凛然接命即回复："随时可以。"当然张导演这愿望亦随着他过身而付诸流水。

另外一次访问会却是由我一法国电影朋友相约而成。他是中国武侠电影权威，张导演的戏他看得几乎比我还熟。他相约了一班法国、德国武侠电影的专业影评人，连同摄影记者一行十多人，浩浩荡荡从欧洲飞到张导演家中。张导演坐在大厅中央，十多个影评人把导演围着，我则坐在导演身旁充当翻译。

一名法国记者劈头第一个问题："张导演，三十年前，在一篇意大利杂志访问中，有记者这般问你，当时你是这样答的，若在今天，你会有第二个答案吗?”看着这班影评人才四十多岁，竟把张彻的电影，以及他的访问看得了如指掌。这班欧洲朋友个个有备而来，十多人轮流出招，室内剑气纵横，直像六大派围攻武当山，又似鸠摩智强取天龙寺。只见张导演在大厅中宛如张三丰般以柔克刚，见招拆招，后发先至，把每一道难题都回答得服服帖帖。作为翻译的我既愧且惭，一则对外国朋友们的问题佩服，二则对他们热爱武侠电影感激。最后，我那法国友人问了这个问题。他问张导演可否告诉他电影生涯中一件最开心的事及一件最不开心的事，张导演的答案是这样的：“在我的电影生涯中开心的事很多，不开心的事也很多，开心及不开心都对消了。”

那队访问团随即请我翻译他们想对张导演表达的最后一段话：“张导演你在我们心目中就像黑泽明在日本人心目中一样，我们将永远怀念你。”我看着这位不喜不悲的武林大宗师，徐徐地在纸上写了“多谢”两字。

朋友这句话在我心中宛如《明妃曲》：“含情欲说独无处，传与琵琶心自知。汉恩自浅胡恩深，人生乐在相知心。”我强忍着眼泪替张导演送别这班武林朋友。我感觉荣幸，能见证到这武林大宗师，由刀剑而成名，更因刀剑俱忘而成道，想起弘一法师圆寂之时手书的“悲欣交集”四字，交集者，悲欣俱在故也。而张导演的刀剑俱忘，岂非佛家所说的无余涅槃，而悟道之彻似尤有过之。此刻我明白，张导演之名字“张彻”的真正意义。他空手而来，改名“彻”，凭一口宝刀雄霸武林，最后“大彻大悟”，空手而去。我激动，因为我看到了最敬佩的武林宗师，在他人生中走完了一个完整的大圈，一个美丽的圈。

我像那班外国朋友一样，永远怀念这位遁入空门的大宗师。我常想，是这江湖对大宗师冷酷，还是大宗师宝刀之光芒映照得这江湖冷酷。今次有幸执掌武侠新作《锦衣卫》，为了纪念张导演，我特别安排锦衣卫指挥使青龙用的金刚解体刀，外形上保留了张导演的独臂刀。遥想前辈临终时的法相，我更将之呈现在指挥使青龙与大敌同归于尽时的一个镜头：青龙庄严地看着自己在地上的刀，被萧飒的黄叶卷盖着。我想起谭嗣同赴义前写的一首诗：

我自横刀向天笑，去留肝胆两昆仑。

2010年春

凤阳李仁港书于流沙道堂

翻 拍 者 说

杜琪峰说张彻

杜琪峰和张彻的渊源在于邵氏——作为后期进入邵氏的导演,杜sir或许更能感同身受张彻作为一个70年代的大导演,在创作力衰退后面对大片场制度没落、独立制片集体创作风潮风起云涌工业环境下的手足无措;杜琪峰和张彻的渊源在于《赤脚小子》(1993)——作为他唯一一部翻拍张彻的电影,二十年后他聊起他刻意保留的那双鞋,依然津津乐道:"希望能买一双鞋其实是70年代香港的一个文化,很容易引起观众共鸣,那个鞋的概念他用得非常好。"

或许,还有粉丝心目中二人对男性情谊的那种偏爱。当我兴冲冲地抛出这个问题时,杜sir却淡淡地应道:"我个人也是比较喜欢一些英雄主题的,从这个角度来说张彻对我可能有影响,但就我个人来讲,更多时候我还是比较喜欢胡金铨的电影。"但一愣神的工夫,他随即又补充道:"但张彻导演真的是那么一个非常开心在片场、非常开心地拍电影的一个导演。"那份笃定与尊敬、释然与满足,是在述说一个前辈,也好像在缅怀一个知音。

《赤脚小子》的一双鞋

张彻的电影我看过很多部,但大多都忘记了,印象比较深的是《刺马》(1973),后来看碟也很喜欢。我觉得这是他唯一一部剧本比较深入,谈的东西比较宽的电影。另外一个就是《洪拳小子》(1975),也很好。我还在邵氏的时候,他们感觉当时有很多电影票房非常好,所以希望我可以翻拍一些以前的电影。但是我不想太多地、一面倒地去拍人家的东西,就想简单地挑个人喜欢的拍一部算了,结果就有了《赤脚小子》。那也是我第一次和刘家良合作,但他只拍了一场戏,就是狄龙喝毒酒那一场,后来是我自己搞的。我还刻意保留了《洪拳小子》的那双鞋。因为六七十年代的香港其实比较穷,但也不至于穷到太离谱的程度,只是小孩子去念书,鞋子都是烂的,袜子穿洞了也要穿,每个人很难有一双鞋。当时的人心里面普遍有这么一个情怀和愿望——希望能买一双鞋。这其实是70年代香港的一个文化，观众看到的话很容易有共鸣，那个鞋的概念他用得非常好。其他有些电影都是忘记剧情了，印象中好像还有一部《五虎将》(1974)，还有那部在韩国拍的《四骑士》(1972)。

士为知己者死

他的电影比较有风格的就是英雄、兄弟，情义的东西比较重。他不管有没有理由，就是要讲那种兄弟情的。对于我们这些在香港长大的广东人来说，那些兄弟情，那种味道，其实不是他那样的。他的英雄还是比较偏向北方的感觉，比较草莽。那时好像有好几个导演，像胡金铨啦、张彻啦、李翰祥啦[①]，他们电影艺术的角度，人与人的感觉，跟香港导演看到的其实是不一样的，跟南方人看到的也不一样。当时整个邵氏公司包括那些台湾电影啊，跟广东粤语电影比起来都有种不一样的情怀、有种不一样的文化，而其中，张彻是最能做英雄的。

他的电影总是很浪漫，蛮男人的，感情啊情怀啊都很浪漫。其实他的故事也不是很真实，他有种刻意浪漫化的东西在。戏剧方面的安排，他就比较粗。不管某个情节对不对，他一定要拍出那种情义和那种英雄的氛围，哪怕用一种很硬的手段。所以最后就要有死亡，两刀差不多死了，还要三刀、四刀、五刀、六刀、七刀！肠都出来了还是继续打，所以变成我们看，只能看出一个浪漫，看不出很文学的东西。他有一部电影叫《断肠剑》(1967)，一直都是一个人在打，不喜欢的话就会觉得无聊，"打成这样还打"。但是喜欢的人就喜欢这个精神，就是你最后一滴血，还要打，为一个情义、为一个朋友，为了完成一件很重要的事，他有那种情怀。但是你看《投名状》就不一样，陈可辛是不相信那样的情义的，所

① 三个导演均为南来影人，不是香港本土人。

以他不是张彻,你不相信武侠世界就是这样,你就没有办法明白这种知己的感觉。张彻的故事永远是简单的,不用太多思想,他要的其实只是一个场面,一个简单的空间,能把他的英雄啊、情义啊,把他那些武打的东西放进去就够了。

动作电影宗师

我觉得张彻不止影响了英雄片,他更多的影响其实是在动作、枪战上面。以前邵氏公司拍动作片,一打就是十多个武师,全是一帮人打来打去的镜头,特别好笑。结果张彻把他自己独有的那一套美学,把他的那些拳脚放在了他的电影里面,放在这个时代里面。他的武打风格是比较实的,比较讲究,不像粤语片,随便打一个,撩一撩啊,翻个跟斗啊,转个身啊,踢一踢脚啊。张彻电影的动作是硬的,他开创了一个比较实的动作时代,在当时能够看见的动作片里面,他拍的应该属于质量比较好,"这个电影才是电影"。你看后来香港电影的那些动作画面,其实都离不开张彻早前拍的电影,只不过他当时拿刀拿剑,后来拿枪打,香港后来 80 年代的动作片,都有他的一点一滴,一些风格流传过来。虽然后面成龙、洪金宝那些跟张彻又不一样,但是终归来说,还是有一些他的影响,主要是在动作上面。

张彻电影能形成后来的这种影响,一个原因是邵氏公司的资源比较好,制作比较考究。在粤语电影的时候,哪里去找这样好的一个棚啊?另一个因素是台湾,当时台湾电影市场很重要,但是粤语片进不到台湾,只有这些"国语"电影他们才懂,所以那些讲"国语"的电影发行量比较大。台湾的人多,消费力也很强,电影就一直改良,一直变一直变。结果张彻不同年代就出了不同的明星,而且都有人关注,都有人看。他的男明星大部分都很能打,打得好不好不讲,但都懂的。最好的当然是王羽,王羽真的是打遍天下的,然后狄龙也是学咏春的,姜大卫多多少少也是武行出来的,傅声也是。傅声不单只是会打,这个外形实在太讨好了。他找的人基本上不拍武打电影也可能会很不错，但张彻电影在娱乐性上面做得非常好，渐渐就能形成一个流行文化。比如刘家辉[①]，其实作为一个演员来讲，他的形象本身也不是太好，但张彻能把他拍出来，导演的功劳非常大。

大片场的衰退与大导演的没落

张彻那个年代，导演都是长期性的工作。以前邵氏一年二十多部电影，一个导演一年开工的时间超过一百天，而且他们都有自己长期合作的工作团队。木工啊、美工啊、摄影师啊，一个棚里面应该有的所有工作人员都有。不像现在拍完一部等几年，这部拍完又去和别的团队合作另外一部戏，彼此之间见面合作很少的，缺乏一个归属感。这种做法不好的地方就是太像一种流水作业，像是一个工厂，你不能停，导演心里面一定是有不满的，所以他们几个大导演后来都跑到台湾拍电影了，结果又全都死掉。

我觉得张彻和张彻后来的几个导演的没落不是因为他们没能力，而是邵氏已经差不多处于退休状态了。我去的时候，张彻他们在邵氏时的那些制度已经没有了，已经是一个独立制片的氛围。邵氏找人进去做电影，都是找以前拍过电影的人，他们只给导演一个大概的策划，钱的策划，电影的策划。甚至方逸华也不太管公司，只控制一下成本，讲好拍多久，多少钱就是了。她不管我拍什么，“也别让我看！”

80 年代是没有“大导演”的。70 年代的时候我们都叫张彻他们“大导演”，后来哪里有什么“大导演”？环境已经不一样了。电影的发展，整个电影工业的气氛，其实已经变了。这样的话，那些以前的大导演就

---

① 刘家辉经刘家良介绍进入“长弓”，在数部张彻电影中任小配角，如《洪拳与咏春》(1974)、《少林五祖》(1975)、《八道楼子》(1976)等。

变得比较困难，他们融不到这个独立制片的环境里去，他们很难跟新艺城那样，一个电影许多导演去帮忙拍，大点的制作都是几个人在帮忙搞剧本。这种工作状态，他们这些老导演可能就会觉得很奇怪，因为他们本来就不是这样做东西的。这个习惯是很难改的，所以只有李翰祥的晚年比较好一点，胡金铨也很辛苦，他后来的几部电影都很辛苦才能拍。

张彻晚年的时候还在一直给中国星寄剧本，当时我在中国星，张彻很多次寄剧本过来，好多次后，我跟向老板讲，他对电影有热情，但好像他对电影的感觉不太接近现在，但很难跟他在信里面讲，怎么说呢？但他一直都重复重复寄给你，他也不是一定要拍，他就是喜欢这个感觉，有这个热情，谁拍没关系，他是一直希望在电影工作上继续。所以那一次我跟向老板说，不如我们去看看他，当面聊一聊，看他怎么样，那次徐克、林岭东都去了。他还住在邵氏公司的宿舍，他耳朵听不到了，嗓子也有问题，靠写来交流，那次见完面以后，我们就决定让他继续这样写啦，不要改变他，想改变他也没用(笑)。写剧本写得好不好无所谓，就当它是很好玩的东西。每个月寄薪水给他，当顾问，让他过得比较好一点吧，活得比较有尊严一点。

张彻导演是一个真正喜欢在片场生活的人，他始终对电影抱着极大的兴趣，他就是那么一个非常开心在片场、非常开心地拍电影的一个导演，我不晓得这是不是理想主义。他没有金钱观念，除了电影以外什么都不懂。

（访问：魏君子；编辑：燕小六）

小传：

杜琪峰，1955 年 4 月 22 日生于香港，香港知名导演，香港著名电影公司银河映像创始人，曾获三届香港电影金像奖最佳导演奖，两届台湾金马奖最佳导演奖。杜琪峰 1993 年执导的《赤脚小子》翻拍自张彻

1975 年的电影《洪拳小子》，杜琪峰也借此与张彻曾经的御用班底刘家良、狄龙第一次合作。同时杜 sir 与张彻都习惯在电影中重点表现男性情义，女性形象在二人电影中则相对单薄。

陈可辛说张彻

以文艺片名满天下的陈可辛在进入内地市场之后却接连执导一系列动作大作，条分缕析之下，《武侠》(2011)、《投名状》(2007)、《十月围城》(2009)依稀竟能找到张彻电影的脉络——《新独臂刀》(1971)、《刺马》(1973)、《上海滩十三太保》(1984)。他说："冥冥中有种东西影响着，好像有种潜意识在后面。"他说："张彻最大的贡献在于男儿情谊，在于类型片，在于流行文化。"他说："张彻奠定了整个香港电影以后的男性形象。"当这个一向温文尔雅的导演谈起血脉贲张的张彻电影，那份激动兴奋，恍似很多年前初见姜大卫白衣的我们。

幼年仗剑英雄梦　长时殷殷粉丝心

我看的第一部张彻电影是王羽的《独臂刀》(1967)，小时候怎么看的也不记得了，但我历历在目记得是在哪一个戏院。那时我父亲陈铜民还在邵氏做宣传，我记得去邵氏那个片场，看老爸们工作，看到姜大卫穿着白衣服，一口气打过去[①]，打过桥，打上楼梯，全身血，印象很深刻。我记得我还拍了一张照片，拍的还是独臂，我自己拿着片场的道具刀。

我记得小时候去看邵氏《十三太保》(1970)的宣传，所有的道具服装在海港城做过展览。海港城后来改名叫海运大厦，是香港70年代初第一个商场。我每天去溜达，因为离家很近。十三太保、五马分尸这些印象很深刻。《铁手无情》(1969)是我最喜欢的张彻电影，罗烈演一个捕头，我爸爸也最喜欢这一部戏。其实我爸爸不是很喜欢张彻，但他一直都觉得张彻最好看的就是《铁手无情》，非常有戏味，跟他别的戏不一样。但是故事却不记得了，当时喜欢电影中那种英雄意识，当然小时候不会怎么意识到究竟是怎么回事，有意识的就是那些英雄形象。之后张彻的每部戏几乎都看，只记得那些男主角都很帅气。其实跟后来看

---

① 该片即为《新独臂刀》。

吴宇森感觉是一样的，所以吴宇森百分之一百张彻的，只是更现代了，融合了欧美的东西，把那个英雄精神再发挥得淋漓尽致，但那种风格是完全的张彻。

我最早拍《投名状》的时候其实是有点粉丝心态的。我还想用狄龙、陈观泰、姜大卫来演三老呢，你看电影中那三个名字就是姜大人、狄大人、陈大人。结果小宝(即尔冬升)告诉我说你别找了，我哥姜大卫跟狄龙两个是不可能同一部戏的。我说你再帮我问问，他说你别搞了，我其实不知道他们是什么矛盾。

可惜戏拍了一半，马家去抗议[①]，群众去抗议，去到民委，电影局审批也不给我用《刺马》，连人物名字都得改。当时我们拍都拍了，结果马新贻只能转成口型比较像的庞青云，然后张汶祥都不能叫，改成叫姜午阳。那改完之后呢，意料之外的是，整个戏反而有了它自己的独立性，有了我自己的角度。

《武侠》也是，武侠最早开始是因为要跟安德烈·摩根合作一部戏，去解决《投名状》的债务。当时摩根想找天映合作，那么天映就要拿他的戏王出来，就是《独臂刀》版权给我重拍。但对我而言，印象更深刻的是姜大卫、狄龙的《新独臂刀》，而不是王羽的《独臂刀》。所以就找甄子丹，最初的计划是按《新独臂刀》的框架，狄龙那个角色就变成金城武那个侦探，姜大卫那个角色就变成一个曾经的杀人狂，或者一个魔教里面的人。没想到天映最后没拿回那个版权，因为之前他们给了韩国，但韩国人搞了几年都没拍出来。

版权拿不回来，就干脆不叫《独臂刀》，就弄了现在这个故事，就叫《武侠》，其实跟《独臂刀》无关的。但是那个时候我找不到谁来演甄子丹他老爸，因为很难找一个演员一场出来能压得住场。我们想过陈凯歌，但当时他在做《赵氏孤儿》(2010)的后期，结果就想，都想到拍《独臂刀》，干吗不找王羽来？《武侠》一路拍一路改，结局都还在改。甄子丹

---

① 《投名状》原型《刺马》，根据清代四大奇案之一改编，主角马新贻为两江总督。

负责动作设计，到最后他说不如独臂刀对“独臂刀”，就把他那个角色的胳膊砍掉。我觉得既然是动作片，既然你觉得独臂打好看，我们就砍掉，好像冥冥中有种东西影响着。就有了那个计划，然后找了王羽，然后改着改着又砍掉了一臂，好像《独臂刀》潜意识确实在里面。

白衣胜雪英雄客　向死而生男儿汉

其实纯粹谈张彻对香港电影的影响，我觉得张彻最厉害就是对情谊的传承，这种情谊的传承使得男人、男性的那种魅力发挥得淋漓尽致。而且我觉得张彻奠定了整个香港电影以后的男性形象，我觉得这个很重要、非常重要。其实真的作为电影的技术或者是电影的学术，胡金铨、李翰祥贡献更大。但是我觉得作为流行文化，做出最大贡献的一定是张彻。

张彻电影里的英雄是尤其适合男孩看的，其实张彻的电影一定是在讲这个主角最后怎么死，这样才会显得悲壮。《十月围城》也是在讲这七八个人怎么死的，每个人都要死得好看，得壮烈，其实也是延续张彻的影响。但是我要特意澄清，《十月围城》之前我真的完全没有看过张彻的《上海滩十三太保》，那部听都没听过。《十月围城》完全就是我爸爸的一个故事。张彻电影中的那种死亡其实是为了好看，他这种风格老外也拍过。其实到我们现在拍戏，还是很有用的，这是最商业的方法。因为你说 happy ending，但是有些戏是不需要 happy ending 的，happy ending 就是牺牲。所以我们到现在弄《血滴子》(2012)，也是说肯定是最后一批人给出卖了才最好看。

张彻的主角是那种完全的流行偶像派。香港第一个明白怎么做男性偶像，怎么把这个英雄推出来做出来，做出最大贡献的导演也是张彻。在张彻之前，男主角都是花瓶。他当时就有改变这个市场类型片的概念和雄心。比如说，我最喜欢的是姜大卫，他身上有那种浪子的文艺感觉。除他之外张家班那些都是大块头帅哥，典型的电影男主角，别的电影也有。但是姜大卫是很反类型的，就跟别人都不一样。他不是肌肉男，从头到尾就是很阴郁的，又瘦、又矮，广东话就叫很单薄，不是个子的原因，甚至连脸都单薄，永远带着忧郁，就不大气。但是他就是很有魅力，尤其是他笑的时候，非常有魅力，而且姜大卫是从来不脱衣服的。张家班谁都脱了，只有姜大卫不脱。我觉得张彻对姜大卫的偏爱非常明显。

但是张家班到后期最后那批就不行了，就是去了长弓再回来那批[①]，就是郭追、孙建那批，可能年纪大一点的戚冠军那一批都不一定可以。但是我现在回头想，曾经对李艺民、戚冠军都有那种英雄的幻想，都觉得很好看。

也有很多谣言说张彻其实是喜欢男人的，但我觉得这个不管，只要他拍得好看，而且给不是喜欢男人的人看都觉得好看，那我管他出发点是怎么样的呢？反正我们觉得好看，我们也不是看了就觉得要跟这些男的上床，反正就是好看。那么同性恋有同性恋的传言，我们有我们的传言，我觉得是无所谓的，好看就好。

生冷不忌大片场　愿赌服输电影圈

我后来跟我爸爸聊天，知道邵氏当时是一个工厂制度。当时楚原还没在邵氏，李翰祥也刚走，邵氏就五个人说了算，其中一个就是张彻，他等于像其中的一个老板一样，就等于像现在华谊的冯小刚。作为一个工厂就是要拍不同类型的电影，所以张彻什么类型都拍，什么题材都拍。前一阵子我看张彻在韩国拍的一部电影叫《四骑士》(1972)，讲朝鲜战争，讲那些军人帮美国人去打仗。可能当时邵氏要和韩国合作，可能出于公司方面的考虑，张彻就拍了，他也不是很较劲，所以他才能拍

---

① 实际上，这是张家班第四代弟子，最后一批应该为张彻到内地拍戏时捧的董志华、徐小健等人。

那么多片。

电影其实从来没有商业跟文艺之分，只有好看、不好看之分。张彻的戏就是商业片的典型，他一路制造浪潮，和后来的徐克很像。但徐克可能比他更有远见，因为毕竟徐克不是处于以前的片场制度，所以徐克能够不停发掘新的题材。从80年代开始，徐克就不停往前走，但多数都是大型商业片，非常愿意去讨好观众，非常愿意为市场去妥协。但是其实他心里面还是有自己想讲的东西，是那种没有把个人抛弃的商业片，跟着市场去走的同时，也带着市场走。

张彻的晚年很难堪，但我真的觉得这个其实是你个人的问题，因为肯定不可能赚不到钱。你留的那些东西那么多年还有人在谈，其实价值已经非常高，这些已经是钱了，结果张彻到晚年都不能留下生活费。我觉得这是因为他一直在电影上赌自己的钱，我其实也一路在赌我自己的钱。因为我自己要在我的电影上说了算，你只能赌自己的钱，这没办法的。你有了这个自由，有了这个自尊，就必须付出代价。所以我觉得那赌了之后，赌输了，就是你自己的问题，电影圈是没有责任的，这个圈没有责任说要保障。

老实讲，我们这个行业本来就是高风险，本来就是今天赚了，一赚赚三年的，很多时候都是这样。

（访问：魏君子；编辑：燕小六）

小传：

陈可辛，1962年11月28日生于香港，香港知名导演、监制，曾获两届金像奖最佳导演奖，两届金马奖最佳导演奖，其2007年执导的《投名状》翻拍自张彻1973年的《刺马》，2011年执导《武侠》之时，陈可辛特意请来张家班弟子王羽，片中甄子丹的断臂设定也颇类似《独臂刀》(1967)，至于2009年陈可辛监制的《十月围城》故事架构源于其父陈铜民曾经的剧本，但和张彻《上海滩十三太保》(1984)还是有相似之处。

戏说张家班

风云野火

1947年,张彻护送张道藩逃往台湾,前者是年轻的国民党文化运动委员,被当地的热带风光以及民间流传吴凤取义成仁的故事所感动,创作了自己的第二个剧本《阿里山风云》(即《吴凤传》),与张英联合导演,张英那时已是上海国泰公司的导演,导过《荒园艳迹》,张彻则是第一次挂名导演,当时还只二十六岁。

张彻,原名张易扬,浙江省青田县人,生于杭州,长在上海,一口上海腔的国粤语,可谓他一生的招牌。张彻出身地主家庭,生长在大宅院中的他,自幼与父母感情淡漠,少小离家,辗转重庆、上海。抗战胜利后,漂泊上海的张彻受到国民党政要张道藩先生的提拔,然而,他却迅速地感知自己无意跻身政治漩涡,接下《阿里山风云》的拍摄工作,他期望着借此淡出"文运会"。

这一年,外景队在张彻率领下,1948年年底就到台湾,却到1949年6月才开拍。该片是台湾摄制的第一部"国语片",在此之前从来没有一部剧情片在台湾拍摄过。这群注定被写进电影史的开拓者们,原以为只是来出趟外景,还挺高兴地游山玩水,可能还答应了亲朋好友带点儿土特产品回家的美好愿望。而巨变就在须臾之间,5月27日,他们的来处——上海,解

张彻拍摄《阿里山风云》时,本无从影之心

放了。

电影还在继续拍。6 月，国泰不再是《阿里山风云》的东家，而改由台湾第一家民营制片机构万象影业公司接手。与此同时，上海也许也不再是一部分人的家，因为，这个四十多人的剧组只拿到十张船票。于是，神色凝重地抽签，四十多个人的命运浓缩成几个纸团，混乱地挨在一起。张彻叹了口气，伸出的手又缩了回来：不回了。

年底，《阿里山风云》上映了。“高山青，涧水蓝”的插曲传遍小岛。曲是张彻亲自做的；而词作者邓禹平当时根本没有去过阿里山，因此才用了这样泛泛概括，直到去世前两年，邓才登上了自己魂牵梦绕的阿里山。

1957 年，张彻从台湾败退到香港，把文艺片儿《野火》拍得两袖清风一身腥：电影不卖座；和这部片的女主角兼私人女友李湄分手了。

李湄是上世纪五六十年代香港国泰公司的性感女神，当八年前张彻阴差阳错地留在台湾时，二十岁的她恰恰移民至港。她拥有明晃晃的美貌，却很少有人知道，她的第一份工作是民生影业公司的专职编剧，首部作品《黄金世界》。三年后，她才摇身变作头牌性感女星，在《流莺曲》中轻轻摇晃身姿。

她的剧本称得上扎扎实实的作品，而非人们臆测的那样，是漂亮脸蛋和玲珑身材的附属品。这样的美貌和智慧，让她成为香港为数不多的能撑起一部独立制片的女人。

但找身在台湾的男友张彻来执导《野火》，却实在是这个聪明女人的一步错棋。因为人们常识中的配偶观，通常是“天残地缺”的。三十四岁的张彻斯文而白净，有才而无名。很快，“李湄在台湾找个小白脸做导演”的流言便铺天盖地了。当国泰导演易文、王天林、唐煌三人集体站在李湄家门口，“逼宫”劝告李湄放弃张彻导演权力时，这对佳偶的缘分便走到了尽头。

武侠实验班

1957 年，初来港的张彻，甚至无法进入电影圈，颓丧之余只能用笔名“何观”在报上写影评，没想到反而引起电影公司瞩目。当电懋的宋淇站在张彻眼前，许诺他担任编剧的一刻，他几乎是当场应下。但就在第二天，邵氏的邹文怀亦伸出橄榄枝，张彻只好承诺：只在电懋签一年，一年后返邵氏。他的措辞是“返”邵氏，可见其内心对于这两家公司的亲与疏。

入电懋期间，张彻目睹邵氏换了彩色阔银幕，而电懋仍停留在黑白标准银幕，思前情想往事，他后悔万分。老板钟启文常恶毒地诅咒邵氏，比如“邵氏投资太重，一定会崩溃”，他亦觉得话不投机。最重要的是，在剧作上难有作为，这个太影响前途了，因为同期为电懋写剧本的人中，还有个人叫张爱玲……一年后电懋约满，张彻“返”了邵氏。

在邵氏，张彻也仍然写剧本，卖文为生。彼时全邵氏最炙手可热的导演是李翰祥。1958 年，李翰祥正是风生水起时，他携林黛、赵雷两大主演，拍摄的古装彩色黄梅调歌唱片《貂蝉》，在这一年的亚洲影展上夺得五项大奖。他接下来导演的《江山美人》更缔造了香港开埠以来最高票房纪录。

一个是邵氏的开国元勋，一个是新冒头的散兵游勇，李翰祥和张彻在邵氏的地位可谓悬殊，平日里亦毫无沟通，但李翰祥曾撰文说他推荐过张彻。后来张彻为李翰祥写了个剧本《一毛钱》，呕心沥血，由邹文怀推荐。也许李翰祥读剧本当日的心情不佳，看罢便往邹文怀桌子上一摔，嚷嚷了句：“这叫做什么剧本？”扭头匆匆走了。

由此看来，李翰祥对待张彻这个新人的态度，已经非常明朗：鼓励他、打击他、打击他、打击他……但是他那天走得太急，全然忘记了，张彻还在晚报写影评这件事。从此张彻更加笔耕不辍，每天都对李翰祥口诛笔伐、无情抨击，几乎变成一个诗人，产生了不少好句子传颂至今，比如“李翰祥是一代霸才，然而亏在太有算计，好比一个锦衣银甲的霸王，腰间却露出半截算盘”之类的。这件事也开启了李翰祥的文学生涯，美工出身的他，也开始往那家晚报投稿了……总之，这两人骂来骂去，最后，是邹文怀挺身而出，熄灭战火。

许多年后，李翰祥仍孜孜不倦地写着，其短章在《东方日报》上连载三年，最终出版《三十年细说从头》。这人不仅长了一张黑脸，还长了一张黑嘴，什么破人烂事都敢诉诸笔端，整本书简直可以改名叫做《三十年睚眦必报》了。唯独对张彻，一些事件被选择性地隐匿了，李翰祥甚至一脸慈爱地写道：“我推荐当时仍以何观为笔名的张彻，进入邵氏审阅剧本之后，就研究和筹备拍摄起新式武侠片。”

至于张彻稍后开创的新武侠，在李翰祥的眼中，则几乎是场闹剧了：“开始，招考了一群年轻好动、孔武有力的孩子，在邵氏的后山上拍起武侠试验片来。据说，完全放弃了龙虎武师的套招方式，缠头裹脑的花拳绣腿，全部不要，一上来就是三本铁公鸡，真刀真枪，拳拳见肉。所以每天都把小哥儿几个打得鼻青脸肿，每天都打伤七八个，后来一看拍出来的拷贝，个个都傻了眼了：全部镜头，都是一字长蛇阵，雁别翅排开，乱打一锅粥，不是中景，就是大远景。傻小子睡凉炕，全凭火力壮，这怎么行。所以闹哄了一阵之后，也就不了了之了。”

然而，张彻的武侠试验片没有不了了之，李翰祥笔下那几位“鼻青脸肿的小哥儿”，也成为最初的张彻班底。而张家班由一个王羽、半个罗烈为始，以大陆董志华、杜玉明等人为止，弟子六代，中途有聚有散，互敬互爱，又有娶妻生子，渐渐开枝散叶，发展成浩浩荡荡的一群了。

叛逆者王羽

1960年，王羽由上海至港，先落脚在珠海学院念了两年书。在上海，王羽是个不算出色的游泳运动员，到了香港读书之余重操旧业，轻轻松松拿下三项冠军，并且一连拿下两届。一度误传，说王羽是游水至港，估计起因就在此处，压根儿哪儿都不挨着。张家班里，后期弟子孟飞倒是游水过来的。每次想起，就忍不住一阵悲从中来：无论如何，"游水至港"这四个字听上去，就比"翻柏林墙"难度大多了。

王羽获得两届冠军后，原本惦记着三连冠，前途一片大好，但赛前他被游泳队开除了——因为打架。幸而，张彻一生都爱叛逆的孩子，他的张家班，几乎是不良少年收容所，王羽是第一个。郑佩佩后来说："那时候他一直在打架，张彻非常非常喜欢他，张彻就是喜欢这一类的。"径直道明了张彻的趣味。

游手好闲的时日，经人介绍，王羽曾在粤语片明星张瑛开办的华侨电影公司开拍的《鬼凶手》中做配角，但因为广东话不好而未再出镜。1963年五六月份，张彻轰轰烈烈的演员招聘热浪，招揽了三千多名怀揣梦想的年轻人。王羽也在其中，一套燕青拳和双刀下来，便轻松被录取了。几人匆匆签下两百块一月的演员约，而那时，外面一个保姆的薪金是六百块到八百块。王羽的父亲在香港开了一家面粉厂，王羽每个月给跑车加油的钱，早已超过了两百块，也因此，他在签约邵氏后十几个月没有领过薪水。

并没有像一般演员那样参加过南国训练班，王羽就出任了1964年《虎侠歼仇》的男主角，这也是张彻在邵氏导演的第一部武侠电影。王羽自然是当仁不让的大侠，张彻在这样一个人物身边，又安排了亦正亦邪的一个罗烈。罗烈没有优待，他是南国训练班的产物，并非张家班的御用，况且是出了名的滥拍，他有一句名言："导演叫我做什么，我就做什么。"然而这个人戏是好的，有时亦正亦邪，有时亦正亦谐。

1967年，《独臂刀》横空出世，张导演从此成了"张百万"。在他手下干活，负伤率还是那么高。从前"鼻青脸肿的小哥儿"，这次因为要把右手绑扎起来，常常失去平衡跌到满身淤紫。工作的苦，王羽是不埋怨不退缩的，但仍称不上十足敬业，他有另外的毛病。统计下来，彼时张家班人丁兴旺，已经有一个王羽，半个罗烈。那半个，倒有随叫随到的把握，滥拍嘛；可那位正儿八经的御用，真说不准。张彻爱叛逆的小孩，不过，孩子叛逆起来，也要有降伏的手段才好。王羽还是打架，做了明星，也不收收心，但也有所长进，做了明星，可以和明星打架；和平常人么，倒也不是不打的。

其外，便是无以复加的情绪化，真是个天生的明星啊。无以复加到何种地步？1968年，拍《金燕子》时一干人马在日本出外景，王羽心中挂着林翠，却怎么也打不通国际电话，闷闷不乐，于是宣布：不拍了，即刻回香港去。张彻知道了，照例是个"宠"字，跺跺脚，望望天，猛抽他的雪茄。换了另一个人，怎么敢？当年跟这戏的副导演是午马，负责把服装和道具从香港押运日本。因为少了几件，被张彻破口大骂。每每看姜大卫、狄龙回忆恩师的访问，这两位爷不住强调，张导演对他们很好，从来不用粗口骂人——可不是么？满心火气早都冲着不得宠的倒霉鬼发过了。对他们，自然心平气和，想不慈祥都难。

王羽罢演这事儿，最后在蔡澜的笔下，竟然很诗意地解决了，那天《金燕子》全剧组在田野里等太阳："天上飞来一群红蜻蜓，有一只停在我面前的白花上。我静悄悄地伸出手指在它的眼睛前面画圈圈。蜻蜓有复眼，圆圈越画越小，它便会头昏，等它心迷，便能一把抓住。王羽看得神奇，也找了只蜻蜓画圆圈。一抓，让它飞走，再找来画。大家看着这两个疯子画圆圈。郑佩佩、午马、杨志卿，甚至张彻也拿着雪茄画圆圈，把所有的事都忘却了。太阳出来，我们继续拍戏。"梦一样啊，一群童心未泯，两个大小不良。

王羽年轻时很叛逆

1970 年，王羽与邵氏发生合同纠纷，远走台湾，而真正原因，要到一年后方能揭晓。1971 年，原本写给王羽的《鹰王》，主演只好临时换成了狄龙。但翻翻电影目录，早在 1969 年，张彻便开始着力打造新一代双生，姜大卫与狄龙，已经各有一部主演作品问世。张家班改朝换代，归根到底，师父最早动手。

故人之子姜大卫

1968年的《金燕子》是部有故事的电影，戏里戏外。《大醉侠》之后，胡金铨脱离邵氏远走台湾，邵氏要张彻来拍摄续集。在原片中成功塑造了女侠金燕子的郑佩佩，却并不愿意再度出演，这个倔姑娘觉得"金燕子"这个人物是属于胡金铨的。张彻找到郑佩佩整夜长谈，苦口婆心地劝到凌晨四五点，这姑娘就从了——具体怎么劝的不太清楚，估计少不了说谎保证你是绝对主演之类，连片名都是《金燕子》么。

胡、张两位导演风格有异，却一致地拍出了最名不副实的电影：平心而论，《大醉侠》实在应该叫做《金燕子》，而《金燕子》却更应该叫做《银鹏》。尖锐的矛盾发生在拍摄的过程中，有场戏，王羽从窗口跳下去了，罗烈也跳下去了，张彻跟郑佩佩说："你绕过窗子，从门口走出去吧。"他觉得姑娘应该优雅一点，不要那么粗鲁，郑佩佩这回不从了，又倔。张导演恫吓道："你要是从窗口跳出去，恐怕就没人敢跟你结婚了。"倔姑娘说："那不关你的事。"坚持着，跳出去了……

实际上，那天除了几位主演，还有一个人也跳了出去，镜头没有拍他的脸。戏中设计，演员井淼从酒楼上摔落街道，老先生彼时快六十岁了，要用替身。做替身的年轻人瘦削修长，不满二十岁，用手捂着脸从酒楼翻身跃下，干净漂亮地一次完成动作。有人对张彻说，他是红薇的儿子，叫姜大卫——往事瞬间蜂拥而至，张彻知道，这孩子就是故人严化(原名姜克琪)的遗孤了。张导演漂泊上海时，经营过一阵戏院，与国泰、大同电影公司的人来往密切，此生所写的第一个剧本，担任男主角的就是国泰公司的当红小生严化。

严化早逝时，几个孩子都还年幼，其中姜昌年五岁，姜伟年四岁。母亲红薇后来嫁给制片人尔光，得小宝尔冬升。尔光为照顾家人，特别开拍儿童戏，常常举家上阵。后来，李翰祥导演为姜昌年小朋友取艺名秦沛，岳枫导演为姜伟年小朋友取艺名姜大卫。

姜大卫生性叛逆，小学、中学各留过一次级，为躲避读书而离家出走，被哥哥秦沛在街上逮到，押解回家。十七岁辍学，第一份工作在写字楼当后生，月薪一百八十块，只做了十三天；有朋友介绍他到古董店上班，月薪两百块，这次做得比较长久，三个月，终于还是整天无所事事地闲荡。彼时秦沛做演员正当红，拍霍士公司的《圣保罗炮艇》，把这个弟弟拉过去，和外国武师学点东西，也认识了刘家良和唐佳两位师傅。如此，姜大卫做起了龙虎武师。

张彻对这孩子起了恻隐之心，虽然做武师收入颇丰，但毕竟是以性命相搏。在电影拍摄过程中，又细心观察，发现他不仅身手灵活，可以

张彻与姜大卫的父亲严化是故交

做一些惊险艰难的动作，或许还有可以演戏的潜质。《金燕子》拍摄完毕，张彻要去台湾小游，那时姜大卫的家在台湾，这个外表叛逆内心温和的男孩子从自己的薪水中，分出一半，托张导演带给母亲红薇，还有一些手表之类的东西给弟妹，这是名副其实的血汗钱。

对于这段往事，张彻曾撰文《我与姜大卫》，字字句句将温情吐露："我这人一向讷于言辞，心里想的，写出来比说出来容易，这一段经过，我的'心理过程'从未对人说过，即便姜大卫本人，也要看到这篇东西才会知道。'姜大卫'这名字，有人认为不似艺名，曾劝我为他改过，但我终于没有改，因为这是本色。'姜'这个姓，更是作为我怀念故人的一个标志。"(《香港影画》第 47 期，1969 年 11 月)

《金燕子》之后，是 1969 年的《独臂刀王》，王羽主演。姜大卫听从张彻的建议，与邵氏正式签约，做了只有一句台词的演员，一些人的命运正在不远处等待与他汇合。在这部戏中，另一个年轻人同样因为得到了一句台词而兴奋不已，他当时住在姐姐家里，抱着刚刚出世的外甥女林姗姗，把这句台词念了一千次。念得多，因为"国语"不好，狄龙后来回忆这一段，笑着说："天不怕、地不怕，就怕广府人讲官话。林姗姗直到现在都会念那句台词，因为已经深入脑海。"

独臂刀王狄姜聚首

1969 年，满眼是张家班早年阵容的告别演出：王羽仍是面目阴冷、脾气暴戾的大师兄，《独臂刀王》之后，师徒再合作就要等到遥远的1983 年；罗烈的外貌几年间日新月异，1964 年左右还能称斯文，待到离开张彻，作为狰狞反派登场时，已经形神兼备了。

然而，是告别也是新生。《独臂刀王》中，姜大卫和狄龙各跑龙套一名：一个遭敌杀，为吸引王羽出来，尸体还被摆了一个很可爱的姿势；另一个被色诱，胸膛中镖数枚，目光恨恨又无限留恋地气绝。虽然死不逢时，俩龙套间并无任何交集，两位爷编年史也可记上这血红的第一笔了，尽管同戏不同台，在这两个人后来的电影中悲凉地频频可见。

狄龙勇于报考南国训练班，首先要归功于张彻之前的一项改革。浙江口音贯穿国粤语的张彻导演觉得，新一代香港年轻人已经不会好好说“国语”了。为了挽救那些有方言障碍的演员，电影统统采用后期配音。另一个比较非主流的原因是，早前邵氏的何冠昌建议买下启德机场废旧的飞机库，一下子为公司添了四个影棚，但飞机库完全金属构造，不可能用隔音设施。太奇妙了，全金属外壳，传声效果一定很好，猜想那时的导演都不用喇叭吧，嗷一嗓子，四个影棚齐刷刷地通透了。

何冠昌也是狄龙的恩人，如果说后期配音只是消除了这个年轻人作为演员的一种顾虑，那么真正让他放弃原本月薪不俗的工作，投奔影海生涯，更因为何冠昌循循善诱的一句话：我们这是艺术，艺术可以变成终身职业——令人发指啊，说真的，如果不是后来狄龙红了，这简直就是赤裸裸的陷害啊，又一大好青年将饿死街头，还那么帅，多么悲哀。

1969 年，狄龙、姜大卫主演《死角》，这是一个开端。在张彻一生导演的近百部作品中，两位爷占了其中四十二部(包括姜大卫的龙套电

姜大卫、狄龙与拍《死角》时使用的老爷车

影)，支撑起老爷子的半壁江山。在两位爷合作的二十八部电影中，仅有十部双双幸存，其余要么死在一起，要么一方为了给对方报仇而死……他们的友情真是不共戴天，由电影一路到生活中，都是如此。

当时，这两个年轻人住同一个宿舍，姜大卫二十二岁，狄龙比他长一岁。因为都是很漂亮的小伙子，自然招人喜欢可人疼，义务帮他们烧饭的姑娘层出不穷。张彻导演去他们那儿串门，见到屋里有几个志愿者，这个本性很八卦的老头儿"哗"的一声传开了，姑娘们都害羞不来了。从此在吃饭问题上，两位爷只好相依为命，一个人做饭，另一个就洗碗，他们的宿舍，"比起一般男孩子的家，是很干净的"。除此之外，也有一些君子协定，安排值日表，琐碎地订明规则：比如两个人都抽烟，不要乱弹烟灰之类。抽烟的事，张彻导演给年轻人做了很不好的榜样。狄龙性格坚毅，后来说戒就戒掉了；姜大卫懒散一点，戒过，失败了，烟瘾于是也坚毅地绵延至今。

《死角》中，有一辆象征着两位爷友情的老爷车，在戏中被砸烂。姜大卫花五千块把它买了下来，修复好，颇自得地开着。直到他交了女朋友，姑娘嫌老爷车太引人注目，每次出街都被围观，不得已，这辆车才被半价卖掉。亦舒的访问稿里，还有另一段车子的故事，年份是稍后的1971年。张彻导演口中的“他”，自然指姜大卫——

“他与狄龙，是相当要好的。狄龙的车子里，有他的照片，没看见吗？两个人很要好，男孩子总是比较重视朋友的，不稀奇。”

“两个人还买同样的车子，只是颜色稍差一点而已。我也不晓得是怎么回事。”张先生笑，“我们见了面，多数还是讲公事，说车子的时候很少。”

1/5 影帝

少马爷的相声《大保镖》里，有一包袱："哥哥你且退后，待小弟前去送死……"可用来概括大半部分张彻电影和几乎全部两位爷作品。中国人的练武目的，于此在"强身健体"与"替父报仇"之外另辟蹊径。

1970年的好时光，亦舒笔下："姜大卫是很谈笑风生的；他的好朋友狄龙，就与他不同，沉默寡言。我们就说：哪儿来的一双对比。可是谈笑风生与沉默寡言，竟是一对好朋友。有时沉默的那个开机器脚踏车，穿红衣服牛仔裤，姜大卫就搭顺风车在后座，穿蓝衣服牛仔裤。好漂亮的一对呵，看见的人都说。"

漂亮的一对中，狄龙无疑是较为稳重、有兄长风范的。他的稳重体现在个"闷"字上，约李丽丽来宿舍玩儿，无关风月，只为一起打木人桩，并谆谆教导曰有益身体健康，可怜的姑娘当场傻掉。闷坏了的姜大卫在《保镖与我》中恨恨地写："狄龙这家伙真无聊，不知道他活着是干什么的。说演戏不像演戏，说打斗不像打斗，一天到晚四处闲荡，活像个'四不像'。要气狄龙很简单，就照着这几句唱，准保气得他只知道笑。"

狄龙以兄长的姿态，管束着姜大卫的打架、喝酒、泡妞。被这样照顾的人，是极惹人同情的，因为很容易从此了无生趣。另外，也有些传说中感人至深的小事件，比如只为姜大卫一个人买宵夜，连张彻都没有份；大雨里把头盔外套都给姜大卫，自己短袖裸头骑在机车前面。年轻人互相啰嗦起来，比老年人还要可怕：姜大卫被这样无微不至地约束过，几年后心智成长，又活学活用地约束着更年轻的傅声，也是不求回馈的苦口婆心。

由于《死角》的票房失利，狄龙被迫休息了半年，直到《保镖》才得到重新起用。这期间，张彻为姜大卫量身打造了《游侠儿》，厚此薄彼的差距就此拉开。尽管老先生始终宣称自己一碗水端平，但即便是故事片，也可看作创作者内心取向的纪录电影。饱含深情的大特写，张彻向来毫不吝惜地来拍姜大卫的眉梢眼角，他甚至让镜头追随着这个瘦削青年的背影走过一条街。

《报仇》的故事张彻很喜欢讲，解恨又快活地一连写过两遍："有一位朋友说：'如果姜大卫能红，我从邵氏爬到尖沙咀！'（虽然事后没有真爬）所以，《报仇》得奖之后，姜说'什么仇都报了'。"——亚洲影展，二十三岁的影帝，簇拥无数，当年的影迷里，有个小小的女初中生，常把零用钱花在戏票上，在娱乐、京华等戏院子逡巡，买中前座位，十几年后仍能默背《报仇》的情节。她后来写了本叫《霸王别姬》的小说，把姜大卫的角色"小楼"这个名字借用了过来。

姜大卫《1/5 影帝》："说起狄龙，我们真是对难兄难弟。从《死角》开始，一直到现在，我们俩就一直没分开过。狄龙是我的好搭档，自以为了不起的我，总喜欢教他演戏，而自以为了不起的他，也时常教我演戏。常言道，整瓶不动半瓶摇，其实我们两个都是半瓶子醋乱摇晃。狄龙拍戏一向非常用功而且卖力，这一点，说什么我也不及他。狄龙很肯帮助人，我就是常受他帮助的一个；《报仇》里，我们俩始终没有同场出现过，可是我拍戏的时候，他总到厂里来陪我，精神支援不说，在打斗上有很多小动作，他还给我指点。因《报仇》而使我获奖，很惭愧，总觉得要得奖，应该是我们俩同时得才对。"（《香港影画》第 56 期，1970 年 8 月）

1970 年，姜大卫连中三元，选入年末银色世界的十大影星，他起初很高兴，紧跟着问记者："狄龙有没有当选？"看对方摇了摇头，他泄气地说："狄龙又没当选，那我也不要了。"记者无计可施，旁边的金霏来解围，说："大卫，你还抱怨呢，其实狄龙吃亏，这个罪过都在你。"姜大卫差一点就从座位上跳起来了，大声问："怪我？有什么原因？"

——并非一切故事从开始便是俗套，并不一定文人相轻、艺人相贱。然而，一切故事都将沦为俗套，正如同总会有年轻人那样脆生生地

姜大卫凭《报仇》获亚洲影帝殊荣

质问，而质询的声音，总会被更激烈热情的大众讨论所淹没。

1970 年夏日，张家班在《十三太保》古洞外景地集体暴晒，大家疲惫不堪，拍戏之余面面相觑，笑也不肯多笑。高温之下，姜大卫戴着皮帽，穿着长筒皮靴，正准备攻打长安城——《报仇》在亚洲影展上的喜讯此刻传来：一是张彻的最佳导演，一是姜大卫的影帝。得到消息，张彻客气地“哦”了一声；姜大卫理也没多理，直接认定假新闻。天热人晕，反应相似，尽管是出于完全不同的原因。

张彻导演除了在衣着上讲究非常，在心智上对自己也一贯严格要求，自有一套谢安“镇物”的训练：淝水之战获胜的捷报传来，谢安看了仍继续下棋，下完一盘才说“小儿辈破贼”。张彻觉得这个太不错了，练气场啊，有必要模仿一下，效果也很显著：比如 1969 年年末，他众望所归地结婚了，在那个普天同庆的日子里，亲友齐聚，证婚人上台，时间愉悦地过去了，张导演镇定自若地姗姗来迟。

“镇物”训练也有失控的时候，比如张彻骂人时就不太矜持，与他孱弱淡泊的文人气质有所背离。他早年做徐增宏的副导演，那是位摄影师出身的天之骄子导演，太年轻出道，喜欢骂工作人员。张彻被他骂得最凶，也被他教坏，后来练成了能把三十多岁的导演骂哭的嘴皮子，又听说，杜琪峰的偶像是张彻，这是代代相传的绝技。但总的来讲，“镇物”训练在大事儿上都很成功，甚至令几年后的张彻，在面对双生无可避免的离散时刻，表现得镇定又沉默，正如这一年获奖，他心中也许五味杂陈抓天挠地，但终于只“哦”了一声。

姜大卫懵懵懂懂，听到喜讯愣了一愣，觉得不可信，直到“第二天，没睁开眼睛已经有人把我叫醒，塞了一大堆报纸给我，叫我看，模模糊糊的，算是证明了昨天的消息并没错，可是当时我因为头一天拍戏实在太累了，所以报纸还没看完，又睡着了”。——他还没做好与影帝效应迎面相逢的准备。

亦舒如此描述这位年轻影帝之后的紧凑生活：“姜大卫的一举一动，谁都知道得清清楚楚。他每天几点钟起床，起床之后去拍哪几部新片，晚上爱去什么地方消遣，每个观众都知道。然后他用什么牌子的古龙水，吃什么香味的雪糕，女朋友是谁，男朋友又是谁，一个月剪若干次发，观众也都清楚。”

不久前的他尚能落落大方地书写自己的恋爱观：“我跟狄龙，有很多共同的爱好，比如，爱赚钱，爱花钱，爱没事打抱不平（自以为），爱吹牛，爱整人（非恶意），可是唯一有一点不同的，就是交女朋友。狄龙说：交女朋友多麻烦，又花钱又受气。这点我跟狄龙相反，交女朋友嘛，从一而终，情要专。看我，交的女朋友多好，又替我省钱，又替我出气（听我的废话、唠叨、怨言而不插嘴）。”

而如今他走在路上，每与一个姑娘打招呼，便是一段新闻。本性八卦的张彻导演，热心地为爱徒澄清：“至于人家说大卫女朋友多，换得频，我也觉得无所谓。像我们这样的年纪，打个有趣点的比方，像独立制片，只有一套片子，年前娶了太太，好坏也得放映下去，因为没片子好换。大卫这样的年纪，倒像邵氏公司的戏院，不好就换画，无伤大雅。”有点意思的比喻，张导演自己还真是年前娶妻，也还真是好坏也得放映下去。

狄龙有意地回避着姜大卫，不再在拍片之余一起各处玩乐，即便见面，人也沉默。姜大卫见这情形，心中明白了几分，他找到一个机会质问狄龙，为什么疏远他？狄龙只得照实把自己心里的想法说出来，他说：“你现在已成了影帝，地位跟过去不同，如果像过去一样，人家会以为我是在‘傍’你。所以，我觉得疏远一点好。”姜大卫很难过，他对狄龙说：“我重视我们的友谊，比‘影帝’荣衔更重视。”

以数字为序列，浏览张彻作品列表是件有趣的事：《独臂刀》、《双侠》、《边城三侠》、《四骑士》、《五虎将》、《七金尸》(挂名)、《八道楼子》。让人怀疑，老先生是否一辈子没在牌桌上和过一条龙，才拼了命地要在电影事业上找齐，于是生平最大遗憾就是没拍过《六指琴魔》和《独孤九剑》。或者，也可在数字的不断膨胀中，窥见张家班人员动态地壮大。

1970 年的电影《报仇》中，狄龙饰演的关玉楼亡故后，姜大卫在为兄报仇的路上，一刀结果了陈观泰扮演的反派龙套，张家班的“铁三角”以这样的怪异方式，首次欢聚一堂。

世事如棋局

“邵先生平常见我，当然是叫我到他办公室，就算出去喝茶，他照例也都在半岛酒店；这一次，他约我在国宝酒店大堂见面，我自然料到事情几亩，不同寻常。”1970 年，一些写进香港电影史的大事件，与张家班的命运走向发生了有趣的交集。

邵氏高层邹文怀准备自立门户，关于此人的去留，张彻给了邵逸夫一个字的意见：“放。”对邹文怀，张彻也通过赠字含蓄地表达了自己的默许：“知己酒千斗，人情纸半张；世事如棋局，先下手为强。”这首诗翻译出来念做“我不走，但也不留你”。

一年前，邹文怀与张彻、王羽共商大事，三人约定，一起退出邵氏。王羽性格刚烈，先行出走，往台湾等待嘉禾成立。而在大事将成的关口，张彻却反悔了。事后，曾有核心人物分析，张彻这样做，因为邹文怀走后，他可以取而代之，成为邵逸夫的最亲信者。王羽与他曾为此发生争论，作为弟子的他当面质问：“张先生，我叫您一声先生，可是您做的事情……”功过是非，当事人有不同立场，后辈难以评论。

嘉禾开山之作《独臂刀大战盲侠》，借了“独臂刀”系列的余威，依旧由王羽树眼。邵氏方面除了开拍张彻导演，姜大卫、狄龙主演的《新独臂刀》以应战，也将满腹冤屈诉诸法律，直指嘉禾的侵权行为。邵、邹两位老板各自花掉上百万的律师费，从影片开拍到放映结束，官司经久不息。张彻和邹文怀也终于做了生命中互为见证的朋友：邹文怀是张彻结婚时的证人；张彻则成为这场宾主官司上了法庭的证人。

《独臂刀大战盲侠》电影本身，有着关公战秦琼式的荒谬，值得一提的是由于港日合拍而导致的分裂结局：安田公义执导的日版，以盲侠杀死独臂刀收尾；而徐增宏拍摄的港版，胜负则刚好与之相反，善解人意地照顾了两地人民的感情。这路数放在今天也不过时，但事到如今，独臂刀手刃盲侠也不能欢愉太久，要赶在片末去自首。《新独臂刀》的票房略胜一筹，在荒谬这方面却没有前瞻性，早该在影片死别的哀戚过后，应观众需求追加一个 happy ending。

生活中的 happy ending 是王羽和姜大卫这对曾经打擂的师兄弟，五年后联合导演并主演了《独臂双雄》，山水有相逢的两个残缺一台戏。彼时，他们均已与张家班无关，是抹去了对峙大环境的相敬相爱。

当时邵氏的另一个大环境是，1970 年方逸华初入邵氏开创采购部。其部门经理，人称 cutting manager，即“申请单永远 cut 半”。最为人传颂的段子并非 cut 掉一辆消防车，那尚属于节俭的范畴；而是发生于李翰祥荣归邵氏后，影片中小朋友吹肥皂泡，需要一元一支的竹筒，申请十支，也被 cut 掉五支。然而，李翰祥当时已经雇了十个小朋友，他为此深深地纠结了：因为每两个小朋友共享一支竹筒吹泡泡，是不卫生不科学不靠谱的，悲愤的李翰祥只好罢拍。节省五支竹筒的本意，却意外地省下一部戏，这样的持厂有道，与赌马十元一注的邵老板相映成趣。

对于方小姐的“cut 半”政策，自有导演聪明地将申请单夸大一倍，人人效尤，从此皆大欢喜。然而邵氏吝啬的做事基调根深蒂固，1970 年李小龙有意回港发展，对邵氏的要求是一万美金一部戏（当时张彻的导演费六万港元一部），邵氏则打算按一般艺员的待遇来接纳这位巨星，双方不欢而散。而嘉禾却误打误撞，飞往美国力邀郑佩佩加盟无果，不想空手而归签下李小龙。随后的《唐山大兄》势不可挡，三百万的票房纪录刷新并远远超越了张彻“百万导演”的荣耀。

李小龙的走红让张彻觉得，张家班也需要有一位会真功夫的演员来坐镇了。陈观泰作为 1969 年的东南亚国术比赛冠军，1972 年被张彻从自己的龙虎武师堆儿里挖了出来。这位当年五战五胜的冠军，“大圣劈挂门”的传人，在《马永贞》的样片观映会上并不被看好，大家觉得，这位东南亚国术冠军的相貌并不英俊，的确是东南亚了一点。张彻力

李小龙曾来《刺马》片场探班，右起李小龙、姜大卫、陈观泰

张彻与狄龙在《刺马》片场，狄龙凭此片获金马奖"优秀演技特别奖"

排众议，强调了陈观泰的质朴气息，为凸显他的武艺高强，特别在片尾让主角腹部中斧后仍精神抖擞地大战了十五分钟，全歼敌人后才安然死去。观众受到感召，《马永贞》的票房超过两百万。

1973 年顺风顺水，张家班的铁三角凑齐，可拍《刺马》。2007 年的《投名状》号称改编于此，然而影片中的主人公改名换姓，故事也另起炉灶，与旧版的唯一关联在于，恶作剧地将片中三位老奸巨猾的反派命名为：狄大人、姜大人、陈大人，弥补了此后一系列薪火相传的电影活动中，那无论如何也凑不齐的昔日阵容。

“姜大人不在不热闹啊。”《投名状》中的狄大人如是说。

“吴宇森要做导演”

“希望我的老朋友狄龙、姜大卫他们来客串一下，因为友情”，吴宇森对《赤壁》的寄望原本如是，然而“因为种种原因，不太方便”，心愿终究未能达成。

吴宇森与两位爷深厚的友情建立于火红的张家班岁月，1972 年至 1973 年间，他做张彻的副导演，待遇不高，每每经济困窘便求助姜大卫，那人有个储钱的竹筒，每次一见吴宇森，二话不说就拿起竹筒，把里面的钱哗啦啦全倒在他手里。当昔日的落魄人功成名就，两个好朋友坐在一起忆苦思甜，姜大卫起初装作不记得这事，但吴宇森感恩地屡屡提起，姜大卫只好开玩笑要他还钱。

1972 年的《年轻人》缺少男三号，两位爷曾一起租了摄影棚，拉来摄影师和化妆师，想给吴宇森拍一段试镜戏，张彻看到断然拒绝，摆摆手道：“吴宇森不要当演员，吴宇森适合当导演。”只言片语给向着理想挣扎的年轻人莫大鼓舞。这部戏最终的男三号由陈观泰饰演，作为张彻“永远副导”的午马也有参加，苍老着脸，毛衣鲜红，和一群面容稚嫩的同龄人站在大太阳底下，手里有时攥紧一把吉他，像大力握住一把剑。

姜大卫的长发在这部电影中继续消失，“长发影帝”的姿态暂时告别，张彻再不用对记者解释：“我觉得他的头发并不长，我留的头发，都与他差不多了。”还要努力撰文，从科学的角度分析姜大卫留长发是为了电影中慢镜的效果。血泊搏斗中抽空甩一甩，的确很凄迷。当年他出名的爱发如命，为拍《无名英雄》剪短竟然也成为一条新闻。

《年轻人》之类的时装电影，把观众对姜大卫长发的关注，吸引到衣着风格里去：花衬衫灯笼袖收紧袖口，配喇叭长裤，宽边牛仔帽底下拉

狄龙、姜大卫红极一时

张彻与狄龙、姜大卫、井莉在《无名英雄》拍摄现场

出一条长丝巾……亦舒的专栏特别解码姜大卫的新潮服装，《拳击》剧照上密密麻麻标满有趣注释："原来男孩子也可以穿中庸装长背心"，"这种帽子女孩子才喜欢呢"。嗯，这样的帽子，一式两份，颜色不同，姜大卫和狄龙各有一顶。

姜大卫后来回忆说："就好像我穿什么都行，那时候我那么红。"趁演员最红的时候，邵氏提出续约，姜大卫去见邵老板，只为与狄龙共同进退：续约三年，每年拍四部片，每部片酬十万。狄龙的条件也要一样，否则他宁可不再续约。

冒险的一个"共同进退"，让双生间愉快的合作得以继续：《荡寇志》的饭间，两个人捧着一盒饭喂来喂去；《刺马》的拍摄间隙，共骑着一匹马在片场里悠闲地溜达。终于有心明眼亮的媒体发问："现在许多外国片都以同性恋为题材，如果有机会让你饰演同性恋的角色，你会拒绝吗？"姜大卫只稍想了想，答应了："说不定我会尝试一下。"又看看身边的狄龙，顽皮地接着说，"如果是狄龙和我演对手戏……""你算了，我才不会演呢！"狄龙打断他，"不过我倒发现我是邵氏公司唯一的男性肉弹明星！""哦？这话怎么说呢？"媒体对此也感兴趣。"你看凡是我演的戏，差不多都有赤膊的镜头，不是肉弹明星是什么？"

李翰祥回归

70年代初,李翰祥的国联公司在台湾陷入财务泥潭,几经飘摇终于败落。回港后的几部小制作电影,令李翰祥思念起邵氏盖世无双的大片厂,他像个唱起恋爱初歌的男同学一样,天天到半岛酒店去等喝早茶的邵逸夫,见面后的第一句话是无不讶异的"这么巧啊"。邹文怀离开邵氏时的三方沟通情景再次重现:李翰祥的意思是,再给他一次机会;邵老板的意思是,这事儿要问过另一位;张彻的意思是,嗯,准了!

1973年,李翰祥荣归邵氏。对公司而言,无非在炎炎夏日多置出一台冷气机,两大导演人各一台:人走到哪里,由场工搬着跟到哪里。对张彻而言,人生从此不无聊,事业上的斗智斗勇无须赘言;贯穿几十年的笔仗花样不断翻新,从个人穿衣风格到香港电影走向,无话题不可争论、不可一较高下——生活经验告诉我们:真能吵起来、还能长久吵下去的两个人,往往各方面水准都相近,表面上的一对冤家,本质上其实是知音人。

这两大导演还有着共同的爱好,都热爱曲艺。据李翰祥自己吐露,除了京剧之外,他尤为喜爱评戏《王二姐思夫》,有高雅艺术相伴的人,立刻就与楚原导演这类马经爱好者区分开来。张彻也爱好京剧,票须生,早年在上海自个儿还扮过关公,不太成功估计是因为票错行当了——明明那么老旦气质的人。40年代风靡沪内的海派京剧《刺马》,张彻是捧过场的。

1973年,《刺马》改变了姜大卫、狄龙在邵氏男星中的排序。选角时张家班众男青年面面相觑,民主地选出谁适合演奸夫的确比较困难。只有狄龙觉得可以在演技上有所突破,自己举手争取,张彻开始还有点犹豫,但挨不住年轻人又求又哄,就从了。爱徒饰演反派,剧本需要细细量度，传统意义上的奸夫变身为不顾世俗目光的情圣。大胆的尝试为狄龙赢得了那一年的金马奖优秀演技特别奖和亚洲影展表现突出性格男演员奖，他一跃成为当年最红的男星，公司分的花红足以买下一幢楼。

拍完《刺马》后，姜大卫再也没看过这部戏，只记得张汶祥刺马时“带着仇，带着恨，还有爱”。1992 年，七十高龄的张彻在台湾拍摄电视剧版《刺马》，其弟子鹿峰挂名导演，仍由姜大卫主演，但他的角色变为电影版中狄龙饰演的“马新贻”。

1973 年，与《刺马》同期拍摄的《大海盗》，剧组从清水湾驶船出公海，一个叫陈元龙的十九岁武师随浪摇摇晃晃，头晕目眩，狄龙叫了一艘船送他上岸。1974 年，经引荐，他战战兢兢地立在张彻面前，老先生只客气地点点头，没有丝毫留意：张家班的“少林系列”正如火如荼，多得是赤膊精壮的小伙子，这一个又有什么特别？此后陈元龙辗转几家公司，主演的电影均票房惨淡，一度离港赴澳在餐馆做工。1976 年，陈自强游说他重返影坛，为他改名“成龙”。

星途不畅的成龙终日陪古龙饮酒，一个落魄人对着满堂王八蛋，为求一个量身定做的剧本。古龙有意捉弄，灌大杯酒进成龙肚里，才转过头对罗维导演说：“我的剧本不是写给他的，是写给狄龙、姜大卫的。”

比成龙稍稍幸运的李修贤在 1973 年的《刺马》中饰演太平军小兵，披头散发的形象并不光辉，但给人印象颇深，可能认为人物性格比较活泼，就义时在众目睽睽之下滚来滚去地不死。十七岁的年纪破了张家班的纪录，李修贤签约时仍需家长陪同，与后来的傅声、钱小豪一起凑成了张彻手中的三份童工协议。

契仔傅声

1972 年的《仇连环》中，陈观泰会罢情人怡然走在归途，浑然不知仇人正坐等家中，迎面撞上一个骑脚踏车的错愕少年，“仇老板，你家昨天晚上来了很多人，还没有走”，言罢，便风驰电掣地消失在巷尾。

在电影中惊鸿一瞥的漂亮少年名叫傅声，由狄龙亲自引荐给张彻。这位小公子哥儿的靓丽容貌，立刻照亮了导演的眼睛，亲如父子的缘分到了。张彻一生无子女，对与张家班弟子的契父子关系从未正式承认过：狄龙谨慎地称他为“张先生”。姜大卫更加理智地尊称“导演”，除了一次和朋友聊天脱口而出的“嗰条友”笑倒半桌人。张彻只好口不对心地自嘲：“我要是真有他那样的儿子，烦也烦死了。”而傅声对张彻，开口就是“老窦”，天真是儿童的利器啊，于是张导演的“声仔”也叫得格外亲切。

鉴于这位老窦在片场是摧毁力很强的一个人，他的导演椅方圆几米之内一般是不停留活物儿的，张彻口沫横飞地讲解剧情，旁人往往远坐四散：狄龙挺直腰杆顾自听，姜大卫搔眉耷眼地爱答不理，只等“开麦拉”一声唤，随着性子天马行空——两位爷自带的友情，导致一对视就出戏得厉害，反叫导演心花怒放大呼 OK；只有傅声敢蹲在旁边，带着小男孩式的无辜，让导演摸摸头之类。两爷仔甚至互相开开无伤大雅的玩笑，用子虚乌有的暗号交流表演：“你用了十九号表情，多了！用了十六号就不行！”

受这样待遇的小朋友除了傅声，还有一个吴宇森。张彻在生活中非常脆弱，属于需要志愿者关怀的弱势群体：他不会用锁匙开大门，屋内无人被困在外面时，就坐在邻居家中发脾气——就是这么要强！但据说每当他发脾气时，只要见到吴宇森出现，又即刻会面露笑容。在片

英年早逝的傅声最得张彻疼爱

场张导演爱开一张小桌吃饭，拉着吴宇森一起，旁边姜大卫、狄龙等人看到，都指着那陪客笑。

1973 年，这陪客出于对电影的热爱，弃暗投明地从邵氏脱离出来："在我临离开邵氏前，因为他(张彻)很信任我，将所有重要的工作包括他跟其他联合导演的制作交托给我管理，所有副导演的报告、每日的毛片、分镜表都要先传给我，然后由我传达给他。有时他在看片时看到某些场面有问题，他会叫我向对方提出补拍一些镜头。当时我觉得这样做下去不太好——令我有点像'丑恶的中间人'的感觉。那时因为我跟另外两位不在邵氏公司效力的导演是好朋友，我就偷偷地为他们当副导演。后来终于有一间公司提出让我担任导演，我想离开张彻，但我又不敢对他说。于是我连夜写了一封信放进他的门缝，然后跑了。信的内容提到我很感激他、尊敬他，在他身上学到很多，但我觉得自己成长了，是独立的时候，既然有机会，我想暂时离开他。但我没有提到有人找我当导演。"

"张彻读过信后很生气。他整晚打电话找我，打给姜大卫，又打给公司老板，又骂制片及剧务，说他在最需要我及信任我的时候，我走了，令他很伤心。后来我发觉这次事件连累了太多人，于是我就向他解释，说因为自己终于有机会做导演——他知道有人找我当导演之后，就鼓励我，还写信给邹文怀，向他介绍我的好处。"吴宇森的介绍信，张彻写给了嘉禾。而早年爱徒王羽与邵氏拖拖拉拉的四年官司，也终于在 1973 年年底落下帷幕。张家班内部的分裂，可以不幸地看作邵氏与嘉禾争霸的小小缩影。

1973 年的香港大起大落，3 月到 12 月，恒生指数从一千七百七十点八五暴泻到一百五十点一一，百业萧条，工商业停顿。全民鱼翅捞饭到全民发钱寒，是楚原导演的《香港 73》中描绘的人间景象。勤俭持家的方逸华从采购部入驻制片部，进行了一场风暴般的改革：道具拆拆改改反复利用；清理积存仓底的影片；评估拖延未完成的拍片计划；特别是加快拍片速度。李翰祥感叹速食时代的到来："在最近这大半年来，通常一部片由开拍到完成，都是在两个月之内，换句话说，即使每一天都在开工，也不超过六十天。”曾为等朵云而全剧组停拍两个月的影坛佳话，成为邵氏导演睡梦中都不会再现的隔世传奇。

这一年年中，张家班与邵氏约满后不再续约。一个导演、几位主演、百余号工作人员，从经济的动荡中、从邵氏与嘉禾的斗争中、从电视对电影业的冲击中，逃遁出来透口气——拖家带口去台湾。

闯荡台湾

1974 年 6 月上旬，张家班在台湾租下泉州街一号的旧国联片场，邵氏的招牌再不能用，导演的姓氏拆开了，长弓电影公司。台湾算不得张彻的福地，初出茅庐时受到的屈辱记忆犹新：拍《阿里山风云》时自己出钱买机票送演员走人；拍《野火》时令人难堪的桃色新闻；写下一首《高山青》没人记得作者，到处贴着狗皮膏药一样的民歌标签；1957 年逃一样离开台湾岛，站在港岛上像呼出口闷气，天都蓝了。

这次回台，不算十足的扬眉吐气衣锦还乡：在邵氏霸道地占用六个片场的张家班，缩减为只有四十五人的外来部队，白手起家的最初阶段，不能有太多累赘。狄龙、姜大卫、傅声并不适应新生活，心心念念地盼着收工返港。而留港的陈观泰和王钟更加手足无措，从此剧本要自己挑，导演要自己选，再没人替自己向公司提条件。如同家人都去旅游了，只留两个孩子看家，衣食住行处处混乱。待张彻在那边落稳脚跟，再拉他们过来，这俩难兄难弟心有余悸地欢喜啊。

张家班两大武指刘家良、唐佳，这对合作了十一年的老搭档被迫分家。“其实我做童星时见过唐佳的，”他们的辉煌经历可以追溯到姜大卫儿时，“但当时彼此都没有印象，想不到几年后又山水有相逢，再次遇上。70 年代武术指导只有几个人，刘家良、唐佳由 60 年代开始已并肩作战，有时联合指导一部片，有时分开‘揾食’，但两人赚到钱都是平分的，他两人手下有不少武师，其中一些滋事分子要搞派系，一些拥唐佳，一些跟刘家良，当时我不知何去何从，在有意无意间跟了刘家良，相信是个性问题，他喜欢说笑，好动，我的个性也是一样。”

唐佳常叫人有钱就置业，稳居松园的狄龙至今感谢他当年的劝诫；刘家良则耀眼地买下张家班第一辆劳斯莱斯，小巧玲珑的身形坐在里边，车子开起来就像无人驾驶，太高科技了。一个求稳，一个求变，于是有了张彻最后的惋惜："唐佳一心做好眼前的工作，并无野心；家良则以做导演为目标，屡次脱离邵氏去外面发展。但那时独立制片规模简陋，发展皆不理想，几次离而复返。我同唐佳也都不计较，回来便合作如故。我以'长弓'名义去台湾拍片，其实只是邵氏的周边，但唐佳不明内情，不想离开邵氏，就只有家良一人随我去了台湾。"

刘家良是洪拳的嫡传弟子，一心想拍少林弟子事迹，然而他的梦想难以在张家班实现，因为狄龙、姜大卫是不可能剃头的。《刺马》中只梳辫子不剃头的改良清装，跟随张彻从香港到台湾，从70年代的电影延害至90年代的台湾电视剧。少林弟子的故事不能拍，张彻瞄准了少林俗家弟子，其中少林五祖的故事尤为动人。五祖一说为五枚、至善、白眉、冯道德、苗显，姜大卫1979年曾拍过与之相吻合的《少林英雄榜》。张彻采用的另一说是胡德帝、李式开、马超兴、方大洪、蔡德忠，统统是精壮少年英雄，历史为张家班写好的剧本，不用可惜了。

张导演淡定地说："制作认真，桥段新，打斗招式不落俗套的打斗片依然有观众的。唯有好片方才能争到观众。所以长弓公司要达到一年拍十二部片的计划。"少林五祖除了五个人，还有那么多师父师伯师兄师弟徒子徒孙，张彻像挖到一个宝藏，他拍过《方世玉与洪熙官》，拍过《方世玉与胡惠乾》，《少林子弟》这名字稍显特殊，主要内容是讲方世玉、洪熙官与胡惠乾。张彻讲故事太严谨了，两两对讲，最后是罗生门式的群嘴乱嗡，观众看起来别有趣味。

长弓公司面对媒体，每年拍片八至十二部的胡话迎头砸下。张家班两位副导演联合赶制，连姜大卫、狄龙也要各自执导一片出来。两位爷并不觉得这很胡闹，精力充沛地双双赴澳门，电影自顾有暇之余，毫不犹豫地互为对方影片的主演。狄龙感慨他亲爱的新导演那样"瘦、干瘦"，为姜大卫执导的《吸毒者》勤勤恳恳减肥十五磅，化丑装在台阶上滚来滚去犯毒瘾，而自己拍了自传体的《后生》，想讲出少年晦暗与友谊之光。姜大卫的年幼丧父人尽皆知，狄龙儿时的悲苦却只是一再缄默，拍电影像一个哑巴歪歪扭扭地写下几行诉苦话，不好看，别人也看不懂。年轻人总天真地想让别人听自己说说话，但观众只忠诚地迷恋两位导演的外形，大块大块鲜活色彩在眼前晃，银幕上绿衣少年照亮了白衣少年的心。

或老练或生疏，张家班全体苦干实干：当两位爷在澳门拍最后的街景，张彻的《方世玉与洪熙官》、《少林子弟》也完成大半，傅声的俏皮可人继《哪吒》后再掀热潮，张家班话事人向目标前进得有条不紊。票房上一塌糊涂的，是两位爷的《吸毒者》与《后生》，电影本身固然难看得紧，情节手法匪夷所思，然而院线不支持同样功不可没——张彻特地交代，长弓公司与邵氏不能自己打自己人，《吸毒者》档期让路《五虎将》合情合理。

除了避开自己人，长弓公司偶尔也喜遇故人，与王羽公司的新片狭路相逢，媒体风凉话喜获大丰收。王羽一直很忙，当年砸邵氏餐厅的风采依旧，与长弓对峙期间，在泰国揍人毁车惊动国际刑警，与邵氏的官司纠缠上诉被禁离港，顽皮得始终不太像样。张彻的新弟子吴栋材在港时便收来，堂堂长江公司的选秀大赛冠军，身材魁梧，相貌忠诚。张导演用月薪两千挖到长弓，亲取艺名时的原话是“不妨霸气一点”：“戚冠军”这三个字就很有纪念意义，也足以让费心费力造就这冠军的对手晕厥。

对着个闷闷的戚冠军，让傅声也闷闷的。从电影里走出来的哪吒，只好寄情于现实中的风火轮，狂飙他父亲屡禁不止的电单车与跑车。张家班的编剧倪匡，从王羽一代起便预言：“张家班的男主角，有不开快车的吗？”——从影前有过两次受伤记录的傅声，入行后变本加厉，开快车到驾驶执照都被吊销。

傅声的父亲已经无法管束儿子，台湾之行把自家轻狂小子交给姜大卫照顾。两位爷对这少年的管教颇有默契，一严一慈，相映成趣。姜大卫找到成长的快乐，就是可以把更年轻的人约束得紧，然而叛逆期的傅声只信服那慈爱的：把自己的车改成三个响号：高、中、柔，唯漂亮姑

张彻为“长弓”公司拍了一个片头，用一身爆炸性肌肉的戚冠军，挽强弓，射长箭，可说是中外电影公司最佳的片头商标之一

张彻在《南少林与北少林》片场

娘或狄龙的车在前面拖拖拉拉,响号的声音才特别柔和。狄龙的车和他的脾气一样,驶得很慢,傅声耐着性子,乖乖地跟在后面。

过着大人瘾的姜大卫,自己也很手忙脚乱:匆匆穿着戏服将某段波折恋情带入婚姻殿堂;五个月后迎来甜蜜果实,令他爱也爱不够的第一个女儿。拨长途请张彻取名,对方正陷在年拍一打片的雄心壮志里无暇表态,轻敲耳鼓的却是一贯沉默的狄龙:"反正宝宝是在伊兰台风袭港时出生的,干脆就叫伊兰,多少也有点纪念意义。"那一年,伊兰台风给香港带来及时雨,造福港民。"伊兰伊兰",用英文念起来也好听,姜大卫很喜欢。又经一位新闻界朋友的指点"伊"不如"依",终而决定用"依兰"。

少年气盛时的姜大卫曾说:"我要好的朋友常换,常一会跟这个好,一会跟那个好。好像我的朋友之中,跟我好得最久的,除了狄龙,就没什么了。"可这硕果仅存的一个,也不能保全。1974 年《八道楼子》拍摄途中,《倾国倾城》的剧本找到两位爷,魂牵梦绕的香港近在眼前,大家点个头就能回去。

倾国倾城

"记得张彻远在台湾拍片之际,邵氏有消息请我和狄龙同来拍李翰祥执导的《倾国倾城》,我有机会与李翰祥合作,也是第一次演文戏,开心不已;而张彻又乐于放我们回港。拍完《倾国倾城》后,张彻又重返邵氏,我替他主演《少林五祖》等片。张家班的演员又重组,傅声和一些新人孙建、李艺民等人成为新一代的主力,我和狄龙……不再是张家班旗下的演员了。"

借演员对张彻而言是件大事儿,私人对象不能说借就借,除非这对象自个儿长腿跑了——叛出师门,或者他不要了,更新换代弃置一边,别人才可随便领走。跟这样的导演借演员、抢桥段,风险和代价都太大了。古今中外,在这事儿上成功的,只有 1972 年的程刚和 1975 年的李翰祥。在他俩之前,有数位折了戟的先驱。

1972 年邵氏共拍了四部与水浒有关的电影:《水浒传》、《荡寇志》、《快活林》和《林冲夜奔》。张彻不辞辛劳地独揽前三部。台湾导演张曾泽策划拍摄的"大名府"、"一丈青"两段水浒故事,被张彻一句"水浒所有桥段谁都不能动"搁浅途中,邵老板的早前认可形同虚设。张彻执导的三部水浒戏的演员中,岳华和陈观泰,都是从别家导演正在进行时的电影里挖来,使唤得很自如。吴思远携《荡寇滩》来要人,人微言轻不敢说要回,客客气气借陈观泰一天,全部拍特写,电影其他部分用替身——"不要说是一天,一个小时都不会给你。"至于人家的戏怎么办?张导演提出很有建设性的做法:"烧了它。"

《林冲夜奔》的导演是程刚(程小东之父),一个非常执著的人,曾经大半夜跑到制片家里大骂大闹,踹烂人家的门。而张导演的体质是虚弱的,和吴思远论战时以为自己要挨揍,逃到书房里躲起来。程刚如何

李翰祥拍摄《倾国倾城》力求完美，图为当年的《南国电影》杂志相关报道

1986年，狄龙凭《英雄本色》荣膺金马影帝，姜大卫现身道贺

抢到桥段的情节不得而知，臆想中，很可能是个英雄人物惩恶扬善的故事。他的另一战果为1974年的《嬉笑怒骂》，姜大卫、狄龙、陈观泰、王钟，张家班四骑士齐齐客串片中，盛况无两。

1974年筹拍《倾国倾城》，李翰祥捂着心中暗流的乡愁，硬生生在邵氏片场搭起一座故宫来。为了在太和殿前置放几个铜香炉的小事，他跑遍了香港和九龙的古旧书市，最后从一本线装的《宫廷内幕》中找到依据，才有了汉白玉丹墀下，十八只青铜炉中的香火在殿前缭绕。李翰祥要求一切尽善尽美，先驱们的遭遇浮现眼前，因此托付邵老板向张彻转达借双生的意愿。然而出乎意料地，张彻把两位爷送走得很爽快。一切不言自明——傅声与戚冠军已经可以独挑大梁。

李翰祥在后来的酒会上主动向张彻敬酒，大家相逢一笑泯恩仇。

2007年的《打开天窗甘国亮》中，当年作为筹码的困境，在一问一答中隐忍浮现。

姜大卫：拍了这个戏(《倾国倾城》)之后，就比较少再同张彻导演合作，不是没有，有，但是少了。那个时候，已经转成有第二个人出来，就是傅声出来了。

甘国亮：现在的回忆就是电影史，就是当时的电影工业是这样的，当时的人感觉是这样的，当时的人做事的作风是这样的。但是我和你心知肚明，就是，过了这么多年再看，这个世界就是这样的。

姜大卫：整个世界是这样的，电影世界是这样的。

离开张家班后，姜大卫在台湾两年，遭人杯葛，很吃了些苦；狄龙比他多红火了几年，1984年接到邵氏的辞退信，在事业的低谷徘徊苦闷。1986年之前，他们互相看不到，也帮不到对方。狄龙愈发谨慎沉默，尽管偶尔也会放任一下，比如遇到知己朋友，他会喝醉，会疯疯癫癫玩玩闹闹。他说："你不觉得我一直很约束自己吗？有时我也应该放松一下的，要不然，我会进精神病院。"

"过去，阿龙和我，可以喝一瓶而不醉，现在只要多喝一点，胃就会疼。"

别了，台湾

有人哭，有人笑，有人输，有人老。1975年2月，张彻决定暂时结束在台拍片业务。同年5月，张彻呼吁："目前国片面临危机之际，有关当局不如放宽拍片尺度，让电影界以多彩多姿的方式，作拍摄各种不同类型影片的尝试，也许能摸索出一条可行的途径，自求生机。"

张导演的话里半真半假，碰到难关的不是"国片"，只是张家班：弟子更新换代，武指各奔前程。刘家良与张彻的不合日趋明朗，围绕张家班开展了些异常成功的挖角活动。1975年的《神打》（导演：刘家良，主演：汪禹、林珍奇、陈观泰、狄龙），刘家班大旗树起来了，很直。

风向转了，张导演的委屈也半真半假："家良的心切导演，越来越不可遏制。我对导演工作，向来自信心爆棚，故决无忌才压制别人出头的企图。既然支持吴宇森（在邹文怀面前）和午马，甚至姜大卫、狄龙各试导一部片，又怎会压制家良？我放他回香港，并向邵氏推荐，足以证明我的善意。事实上，他第一部导演的《神打》，是我为他约了倪匡一同谈剧本，他原本是肯定神打的，后来拍成否定神打的喜剧，也是我出的主意。"

"所以，我想我并未压制他做导演，家良心里是完全明白的！但他也同李翰祥一样，是有权谋的人，他明白若不与我为敌，很难摆脱'张家班'的阴影而独树一帜，不免和午马、鲍学礼的情况一样（吴宇森在嘉禾，当然不同）。于是，他一回香港，便处处摆出和我对抗的架势，并交结一些听信一面之词的人如林冰，推波助澜。刘家辉当时在台湾地区拍片，他要调回香港用，我特地为他赶拍赶戏，却说成我扣住家辉不放，家辉本人也明知而故意反过来说，都对我很不公平。"

刘家辉对当年事件的说法，四十年如一日："我本人对张彻没有怎样，他对我也没有怎样，唯一我不喜欢的，就是我觉得老一辈的人总把他们的恩怨报到下一代。《八道楼子》我一定要接拍，而人家邵氏却不会等我一个月，结果我还是到台中去拍《八道楼子》，演的是反派，我也无所谓，只是本来在《陆阿采与黄飞鸿》里陈观泰是演我的徒弟，结果在《八道楼子》里我却要被陈观泰打死。我不确定张大导演是否借此压着我。他一定知道内幕消息，邵氏已搞定电影《陆阿采与黄飞鸿》里，陈观泰演陆阿采，我演黄飞鸿，所以他才安排我在《八道楼子》跟陈观泰对打。要知道我一演过了反派，哪能回香港再演黄飞鸿？我很尊重张彻的，但他的这些举措，我倒怀疑是否是因为他跟刘家良的恩怨。”

两个人的一面之词，未必能让真相负负得正，听众注定了做一头雾水的墙头草。能肯定的只有一件事：上一代的恩怨纠纠缠缠地留给下一代，前有李翰祥，后有刘家良。

当年的媒体人也没干什么光荣的事儿：林冰故意刁难年轻的傅声，要他在作为契爷的张彻与作为师傅的刘家良之间二选一。傅声还是孩子呢，“帮老窦”仨字脱口而出。

1975 年夏，张家班阵容空前地为《八道楼子》做宣传，几位爱徒最后一次在影片中碰头。陈观泰三十岁，狄龙快二十九了，姜大卫二十七，戚冠军二十六，傅声二十一。同在台北、被编制在外的大师兄王羽正经历婚变，他三十一岁了。张家班的第一个十年悄然过去，下一个十年里，师兄弟们参演同一部影片的机会不是没有，只是各怀心结，直到 1989 年之前，大家再不肯出现在同一个画框中。

亦舒对于这次宣传的采访稿中，记录了一个颇诡异的情节：

“忽然之间姜大卫就问导演：‘阿泰说，几时他可以回去？’

“众人一怔，阿泰几时委阿尊为发言人的？狄龙笑曰：‘过一阵子，狄龙就问：导演，阿尊几时可以回香港？那么阿泰就问：阿龙几时可以回香港？阿尊就问：阿泰几时可以回……’他停一停，‘结果大家都回去了。’这一番话是用‘国语’说的，说得非常之漂亮流畅。

“‘在香港还有事可做……’姜大卫说。”

1976 年 7 月,郭南宏主持的宏华电影公司在北市泉州街一号成立台北制片厂,该处曾为长弓公司的旧址。

木讷仔戚冠军

1976 年 6 月，刚刚抵港的戚冠军向记者猛吐苦水，委屈自己三年如一日的片酬，外面的世界水涨船高，张家班的一纸合约则是把自己钉在原地的那条刻度。更何况张彻的电影从《独臂刀》拍到《八道楼子》，主人公从孤胆英雄到组团作案的恐怖画卷徐徐展开：王羽独挑大梁；狄龙、姜大卫平分秋色；而戚冠军进入邵氏的五年，是张家班力显人丁兴旺、群戏昂扬的五年……这个不幸的孩子从来没有尝试过单独主演。戏份如同越分越少的一锅粥，令众僧坐定而心动。

虽然事态还未恶化到同门师兄弟一人露一小脸儿分饰一百单八将，然而戚冠军初考入邵氏时，一人单挑十六个武行的日子，也一去不返了。想当初拍戏放饭时，大伙儿都围着导演桌吃饭，只有戚冠军散发着艺术家般孤零零的气息，要么一个人啃便当，要么跟一两个新演员凑一凑。张彻叫他过去一起吃，每次都被他高傲地回绝，张导演也乐此不疲，屡败屡战地每次都要招呼这个木讷的弟子。而如今，恩师的关注点转移到李艺民等新弟子身上，往前推几年，姜大卫那句“张彻不会再捧我，也不会再捧狄龙，他有了一个新契仔”的悲意，戚冠军此刻稍能体会了。

与戚冠军合拼张家班新双生的傅声，感情事业都有了归宿：这小机灵鬼一路谎报年龄，与女歌手甄妮结婚时声称自己二十二岁，而他姐姐时年也只有二十一岁。两个人的婚礼动用了整个美丽华酒店大堂，两百桌宴席与舞台表演的盛况连邵逸夫也赞叹不已：“年轻，漂亮，身体强壮，有钱，有名气，真是什么都全了！”戚冠军回忆里那个给人捧在手心、与自己“曾一起穿一条内裤，共吃个苹果”的少年，与近年才崭露头角的汪禹俨然一对颇受欢迎的刘家班双生了。

今时今日,和张家班的合约续约在即,刘家班与佳视都向戚冠军许下优厚待遇,可这木讷弟子只原地观望恩师,盼着加薪好留下来。而旧弟子对张彻而言,向来是需要和颜悦色择地安放的鸡肋,他把戚冠军的合约转给嘉禾公司。《风雪万里仇》在韩国外景地等了一个多月,戚冠军只当没这回事儿,与嘉禾失之交臂。待明白过来与张家班的缘分尽了,他才看清眼前十多部片子等着自己。台湾不错啊,有人情味儿,戚冠军选了王羽的第一公司开始了独立的生活。

猜想王羽这位大师兄的形象在张家班弟子眼中,必定随着时运变来变去:或横眉冷对的师门叛逆,或同病相怜的弃儿,或自谋生路的探索者。1976 年,王羽与姜大卫合组“王姜公司”,两版《独臂刀》叠加出《独臂双雄》的新瓶旧酒,张彻声称对此不知情,流露出某种孤寡老人才有的哀怨。同年 7 月,邵氏再告王羽侵权。两场官司也没有熄灭王羽对独臂英雄的爱好,版权纠纷只不过让独臂刀王抛却兵刃,衍生出《独臂拳王》、《独臂拳王大战血滴子》、《独臂拳王勇战楚门九子》等影片,十几年间照拍不误。

亦舒说张彻自傅声之后,没有做过“大事”。1978 年,张彻在《广东十虎》的拍摄间隙,为自己从台湾招收的六名新弟子举办摄影会:郭追、罗莽、韦白、鹿峰、江生、孙建,记者们需牢记的名字数量多过奥运福娃。张家班旧弟子的辉煌是少年们暗藏心底的熠熠梦想,是可望而不可即的天边星光。新弟子们一签八年,均分恩师的宠爱,心安理得地将张家新班的故事拉开帷幕。

“以前的张家班,你可称之为大班,现在的张家班,你可称为小班,我现在给他们六个人同等的机会,你知道,这事像赛跑,虽然一齐起步,未到终点必有先后,有人跑得快有人跑得慢是必然的,那只有各安天命了。”张彻说:“我捧新人,从来都不是一个一个的,打十几年前开始,我就不是捧一个一个,记得吧?王羽是跟罗烈一起捧的,狄龙是跟姜大卫一起捧的,后来加入陈观泰和王钟,不是四个人一起捧过吗?捧傅声的时候,我也同时捧戚冠军。”张彻说:“不过后来王羽是比罗烈红……傅声又比戚冠军受欢迎罢了。”

记者们交换意味深长的眼色，知道张彻在比较王羽与罗烈、傅声与戚冠军时，“故意”地漏掉比较姜大卫与狄龙。

“张导演，六个打仔中，你最喜欢谁？”有人不甘心地故技重施。

“都喜欢。”张彻还能怎么答？

孝顺仔李修贤

当电视人与电影人从泾渭分明到互相融合，李翰祥与张彻照例打起笔仗来，一曰支持一曰反对。李翰祥翻出陈年旧账："在报章上，看见张彻导演又在大发宏论，说什么电影人如何，电视人又如何……那这些由电视界移入电影界的新血们，不都是电影界的新人吗？难道只有张导演训练的新人才算电影人？那以前张导演由台湾选来的京剧龙虎武师们呢，不也都是捞过界的京剧人吗？"

张彻的形象正向着老顽固之类的英勇迈进，爱好插两句不合时宜的嘴。与电影中站姿死去的英雄不同，他终于像个正常老头儿一样跌跌撞撞，被当年的自己一驳就倒；在张家班内部则愈发慈祥，拍电影像做游戏，自己过瘾不算，必须有一拨儿一拨儿年龄递减的弟子们陪衬。戏园子和马戏团孕育出柔韧性极佳的张家班第五代，正适合扮演翻腾呻吟的少年英雄。故事永远那么讲下去：戏中人每一个都像辗转穿越朝代，再次复活又重新死去；戏外人只需借鉴同门师兄弟，即可开篇知结局。

1979 年，《五虎将》后被弃置一边的李修贤常埋伏在制片部附近，遇到导演便毛遂自荐，张彻给他的短暂机遇在五年前一瞬而逝。曾踹烂制片人家门的程刚，也被这待业年轻人挥着拳头恐吓，口里叹："唉，这孩子真是……"续约在即，李修贤为自己的前途设计了两套方案：要么离开邵氏去外面闯闯，美丽多金的台湾遥遥相诱；要么改行去做装嵌工程，请请工人，自己只管接洽生意。可对于一个孝子而言，母亲的一句话便把他绑在了邵氏："这儿生活安定，好好再拍几年戏，目前仍未到出外发展的时候。"程刚曾以很了解的语气说："修仔的人不错，他是个挺乖的孩子，只要你知道他如何孝顺，你便会觉得他很可爱，一个孝顺父母的人，即使坏，也坏不出什么花样来，你相信我这番话。"

《义胆群英》(1989)开拍酒会上，张彻与李修贤、周星驰合影

李修贤的孝道数十年如一日，2002年张彻导演去世时出钱出力，为蔡澜等影坛前辈所赞赏："契仔之中，最有心，最孝顺，为张彻做最多事的是李修贤，但是张彻生前对他最不疼爱。李修贤在影坛中有今天的地位，张彻没有帮过忙，都是他自己建立的。"1984年，李修贤凭《公仆》大红，这块金没在自己的擦拭下发亮，张彻毫不回避："李修贤虽由我引进电影界，但并未在我手中走红；他拍警匪片知名，是他自己闯出来的成绩，我不能掠美。"

王钟比李修贤更加乖顺，只要邵氏肯将他外借台湾，出走的话语还未落定，续卖邵氏的合同已经签好了。尽管按姜大卫所言，去了两年台湾，整个人与时代脱节，但如果可以坐时光穿梭机去古代运回宝藏，归来时无非一身古装惹人笑笑，谁又真有怨言呢？蔡澜举过另一个张家班成功穿越的例子："70年代中，有罗烈这个名字，片子就能卖埠。主演的是多少，客串的又是多少。罗烈有戏就接，他怕麻烦，说一天一万港币可也，创造一天一万的演员，罗烈是第一个。在1977年，罗烈拍了三十一部电影，是许多演员一生也拍不到的数目。因为主演的卖得比客串高，台湾制片人付一万港币请了罗烈一天。拍一天戏怎么当主角？请听我细说，罗烈全家被杀，他大声发誓报仇，说完把脸一罩，替身为他拍完全片，在同一天内，罗烈又拍了一个杀死全部敌人之后脱下面罩的特写,大叫此生痛快也。”

张家班的旧事讲久了,有时候啊,连说书人都觉得自己的所在并非人间,偶尔有些段落暖人心窝,偶尔仍忍不住想起另一个师生间的故事——

话剧《台湾怪谭》中,学生向老师苦诉心中的疑惑:“老师,我的心好乱,什么都抓不到,什么都掌握不住,一切都好虚幻,我需要一样价值观念可以挽回我对生命的信心。”

“孩子啊,我们都知道生命无常。”

“是。”

“但是在一切无常中,有一样东西比较是稍为有常一点。这一样,你必须掌握住。”

“老师,是‘爱’!”

“孩子,是‘钱’。”

可爱仔郭追

1974年，张彻率剧组到彰化为《八国联军》拍摄外景，数名武师的空缺招揽来一群热忱的台湾年轻人，在杂技团表演走壁绝活的陈举陆也在其中，因为他性格活泼开朗，绰号“古锥”(闽南语“可爱”之意)。此前，他做过铁工、盖过房子、当过贸易公司的小职员，来张家班应聘时，他新婚的妻子正幸福而茁壮地怀着孕，家中需要钱，这个十四岁开始跑江湖的小哥儿，选择了武师这一稍稍稳定的职业。

《八国联军》拍摄当日，“古锥”已经扮完士兵就扮义和团，来回“死”了好几次，终于在某个打斗镜头后，听到了刘家良的一句“不错”。这时，张彻将他叫到跟前，又从远处叫来傅声，让两人比一比哪个高。能和偶像背靠背一较高下，陈举陆的内心在翻腾。他偷眼望着现场安放在导演椅旁边唯一的一把演员椅——那是傅声的专用座位。只有他一人可以与“老窦”有说有笑，其他人则面无表情地在旁观望。他野心不大，仅仅希望可以加入观望的行列。

也许运气来了，心想便会事成。不久，张彻开戏《红孩儿》，不露声色地叫他来试了镜——“后来导演跟我说，他对我是一见钟情。我呀，我却见他时连话都说不出来，双脚在发抖。他好威风呀！我拼命祈祷，希望有份，因为我几乎每部张导演的戏都看过，你不知道张彻两个字在台湾多大。”也许是听人家“古锥古锥”地叫多了，张彻特别为这年轻人取谐音“郭追”做艺名，并在下一部电影《马哥波罗》中，慷慨地让郭追与傅声、戚冠军、刘家辉并列，成为四位主角之一。

命运在此时和郭追开了个小小的玩笑，因为一个时间差，他不得不对亲自找上门来想要签下自己的张导演说了不，而把半年时间放在跟随剧团的日本歌仔戏演出上。尽管见识了日本的男女共浴，把原本枯瘦的身体养得白嫩,却险些失去了实现梦想的机会。

回到台湾后,留起长发的郭追第一件事,就是四处打探张家班的行踪,并在第一时间骑着电单车直奔张彻露面的“中影”电影厂。他见到昔日熟悉的武师同行,听着他们“郭追大明星”的新称呼——《马哥波罗》在台湾已经热映,心里分不清是奚落,还是真心,只好露了一个最擅长的“呵呵呵”表情。突然,一个熟悉的声音大叫了他的名字,傅声正调皮地望向他,而对方的身边就是张彻。郭追已有耳闻,这时的张家班,已经悉数剔除“刘氏”子弟,刘家良、刘家辉都回了港,也就没有再多问候。

郭追投了诚,张彻欣然与之签约,他并不仅仅看中了郭追的可爱,也细细考量了他的身手:“郭追在台湾是杂技表演者,屡次出国表演,我试看让他‘走壁’,结果,他能做到,走壁的道理跟电单车特技表演是一样的道理,就是利用冲力疾上,问题是要‘轻’、‘快’到什么程度。你们不妨看看郭追在《五毒》中的走壁功,也就说明,我拍《五毒》,选用演员的原则是对的:不求大牌,只问身手。我一向认为表演能力为任何演员所必需,此乃不待多讲的基本条件。”

1976 年的《海军突击队》,邵氏要张导演撤离台湾回港前,开拍的最后一部戏,众志成城的“长弓”难以再支撑下去。拍罢这部戏的外景,留下部分厂景戏就移回邵氏厂棚里拍摄。1976 年 3 月,张彻在台湾签下的二十位武师——连同郭追在内,经历一个半小时的飞行,终于降落在香港启德机场。郭追这样回忆当初踏上香港这片梦想之地的情形:“当我们一批人下飞机很好奇地左看右看,这也难怪,第一次到某个城市都会有这样的心态,当我们大伙等着提行李时,我望向远处的左边通道,看到一大堆的人们左闪右挤地手提着相机,不用说就是媒体啦(记者)!大伙提着行李步出大门往通道走去,只见照相机灯光咔嚓咔嚓地在两边不停地闪着,听到左叫右喊的看这里啦,那边厢这里喂看这边啦!看到众人的眼光注视着我们这批小伙子,呵呵呵!当时心情还真有些自豪得意呢,真像明星似的。”

随后，郭追一行人在位于清水湾的邵氏，见识了传说中的厂棚、设备齐全的写字楼、邵老板的私人看片室，和宿舍楼下的劳斯莱斯、奔驰、宝马车。郭追等人身处在宿舍餐厅里，眺望对面的篮球场——那是当年狄龙和姜大卫训练的地方，每个人的内心都激荡了起来。

然而，初来香港，每位新人都听不懂粤语。郭追更常受戏弄，又牵挂在台湾的妻子，浓重的乡愁对比着眼前稀薄的人情，一会儿说要走，一会儿说要解约。多少次这位异地青年迷惘的谈心，直把张彻往知心爷爷的路子上逼。甚至，中秋节期间，台湾新人们集体思乡，为了逼张彻放行回家乡过节，半夜制造噪音大喊“我们要回台湾、我们要回台湾”之类的恶性事件。被吵醒的张彻，只好无奈地在大家的“逼宫”下妥协。

这群武师中，陆陆续续地，思乡的逃走了一些，怕苦的逃走了一些，自觉没前途的又逃走了一些，待到筹拍《五毒》的时候，郭追、孙建、江生、罗莽、鹿峰的阵容，并不需要很特别地挑选。

江生亦是张彻喜爱的新弟子，机灵活泼，油嘴滑舌。与之相对的是粗笨些的罗莽，此人奇特的思路常使他显得与众不同：“我这个人，生活经验不多，不会应付人事。有时我说一句话，方小姐脸色都变了，幸好她知道我笨拙，她安慰我：算了，不说也说了。”——心地耿直不谙世事呢，换个环境也许是值得珍视的品质；笨嘴笨舌讲错话呢，换个对象也许可以变作趣事一件，只不过这里是张家班，特别还是在走下坡路的张家班。“罗莽是实实在在的傻仔。”张彻如此对记者说，尽管“傻仔”是一种爱称，转念想想却存在着丝丝隐忧。还来不及想清楚是否要对这么一个人下注，早有恒生电影公司许诺罗莽一年三部主演电影的待遇，张彻匆匆拉了罗莽签了邵氏，在纸上写了主演两个字给他看。可见，人常被突然出现的竞争者冲昏头脑。

《五毒》的成功却并没有保持很久，没有漂亮的外形，这群“獐头鼠目”的新弟子们很快被淹没了。1981 年，张彻请郭追到家里做客，提出不如请他做新片《忍术》的执行导演，甚至，不仅他，连江生、鹿峰也有份可以得到自己执导的影片呢。然而，“做导演”这个曾诱惑过狄龙、姜大

郭追(右一)与武师兄弟合影

张彻片场庆生,第五代弟子环绕身边

卫甚至刘家良的条件，却并没有让郭追等人太过兴奋，取而代之的是一种迷茫。邵氏的方逸华此时却站在另一个方向与之挥手：留下来，留在邵氏，你们的剩余价值，依旧可以继续压榨。出于感恩抑或胆怯，他们站队得出奇一致——从哪里来，到哪里去。

然而，《忍术》拍罢几个月后，郭追却并没有从张导演手上拿到尾款，甚至，自己和家人的居港权也得不到保障。他们无牵无挂地来，却要满怀遗憾地走。没有人再通知他们什么时候开工，《忍术》后再拍些什么？张彻永远保持风度、永远用微笑面对他们，当初承诺的一起闯荡，变成了充满大爱的请君“下山”。

罗莽接受采访时曾说：“想起当日下山的情景……你知道我是怎么下山的吧？有一度，我是要张彻放我走啦，因为我在他的戏里，总是早死，一早就死了，我觉得这样，对我不好，后来，他开《少林与武当》，又捧我，我就不再打算走……我是完全没有心理准备的情形下，让他叫下山的。”

“每个人，都有一天要离开他师父的。”记者说。

“可是，我完全没有心理准备，我当时还坚信《飞狐外传》的胡斐是我，我完全没有跟别的导演打交道，套交情，他忽然叫我下山，我措手不及。那是快要过农历年的时候，我晚上还做梦。”

“梦见什么？”

“年初一大清早，我梦见有人叫：桂治洪找你拍戏，桂治洪找你拍戏。我醒来，发觉是梦，十多天后，小桂真的找我……只是我运气不好，他的《万人斩》不卖钱，原想拍的武打片就搁下了，我好喜欢那剧本，希望他会开。”

许多年后，郭追改掉了这个张彻为他亲自取的名字，取而代之的是自食其力的郭振锋。记得也好，忘记也罢，他要重新开始了。

过客梁挺

刘家良的南拳在张家班电影中逐步消失，郭追、江生、鹿峰开始涉及武术指导的范畴，翻跟头、吊威亚，北派武师肆无忌惮的趣味令张彻惊喜不已。

1972年，叶问老先生去世了，他一生都穿长衫，秉承着传说中“四不教”：“无钱的不教，因为学不起；有钱的不教，因为他希望多敛一点钱财；聪明的不教，因为怕他学得太快了；愚笨的也不教，因为反正教也好不到哪里去。”1977年，叶问的关门弟子梁挺将正宗咏春带入电影圈，以武指身份在张家班短暂停留。

同样作为叶问弟子，李小龙以他自创的截拳道而非咏春成名是有道理的，咏春并不适合上镜：施展的空间范围小，讲究八仙桌内定输赢，高手过招制敌只在一刹那，过程太快太短，观众看不清，也不能尽兴。1978年，梁挺剑走偏锋，与郭追等人一起设计了蜈蚣、蛤蟆、蛇、壁虎、蝎子五种“象形”功夫，将北派功夫、杂耍相结合：“张彻很礼贤下士，他请制片约我去半岛酒店见面，又写信、传真，我给他度《五毒》时，大家都很兴奋，我的成绩也很好，可惜我提议的搞笑和鬼马功夫似乎跟他一向执著的正面侠义精神过于不同，不然，他或者会在八几年便拍功夫喜剧了。”

梁挺完全符合叶问的弟子条件，不太穷，不太富，不太聪明，不太蠢。但张彻与事事追求中庸的叶问不同，他只能接纳十足的聪明人和十足的蠢人，梁挺半生不熟的心智刚好为他增添麻烦：“我宁可选一个懒人，也不要生事的，懒人不会有影响，生事的人就影响到班里。你说，拍了这些年的戏，哪个演员敢走来问：‘导演，我可以收工了吗？’演员有时明知当天的戏再没有他，也是不敢来问导演可否收工的，顶多站到导演面前，让导演看见他，提醒导演，叫他可以收工；梁挺第一次到棚里来，就对我说：导演，今天没有他们了，叫他们先走吧！当时，我就不高兴，才到电影圈来，好的没有学到，学会了宣传自己，学会了搞群众关系，这是我最不喜欢的。”

90年代初，洪拳嫡传的刘家良，面对飞檐走壁的黄飞鸿痛心疾首："非叫我十万洪拳弟子笑掉大牙不可！"倒推二十年，梁挺对咏春有着相似的执著，令张彻厌烦不已："一段时间，我叫韦白跟梁挺学咏春，韦白回来样样都不对，不是说这个不对，就是派那个不是，这样搞下去，还用拍戏吗？我把韦白叫来教训了一顿，现在不让他跟梁挺学拳，他也没再多事了。"——事件的相似性毋庸置疑，徐克《黄飞鸿》的武指后来换成袁和平，而梁挺留在张家班的时日同样无多。

"有梁挺在班里，班里是非多，一次与郭追有摩擦，一次跟罗莽因开玩笑闹出约会打架的事，这邵氏公司，从来没有人在公司内打架，他怎么可以带着人到公司闹事。""自从与罗莽冲突之后，我已叫他不要来了。"——张彻开始选择性失忆，在公司打架的事例之前未必没有过，只是梁挺不值得他包容，60年代末："一天，我在棚里拍戏，有人告诉我王羽在砸餐厅，我走出厂棚门，那里远远可看到餐厅……我当然也不会蠢到走过去管，反而大家碰上，也就退回厂棚，视若无睹。"

梁挺被停职留薪，不久便离开张家班。办杂志、出书、公开表演、训练拳手接受挑战、拍电影……一根蜡烛两头烧，到处闪光。莫愁前路无知己，张家班么，掐指一算，都还是——不留的好哇。

回邵氏的五年，张彻必须完成二十五部片的合同，每年五部，每部二十万，以此抵还长弓时期债务，自己也觉得"实在乏善可陈，没有新片种，只徘徊在武侠片与拳脚片之间，流水作业"。他曾用一句话为第五代的电影定性："你们是谈不到情的，就是打打杀杀。"弟子们毫无怨言，罗莽回忆说："那个时候大导演是不喜欢人提意见给他的，只可以他提供意见给你，这是张导演的个人风格，我们都知道他的风格是怎样，所以不会说什么。”

虽说“色重一点,牌打一张”,有道理是有道理,但不幸的是,说这话的人,可能仅剩这么一点色,和这么一张牌。

励志北上

1978年，邵氏公司出面澄清，李翰祥赴内地拍片的消息纯为谣传。1981年年初，李翰祥筹组“新国联影业公司”，在美开拍《红牡丹》一片；同年，张家班第二代弟子姜大卫脱离邵氏；一直以永动机形象示人的张彻导演，在第五代弟子们屡战屡败的票房成绩面前低下头来，宣布计划在两年后退休，从廉颇老矣的阴影中全身而退，过上安逸、恬淡、没有番茄酱的晚年生活。当然，我们知道，他后来没有退休，甚至又像母鸡般生生不息地孵出了第六代弟子。参考张彻导演年轻时，为了得到邵氏编剧一职而递交辞职信的旧事，宣布退休的姿态也许是一种撒娇式的策略，企图带给影界和观众某种看一部少一部的淡淡哀伤。但观众是最无情的(午夜场观众不仅无情，还暴力)，一般来说，对待拍鸡肋电影的导演，普遍有着“你要舍得死，我就舍得埋”的决绝。

1982年9月，李翰祥为内地拍摄了《垂帘听政》、《火烧圆明园》两部电影，邵氏功臣蓄谋已久的集体越狱愈演愈烈。《五遁忍术》、《神通术与小霸王》、《喜神报仇》(又名《撞鬼》)，张家班连连票房失利；即便凭借师徒恩情再度拉来傅声出演的《神雕侠侣》，也同样成绩平平。这一年，最卖座的电影是嘉禾出品、许氏兄弟主演的《摩登保镖》，观众们趋之若鹜。许冠文原本是邵氏无线《双星报喜》电视节目主持人，1972年的某日，李翰祥陪太太打麻将时在电视里看到许冠文，被逗得哈哈大笑。不久，许冠文主演了李翰祥执导的《大军阀》一举成名。1973年，邵逸夫收到许冠文《鬼马双星》的电影剧本，后者希望和邵氏合资拍片平分利润，被邵老板以剧本太差为由断然拒绝。

1973年6月，张家班组建的长弓公司首部电影，据张彻说，原本是为许冠文度身定造的《七面人》，鉴于邵氏方面与野心勃勃的许冠文不欢而散，长弓的创业作也就换了傅声主演的《方世玉与洪熙官》。好在，傅声正如《马永贞》中的陈观泰一样，一炮而红。张彻已经忘记他与许冠文那次谈话的时间："究竟在他离开'邵氏'前后，但事情发生差不多在同时是可以确定的。因为就在许冠文即将离开'邵氏'未入'嘉禾'时，我自组'长弓'的'打炮戏'，原想找许冠文的，如现在流行说法之'度身定造'，一个人以七种不同面貌姿态出现，片名好像就叫'七面人'，已记不清楚，反正许冠文不能来拍，我对那剧本已消失兴趣，后来落在一个不高明的导演手里，听说拍得很差。"张彻导演还特别补了一句，"是听说，我连看一眼的兴趣都没有。"

《七面人》的主演是姜大卫，而那位不很高明的导演则是张家班曾经的御用摄影师鲍学礼。唉唉，按李碧华的说法，"什么叫多余？夏天的棉袄，冬天的蒲扇，还有等我已经心冷后你的殷勤。"——以上的多余，都比不过张家班过气弟子的多余那么多余。

许冠文回忆这件事说："我记得有一日，张彻的助手打电话给我，说'导演想跟你谈谈'，我立即想着：'哇，这回太幸运了，待会拍《独臂刀》下集找我来演。'夜晚在床上立即捆上一只手，拿着一把界尺就学王羽四处摆，通宵之后就打电话给他的助手。他说：'不是啊，导演不是找你演武打角色。'我说不要紧，因为我知道他拍文艺片也很厉害，曾经拍过《阿里山风云》这样的片子，自己作了那首'阿里山的姑娘美如水啊，阿里山的少年壮如山啊'，这歌唱到现在。于是我想着太幸运了，我不演武打主角而已，但我可以演帅哥小生啊，那时我这么以为，立刻找辉哥(陈文辉)给我画双眼皮，因为我对自己的眼睛小很敏感，我知道如果眼睛小，就没办法演帅哥小生。于是，在学画双眼皮之后的某个星期日，半岛酒店的 Coffee Shop，我走进去面对这位上帝，还要穿戴得俨然谢贤那样，穿上最新的名牌。他说：'Michael，我们想找你客串一个跛脚的蚕虫师爷。'蚕虫师爷就是律师，我说：'不是真的吧？'他说：'本来是真的，但我看到你的样子，整个人这么有型，又不像蚕虫师爷，改天再见吧。'结果我连蚕虫师爷都没得做。我举这个例子的原因，就是因为可以让大家想想，当时张彻先生在广大观众的心里，或是在我们电影界人的心里，分量和尊敬何等的大。”

可想而知，当年每一位新人都带着“啊，张家班，你孕育了王羽、孕育了狄龙、孕育了姜大卫，你接着再孕育我”的态度膜拜着张彻，但真正的永动机并不存在，十年后，这位老人的能量正在一点一点消耗殆尽。

1983 年，张彻导演没有如愿退休，在李翰祥的《垂帘听政》、《火烧圆明园》在内地取得巨大成功背景下，于香港本土屡败屡战的张彻不禁心动，组建了长河电影公司，永动机又隆隆地缓慢转动开了，首部电影《九子母天魔》(又名《妖魔奇兵》)果然出师不利。张彻又想到新招数，集合此前张家班几代弟子，开拍《上海滩十三太保》，爱国义士团伙保护民族英雄的故事情节，类似今日的《十月围城》，阵容同样强大到……像一部赈灾电影。

傅声之死

1983 年,原本已人心涣散的张家班,因《上海滩十三太保》的拍摄而再次凝聚起来,久不碰面的几代弟子在电影中轮番登场。张彻六十二岁了,在拍摄现场老态毕露,累得睡着。弟子们把他搬到一边不敢吵醒,又悄悄挪开隆隆作声的拍摄机器,细心地在机器上盖了一层被子以降低噪音。开拍时,大家凝神静气地打斗,尽量不发出声音。此情此景和十年前的张家班日常生活有些类似——那时的张彻导完了文戏,会将剩下的部分全权交给刘家良、唐佳两位武术指导,便自顾自坐在他的导演椅上打瞌睡。每个人都以为他已经睡着了的时候,张彻会突然睁开眼,问还在做武指的刘家良师傅,为何一个镜头让傅声拍了那么多遍?——不同的是,十年前休息中的张彻,一刻不曾放松,两只耳朵竖起,心神还在戏上。

傅声在《上海滩十三太保》开拍几个月前车祸去世,令所有人猝不及防。狄龙是张家班内最后一个见到他的人,六个小时前有说有笑,六个小时后天人永隔。1983 年 7 月 6 日深夜,傅声与汪禹飙车,从清水湾乡村俱乐部出发,行至大澳门巴士总站附近的转弯处,他坐着太太甄妮送的白色保时捷 911 型跑车撞向山边。车子撞得四轮朝天,严重毁损,车祸现场迅速被重重围起,傅声看起来并无大碍,这个调皮的家伙甚至自己从车里爬了出来,问了一句:“我的脸有没有花?”他以为自己还有机会再拍戏,紧接着被送往观塘联合医院急救不治。

噩耗传来时所有人正聚集在大厅里等,张彻听到噩耗立刻昏过去,郭追和孙建赶紧扶住他。刘家良闻听消息放声痛哭,只剩下抓心挠肺的后悔:当日《五郎八卦棍》的拍摄因傅声心情不佳而暂停,如果坚持继续拍摄,声仔也许可以逃过此劫。与傅声飙车的汪禹,因为自己间接

永远可爱的傅声

导致好友的死而一蹶不振，用之后二十年的时间来减产、息影、吸毒、涉嫌敲诈……人生轨迹像到达顶峰后的抛物线，只剩下深不见底的下滑。汪禹近年来唯一的荣光，闪现在 2008 年去世时那些流星般报道里，人们纷纷忆起他的可亲可爱来。死有死者哀，生有生人恨。

《上海滩十三太保》凑齐了张家班几代弟子，傅声的戏份已经写好，张彻只好层层挑选出一个与傅声形神皆似的新人，那个幸运儿是只有二十二岁的刘德华。张彻撰文回忆说："傅声死后，一时影城鬼话甚多，鬼话之一就说他是哪吒转世。我想这是由于他平日活泼顽皮，大家怀念他之故。那时邵氏每年例必全公司千余员工同吃年夜饭，他死的一年，吃年夜饭时，往常和他一起表演的刘家辉，提到傅声今年不能一同表演，全场一片哭声！香港电影界虽常有我和演员间'契爷'、'契仔'之说，其实我和演员从无此种关系，傅声也不例外。但他平日惯常叫我'老窦'，叫我内人'阿妈'，我们自是叫他'声仔'。他死时我恰在台湾地区，内人胆小，鬼话流传之余，晚上临睡总默祷：'声仔，我们这样好，你知我细胆，莫来吓我！'可见鬼话之盛。"

转过一年，还未从傅声去世的阵痛中苏醒过来的张彻，遭遇了雄心壮志的流产，以及缠绵数月的官司。1984 年 1 月，张彻联合纽约华埠侨领李文彬等人，宣布成立第一家具有规模的华语电影制作公司，即"纽的电影制作公司"，号称近期内分别在美国、香港及台湾地区同时开拍影片——这间电影公司的所有作为于此全部结束。4 月，作为《上海滩十三太保》投资方之一，大大公司与长河公司发生版权纠纷。6 月，张彻涉嫌收受别人定金后，却不履行版权合约，台北地检处 6 月 25 日将他以涉嫌欺诈罪提起公诉。8 月，张彻被控私将影片带出境，涉嫌伪造文书，经台北地检处板桥分处检察官王聪明 22 日讯问后，谕命以十万元交保。直到 1984 年年底，这场官司才告一段落，台北地检处板桥分处调查后认为罪证不足，决定不起诉张彻。

70 年代初，如日中天的张彻曾对酒后闹事的狄龙说："年轻人，你喝酒要了解自己的酒量。"人老了有时会忘记或颠覆自己曾经说过的话,1984 年,在港台两地处处碰壁的张彻,托人说情想到内地拍戏,对方问他要多少导演费,张彻说在邵氏一部戏二十五万,对方给了五十万,原因是“张彻要跟李翰祥一个身价”。

1985 年,张彻如愿以偿,应香港新华分社代中央的文化部的邀请北上拍片,他把电话打到内地沟通工作事宜,自报家门后,一位年轻的女接线员问他:“张彻”的“彻”是哪个“彻”? 这件事后来被张导演写进晚年的回忆录,与那些星光熠熠或沉痛哀伤的大事件,一起成为让这个颇自负的人记忆中挥之不去的瞬间。

最后的得意门生

迷恋着京戏里的武生,张彻隔着语言鸿沟欣赏不来粤剧,人在香港失掉一大爱好,满腔热情忿忿投注到电影里。他的武侠电影击碎了咿咿呀呀的黄梅调,到后来一切戏曲式微,竟然连粤剧也没得听。可他的福气总是那么多,丢给喜好与事业,由得它们此消彼长。1985 年,张彻几乎是被本土电影的新浪潮冲来内地,却有时间溜进戏园子。对台上的武生董志华有些"一见钟情",竟又做了一回戏迷,要人介绍给他认识。

张彻收集英武的男孩子像收集古玩,编进张家班里等着他们升值,很少走眼。"我在北京看《三岔口》,这个董志华饰任堂惠。我生平所看过的《三岔口》都是刘利华的天下,武生反变成陪衬,连最初与叶盛章唱红这出戏的李少春皆然。他(董志华)举手投足都自有韵味,近乎盖叫天,但应是盖叫天年轻的时候。不动的时候,像当年的高盛麟,有股懒洋洋落寞的味道。一出手,快、狠、准兼而有之,'边式'好看,身手自然也是好的,一口气拧五十多个'镟子',以为总没有了,还有!"

挑弟子到熟能生巧,张彻总结出一条规律:"有灵气的人,要在后面不多说话的人里面找。"他最爱董志华疏离而沉默,每次拍戏都坐得离自己最远,回话简洁到从来不超过四个字,衬得起心中蛰伏在人堆儿里的高手形象。在张彻导演的心里,英雄们就算失去了江湖,混杂在小市民中间,危难来临的时候彼此能嗅出同类的味道,冥冥中如同有首领燃起一缕狼烟:平时隐忍着卖油炸鬼的啊,娘娘腔的裁缝啊,做苦力的啊,原来都有武艺在身的,大家都从路人甲乙丙变得像漆黑中的萤火虫一样,那样的鲜明,那样的出众……这个创意后来被周星驰在 2004 年拍成了《功夫》,董志华仍有参演。

这么“拉风”的男人，果然有人出来争。京戏武生厉慧良确定赴港演出，早在前一年选中的五个“下把”里面，也有董志华。张导演来到内地的客人身份尊贵，厉老板广结善缘，没有介怀合约，放手让青年才俊投身电影圈。那时北上拍片还是稀奇事，《大上海 1937》得到当时的上海市市长特批，封了一条街给张彻拍戏——这时，最戏剧化的事情出现了，那明媚而珍贵的一天，被张导演的懒觉睡过去了，人又诚实得连学生逃课的谎话也不会编，的确是睡过去了。

说不定是被自己的乏味催眠，张彻再没有可以讲述的新鲜故事，只有不厌其烦的嘴唇和闻声而来的新听众，一批人赶来、一批人散去。没有听众的时候，讲故事的人要走几里路，换到另一棵大树下细说从头：京戏、白衣武生、阳刚电影、盘肠大战、死亡之舞……自我感动得像一台坏掉了的复读机。董志华饰演的小刀杨藩在内地风靡一时，为了《大上海 1937》四处奔走的韩培珠，却道出不为人知的尴尬：“其实在内地根本通不过的，还是我找了文化部、宣传部各个领导，才有机会公映，结果当年内地拷贝卖第一。不过《大上海 1937》的拍法已经过时了，我根本不喜欢，都没挂名，这片子在别处根本卖不动。”

1986 年，张彻带着《大上海 1937》和新收的三名弟子徐小健、董志华、杜玉明回到香港，像每次招到新人一样做足声势，忽然想起宴请他一群新旧弟子，亲自一一打电话去。约会那天，最乖的李修贤与王青，早早来了等在那里；姜大卫与张彻同乘一部电梯到来；凭着《英雄本色》扬眉吐气的吴宇森与刘家荣、陈勋奇同时到达；不久，狄龙、王钟、午马依次出现；刚拍完通宵戏的陈惠敏，迟了一会儿也来了。一代一代的主角们，生了皱纹的、秃了顶的、发了福的，落座许久才受到瞩目，因为记者们都迟到了。他们带着歉意姗姗来迟，见到这样整齐的张家班，愣了一愣。狄龙与姜大卫又那样一左一右地站在张彻两边了，散席说再见时，竟悄悄地握了手。几个月后的金马奖，他们两人在后台拥抱流泪，姜大卫作为神秘嘉宾出现为狄龙颁影帝奖，在外人看来难以置信。

张彻在那一日的英雄宴上说：“吴宇森已经获得第一次掌声。我如

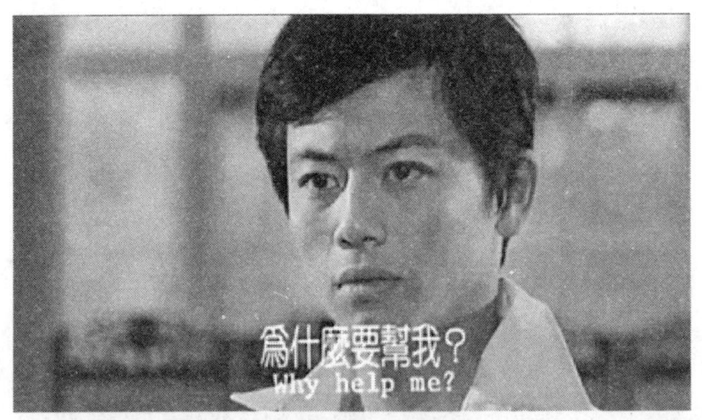

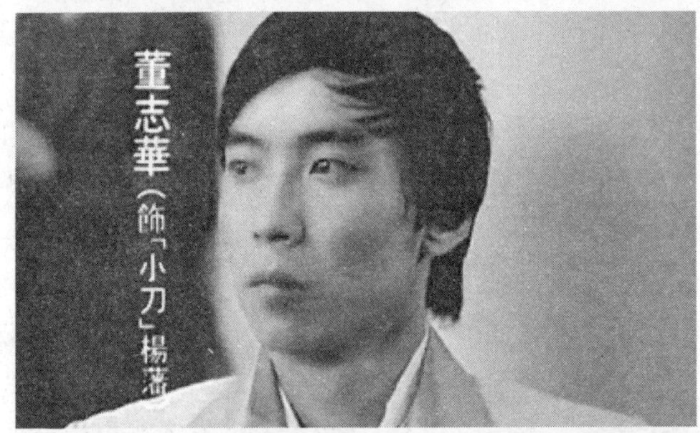

徐小健、董志华、杜玉明在《大上海 1937》中

今正在等待最后一次掌声。"他从《英雄本色》的盛况中得到了一种阳刚电影再起的讯息，所谓的最后一次，也是重出江湖的试探。古龙写张彻晚年做了很多不像他自己的事，话到笔尖婉转了再婉转："老年人当然也不该失去他的雄心壮志和好奇心，问题是，他们是不是还有驰骋千里的力量和选择方向的判断力？"1988年，张彻在内地拍摄《过江》，再没有内地的资金和发行支持，制作粗劣。在内地上映的结果，张彻只分得人民币四万元，香港票房几乎可以不计，他与他的合伙人血本无归。

张彻导演入内地，所谓新作尽数翻拍旧作：如《过江》之于《报仇》，《西安杀戮》之于《五毒》，最后一部作品《神通》之于《神通与小霸王》。部部作品每况愈下，张彻本人，也在他人眼中不可逆转地向着"老顽固"、"老糊涂"之类的方向碎步前进。

第六代弟子与张彻的关系有些微妙，不同于前几代弟子回望知遇之恩的口口称谢，这代人的回忆，总带着某种疙疙瘩瘩的语焉不详。他们中的大多数人，今时今日已经离开了电影圈，其中一部分人拒绝谈起张家班时期的经历。张彻回绝所有香港导演对第六代弟子的拍片邀请，对弟子们的控制欲被形容为：一群年轻人如同"圈养在西安电影制片厂"，甚至，有名很伤心的弟子宣称"我们这么多人，就是他的大玩具"。那个叫做"拍电影"的游戏，这位失意的老人永不厌倦地自娱自乐。但是又有哪一个年轻人愿意将自己捆绑在他人的命途残局之上？小子出道，再落魄，至少还有些对未来的期许；反倒是英雄迟暮，即便受人尊重，前途也只不过是日暮途穷罢了。

义胆群英

1989 年，纪念张彻从影四十周年的《义胆群英》，由张家班当年的两位副导演吴宇森和午马联合张罗，编剧是为张彻撰写了多年剧本、打笔仗打成莫逆之交的倪匡。《义胆群英》在 1989 年的票房榜排在第四十一位，那一年的票房龙头是王晶的《赌神》。套用吴宇森式的名言：这江湖已经不是那一班人的江湖了。

倪匡的剧本煽情很恰到好处，将京剧《珠帘寨》放在第一场戏，戏园子的内景正投张彻所好，京剧本身讲的又是十三太保破黄巢的故事。几乎一句台词都不用，把该致敬的都致敬了。《十三太保》？都知道，张彻的代表作嘛。镜头扫过台下，昔日张家旧班光华重现：谷峰、狄龙、刘家荣，都隐忍着表情听戏。终于午马带头儿叫了一声，好！

电影中有一场梦一般的黑帮家族聚会，狄龙、姜大卫继 1975 年之后，终于能面对面地讲上一句对白，还是相当煽情的一句，姜大卫指着狄龙对女朋友说："这是龙哥，我十几年的好朋友。"戏里情谊坚贞，戏外的人心也在翻腾。电影里，原本应属于狄龙的角色，由陈观泰顶替，原因是狄龙想将角色改得更丰满些，而吴宇森已经等不下去了。假如不是这一变故，观众将欣赏到《刺马》后的又一次狄姜互残。

张家班出身又背离了张彻的刘家良，这一次，不仅支持弟弟刘家荣参加《义胆群英》的拍摄，自己也回应可以帮忙。不久，张彻去探吴宇森的班，听说刘家良师傅在隔壁拍片，他竟然去看望了这位不睦已久的老朋友。

《义胆群英》拍摄中，最孝顺的弟子李修贤的万能影业出力甚多，旗下出镜有：成奎安、黄柏文，以及影迷津津乐道的、在电影中被一把牙刷捅死的周星驰。90 年代脱颖而出的无厘头笑匠，曲曲折折地论资排

《义胆群英》开拍酒会上，张彻与众弟子及友人的合影

辈，可以算是张彻导演的徒孙了。1999年，七十六岁的张彻导演向周星驰递交剧本《智多星之雌雄杀手》。媒体一片哗然，观点前所未有的一致，引用其一为："假如星仔肯拍《智》片这类影片，不是转型，而是艺术上自杀。"——措辞锋利至此，可见当年的媒体都很爱护那时的周星驰。

1983年意外接替了傅声出演《上海滩十三太保》的刘德华，也作为小字辈，被张导演照顾有加："华仔同我不过在早年合作一次，但多年来每次偶然相见，都对我很亲切，我对他也如此。几年前，他也要为歌星'四大天王'一度曾有些彷徨。我曾力劝他不可听某些人的意见增肥，走'师奶'路线，也不可勉强去做'演技派'，坚持一贯的戏路！他听了我的劝告，结果证明正确，如今他仍是港片市场的主要支柱。"

1993年，李翰祥还在内地大鱼大肉时，张彻疾病缠身，退居邵氏宿舍，足不出户，依旧关心着电影圈的动向，总觉得他与黄霑、陈嘉上、许鞍华用传真聊天的纸叶子，搜集搜集说不定能出一本类似《希区柯克与特吕弗对谈录》的书了。在内地拍片的经历令张彻的晚年生活再次拮据起来。邵逸夫老板对员工常被人称作吝啬和不近人情，对待张彻却网开一面，免费提供邵氏宿舍的居住权直到张彻导演去世。

尾　声

张彻老了，成日在家写他的剧本。从退居邵氏宿舍起，终日的闲暇、未冷的热血都涌向笔端。到去世之前，他写了一百多部剧本：开始是留在家里积尘，后来一部分留给张太作纪念，一部分送往香港电影资料馆做藏品。但对于那摞厚厚的剧本而言，最终的价值与古董等同，真的算不得好归宿。姜大卫在张导演葬礼筹备的采访里，仍不忘为那摞剧本招揽知音：有意投拍者，请与张太联系。

最后的日子存在于静默的书写之中。即便有访客来，三两好友抑或后辈学生，关于电影界的讨论也是静默的。张彻会提前遣工人准备好咖啡、西饼、雪茄、烟灰缸来迎接客人，最不可缺少的，是用于交谈的纸和笔——张彻的耳背已愈发严重。用来和电影人交谈的纸笔，住院期间也时不时地用来和护士吵架。护士够钟该为他翻身了，张彻便在纸上写："不转身"，仍是说一不二的口吻。到后来，人快不行了，字也写得东倒西歪。一张纸上的问与答看了让人心酸，记者写："姜大卫马上要来看您了。"导演写："我今年八十了。"

2002 年 4 月的金像奖，张彻得到终身成就奖。金像奖创办的第二年(1983)，他步履蹒跚地走到金像奖的办公室，提议增设一个叫做"最佳动作指导"的奖项，那天没人接待，张彻留了张字条就走了。这年起，金像奖项就多了一个"最佳动作指导"，首届获奖的是洪金宝、林正英和元彪(《败家仔》)。终身成就奖是个很有意思的奖项，得到它的人即便未盖棺，也可下定论，荣耀里带点尴尬。颁奖那天，几乎所有的弟子都有出席。张彻因为身体原因，没有到现场，由金像组委会派人到家里颁发奖杯。获奖感言由纸笔代劳，会场之上由姜大卫念出来，言语里仍是闲不住的架势：

“电影界朋友们给我的荣誉，十分感谢。感谢是一句话，应在空话之后，回报电影界一点实事。这实事要简单易做，具体有效，我建议设立一个港片论坛，因为港片现居弱势，近来且为韩片压倒，必须找新意，找主流，共同振作，也不必太频密，反而不觉重要。可每季举行一次，春季在春节之后，检讨去年圣诞及新年贺岁片之得失，计划今年上半年应取之路向；夏季在四五月间，检讨复活节及上半年港片，对暑假片增强部署；秋季在八九月间，检讨暑期片的得失和下半年港片的取向；冬季在十至十一月间，集中研究圣诞、新年及贺岁的一连串大档期的港片，集思广益，团结努力，我耳聋且口齿不清，开会无用，遣其作详尽的书面传真到会场，多谢大家，张彻。”

三个月后，所有人都感叹这奖项的及时。2002 年 6 月 22 日，张彻导演去世了。他生前，剧本无人投拍(现在也如此)，他视作契女的家庭助护因拘留问题被迫离港，张彻在法、理、情各方人等面前寻求帮助而不得。人在晚年，留一个人在身边照顾自己也做不到。张彻去世后，各类报道和追认纷至沓来，人们的耐心和热心也充分地被调动起来，粉刷这座香港电影史上的新墓碑。

葬礼在 2002 年 7 月 7 日举行，一班弟子再次碰了面，谁都没想到这么快。上午十点追悼会正式开始，王羽大侠风范念出张彻生平时，张太忍不住哭了起来，姜大卫在一边安慰她。但当他自己走上台前，没有说一句话竟也泣不成声。只说，他们这群小孩子从来没正式地被张彻认作契仔，但是今天，他代表全体师兄弟叫张导演一声“契爷”。说完，带着师兄弟们向张彻的遗像叩首，在场的人无不动容。

张彻出殡那天，刚好是傅声的忌日。讣告上一众弟子的名字，傅声的最显眼，因为被黑框框起来。罗烈那日没有到场送张彻最后一程，师兄弟之间久不联系，只知道他人在深圳。到了年底，又传来罗烈突发心脏病去世的消息。

张彻去世前曾赋诗一首，当作自己电影生涯的总结：

落拓江湖一剑轻，
良相良医两无名。
南朝金紫成何事？
只合银幕梦里行。

说书人满口泥泞，张家班的故事讲完了。

张彻谈香港电影

回顾香港电影三十年

回顾三十年前——中国戏曲的影响

（一）一个电影人的回顾

这本小书正确的书名，应是“一个香港电影人回顾香港电影三十年”。这当然太啰嗦，休说书名，做小标题也嫌长了，故不得不简化。虽说如此，读者还是只能作为一个电影人的回顾来看。

说是“小书”，因我不能写出“巨著”，这是性格和职业使然。写巨著必须能静，而电影导演是动态的工作，且我已做了电影导演四十年！今年(1988)，刚好是我的执导四十周年，拍了多少片呢？大陆的同行会吓一跳，到眼前为止有九十三部。如此长期的职业习惯，年已六十六岁，要改变静下来著书立说做学问，大概已没有什么可能。职业的选择，本源于性格，当然是性格好动恶静，爱热闹不耐寂寞使然。故我近年常对朋友说，我不能适应老年。虽然我在上海成长(原籍虽是浙江青田，但对形成我的性格似无多大关系，除了遗传)，但一般老上海人的生活习惯，我却一样没有。泡上海澡堂，我不耐烦，打麻将也坐不住，甚至交的朋友也永远比我年轻。与同年龄的朋友聊天怀旧，我连这种习惯也没有。

这当然是短处而非长处，不能适应老年，六十六岁仍不舍得放弃电影且不去说他，做学问是今生无望了。还有，拍电影、做导演是很辛苦的工作(不全是指身体，精神的压力更重)，能长时期做下去，必定本身热爱电影，也是说性格中必有创作冲动。这也同做学问背道而驰，做学问要冷静理智、细心耐烦，才能有所成就。

为了补救这种性格缺陷，在我稍成熟的年纪(大概三十过后吧)，我便强制自己，每天不论多忙多兴奋(有创作冲动的人都容易兴奋)，一定要有一个时间静下来独处,写作也好,读书也好,只是沉思也好,必须要有一段静的时间。否则,人必会流于肤浅,不会培养出观察和分析能力。我之一直保持写作习惯(尽管在这方面并无成就),便由于此。

解释清楚这些,读者才不会期望这是一本充满影片资料、影人资料、年份时间的书。有创作冲动的人,永远不会是更好的资料搜集者,对数字年份日月,不会留意更不会记得。“诗少反为读书多”,这“读书”是指做学问,故陶渊明是大诗人,可以“好读书”,但须“不求甚解”,就是非做学问的读法。读书对一个从事创作的人,只是涵泳气质,而不是钻研做学问。创作是直觉感受的事,若塞满一脑子资料、数字,反而会阻塞灵机。

故而这是一本直觉的书,虽有观察,虽有分析,只是根据直观感受,而非依据资料数字。凭直观主流可能明显突出,但决不会“完备”,更不能期望从其中找到香港电影的详细资料。不过,我想会能从中看到香港三十年来电影的全貌,一枝一节或有疏漏,来龙去脉却清清楚楚。

还有一点,在香港以及海外特别是东南亚的读者来说,可能不是问题,但对于大陆读者却不能不说明。本书中会常常说起我自己,不仅是从个人角度回顾之故,讲香港电影,尤其是60年代和70年代,无法不牵涉到“张彻”。这在香港及海外华人,三十岁以上的除非绝不看电影,还绝不看报刊上的娱乐新闻,否则对这一点自能了解。即使二十几岁的,想也很少在小时候没有看过张彻的影片。但名气是因地而异的,第一次世界大战后,美国著名女影星宝莲高黛嫁给德国的雷马克(写《西线无战事》的名作家),我在一本杂志上看到她说:“在美国,人家问宝莲高黛身边潇洒的男人是谁?在德国,人家问雷马克身边漂亮的女人是谁?”我三十多年未回过大陆,第一次回去,拿起电话报姓名:“张彻。”接线生问:“彻字怎么写?”我愣了一会,才能想出回答:“彻底的彻。”因为这种情况,我至少已二十年以上未遭遇过!所以不得不作个多余的说明,以免大陆读者误会我在标榜自己。

（二）粤语“残”片

香港的电视播映时间长，在深夜播放的，常是“粤语长片”。因为那大多是三十年前的黑白粤语片，香港人爱说俏皮话，便称之为“粤语‘残’片”（“残”字和“长”字声音有点相近）。那时候，华语电影的中心，还未从过去的上海转移到香港，粤语片受狭窄的地方性所限，只以香港的小市民（香港中上层人士还只看西片）以及南洋老华侨只懂广东话的为限。再加上水准低影响到市场狭窄，市场狭窄不能投入较大资金，又影响到水准低落，在这一种循环之下，今日看来，自不免破目为“残片”，而那时的知识分子，对本地的电影不屑一顾，更不会投入去工作了。

市场和水准的循环，越来越成恶性循环，以致当时的粤语片有“七日鲜”之说，就是七天拍完一部戏！其水准低至惨不忍睹，自是势所必然。

当然，每一行一业都会有具理想抱负的人，也有人想力争上游，那时也有少数粤语片从业人员，不肯甘于“七日鲜”，花多点时间，用多点心思和金钱，希望拍出较好的影片，但终限于市场规律，不能形成主流。另一个原因，正如保守社会常见的现象，认为艺术作品的提高水准，只是加进主题意识，而且常又流于说教。清末和民国初年“文明戏”（话剧前身）如此，那时的粤语片也如此。说教自与提高艺术水准无关，且常背道而驰，结果当然是白费一番努力。

那时的粤语片种，自也以“文”“武”分成两大类。“文”的是所谓“文艺片”，内容是爱情加上旧式伦理，除了少数滑稽“喜剧”，多数以“催泪”为目标，且是“催”婆妈之“泪”；又喜欢硬放进点“意识”，善有善报，恶有恶报之类。一对青年男女相爱，而感情被描写得不合实际生活，受了恶婆婆或是“社会的错”（这句当时常出现于粤语片里的对白，现在已成香港人嘲讽的俏皮话）之类压迫，也必然先苦后甜，痛哭流涕一阵之后，再大团圆结局。此外，就是粤剧（所谓“广东大戏”）的舞台纪录片，这倒也拍得不少。

关德兴与石坚在电影中的形象

“武”的一类，少数是古装武侠片，跟唱“大戏”那么做，依靠粤剧的所谓“龙虎武师”（京戏叫“武行”），打舞台上的套子，翻翻跟斗，毫无“实战”感觉。故事取材多数是清末为背景的广东民间传说，除了出身少林寺的一班英雄，方世玉、洪熙官、胡惠乾等等，拍得最多的黄飞鸿（也渊源出自少林），拍了近一百部，主角关德兴今犹健在，已是九十高龄①。黄飞鸿是“洪拳”大宗师，香港习国术者以“洪拳”最多，且多数出于黄飞鸿弟子林世荣门下。林世荣开设的武馆，据说便在今之香港骆克道。香港习国术普遍，关德兴饰黄飞鸿却不谙洪拳，为免被识者所笑，就找林世荣的一个弟子刘湛做武术指导，此为中国影片有“武术指导”之始。刘湛的两个儿子：刘家良、刘家荣，后来都是香港名武术指导，也都同我合作过，现在皆是香港知名的导演。影星刘家辉则是刘湛义子，他上银幕的第一部片，也是我导演的。

粤语“武”片在精神上能够复兴，第一是由于李小龙，他是广东人，

① 关德兴 1906 年出生，已于 1996 年去世。——编者注

虽自创“截拳道”，而武功的底子，是来自香港仅次洪拳的大流派“咏春”。他曾受业于“咏春”，可能是最后一个大宗师叶问门下。第二次是张彻拍摄一系列少林片，自《方世玉与洪熙官》开始以至《少林寺》、《少林弟子》等等。不过，李小龙和张彻的影片说的仍是国语。粤语片的真正复兴，尚有待于著名喜剧演员和导演许冠文的冒现。后来，“武”片也用粤语，张彻的少林片只是在香港搭景，到张鑫炎以少林寺实景拍《少林寺》，再造成一次轰动，甚至对大陆也有颇大影响，可说是源远流长了。

因为不是写正式电影史，不妨顺便说些题外话。我是全不会“打功夫”的，连一套拳也不会打，老年人晨运打太极我也无此习惯(真是太少老年人习惯)，但对国术却有“纸上谈兵”式的理论研究兴趣。开始是洪拳，这自然是受刘家良、家荣昆仲的影响。因为我觉得他们的拳术实用，不同于原来粤语“残”片中的舞台式武打，但国术界人对理论和国术渊源向不去研究，知识分子却又从宋代以来就“重文轻武”。说到这一方面，似题外而实非题内，但中国电影要为外国人普遍接受，不能靠我有人有的东西，偶然得奖也只影响极少数知识分子。要在一般观众中起作用，还得靠特殊的“中国功夫”，而李小龙和成龙皆是这方面显例，正如日本之打开国际市场，也是靠他们的“武士道”影片(如宫本武藏的一系列影片，《罗生门》、《七侠四义》，黑泽明导演在国际影坛上，也凭“武士道”电影成名)，此乃人无我独有之故也。我们这些香港动作片的开拓者，从幕后支持推动的邵逸夫、邹文怀，到带兵上阵的胡金铨和我，也正如香港影评人石琪所说：“把动作片从世界最坏拍到世界最好。”国际影坛之视香港片，也一直把动作片作为主流。从 60 年代到 70 年代，国际影坛上谈及香港导演，也总以胡金铨、李翰祥和我三人作为代表人物，如从 1964 年起每年出版一次的《国际电影指南》便是如此。这三人中除了李翰祥外，我和胡金铨都是专拍动作片的。

动作片以传统的“中国功夫”为主，这自然与资本主义或任何主义无关。内地从张鑫炎拍《少林寺》起(我的那部虽拍在前，但未在内地放

刘家良

《黄飞鸿花地抢炮》剧照，图中与石坚（手持三节棍者）对打的是刘家良（图右穿白裤者）的父亲刘湛

映过），引进了动作片，其从未作正确评估，相信还是传统“重文轻武”的影响（台湾也是如此，从来动作片都难获奖）。另一方面也是内地武术本身存在一些问题，而香港动作片的精英分子，由于台湾市场的影响（到执笔时为止，香港去大陆拍片的人，其所有影片皆不能在台湾放映），也少有能去内地拍片的。内地武术方面的问题，基本是由于清朝禁民间习武。我不是治史的人，但想来清史时代虽近，治史的困难却大。由于清朝是少数民族统治（这是历史事实），故君主常湮没历史真相，越汉化深的皇帝如乾隆，由于“内行”之故，起的破坏作用越大，禁民间习武这件事以此也未受到世人注意。严禁民间习武的结果，便是武术用于实际的传统中断，只存在于舞台的“武戏”和江湖卖艺中，那就成为表演，要的是花拳绣腿！甚至近年流行的武术比赛，也是以表演决胜负，而非以搏击决胜，这是全世界所无之事。西洋拳、空手道（日本）、泰拳（泰国）、跆拳道（南朝鲜，即韩国），哪有冠军不是“打”出来之理？面对敌人来个大转身、劈叉、翻跟斗，岂不是暴露弱点于敌，完全违反了武术原理？由于广东离清朝的统治中心最远，且易于去南洋国外，加上清朝统治力较薄弱（所以辛亥革命也自广东发源），故武术的传统尚能保存。虽然如此，习武也多在夜间，如今广东人仍称习过武的人为“食（吃）过夜粥”，即因夜间习武，一些人爱吃粥作宵夜之故。

我对洪拳发生兴趣，除刘家良、家荣昆仲外，也交了不少朋友。如赵威，他也是家传之学，父亲赵教，与家良、家荣的尊人刘湛是师兄弟，同在林世荣门下习武，今尚健在。其子国基，与我来往甚多，功夫很好，看他的身材，就想起《水浒传》（一百二十回本）对燕青的形容：“十分膀阔腰细”。然而他私底下却是完全现代化的青年。我根据这些朋友的拳脚兵器，找资料查书研究。例如棍法，中国的棍法出自枪法，原是从实际战场上演化而来，应使用白蜡杆，所谓“大杆子”，取其够长（长而必须要直）和有弹性，不易折断。这细读《水浒传》也能明白，决不是戏台上那种手执棍中间要棍花的用法（舞台上连枪也常如此要法，长度也大为缩短，与“丈八枪”相去太远，虽然古尺较如今为短），而现在大陆即

香港电影到了70年代，被外国人认为“在产量和发挥电影功能的热情上”，均媲美好莱坞的全盛时期，而胡金铨、李翰祥、张彻（图下自左至右）于当时更被誉为“香港最优秀的导演”

“国术”也不免如此。洪拳的黄飞鸿是棍法大师，如今我见刘家良、家荣昆仲，赵威、国基父子，用棍犹有遗风，威猛具杀伤力，可由之而想见古战场上的长枪大戟。按洪拳中人的说法，是杨五郎在五台山出家，乃变杨家枪法为棍法。其实这自然只是民间传说。杨家将的故事本在民间传说中经过夸大，有无五郎其人，有无五台山出家其事，都大有问题。据史说“世传杨家枪法出于李全妻杨氏”，李全和杨氏是何许人？李全于宋史有传，是南宋后期在金人占据下的北方游击队首领，杨氏是另一支游击队首领杨安国的妹妹。杨安国被称为“安儿”，是金人所谓“红袄贼”，与金人作战身死，叫他“安儿”，想必年纪不大，杨氏就嫁给了李全。两支游击队合一，李全纵横山东和江苏北部，曾为南宋收复过十二州府，李全被任为“京东总管”。那时蒙古已与金作战，李全后来投向蒙古。本来宋与蒙古联盟，似不能怪他，但他攻占了宋的淮南，故他的传在《叛臣传》中，共占两卷，另一著名的叛臣张邦昌却只半卷不到，足见李全这个人物甚是重要。他投蒙古时，适在蒙古攻金的主帅木华黎死后，蒙古军声威已减，以他的投向而声威重振。但此人却在历来一般民众间毫无名气，以致连杨氏嫡传枪法，亦被依附在杨家将名下。李全后来也是作战而死，可能死后经杨氏传下枪法，而李全当时以武艺著称，人号之为“李铁枪”，足见他也擅枪法。李全妻杨氏所传下的枪法，是由于丈夫的传授，还是“本门功夫”？就无法查考。她姓杨，与杨家将有无关系，是否杨业的后代，还是全无关系？也无法查考。总之，杨家枪法是由“李全妻杨氏”直接传下，时在南宋末，与北宋的杨家将有无关连？都是疑问。

中国武术由于清朝的严禁，传统中断，广东还保留下部分传统，但也因转入地下，可靠的史料缺乏，只剩一些民间传说。内地关于少林寺等等坊间传闻，更是经神化渲染，变成“异能”一类，而少见实际效用，看得见的则尽属表演性的，以此表现在电影中，少林寺实景的新鲜感既过，也就后劲不继。还有一个弊病亦因脱离实际而生，就是总喜欢拍女子、老人和小孩。女子和老人可能智慧极高，但讲用体力的武术总不如少壮男子。小孩更不消说，这类影片到海外，到国际上，便缺乏说服力。台上演戏自然可以如此安排，但拍成电影总是真实点较好。杨氏可能从她哥哥或丈夫学到“枪法”，由此传给别人，但作战仍是要靠她哥哥安儿，丈夫李全的。我前面说到的“咏春”，创始者也是女子，名严咏春，故称为“咏春拳”，但她创出拳法，结果“夫传妻艺”，真正建立一派拳术的还是她丈夫梁博涛，弟子也都由梁博涛传授，后来的名家如梁赞、陈华顺（梁赞弟子，业钱庄，因此外号“找钱华”）全都是男子。这派拳法因是女子所创，特别斯文，故梁赞是教书先生，陈华顺是钱庄伙计。我前面说的李小龙的师父叶问，毕业于香港一间基督教会学校——浸信会书院，受过高等教育。

我对洪拳是看到实际而自己去研讨理论，对咏春则是先由理论引起我的兴趣，叶问由于他本身是知识分子，可说是国术界中唯一能把实际与理论结合的人，不只拳术精湛而已。叶问早已逝世，我认识的仅是他弟子或再传弟子（其中与我合作甚多的影星狄龙便是其中之一），而对于叶问，我只看过他的著作。咏春与一般拳法，尤其是“长枪（枪手）大马（马步）”的洪拳，几乎背道而驰，故特别适合女性或斯文男性。通常拳法要马步稳固，故必是两腿分开以降低重心所在，使不易被敌人打倒。但咏春认为两腿分开的姿势，对女性不雅，改其马步是两腿并拢，脚尖向内，求转动灵活而不求稳固。咏春全无大动作，讲求“短劲”，要在“一张八仙桌内定输赢”，即是动作范围不出一张八仙桌大小，故极斯文也极适合女性。最重要的，是“咏春无斗力之法”，“咏春无挡架之法”（挡架便要斗力），完全不同对方比较气力，讲究“来留去送”，如何留来劲，送去劲，借力打力。故我以为内地如必要拍女性动作片，就应拍咏春，才能表现女性的特色，也较具说服力，才不会像台上唱戏或是体操表演。咏春拳是香港仅次洪拳流行的拳种（因此要找人去内地传授应不困难），以其十分实用，且不具攻击性，专重应付别人攻击，故咏春甚少“拳套”，只有“小念头”、“寻枪”、“标指”三套，而着重“散手”，便于应付对力的攻击而临机应变，是很好的自卫术，尤其是女子自卫术。

说了一大篇，对粤语“残”片可能是题外话，对电影却不是。粤语“残”片还有一个古怪处，即常拍清装片而不见辫子，只是戴一顶瓜皮小帽或干脆包块黑布，其粗陋至此，原因据说是南洋华侨不喜欢看见辫子，而香港便要迁就新加坡市场。老华侨因为当初受外国人嘲笑留辫子而对辫子起自卑感，事或有之，但后来年轻一代的电影观众怎会如此？这个古怪的保守观念，要到我拍《刺马》才被打破。那时“嘉禾”初从“邵氏”分出，两方面竟不约而同想拍这个题材（张汶祥刺马新贻，乃清朝巨案之一），但都不敢打破辫子一关，遂改成古装片来拍，结果这两部戏都不成功。我那时在邵氏，向邵逸夫先生说，这题材是可以拍的，但必须用清装拍，才予人真实事件的感觉。辫子在今日南洋观众中决不是问题，并由我为邵先生代笔写信给新加坡力争。结果，这部片当时很成功，至今仍常有人怀念（已事隔十几近二十年了），算是我重要作品“名片”之一，就此打破了观众不喜欢看有辫子的“神话”，从此国语的清装片，由于可以有辫子而较多拍摄，因为戴顶瓜皮小帽或包块黑布的粤语“残”片方式，在后来稍具水准的影片中都是不予采用的。

（三）中国戏曲的影响

电影是由外国传来的，但任何外来的东西，要在本土生根且能进一步发展，必然要吸收若干本土传统。例如日本电影也同样师自西方，但日本电影的特色，便是吸收了“武士道”的传统，包括“剑道”、“柔道”等等的传统（他们没有“重文轻武”的宋朝和禁止人民习武的清朝，故这些武术传统，都完整地流传下来），在国际影坛上自树一帜。

中国也有传统武术，更有传统戏曲，但似少有人在论中国电影时谈到这一方面的影响。武术传统因清朝之禁民间习武而中断，其影响只留存在香港一部分动作片中。至于传统戏曲的影响则很大，即使是传统文学对中国电影的影响也不小，如《西游记》、《水浒传》、《三国演义》等，都不止一次被部分（全部故事太长）拍成电影，唯与其说是直接从小说搬上银幕，还不如说是由这些小说演绎的传统戏曲改成电影为正确。

这类电影的人物形象是根据戏曲(小说中记述诸葛亮年纪很轻,出山时年只二十七岁,但谁会把诸葛亮演成一个年轻小伙子?)摘取的片段也根据戏曲的折子戏。《红楼梦》除了最近的一套电视片外,其实也根据戏曲,都以宝玉误娶宝钗、黛玉之死为中心,哪处是《红楼梦》小说的原意(而且有些还根本出于高鹗续作)?至于传统小说中原来文学上层次较低的《杨家将》、《说岳》、《七侠五义》等等,则全根据戏曲,更不消说了。

至于香港的粤语"残"片,其中几乎有一半是传统粤剧的舞台纪录片,只系仅仅加上布景而已。那一年,其中又有一半是武打片,"武打"又几乎全仗传统粤剧中的所谓"龙虎武师",动作几乎同戏台上完全一样。早期的国语片,武打占的比重不大,其用"龙虎武师"打舞台上的套子则并无二致。等到国语片"起飞",则前面所说的三位主持,胡金铨、李翰祥和我,全都爱好传统戏曲且多少有点研究,受到的影响也都很大。

香港的国语片,第一步"起飞",便是由于拍摄传统戏曲"黄梅调"。在邵逸夫主政下的邵氏公司,开始注入大量资金来拍国语片,第一部大成功的是李翰祥导演的《江山美人》。以前国语片在香港的卖座以"万"为单位,此后才以"十万"为单位(《江山美人》似是收入四十余万元),而到李翰祥导演的《梁山伯与祝英台》造成高峰,全香港的影片,成了"黄梅调"的天下,可以说传统戏曲影响最大也最表面化的一个时代。

这里,可以说一点小小内幕,传统戏曲向以京戏为主,有人(不记得是谁,但当时我在场)问邵逸夫,既拍传统戏曲,为何不拍京戏而拍黄梅调?邵先生说:"京戏不是自然发音,不懂的普通一般人不能接受,黄梅调是自然发音。"我从未发觉过邵先生研究传统戏曲,但这话极有见地,我也从未听到任何"专家"发觉这一点。昆曲和高腔梆子发音比京戏更远离自然,故其衰落也更早。如我内人全不懂传统戏曲(她是出生在香港的),可以看越剧而全不能接受京戏,也是越剧是自然发音而京戏不是之故。我年轻时是所谓"票友",能登台,唱的是须生,平日研究的也是须生，经邵先生一语道破，我从此对京戏的兴趣转向武戏，至今仍然深信京戏的前途（如果还有的话）在武戏而不在文戏。

胡金铨也对京戏兴趣浓厚，他拍的打斗场面受京戏影响很大，也拍过京戏的折子戏《三岔口》，是他和另三个导演合导的《喜怒哀乐》中的《怒》这一段，演刘利华的陈慧楼，根本就是舞台上唱武丑的，自然也在台上唱过《三岔口》。他出身于“厉家班”，是厉慧良的师弟。我之喜爱和研究京戏，从我本身能登台唱须生可知。我早期拍的动作片，都属古装武侠片（胡金铨至今还是拍这一片种），动作其实还是以京戏作基础，不过改变了粤语“残”片一成不变的打戏台上的套子，而较着重于实战感觉。我也拍过京戏折子戏，我在 1970 年以《报仇》一片得亚洲影展的最佳导演奖（影星姜大卫也同以该片得最佳男主角奖）。这部片便以京戏《界牌关》为中心，虽只有一出戏，但全片贯彻《界牌关》的悲壮感，成为我重要作品“名片”之一，至今还被人常提我之拍“盘肠大战”（《界牌关》是描写罗通盘肠大战，一向在民间流传甚广），如黄霑为《张彻近作集（1986—1988）》写的序亦有此说。

后来我较多拍清装和民初装片（《报仇》也是民初装），故受京戏的影响较小，尤其是拍少林这一系列片。尔后，李小龙崛起，他的拳脚功夫则与京戏全然无关。大陆的动作片，包括少林片，甚至武术，则一直与京戏关系密切。近年的成龙、洪金宝、元彪走红香港，这三人都是学京戏出身（成龙更已打进国际市场，他学的是“武净”）。他们的师父于占元，本是从前在大陆唱武生的。成龙的成名作《醉拳》的导演袁和平，也是从小学京戏的，他的父亲袁小田，又是过去大陆唱武生的，幼承家传，京戏对中国的影响之大可见。

世无凭空无根之学，也无凭空无根的艺术，总必有其文化根源。中国人拍、中国人看的中国片，也不可能“全盘西化”，而无中国传统文化的影响。现在海峡两岸实际上交流日增，常有人说台湾人与大陆的人彼此更像过香港人，双方的电影之相似处亦比香港电影更多，这确是实情。不过，这不能理解为香港电影较为西方化，事实相反，香港电影之能较适合于海外,反是因为较多中国特色,举世皆知"中国功夫",便由于香港电影!如促成香港电影"起飞"的三个人,胡金铨、李翰祥和我,都未曾留学外国学电影,反倒是现在台湾电影导演留学外国学电影的多。除了胡金铨英语流利(英文如何我不能判断,因本身英文程度不高),李翰祥和我英文都不行。李小龙曾在美国受教育,却是以"中国功夫"扬名天下。袁和平、成龙、洪金宝、元彪没有一个英文好,许多香港重要的导演、演员等亦然。留学外国学电影的当然有,但比例不大。新加坡受英语教育的人,比例较香港人为多,但新加坡一直比香港保守,尤其是电影方面,如新加坡本身也制片,相信也是像大陆和台湾多,而像香港少。故香港之"不像",并非是西化,说是现代化较为正确。节奏快,少清规戒律,服从市场规律,即表达某种讯息也不出于说教方式,现代化岂非应该如此?!如说"走群众路线",则比起大陆或台湾来,香港所走的,是实实在在的群众路线。

(四) 国语片"南下"

在40年代末期和50年代初期,大陆的人来香港的渐多,上海电影界的人来香港的也多了。(我自己并不在其列,我那时在台湾拍我第一部影片《阿里山风云》,这部片唯一的重要处,是在台湾脱离日本治理后,第一部由中国人拍的影片。这影片本身并无足取,我那时也才二十六岁,全无经验。尚可一提的只有我作曲的《高山青》,是该片插曲,至今已四十年还有人唱,但我在作曲上的"成就"也到此为止。此后我在台湾从政,唯一挫便去,来到香港。)这时香港已逐渐代替上海作为华语片的重心。

当时,香港最重要的电影公司是"永华",老板是李祖永,在当时说,他已算挟重资投入电影了。李祖永是外行,却还算对电影有相当的理想和抱负,而幕后为他筹划的人是张善琨。此人对上海有一阶段的电影和香港初期的电影很重要。惜乎他仍不免是那时的"海派"人物,一生摆不脱噱头主义。他以日本占领上海的时候,作为中日合作的"华

《阿里山风云》副导演张英(中)与该片女主角吴惊鸿(左)及曾芸(右)

影”负责人，被列入汉奸名单。南走香港后，到李祖永组成“永华”时，便成为李祖永的军师，而“永华”的第一部巨片《国魂》，也以此噱头多过实际，资金主要花在招来大批上海的有名影星参加拍摄(这一点对上海影人的来香港倒起了作用)。其他的制作，普通而已，尤其外景场地颇为简陋，只是刘琼(饰演文天祥)在天牢中朗诵《正气歌》，这一段颇有个人风格。该片的导演卜万苍，是我不大佩服的享盛名的前辈之一(另一位是马徐维邦，我从来不觉得他拍过什么好戏，包括他的名作，而居然还有人重拍《夜半歌声》，其中不伦不类的“歌剧”，看了令人汗毛站班，全片显然硬抄西片《歌场魅影》)。卜万苍虽被称为“大”导演，唯从来“大”而无当，《国魂》便是显例。

“永华”另一部重要影片是《清宫秘史》，导演是朱石麟，没有《国魂》大而成绩远好过《国魂》(自然不能以今天的标准来看)。然后来，“永华”的全盛时代过去，主要是经济日陷困境，开支和收入不相称，不合市场规律，永远是不行的。“永华”曾向台湾求助，实际得到没有？多少？我都不知道；但这不重要，重要的是，一切政府补贴，都对文化、艺术工作有害无益，因为结果总是重在向“上面”报销工作，离群众越来越远，终成无根之物。台湾最后为“永华”做了件事，派出当时的国民党当“中央电影公司”总经理的戴安国（当时的董事长是蒋经国先生）来为“永华”清理债务，把“永华”顺利移交新加坡的“国泰”，负责接收的人是钟启文。“国泰”在香港称为“电懋”，一度成为香港国语片的主力。但钟启文此人只得“小心谨慎”四字之长，事事对新加坡奉命唯谨。（我曾在“电懋”负责过编剧，为其与新加坡之间的送往迎来、请客吃饭之频，不胜其烦。曾退回请帖，声明以后决不参加。）而新加坡又是谨慎保守，并不予以充足资金，“电懋”终告结束，“永华”片厂归了“嘉禾”，以迄于今。

在“永华”走下坡时，张善琨已脱离“永华”，自组“长城”公司，前后拍了三部片，在当时都很重要。这三部片是《荡妇心》、《一代妖姬》和《血染海棠红》，导演都是岳枫，在当时说可谓最佳人选，男女主角都是

朱石麟执导的《清宫秘史》是“永华”的一部重要影片，图为该片的男女主角舒适及周璇分别饰演光绪和珍妃的造型

严俊和白光，白光因此而大红。后来，张善琨退出“长城”，由袁仰安接手改组为“新长城”，唯以后一般人仍称做“长城”，是改为原名，还是“简称”？则我不清楚。张善琨退出后又组“新华”，但在经费支绌下总是在因陋就简，虽然一部《桃花江》红了钟情，却是投机之作，水准低劣。张善琨直到去世，始终不能再振，他夫人童月娟接办“新华”，也是毫无起色。

（五）“左派”公司

我在左派上加了引号，是表示“所谓左派”之意。袁仰安接手改组“新长城”，和后来的“凤凰”等，习惯上被称为“左派公司”，与在“自由影人总会”旗下的所谓“右派公司”对峙。实际上，它们并无什么意识形态之“左”“右”可分，基本上都拍商业电影，唯“左派”可能得到若干资金方面的支持，与中国大陆有相当联系。在我这“外人”看来，联系也并不紧密，资金情况则与新加坡之于“电懋”相仿，看来也似非充裕。因此，在这一个阶段，与“电懋”可谓半斤八两，稍后就都不足以适应香港电影“起飞”的形势。

在这个阶段，中国电影始终是女明星的天下，在上海已成名的周璇回去大陆，香港只剩个李丽华、白光和钟情都是昙花一现。“长城”、“凤凰”拍红了夏梦、石慧、朱虹等，“电懋”则有尤敏、林翠、葛兰、李湄、乐蒂等。袁仰安不久淡出，他导演的作品重要的只有一部《阿 Q 正传》。这部片是势必男演员为主的，演阿 Q 的是关山，但随后也无大作为（后来转入“邵氏”）。其他常做“男主角”的张扬、赵雷、王豪等，更只是“配菜”，反正有个女主角就配上个“男主角”，全无性格或个人风格可言。比较差强人意的，只有“长城”、“凤凰”的傅奇，“电懋”的陈厚，较有个人特点，故也比当时的“男主角”们较有号召力。傅奇后来改居幕后工作，陈厚则已去世。

香港电影“起飞”之后，“电懋”终因市场规律而结束，“长城”、“凤凰”仍继续存在，直到近年改组为“银都”机构。我对那时的内地情况隔

张鑫炎导演的《少林寺》无论实景到演员的身手均可观，图中为该片男主角李连杰

膜，不敢妄言内地电影的影响如何，有多少，好或坏。但以香港而言，却是停滞不前，观众也几乎淡忘。原因何在？是否内地的政策越收越紧？也因不清楚未敢妄说，唯并无充裕资金可供"起飞"，则从外表都看得出来。近年内地政策趋于开放，少林寺以我的一系列影片与跟随拍的人，可说为之做了长期宣传。海外的人都想看到真正的少林寺，以此张鑫炎导演的《少林寺》一时大为轰动，影片的素质和男主角李连杰的身手也可观，但结果是骤兴骤衰。"银都"院线上映的大陆影片，如陈凯歌的《黄土地》、吴天明的《老井》、谢晋的《芙蓉镇》（皆指导演）等，近年在香港颇得好评，尤其是《红高粱》和其导演张艺谋更大受注目。唯在营业上都不能算作成功，收入最高的《芙蓉镇》也只得港币七百余万元，且还是映期拖得很长，如在香港别的院线已早下片了。目前香港其他院线，

《老井》剧照

《红高粱》剧照

七百万元仅仅勉强及格，中型片收一千万元才算过得去，大型片非两千万元以上不能谓为佳绩。这种未能适应市场，“走群众路线”，问题究竟何在？还大大有待研究。

至于当年香港电影“起飞”的情况，则是第二章的事了。

“邵氏”的勃兴——香港式的好莱坞

(一) 邵逸夫

邵逸夫先生(他是我老上司,二十年的老板,理应尊敬,但为行文方便,以下略去“先生”的称呼)名仁楞,字逸夫。他的名字鲜为人知,是中国人所谓“以字行”,原因可能是仁楞二字双声叠韵,不好念(故他的英文名字是 Run Run)。“楞”还可能有人不认识。但他兄弟几位,多数以字行,他大哥邵醉翁,二哥邵邨人,都是字而非名(名字我不知道),只有三哥邵仁枚是用名字(字山客)。为什么多以字行?原因以我不知其名而不清楚。唯据仁楞、仁枚这两个名字看来,当是以仁字排行,要第三个字是木旁。他们的下一代则以“维”字排行,第三字加金旁,如邵邨人的儿子维锳,邵仁枚的儿子维锦,邵逸夫的儿子维铭和维钟。

邵氏公司的前身是上海的“天一”公司,由邵醉翁主持,后来老二邨人和老三仁枚、老六逸夫,离开上海分途发展。邵邨人在香港,由一家现已拆卸的北河戏院做起,发展成整条院线,也从事制片业务,和“电懋”分庭抗礼,唯处在弱势。故“邵氏”非待邵逸夫而后有,香港原有的“邵氏”,称为“邵氏父子”(指邵邨人和他的儿子维锳)公司,邵逸夫主政后的“邵氏”,称为“邵氏兄弟(指他和邵仁枚)公司”。“父子公司”退出制片业务后,成为一个戏院集团,现在是“嘉禾”院线的一部分。

邵邨人是忠厚长者,但也是老式生意人,他能从一家小戏院做到拥有一个戏院集团,自是有老式生意人的一套克勤克俭功夫。然而,这一种性格是不能促成电影“起飞”的,故即与“电懋”相较也处于弱势。且他对电影只是当作生意来做,对电影本身也缺乏热忱和认识。邵逸夫就完全不同,他少年时在他大哥的“天一”公司做摄影师(这也是鲜为人

邵逸夫

邵仁枚

知的事了),对电影本身有兴趣,而又有很高的天资去领悟一切(经前面述及的,他对传统戏曲是否自然发音问题的见解,可以看出,他显然并未在传统戏曲方面下过功夫),做生意的本领自也不弱,他和他三哥仁枚,离开上海之后,是去星马闯天下的,两兄弟在新加坡和马来西亚创立了一大片事业,属下戏院数以百计,还有游乐场、房地产等等,规模之大,远非在香港的邵邨人所可比拟。

随着香港的繁荣,社会各方面进步发展神速,香港政府又不同台湾、新加坡、韩国(南朝鲜)等多事干预电影,香港电影本已具备了"起飞"的条件。邵邨人的性格自不能促成"起飞",钟启文也不是,故要待邵逸夫自新加坡来香港"邵氏"主政,而"起飞"才得实现。没有他,香港电影也终会有一天"起飞",不过时间会较晚,面貌也会不同。也许要待雷觉坤("金公主"院线负责人)、潘迪生(曾一度是"德宝"院线的负责人)而后"起飞",天下事总是"时势造英雄",也必然有"英雄造时势"的成分。

邵逸夫之成为使香港电影“起飞”的人，正是时势与英雄的配合。第一，他本人的性格、天资和对电影的热忱；第二，他的钱，由于他在新加坡的财力庞大，新加坡和香港的银行融资相通，他可以在香港银行无限额透支（据他那时亲口告诉我）；第三，他是新加坡两个平起平坐（他和邵仁枚）的老板之一，并不需要唯新加坡之命是从（如钟启文，甚至作为他二哥的邵邨人），而他也有自己独立的见解。香港在所有中国人社会（新加坡也是中国人社会）中最不保守，政府也少干预，本是具有“起飞”的较佳条件，但若处处听命于新加坡，则无异把较有利的条件降低同新加坡一样，这也由于邵逸夫之来得以打破。

邵逸夫当年治事之勤，是我生平罕见，他坐的劳斯莱斯是名贵豪华的车，车里有酒吧，他改装成小型办公桌，连途中的时间都不浪费。他每天早上从家里到公司，照例就在车里写下交办的事，拍纸簿上写着蝇头细楷，邹文怀每天都会拿到这样一张条子，何冠昌和我（那时我在邵氏还未任导演，担任的是编剧主任，作为他重要幕僚之一。邹和何是所谓“宣传部主任”和“副主任”，却全然“名不符实”，他们实际亦执掌公司大权）亦如是。一直到我改任导演，我才不再收到这样的条子。下班回家，邵逸夫在车里则多数看剧本。劳斯莱斯是奢华的车，但对他来说，并非奢侈（虽说他拥有不同型号的这种名牌车共三辆之多，此外还有平治六〇〇和林肯大陆型各色名车），他利用坐车的时间做事，那种名车确是行驶得较为平稳。

邵逸夫的勤力之另一收获，是健康良好。虽然他每天上午九时必到办公室，却数十年练拳不辍。练的是什么拳？我没看见过，不知道。但那决不是老年人晨运的温和的太极拳之类。他告诉我每天练拳时要“扎马”（站马步）四十分钟，必浑身见汗才罢。六十岁以上还对熟朋友表演踢脚，说：“试试对我肚子打一拳！”每天必做甩手运动一百下，如起身略晚时间不够，就在到了办公室看试片时（他每天到办公室第一件事，是看各导演昨天拍的毛片，即内地叫做样片的）不坐下，站着看，同时做那一百下甩手运动。他晚上常会有应酬，平时也并不很早睡，但每天九时上班前，都要做两小时以上的运动，数十年如此，勤力和毅力都非一般人所能，故如今八十余岁的高龄，仍是健步如飞，我后来怕和他一起走路，因为我这方面十分差劲，小他十七岁之多，还常常要他放慢脚步或停下来等我，未免惭愧后生。到七十岁以上时，他改练气功，对这我不懂也不大信，不敢妄说。

邵逸夫绝顶聪明，领悟快。一句话只要说一半他已明白你的意思，极其冷静理智。这在有时候会成为缺点，因会看来显得无情，影响人对他的向心力("嘉禾"首脑诸人之脱离"邵氏"独立，这是主要原因之一)，但他对于金钱的态度，确极理智，且不能用豪侈、节俭这些话来解释。在私生活上，钱多到他那样，已难分什么叫侈什么叫俭。他初到香港时，每部片投入的资金，十倍以上超过当时一般影片的成本，建设"邵氏影城"的投资，更是当时的天文数字。他是善于运用钱，而非"爱"钱、认为钱越多越好那种人。在香港一度地产炒得很热的时候，有人愿意出四十亿港币，再另予一块同样大小的地(地点自较僻远，但对电影制片厂说，这一点并无关系)，来换取"邵氏"厂地。他对我说："张彻，四十亿那么多钱摆在前面，自然心动。但我再一想，我这样年纪(那时他在七十岁左右)，这些钱不过是银行里一个数字，我怎么用得到？就不想麻烦了。"面对这样巨额的金钱，态度如此理智，小地方更不用说。有一次他对我谈起他夫人，他说："我对六婶(我一向称他六先生，称他太太为六婶)讲，到处去玩玩，散心，飞机坐头等，酒店住最好，带人陪伴，不要买钻戒！"因为前面那些是实际享受而钻戒不是。他深明钱"生不带来，死不带去"之理，也无意多积聚钱留给子孙，他曾对我说："只要他们不大乱来(指他两位公子维铭和维钟)，到他们下一辈也用不完，我再多弄钱给他们干什么？"故他晚年在捐钱为公益方面，十分慷慨，香港每年艺术节他例必捐款。另外还捐款给学校、建医院。只近来捐给内地学校的，便数以亿计。故现代的"资本主义"和"资本家"，已全然不同于19世纪。

（二）“邵氏”兴衰

我在“邵氏”工作超过二十年，在现代人说，是很“老派”的伙计了！我参与“邵氏”之兴，而在眼看已无可为时才离开，“眼看他起朱楼，眼看他楼塌了！”不过，我倒并无有些“邵氏人”满腹牢骚或感慨多多。也许是因为我把这件事的因果看得通透，但比我不容易而看得更通透的人还要推邵逸夫！这是他用大半生时间经营的自己的事业，却如此提得起，放得下！颇有梁武帝“自我得之，自我失之”的气概。

基本上，“邵氏”的兴衰，是美国影都好莱坞（港译“荷李活”）兴衰的缩影。香港产业发达的过程自迟过美国也快过美国，故“邵氏”兴于好莱坞已日趋衰落之时，而兴衰过程也比好莱坞“浓缩”了。这是随着社会经济发展而兴，随着社会经济更进一步发展而衰。所以我前面说，邵逸夫来香港时，香港电影已具备了“起飞”的条件，而好莱坞兴“邵氏”的衰落，也非任何个人力量所能阻止。明乎此，自不会有牢骚和感慨。然而邵逸夫是当事人，能如此提得起放得下却非容易！最近，“德宝”已与“邵氏”在商谈续租“邵氏”院线的问题。有说“邵氏”将收回自营，我是觉得不大可能，因不合邵逸夫的性格。此书出时，这事当已“尘埃落定”，且看我判断对否。

好莱坞与“邵氏”之兴，是由于社会经济发达，人们需求大量娱乐，故产生了“制造梦境的工场”（许多人如此形容好莱坞，后来也同样用这话形容“邵氏”）。但产业更进一步发展时，人们的娱乐方面广了，科技的发展也与之配合，“外”可旅游，“内”可看电视，对大量生产的工场（片厂）式电影便不能感到满足。因此，电影便须改变其生产方式。故而好莱坞与“邵氏”都不免就衰。我在二十年前去美国，看好莱坞当年的“大公司”片厂都在纷纷改拍电视，而如今“邵氏”片厂也由“港视”使用在拍电视，正是如出一辙，反没有一些“邵氏”旧人那么“感慨万千”，就因为早知总有那么一天，势所必然，就不知来得迟早而已。

为什么电影厂都改拍电视？好莱坞与“邵氏”皆然。就是因为电视要每天长时间播映，需要大量制作，正好承接了当年电影的工场式生产。邵逸夫之难能处，便是“邵氏”的电影事业结束，却不是他个人事业的结束，他从香港最重要的电影公司首脑，变成香港最重要的电视公司（电视广播有限公司）的首脑。这一方面由于他本身的条件、地位、财力；一方面也恰巧“港视”的董事会主席出缺，选他继任，也还是“英雄”、“时势”的道理。

现在电影观众不接受工场式的大量生产，要看这种工场产品，在家里看电视好了，何必坐车买票到电影院里看？因此，电影就必须每一部片是一件新事实，才能不同于工场生产式的电视，故而从美国到香港，都从“大公司”演变成独立制片人的制度，由“大公司”来选择适合的予以财务及发行的支持，美国的“八大公司”后来和香港的“嘉禾”、“金公主”等皆如此。那“邵氏”为什么不能这样做呢？这是由于性格问题。香港这种做法，是从“嘉禾”开始，邹文怀和邵逸夫的性格基本不同（这要在第三章里说）。邵逸夫当然看得出电影的趋向，何况我还一再向他建言，他每次听的时候似都动容，未必不以为然，但事后总不见实行。他习惯于亲自掌握一切，不大能放手。我想突破这一点，曾组织了半独立的“长弓”公司拍戏，结果在权力和金钱的支配上都出现甚多问题，终于仍不能不宣告结束，重回“邵氏”。

以后，我明白“邵氏性格”很难与独立制片人制度并存，也不再向他进言。老实说，以制片人的立场言，很少有人能高明过邵逸夫自己，要把“权力下放”给不如己者，确是一件难事。但今天是个必须将“权力下放”的世界，邹文怀若讲动力，远逊于邵逸夫，可能就因为这一“缺点”，邹文怀能把“权力下放”给许多不如己者，缺点就成了优点。

从另一个角度看，驾驭若干独立制片人也不是件容易的事，邹文怀和雷觉坤（“金公主”负责人）们，也有他们的头痛问题。邵逸夫如肯做，花精神来做，自应不会逊于邹、雷，但他那时已年逾七十，可能也如搬迁“邵氏”厂地一般，“不想麻烦了”。问题在他并无理想的接班人，他两位公子维铭和维钟，我都认识而并无深交，从表面看，两位都是翩翩佳公

方逸华(左)与邵逸夫

子，教育程度一流，聪明且有风度，但两位似都无意接班，且似对电影并无热忱。他们两位在新加坡，不大肯来香港，而且逐渐收缩“邵氏”在新加坡和马来西亚的电影生意，改变向别方面发展。当然，我这是皮相之谈，究竟是他两位无兴趣而邵逸夫让方逸华接班，抑或是他两位因方小姐之故才缺乏兴趣和热忱？这是他邵家家务，外人无法知道也不必深究。

还有很重要的一点，是“人治”和“法治”的问题。邵逸夫现已年逾八旬，做“港视”的董事局主席仍胜任愉快，原因是“港视”是“法治”，在邵逸夫出任主席前已有完备之制度。邵逸夫主持重要会议，决定大计，他头脑敏锐依旧，开会决策是不需体力的，故虽八旬老翁亦胜任愉快。“邵氏”一贯是“人治”，过去一直由他躬亲细务，七八十岁了，自不能且也不愿如此做，接班人自很难有他同样才具，则衰落自是必然。

“邵氏”之兴与衰，代表了香港电影很长的一个阶段，这一节只是绪论，下面将分节来述。

(三) 清水湾建“影城”

邵逸夫初来香港时，香港最好的片厂是仍在“电懋”手中的“永华”。其实，它也不够施展，厂地周围也无发展的空间。后来“嘉禾”之采用独立制片人制度，除了邹文怀本人性格等因素外，“永华”之不能作为工场式生产基地，亦是原因之一。其他的“坚成”、“华达”则连“永华”都不如，且各有其主，租用别人的地方，不能畅所欲为，自然不合“邵氏性格”，故必须自己建厂，但建厂需要时间，故开始只好以“片”为单位，先投入重资在个别影片中求突破，第一部“起飞”的《江山美人》，就是在“坚成”片厂拍的。

这里须补述一下，在第一章所讲的阶段中，有一部重要的影片《翠翠》，改编自沈从文的《边城》，导演是岳枫，《荡妇心》等三片的男主角严俊，也在片中兼任男主角。这部片拍红女主角林黛，李翰祥和胡金铨也都参与工作。以后来的表现来看，他们两位可能帮了严俊不少忙。因为似乎有点超越了严俊本身的水准。这自然是我的猜测，并无根据，总之，《江山美人》由李翰祥导演，林黛主演，获得巨大的成功。胡金铨也参与这部片的工作，出力多少？我就不知道了。

这部片是“黄梅调”，开始变华语片在香港以“万”计的收入为以“十万”计，记得是收入四十多万，自此香港影坛一时成为“黄梅调”的天下，无片非“黄梅调”，而“邵氏”也以此打响了招牌。其中最主要的一部，也是李翰祥导演的《梁山伯与祝英台》，自然也是“黄梅调”，“男”女主角是凌波和乐蒂；其所以“男”字要加引号者，因为凌波是女性而反串梁山伯。凌波原名小娟，本是厦语片演员（厦门话即闽南语，台湾本省话即属之），初只在幕后代唱。此片一出便红极一时，成为“黄侮调”时代的首席明星。一次访问台湾时，使台北被讥为“狂人城”，可见观众的疯狂程度，据邹文怀自己对我说，用凌波在幕前演出，是由于他的建议。

中国片本重女角，男主角只是例行“配菜”，在这一个阶段，则连男主角都不存在，均由女演员反串，可说是女性电影的巅峰时期。我在“邵氏”导演唯一一部“黄梅调”片《蝴蝶杯》（也是我一生唯一的一部“黄梅调”片），可能是唯一的一部用男人演男生角的“黄梅调”片。坚持原则（男人演男人，女人演女人）的结果，此片营业平平，事实上我也全不合适导演这类影片，艺术上亦无足取。我随后提出“阳刚”口号，做成二十年来香港电影以男角为主的风气。或说我“重男轻女”，实在是对当时风气的一种反抗，彻底打破了观众只要看女主角的神话。

那时我从台湾来到香港，默默无闻，导演了一部黑白“文艺”片《野火》（也是我的第二部影片，《蝴蝶杯》是第三部），小本经营，成绩亦不见佳，那部片且与“绯闻”纠缠在一起。一时间，我似乎在香港电影界无立足之地，就改名“何观”写影评（那一阶段，我以写稿为业，其他文字也悉用笔名），结果却以影评又受到电影界的注目，逐渐知道“何观”便是张彻。说来凑巧，“电懋”的制片主任宋淇前一天，邹文怀后一天，分别找我，提出的职位都是负责剧本。我那时已看出“邵氏”比“电懋”可为，但前一天已答允了宋淇，就告诉邹文怀说，我只在“电懋”签一年，一年后返“邵氏”。进了“电懋”之后，听听钟启文的言论：“只要戏好，黑白标准银幕（邵氏已用彩色阔银幕）也一样，邵氏投资太重，一定会崩溃！”我知“电懋”已决无可为，一年约满，便不再续，到了“邵氏”。

我在影评中除了评影，也提出许多对国片的主张，其受到电影界有意革新的人注目，亦多半由此。我那些主张，后来逐一实现，第一件实现的是配音。

当时国语片仍是现场同步录音，我以为香港的年轻人越来越说不好纯正国语，男性尤其如此（女性学习语言的能力通常优于男性）。国语片必须现场录音，则继续靠在大陆长成后来港的演员。在影片中常出现超龄现象，新人难以出来。故我主张放弃现场录音，改用事后配

邵逸夫先生在片场与演员们合影

音,此一主张影响直至如今。恰巧那时"邵氏"在清水湾建厂,也恰巧"黄梅调"正风行,影片中的"对白"是唱出来的,要先收好声带,临场放声带对嘴唱,故现场录音部分也大为减少。邵逸夫和邹文怀正为片厂是否要隔音设备(现场录音需要,不现场录音就不需要)和部分导演争议未决。我那时仍在"电懋",但已"身在曹营心在汉",经常与邹文怀接触,他来和我商量,我力主不要隔音设备,"破釜沉舟",改为事后配音。他们两位接受了我的意见,"邵氏"在清水湾新建的片厂,便没有隔音设备。

"邵氏"一口气建了六个厂棚,规模已远超过"坚成"、"华达"和"永华"。其后,启德机场标售废飞机库,何冠昌(现在"嘉禾"制片方面的负责人，从当年开始，便一直是邹文怀的左右手）看到机会，建议标下这些飞机库，一下又为“邵氏”添了四个厂棚，共计有十个厂棚。飞机库全部是金属构成，若须用隔音设备，根本就不可能，因此而“邵氏”的厂棚骤然增加了将近一倍，对工场式生产，自然大有帮助。

在全盛时期的“邵氏”，以后厂棚陆续增加到十五个，办公大厦、黑房、宿舍、餐厅，应有尽有，成为名副其实的“影城”，员工多至一千七百余人，还不计合约导演、演员在内。后来又发展到成座山头直延伸到海边，建立了外搭景十一个场地，步行穿越“邵氏”，快步走也要四十分钟以上，形成中国电影有史以来空前的电影王国，Run Run Show 名震国际影坛，好莱坞虽有更庞大的电影公司，不仅现已衰落，且从无人能独资拥有。

这次大事扩充外景场地，说来又与我有关。我当时在拍《十三太保》，是我所拍影片中规模甚大之一，取材“残唐五代”李克用和他义子的故事，这也看得出传统戏曲的影响，片子前段是京戏《雅观楼》，中段是京戏《太平桥》，唯后段的“五马分尸”不知传统戏曲中有无，至少我在京戏中并未看到。但这事是见诸正史的，李存孝确被“车裂”，就是俗所谓“五马分尸”。为这部戏我搭了汴梁城的外观，包括一条河和跨越其上的太平桥、李克用的军营，要供五匹马分头奔驰，为拍“五马分尸”的镜头，我搭了三百尺高的高台俯摄，自然范围很大，这当然不是片厂所能容纳，必须外搭，结果引起问题。拍摄中途，外搭景的附近村子死了几个人（自然是病死的），村民认为是“汴梁城”煞气太重所致，要求拆掉。但戏却未拍完，最紧张的一天，村民聚众一两百人，而且有人持械。我这组外景，那天在现场的演职员有三百多人，且也有“械”（道具刀枪甚多），几乎形成械斗之局，戏自然不能不停拍。后来几经谈判，才延请僧道做法事和解，戏才能续拍。这件事很轰动，美国人办的《读者文摘》曾有记述。

这部戏以规模大而成为我的“名片”之一，在以后也颇有影响（“无线”电视翡翠台也拍过同名电视剧集《十三太保》），观众至今仍记得“五马分尸”的镜头。我自问这个镜头也拍得好，但全片我自认为属“大而无当”之类。“无线”电视拍电视剧集《十三太保》时，曾特别声明没有“五马分尸”，以避免“血腥”云云。其实我那一组镜头全无“血腥”，李存孝（由姜大卫饰）在营帐中被绑上，镜头便 cut 到帐外，大远景只见五马分驰，而用慢镜拍营帐碎裂，根本不见人，仅配上呼叫之声，震撼性很强，却无“血腥”可言的。

由于《十三太保》的外搭景引起了大麻烦，邵逸夫就斥巨资扩充了场地，不再在外借地搭景。下一部由“邵氏”当时另一位重要的导演程刚（即后来的《倩女幽魂》导演，同时是很出色的武术指导程小东的父亲，他本身喜欢京戏，登台“票”过戏。程小东被他从小送去学京戏武生，为后来做武术指导的基础，而且和父亲一样，显然看得出才华）拍“邵氏”又一部大制作《十四女英豪》（“十三”加一），就开始使用新拓展的场地。那部片，京戏的影响比我更大，根本就据《杨门女将》拍摄。

这当然都是后话，“邵氏”建厂之初，全部是“黄梅调”天下，我就拍

“邵氏”影后红星悉数参演程刚执导的《十四女英豪》

了那部《蝴蝶杯》，胡金铨有没有拍过？也或者是同人联合导演？已经记不清楚。总之，我决非此中高手，他是不是？不敢乱加评定，但至少在这方面无所表现。

（四）动作片

动作片是香港近二十年来电影的主流，我前面提起过影评人石琪说的“从世界最坏拍到世界最好”。因此，也是唯一能多多少少有点国际市场的华语片片种，其他或可拿奖，但市场则并未打开。在当时“世界最坏”的情形下，怎么拍起动作片来？连我这被人称作“鼻祖”的也不清楚。“黄梅调”太多太普遍，是人都拍，总会拍滥拍死，这是人人都看得到的事，但为什么想起拍动作片？是邵逸夫的主意？邹文怀的主意？是新加坡方面邵仁枚或是蔡石文（邵仁枚的左右手，现在“嘉禾”监制蔡澜的父亲）的主意？总之，在效率一流的“邵氏”电影工场，高层有此决策，便什么导演都拍起动作片来，也有点“姑妄试之”的味道。

这又是“时势造英雄”、“英雄造时势”的一例。在“武侠世纪”（当时的动作片全是古装武侠片，拟出这口号的人，是当时《南国电影》杂志主编梁风，现已去世）的口号下，胡金铨和我脱颖而出，使自己成为“武侠片的两大名人”，也开拓了二十年动作片的道路。这“两大名人”有共同点也有不同处，开始同样用功去分析西片，不是看看算数，连镜头数目都数过。那时华语片通常三百左右镜头，我们才知道西片镜头是上千的！奇怪的是大陆和台湾的导演，有的似至今未知，所以节奏慢。我们都抛弃了粤语“残”片式的戏台上的套子打法（那是“世界最坏”），但骨子里都有京戏武戏的浓厚影响。其不同处是他比较传统，连女角为主的传统都不改，香港的郑佩佩和台湾的徐枫都由他拍红，男主角如岳华、石隽都不出色，只有个反派白鹰在当时算差强人意。然而他拍戏严谨，一辈子至今恐也不上十部，每部片在艺术方面全很少瑕疵。我是拍片多而且滥（九十三部！），原因是冲动，随时很快来新主意。因此如前面提及的“嘉禾”监制蔡澜，说我“打破了电影界许多神话”（确实不少），创新之处甚多,而水准始终不稳定,其中真要说比较像样的"名片",恐怕也够不上十部。

所以,凡从事艺术创作者,性格是决定性的因素,即从事电影企业者,如邵逸夫与邹文怀性格不同,走的道路便也各异。我对近年流行的集体创作,总抱怀疑态度,电影的"作者"是导演,岂有个人性格全被淹没,而创造出艺术作品之理?电影是艺术和商业巧妙的融合,我并不赞成脱离群众,脱离市场而自命"曲高和寡",但电影究也非纯粹商业,和制衣制鞋应有所不同。

胡金铨那时期的代表作是《龙门客栈》,至今还被人提说,它在香港的卖座收入,记得像是港币八十多万元,已超过了当时盛极一时的"黄梅调"影片。我的所谓"成名作"则是《独臂刀》,它是第一部在香港收入超过一百万元的华语片(可能也包括西片),因此我便成为"百万导演鼻祖"(最近的《明报周刊》尚如是说)。自此,香港影片收入的标准,才开始要上百万元才够成功。经过二十年的票价提高和通货膨胀,现在则是要以千万元计了。

我的创作过程也说明了艺术和商业融合之道。《独臂刀》名气至今还不小,我本人却不太喜欢这部片,自觉它过于商业化。我随后拍的《大刺客》(聂政故事),就想注重"艺术"。在运用镜头上师法费穆(这是我很佩服的前辈,但也是性格不同,他的清淡雅致我全无法学。正如我佩服周作人的散文,而全无法学一样),以《孔夫子》为目标,多用四大镜头,低角拍摄,镜位亦少运动,希望拍出沉重古朴的气氛。那部片在当时因《独臂刀》的声威,其票房收入居然亦超过一百万元。唯我自知其闷场颇多。要到再下一部《金燕子》才找到其融合点,叫好叫座,观众既喜欢看,也拍出了意境,壁上题词的一个幻镜,整个书面充满着大字,小小的白衣人独立苍茫,至今仍为人所记忆,也是我的重要作品中的"名片"之一。

"白衣大侠"是我作品的标志之一,影响至今("白衣"而未必"大侠"),但不列入我"打破的神话"之中。原因是后来的人,根本不知当初

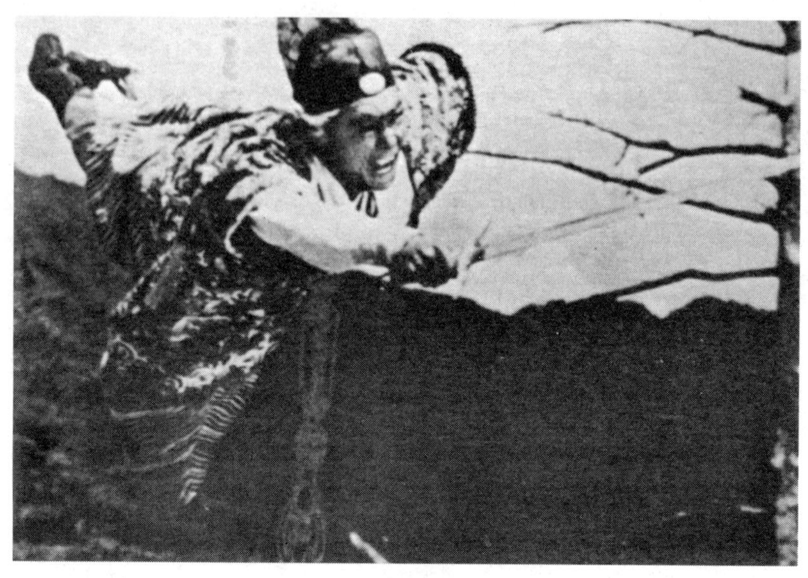

《龙门客栈》是胡金铨代表作品之一

张彻在指导王羽演出《独臂刀》

有这种“神话”。那时黑白片避忌纯白，据说是反光太强，到初期彩色片依旧，而且认为“白”非“彩色”。我则从黑白到彩色，都让男主角穿白衣，建立了王羽(我第一个拍红的男影星)那白衣大侠的形象。当时“邵氏”请了韩国导演申相玉来拍《观世音》，布景以白色为主调，也颇惹来非议，结果是白衣和白布景都证实了效果突出、良好，才打破这避忌白色的“神话”。我其实也是受京戏的影响，京戏武生倒扎白“靠”(盔甲，高冲之扎绿靠因他本是武净，勾红脸，是杨小楼才改武生唱，成为杨派武生戏)，章回小说所谓“白袍小将”是也。

另一件是被列入我“打破的神话”中的，就是让主角死，也是受了京戏的影响。当时的“神话”是主角不可以死，虽在悲剧中，哭得死去活来之后，也要苦尽甘来，大团圆结局，说否则观众会“不接受”。我却在想，京戏观众看得最过瘾的武戏，是《界牌关》、《挑滑车》，因此初出道的年轻武生，常以之为“打炮戏”，也常以此而“一炮而红”，但主角都是战死

《大上海1937》中徐小健穿着白衣亮相

的，那电影为什么不可以？恰巧我偶然看到一本杂志，其中一篇文章说，好莱坞要捧一个明星时，常在第一部片让他死，造成观众的同情和深刻印象。以此我决心让我动作片的男主角死，第一个，王羽无片不死，成为当时最红的影星。其后，姜大卫和狄龙在合演我的影片中，亦至少有一个是死的。但他们在香港电影界中也都红了，而姜大卫且成为当时最红的男演员。香港的红影星甚多，然而可以说“最红”的，近二十多年来依次是王羽、姜大卫、李小龙、成龙、周润发五人而已。李小龙为了在片中死与不死，曾与比较保守的导演罗维争执。李小龙久在美国，自主张不妨死，而他死的《精武门》也确是他一生中最好的一部影片。成龙走喜剧路线自不能死，周润发造成他“最红”的一部影片《英雄本色》也是在片中死去的。自我之后，影片中主角死与不死，渐渐不再成为问题了。

我在动作片中的另一项突破，是用手提机拍摄，这比较少为人注意，自然也是看西片得来。我觉得这种拍法具有“动感”，并首先在《独臂刀》中使用。由于当时摄影师无人肯如此拍，我拔擢了一个助手任摄影师（名字叫邝汉乐，此人早就移民外国，退出电影界），技术自不成熟（所以严谨的胡金铨便不采用）。《大刺客》的风格自不适用手提，即使“名片”如《金燕子》，手提拍摄的技术方面仍有问题，要到《金燕子》以后，我用日本摄影师宫木幸雄，才算解决了这方面的技术问题，现在自已普遍使用，再无问题了。这也和我提倡的事后配音有关，同步现场录音要用“大机”，手提根本不可能，事后配音才能用较轻便的“小机”，现在则拍动作片无不如此。

动作片作为香港电影的主流二十年，今年（1988）暑假卖座居首的《警察故事续集》仍系动作片，这自非一节可书，我当在以后的章节中陆续记述。

（五）“阳刚”

“阳刚”已成了现在香港人的口头禅，是由于我的电影而起，另一个广府话里原来没有的名词——“小子”(是北方话,广府话只有“靓仔”和“细佬”,其中意义相近而不全相同),也是由于我的电影而起(从我拍了《洪拳小子》起,才陆续有所谓“小子片”)。“小子”只是我偶然用了开头,“阳刚”则是我有意识地提出的。

我那时提出“阳刚”口号,自是对中国电影一贯以女角为主的反动,正如因主角不能死的“神话”,而一连串影片的男主角皆死,可能都有矫枉过正处,但却因此扭转了风气。在王羽之前最红的女明星是凌波。“黄梅调”女主角可以是任何人,“男”主角则非由凌波来反串不可。若不是她,便不收钱。我坚持原则反对反串,用男人来演男主角的《蝴蝶杯》,便卖座不佳,但当时对“黄梅调”无办法,要等我拍动作片,比较能拿点主意,才能明揭“阳刚”之说。而在这以后,如前述的五个“最红”的明星:王羽、姜大卫、李小龙、成龙、周润发,便清一色皆属男性。至于

凌波为“黄梅调”电影全盛期的红星之一,尤其擅长反串男角

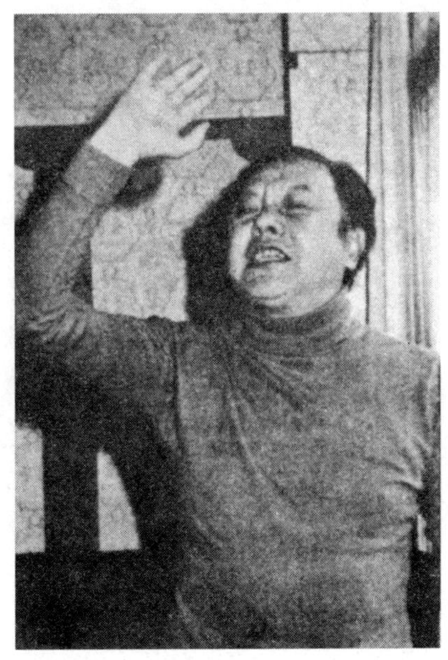

作者当年提出的“阳刚”一说,率先扭转了那时港产国语片过分阴柔的风气

女明星，红的自然很多，但各人却很难在与其同时的女明星中，显得“最”红。

我敢于如此做者，一方面是由于本身性格“叛逆”，不肯接受“现状”；一方面是在美国和日本，都是男明星红过女明星。何独中国电影不然？也无关东方、西方，日本也是东方，中国的京戏生旦并重，也不是全靠旦角。而且当时“黄梅调”最红的女明星凌波是反串男角，粤剧电影也以反串男角的任剑辉为最红，我觉得中国电影没有理由不可以由男角当家。女观众不敢彰明较著地表现喜欢男演员，要借反串男人的女明星“代入”那时代毕竟要过去，正如较早男观众要以男扮女来“代人”一样。

男女天生有别，从原始时代起，男性打猎谋生，负责战斗保卫，以保存个体，女性生儿育女，绵延种族，自然本赋予不同任务。人类几千万年的发展，男性雄壮，女性温柔，强行颠鸾倒凤，终非自然。清朝除了开国初期，汉化后承宋以来“重文轻武”的积弱，男人荏弱不克自保（那时被称作“东亚病夫”），才幻想女侠、女将，同时并反映在章回小说和戏剧中，这决不合于自然，现代观众自难接受，只是保守的人扭于旧习，以为观众如此而已。现在内地虽仍有人这样“以为”，香港已是二十年由男明星当家，女性电影自仍继续存在，也间有佳作，主流却是男性电影。

女性电影自有其价值，但动作片必属男性电影，理由我在“粤语“残”片”那一节已经说过。香港电影近二十年来以动作片为主流，其形成男性电影为主流自势所必然。而另一主流则属喜剧片，亦不免以男明星为主。全世界喜剧明星绝大多数是男性，这理由我倒没有深入研究过。动作片之必然是男性电影，自是因为自古以来皆由男性负战斗任务。花木兰和贞德到底少见，连幻想中的樊梨花、穆桂英也靠“异能”法力，倒说明她们并非强壮而能打斗。现代虽有女兵，也只负辅助任务，并非从事战斗，也从未有带兵打仗的女军官，从总司令、军长到连长、排长都没有。我既然拍动作片，自然不能不从事扭转当时女明星为主的风气，故必须揭出“阳刚”宗旨。

动作片常需有悲壮感。营造悲壮气氛,用雄壮的男性总好过用温柔的女性,而脂粉气的男性和壮男般的女性,究竟不如男人像男人、女人像女人为自然正常。女性自也有悲剧,但那是悲惨,而非悲壮。"黛玉焚稿"岂能悲壮?即使是樊梨花、穆桂英也不能描写成悲壮的,悲壮的一定是《挑滑车》的高宠、《界牌关》的罗通者流。男人赤膊上阵很悲壮,女人赤膊上阵如何?只怕感觉到的仅是"性感"而已。

说到"赤膊上阵",话又多了。赤膊上阵表现了男性的豪勇,所以《三国演义》描写张飞、许褚等人,要赤膊上阵。正史上也有不少勇将如此。明朝的杜松与清兵战,赤膊上阵,身中十八箭而死,就很悲壮。实际上,在电影中还有一种需要。因为其中英雄常不免以一敌众,展示强壮的肌肉,可以增强其说服力。京戏传统中本来有武净、武丑为表现其莽勇或彪悍,如青面虎(《白水滩》)、刘利华(《三岔口》)等,都是赤膊。"俊扮"的武生要表现其豪勇时,则敞露胸腹(这种服装名为"漏肚"),如罗通、花蝴蝶等。后来内地的京戏忽然来个"净化",于是战场上的猛将和江湖好汉全都服装端正了!"净化"开始"收紧"了内地传统戏曲,然后是"样板戏"。在中共建政之初,海外、香港曾对中国传统戏曲兴趣极浓,几乎是崇拜,因此"黄梅调"影片才能兴盛一时,都以传统戏曲为蓝本(不一定是"黄梅调"),直到程刚根据《杨门女将》改编,拍了《十四女英豪》。那时内地传统戏曲是否观众很多?我不知道。总之,自从"净化"开始,香港、海外对传统戏曲兴趣日减,内地终也一蹶不振。直到今天,国内外重振传统戏曲仍未见成效。清规戒律来,艺术生命去,似乎是必然的定律。(所谓"艺术中唯一的规律,就是没有规律"吧?)

内地传统戏曲的问题甚多,就不在此处说了。看来主持"净化"者多数是"五四"一代人物,且有"全盘西化"的思想倾向。19 世纪已变成 20 世纪,但中国人之跟"洋人"又结合原来的保守性和士大夫习性,常常会慢一拍。我其实也只是看西片(并未留学欧美学电影),看外国的舞台表演,包括现代舞和现代化了的芭蕾,就已经明白潮流所趋(连画花脸都开始流行了)。我在想,西片中为什么凡要突出一个年轻男演员的形象(说得流俗些就是“捧”)，总要让他赤膊呢？也联想到京戏年轻武生初出道常以《界牌关》、《花蝴蝶》等作“打炮戏”，那些“赤膊上阵”的现代舞确比古典舞蹈“带劲”，这正应该同我倡言的“阳刚”配合。

当时自也有人非议(男性为主，“阳刚”，主角死亡，哪一样在当时不受非议和讥嘲?)，有说我“暴露狂”的，其实，我私底一直衣着讲究(近年才马虎一点，年纪大了，讲究也是要费精神的)，即使极熟的朋友，相信也从未看到我衣冠不整，遑说“暴露”？到李小龙出来且成为中国第一号国际巨星后，“赤膊上阵”才成为天经地义，动作片的男主角几乎人人如此。李小龙是非“赤膊上阵”不可的，他个子矮小，若不展示他的肌肉，打倒高大的洋人怎有说服力？我的“错”，是早走了一步而已。

我许多“错”，其实都与走得早了有关，如说“暴力”、“血腥”之类，较诸今之中西影片，我当年其实是“小儿科”。前面说过我那至今被人谈论的《十三太保》里“五马分尸”的镜头(与我合作过很久的吴宇森，最近在说他的“暴力”问题时，仍举《十三太保》为例)，人是在帐幕里的，五马分驰时连帐幕拉裂，人根本被帐幕掩盖看不见，帐幕的碎裂用慢镜配上音响，确颇有震撼力，但何血腥之有(地上虽有血，却是在三百尺高处俯摄的)？只是观众的感受强烈罢了。比今之史泰龙等辈，其夸张暴力与“赤膊上阵”，夸示的肌肉力量，我只不过是小巫。唯因那时走得早了一步，便惹起大惊小怪。其实我那时揭出“阳刚”，着重男性，主角死亡等等，都是很理智地设计过。后来事实证明，确是顺应了潮流，并非我任性而行。直到今年(1988)香港《快报》上的“暑期片账小结”，仍说：“暑期片收入强弱，无疑是男的较女的优胜……观众仍是喜欢阳刚味十足的电影。”

最近报上登载“国际化娱乐联盟组织”调查结果，香港“暴力”电影输出排第二，排名第一位是美国。香港掀起“英雄片”热潮的导演吴宇森以此自辩，说他“不是为暴力而暴力”，他“也非开始暴力片先河，早十年(实际不止十年)，张彻的《独臂刀》、《十三太保》已有血腥暴力出现，亦属他经典之作”。他“视乎剧情需要才加入暴力，决不会暴力渲染……江湖人物全是悲剧收场,出发点也是希望有警世作用”。他这些话也等于代我解释,但我当年从不辩答,说“暴力”就“暴力”吧!说“血腥”就“血腥”吧!一切开拓者都有点“霸气”,第二代就比较稳重,就如汉高与汉文(汉惠无关紧要)之不同。我这位“传人”吴宇森,恰好补我粗疏之短,而兼有了胡金铨之严谨,故实是青出于蓝,关于他,将在第四章中介绍(有趣的是,此君也从来衣着斯文,香港夏季长,他总是一尘不染的白衬衫白西裤,印象中似从未见他T恤牛仔裤“洋相”),我的“霸气”,是长处也是短处,以此而能开拓新局,也以此而总不免粗糙,我的字是最明显的表现。

用慢镜也是我影片特点之一,在华语片中似自我才有,以后的影响也大。我用慢镜常是抒发悲壮感,从《边城三侠》开始(拍在《独臂刀》之前,慢镜用于序幕,香港女作家亦舒,曾说全片以序幕最好),而以《报仇》用得最有神采(《十三太保》全局不佳,其尚能被指为“经典作”,其实也非因“五马分尸”一组镜头中慢镜的神采)。西片导演中森·毕京柏(Sam Peckinpah,也译山姆·佩金法。——编者注)和阿瑟·潘(Arthur Penn,也译阿瑟·佩恩。——编者注),是用慢镜两大高手,《荡寇志》和《雌雄大盗》的慢镜都极有神采,但我拍《边城三侠》时,其实尚未看到这两部片,倒算是不谋而合。只是我拍慢镜,憾在不能常具神采而已。更遗憾的是后来有些人拍慢镜只用来表现清楚动作还“倒流”到西片,尤其是电视和录音带中常见这类并不高明的慢镜。用慢镜拍出神采来的,后来又要数吴宇森了。

日本片用慢镜有时也颇见神采,却少用来抒发悲壮感,反是拍鬼怪和超现实片中为多,近乎特技了。日本片的“暴力”和“血腥”其实不少,这次“国际化娱乐联盟组织”的调查中所以未“名列前茅”者,只怕还是近年日本片输出较少之故(欧洲和澳洲片产量更少,自然谈不上)。在日本“武士道”影片纵横国际影坛之时,黑泽明这些大师们的影片都拍得感觉强烈(他们自也不会“为暴力而暴力”),康城(即戛纳。——编者注)影展得奖的“武士道”影片经典作之一《切腹》导演小林正树,用血之多,可能是世界第一。

附带可以一提的，是华语古装片向用国乐配音，以为如此方合“古”。我觉得那时(后来可能不同)的国乐太慢太柔，遇上剧情紧张时，老是琵琶曲《十面埋伏》，单调得很，“黄梅调”自可，“阳刚”动作片便不合，改变用西乐配音。现在正是自然的事，在当时却是突破。突破的事自要新人来做，我用了那时年仅十七八岁的陈勋奇。此君少年英发，后来的成就倒全与配乐无关，他不仅成为男主角，进而为今之少壮导演与监制中的精英之一。

(六) 武侠明星

工场化的“邵氏”，在大量生产“黄梅调”之后，继之是大量生产古装武侠片。这两种片都需要搭布景，因此拥有十数个片厂的“邵氏”，就几乎可以独霸。胡金铨的作风，自不适合工场化，以后他主要是在台湾发展，我便成了工场的主力。说来未免汗颜，我那时实在工场化得厉害，其时尚无现在的监制制度，我“联合导演”了一些影片，常常只是决定了题材，参与写定剧本，排好 cast，实际很少在现场。同我“联合”最多的，可能是曾任我副导演颇久的午马(姓冯，属马)，他是绝顶聪明的人，如《水浒传》里形容燕青的“话头醒尾”，自然也极易了解别人的意图。后来当然自己独立导演，近年做“宝禾”的监制，成为洪金宝的左右手，也是优秀的演员，以《倩女幽魂》得“金马奖”的“最佳男配角”。

武侠片工场化，自然需要颇多男女演员，但首先“最”红的是王羽。我倡出“阳刚”口号，是从“阳刚”性格着手，故易于“拍红”演员。男主角能取女主角的地位而代之，也是在性格上摆脱了过去男角的优柔窝囊，而敢作敢为，才成为推动剧情的主力。我以罗烈作为王羽的对手，虽是反派，也拍出性格，后来罗烈独当一面成为主角，反不如前。我也拍过他做男主角的《飞刀手》和《铁手无情》等，卖座都平平，《铁手无情》自问还拍得不错，季节感可能在华语片中尚少见。女主角仅有胡金铨拍红了郑佩佩(我的《金燕子》男角为王羽、罗烈，女主角是她)，其他只能是男角的附庸，独当一面就乏力。

王羽后来和“邵氏”发生合约纠纷，长期留在台湾，也还继续红了一个相当时期，拍片多却绝少佳作。台湾有一度颇流行“挖角”风气，香港谁红“挖”谁，高价而流于滥拍，颇影响演员的前途，王羽是一例。其后郑少秋在电视上红极一时，也蒙其害。不过，后来香港渐流行独立制片人制度，演员红了，可自独立制片，就较少为台湾片商高价所诱而受害了。

中国传统戏曲中出现的青年男子，分别是小生和武生，武生自多数是英雄人物，小生则不是傻书生就是无用之辈，身份即使是武将，也要靠妻子成功，如薛丁山、杨宗保之流，傻书生则已多到无法举例。我看过的京戏小生，只有叶盛兰还有点男子刚强之气，俞振飞虽文弱但有书卷气，仍是一格。故若问起年轻一代的观众，最不喜欢传统戏曲中什么行当，十有九人会说是小生。过去中国电影男角之沦为附庸，最重要的原因，就是电影男主角承袭了传统戏曲中小生的型格，怎么能像现代青年？自然也不会使现在的观众有“代入感”。武侠片之能扭转男角的劣势，就是势必要“武生”型格而非“小生”型格。再进一步，则一贯的男主角饰演正面人物，永远是一本正经，不论文武，凡“好”的道德、品性皆萃于一身，典型而无个性。我拍王羽稍后的作品如《金燕子》，已加入了一些叛逆性格，改变一贯正派“大侠”的形象。但王羽本质仍是“大侠”，他说不上英俊(因此也避免了脂粉气)，却还是高大威猛，型上仍接近传统，要到姜大卫出面才彻底改变，因此成为比王羽时间更长的“最红”男星。

姜大卫只是中等身材，而且偏瘦，香港俗称最佳男主角为“影帝”，以致他以《报仇》获亚洲影展最佳男主角，有个外号叫“缩水影帝”，谑称他是缩水小了一号。可见他即使在成名之后，“保守派”仍不服气：怎可由他最红？未成名前更不消说，我在王羽之后选他为男主角，有人和我打赌，如我能拍红姜大卫，他从邵氏片厂爬到尖沙咀(在九龙南端)，以后当然也并没有爬；故而姜大卫以《报仇》得奖，他叹了一口气：“什么仇都报了！”可见当年受的精神压力之大。

电影界的“保守派”是永远走在观众后面的，观众早接受且喜爱了，他们仍瞠目不解何故。香港作家简而清在不久前一篇文章中说到当年的姜大卫，以“悍鹜”二字来形容，他有一种不顾一切，奋身直上的气概，充满叛逆性。现在流行的“扮冷”(cool)，那时我已在他身上开始，他神情落寞忧郁，我暗中的规定，是一部戏最多笑一次，直到现在，仍有女性说：“年轻时候看见姜大卫在银幕上一笑，心就跳起来！”他身手当然是好的，因根本是武师出身(内地和台湾叫“武行”)，身手矫健自有助于表现其“悍鹜”之“悍”。《十三太保》(饰李存孝)有一个镜头，他从三楼屋顶后面(古老的屋顶有屋脊)隐藏的弹床上跃落二楼屋顶后隐藏的弹床上，再弹起空翻筋斗落下。但身手好只是辅助，基本上仍以气质胜。

从另一个角度探讨起来，也颇饶兴味，姜大卫一红十年，自不可谓短，但同时我一起用作男主角的狄龙，虽无他的一度最红，时间却比他几乎长了一倍，稳定地站住几近二十年以迄于今。因此，他可能是香港走红时间最长的男星。这两人完全不同，姜大卫骠勇叛逆而狄龙稳重有大将风度；姜大卫短小精悍而狄龙英俊高大。论型和正派大侠的形象，都以狄龙合乎传统标准。姜大卫现在如简而清那篇文中所说“变为稳重”，已专注导演方面发展，也是目前少壮导演精英之一，已几乎完全放弃了幕前演出。但狄龙将近二十年之久，其演员地位始终屹立不摇，年前又以《英雄本色》(吴宇森导演)得“金马奖”的“最佳男主角”。再换一个角度看，狄龙虽然在观众心目中一直是正派大侠的形象，他最佳的演出却不是正派大侠，在我导演的片中，他以《刺马》最出色，最获好评。而他演的马新贻此角色，在京剧和旧时拍的电影中，都一贯作为反派来处理的，最近的得奖片《英雄本色》，评论以为是他继《刺马》后的最佳演出，而演的却是黑社会人物。

姜大卫、狄龙是我生平选角中，“双档”最成功的一次。以京戏武生来比，姜大卫是“短打”，狄龙是“长靠”，一叛逆，一正派，一活一稳，可谓相得益彰。在他们之前，王羽、罗烈只王羽大红；在他们之后，傅声、戚冠军只傅声大红，都不如他们同时皆红且久(傅声其实也是一直都红

张彻与活跃于70年代香港影坛的“四骑士”：狄龙、姜大卫、陈观泰、王钟

李修贤昔日是张彻的“五虎将”之一，后凭《公仆》一片，荣获台湾金马奖和香港金像奖最佳男主角奖

的，但到二十几岁就死了）。但假定说，我那时只能选他两人其中之一，是应选姜大卫，还是应选狄龙？

这是一个很有趣的问题。

（相信读者和观众来选，也一定见仁见智，意见不一。）

在他们之后，到我拍民初装拳脚片时，以那年的国术比赛冠军（是自由搏击，不是以表演来“比”的）陈观泰拍《马永贞》，也是一片成名，和比他稍前的李小龙一样。那部片也是我重要作品“名片”之一，后来的“上海滩”一路戏皆受其影响。然后加入王钟拍“四骑士”，再加入李修贤拍“五虎将”。王钟后来在导演方面发展，也是现在少壮导演精英之一；李修贤如今正当红，在导演、演员两方面都如此，但他是以警察的形象而红，《公仆》一片，连续得台湾“金马奖”和香港“金像奖”最佳男主角奖，并非由我而红，我只是领他入行而已。

李修贤那时年纪很小，他与我较后用作男主角的傅声同庚，签邵氏时只有十七岁，未足法定年龄，合同须要家长签字。后来同样情形还有个钱小豪，这算是我经手的三张“童工”合约。

从陈观泰开始的一些事，要在下章中再详述。迄今为止，我最后拍得大红的演员是早死的傅声。以后担任男主角中的如郭追、程天赐身手皆好，但若说走红，也要待日后分解了。我文中常用“红”字，似未免流俗，但如说“有一定的号召力，观众会因他而去看影片”，则未免累赘，学术性的文字，是要求精密，而不在乎流畅的，此亦所以我不能写学术性文字也。

“嘉禾”的另辟途径
——独立制片人制度

(一) 邹文怀

我在香港电影界，也算是可以倚老卖老了，我心目中认之为上司的，迄今为止，还只有邵逸夫与邹文怀二人。我以为只他们两位，我才感觉是在上司指导下工作；其余的即使是老板，也只感觉合约关系而已。此处提到邹文怀，本也应称之为“先生”，也同样为行文方便而略去。虽然我与他年龄相近(他小我三两岁)，但当彼此在一起的时候，我便和他的一些熟朋友一样，习惯直呼他的英文名字 Raymond(雷蒙)。

说起邹文怀，可先说一个趣谈，他的“圣约翰”同学沈杉说：“雷蒙是不看公事的，在美国新闻处时，他上班把公文从 IN 取出，放进 OUT。”洋机关通常办公桌上有两个文件筐，一标注 IN，是放送阅的公文，看过就放进标明 OUT 的筐子。邹文怀在美国新闻处是主管级人员，大概不可能绝不看公事。沈杉是风趣的人，话也许有点夸张，但可相信他不看例行公事，放入 OUT 了事。总之，这一个趣谈，倒充分突出了邹文怀的性格。

邹文怀是广东潮州人，毕业于上海著名的圣约翰大学，最初在新闻界发展，他至今的主要助手何冠昌，就是在上海读新闻的，相信便在那时结交(何冠昌也是广东人)。上海话是相当难学好的，我自小生长在上海，自无问题。我认识很多人大半辈子在上海(如影星杨志卿)，但说上海话总有破绽，一听而知，如同我自己的国语和广东话一样。邹文怀是我所认识的非上海人中，唯一说上海话而全无破绽者(何冠昌也相当好，但仍有破绽)。来香港后邹文怀任职美国新闻处，何冠昌则在香港

邹文怀(左)与国际巨星李小龙

时报,似乎是担任采访主任。

邵逸夫来香港主政“邵氏”,自然要物色助手,据说初属意他的好朋友也是位老报人吴嘉棠,而吴不就。我同此公只属点头之交,不熟。但“邵氏”每次改组,都会传说吴嘉棠将出任要职(吴现已逝世),而吴始终不就,这不知是否是他的聪明处?总之,由于邹文怀在新闻界和吴嘉棠的渊源,吴举邹文怀自代,从此开始了香港电影“起飞”一个极重要的结合。

邹文怀和邵逸夫的性格截然不同,他全然说不上勤力(像前面所述的从 IN 取出公文放进 OUT 便可知),邵逸夫永远是先上班等他这位属下(很抱歉,我那时也是永远迟到)。这里又可以说他一位老朋友讲的故事,那时邹文怀住在远东大厦,何冠昌则住在香港。据何冠昌说,他每天从香港驾车到九龙接邹文怀上班,都先坐在远东大厦楼下的咖啡室,然后每隔一段时间打电话上去催,总要等他把报纸上的广告全看完了,邹文怀才下楼和他同入“邵氏”。

邵逸夫自己勤力,却能容忍且倚重“懒”的属下,有个洋人(不记得是谁了)说:“头等人才方能用头等人才,二等人才只能用三等人才。”大到天下国家,小到电影戏剧,似乎都有“气运”。京剧全盛时期,梅兰芳、程砚秋等“四大名旦”一时并起,须生有余(叔岩)、言(菊朋)、麒(麒麟童,即周信芳)、马(连良),后起之秀尚有小生叶盛兰,花脸裘盛戎、袁世海,武生高盛麒,武丑叶盛章,每一行当各出奇才,一时风起云涌,后来绝不见同他们一级的人。当时香港电影“起飞”,邵逸夫、邹文怀以及李翰祥、胡金铨,张彻等等,风云际会,台湾电影却始终未见这种“气运”。当然,别的因素也有,如当局干预较多,地方虽大过香港,而都市的集中不及(香港五百万人,台北只有两百万),但未见邵逸夫、邹文怀这一级的人也是事实,龚弘(曾任中央电影公司总经理)稍好,然仍未免察察为明,格局总小过邵、邹(通常勤力的人常格局小,邵逸夫却例外,亦是异数)。

邵、邹二人都头脑优秀,有魄力。无邵逸夫的勤奋,香港电影不能如此“高速起飞”，形成继好莱坞之后的“制造梦境的工场”；无邹文怀的善于放权，不能从工场解脱而迅速建立独立制片人制度，在工场衰落后，香港电影就不免会有一个时期处于低潮如美国、日本。两人先后相承，维持了香港电影二十余年的繁荣局面，不得不说是“气运”。

在当时则是相辅相成，勤奋的邵逸夫督促于上，而中间有邹文怀，使不致流于察察为明，而让下面能放手去做。“气运”在时，异数迭出，邵逸夫勤力而格局能大，能用人（如容忍属下的“不勤”），邹文怀聪明足智多谋，而能放权于不如己者。他要求他的属下独立担当。有一次我在他房里谈话，有一位制片进来，诉说某某某某女影星的一些问题，邹文怀说：“如果林黛（当时女星中最大牌）有问题，你们来要我解决还罢了，连某某某某的问题都不能自己解决，我要你们干什么？！”制片无言而退，他即刻和我谈别的事，对这些某某某某的问题想都不想。

他头脑极好，问题来了，解决的方法又快又多，但正如他自称有“开关”，不值得想的事就关掉。从我认识他以来，他一直事务繁多，在“邵氏”是“一人之下”，后来“嘉禾”更是老板，但他的桥牌是国际级高手，近年又加上高尔夫球的嗜好，一直保持消闲活动，且很投入。这是邵逸夫到晚年才能做到，而像我及一些事务之多和远不及他的人都做不到。熟朋友（不熟的自然不够了解，还有一些是前辈如邵逸夫，或是后辈，皆不在此列）中，绝顶聪明者有，论智慧，我以为金庸（查良镛）第一，而他仅次（恰巧这两位刚好是我结婚的两位证人，有一天偶见证书，感慨良多），我也自负聪明，但比他两位则远远不及。

邵逸夫用人，颇有我在《张彻近作集》里记的，蒋经国先生所说“头等人才，三等职务，特等权力”之风，邹文怀在“邵氏”执掌大权时的职位却是“宣传部主任”（续掌大权的方逸华，也从无正式名义）。而后来的发展，也正如我在同书第二部分《电影杂写》中所写：“此后他在‘邵氏’的职衔越来越高，邵先生对他推心置腹的程度越来越低。”始则如鱼得水，共同形成那一段风云际会香港电影“起飞”的盛况，终则不免分手。这分手其实对香港电影来说，是好事不是坏事，不仅如今，即当时我也明白。不过,人情总不免怀旧,颇难忘怀那一段时日。

功高震主,古今同慨,我对蒋、邵两位先生的用人,职位与权力不相称,当时是"腹诽"不以为然的;如今回头想想,"法治"自然是好事,但在"人治"的情况下,这两位绝顶聪明的人,那样做是否也有一番苦心?权大而职低,"震主"的可能性总较低,是否也是"保全"之一法?

(二)"嘉禾"自立门户前后

邹文怀那时的职衔很多,"宣传部主任"名实相去太远,再用下去,彼此都不好意思了。于是,秘书长,副总经理,制片主任,但无论如何,仍还是名实不符。邵逸夫本身是"总裁",总经理周杜文实际只管发行,且是"技术"的而非"政策"的,权力实小过邹文怀很多,"邵氏"事无巨细,无不先通过邹文怀,或由他径自处理,或经他才上达邵逸夫,所以似乎任何职位,都不能体现他的实权。

所谓"挟不赏之功,载震主之威",后一个"条件"似已形成,而"不赏之功"也有了表象。据邹文怀亲口对我说,邵逸夫在欧洲,他同周杜文联名写了一封信去(当面比较难讲),要求"邵氏"的赢利,他与周杜文可以分红,结果邵逸夫始终不予答复。自邹文怀别立门户之后,从"嘉禾"开始,香港电影界分红制度流行,但邵逸夫一生习惯了独资,赚蚀都由他自负,不喜欢有人分润,形成有点"合伙"意味。同时,周杜文之任总经理,位在掌权的邹文怀上,本意在制衡,两人联名写信提出要求,制衡的作用明显不存在。不久,周社文便辞职获准。

邵逸夫并未让邹文怀出任总经理,当时如出任这职位而能起缓和作用的,除非是吴嘉棠,邵逸夫有没有想到他?我不知道,反正此公也决不会干,结果继任总经理的是凌思聪。这时候的"总经理",身处夹缝之中,唯一能起的作用是缓冲,而且邵逸夫已布下后着。后来掌"邵氏"大权的方逸华已开始插手。方小姐既登场,凌总经理更显系过渡人物,但凌思聪并未看透他的处境,还想有所作为,结果自是格格不入,终于不安其位而去。

促成凌思聪之去的有一件事，凌当时要整顿“纪律”，规定工作人员不准赌博，且亲自巡厂，发现有几个灯光师在打十三张，便贴布告开除，于是全体灯光人员决定第二天罢工。当然，那就会使全厂工作停顿了。我同工作人员一向接近，自然有人告诉了我。我去同邹文怀谈，他这时已有去心，当然不肯和凌思聪正面为敌，就说：“张彻，这件事只有你办！”我了解邵逸夫的性格，为了“威信”，他表面一定支持凌思聪，而其实决不以他这种察察为明为然。有一件事可以证明，那是在王羽最红时期，此君早年之爱打架，当时香港人无所不知，我也不必为他讳。一天我在棚里拍戏，有人告诉我王羽在砸餐厅，我走出厂棚门，那里远远可看到餐厅，正见邵逸夫从餐厅门外经过，里面打闹声嘈杂一片。他徐步而过，目不斜视，充耳不闻！当时，我心里十分佩服，这样小事，自不该由他身为总裁者处理，但一般人通常很难遇上而控制自己不管，且万一管了而当事人在冲动下，一个压不下去，岂非大失尊严？在一刹那间，已前后想通，决定不理。但这说来容易，却非通常所能做到。他走的一段路不短，我当然也不会蠢到走过去管，反而大家碰上，也就退回厂棚，视若无睹。王羽那时正拍我这组戏，事后我见到邵逸夫，他全不提起此事，连邹文怀他也没有问过。当然，既已在场见而不理，事后又何必查究？不过，我想一般人大概也忍不住。

所以，我判断邵逸夫内心决不会赞同凌思聪的做法，我就去见他，告诉他我会先阻止罢工，以免损及公司威信，但若不罢工，也希望收回开除成命。他没有明显表示态度，不过我估计会不成问题，就连夜同灯光人员商谈，明天照常入厂，我负责让公司收回成命，然后大家开工。第二天，事情的发展，一切按我预计，公司收回成命，戏照常进行，事件如此结束，凌思聪自不得不去。

事情虽然解决，但却显露出一直诸事顺利的“邵氏”，有上层离心、下层不稳的迹象，感觉“邵氏”将会有变。在事情最紧张的时候，一方面是灯光人员决定罢工，一方面是邵逸夫准备解散整个公司灯光组，从日本聘请全部灯光人员，若真闹成僵局，“邵氏”会停顿一个相当时间。在当时的情况下,势必弄得公司人心惶惶。我虽出面解开了僵局,但对"邵氏有变"的感觉无帮助,因我是导演,并非公司行政人员,人人皆看得出我只是临时插手应变,不会继续管"闲事"的。

凌思聪原是律师,现代化企业以律师来作首脑事本常有(现在"德宝"的首脑梁卫民也是),禁赌不是错事,总经理亲自抓赌虽未免小题大做,要说是改正风气、雷厉风行亦未为不可,问题是时机太不适当。这时需要的实际是个"和稀泥"高手,因为这件事,其实邵、邹两位都一直在犹豫不决的。邵逸夫希望能对邹文怀有所制衡,但并不想放弃他。邹文怀有自立门户之心,但也不忍撇下他花费这许多时间心力的"邵氏",而且以那时的情况论,要创立一间可和"邵氏"压力相抗(那似乎势所必然)的公司也非易事。所以若有个人从中"和稀泥",事情是仍可拖延下去的。

然而,那时无此"和稀泥"之人,于是"山雨欲来风满楼"。情势日渐拉紧,邹文怀自必须积极准备成立公司。邵逸夫也必须准备邹文怀离开。这就如滚石下坡,必然加速度直趋摊牌。

我是第三个犹豫不决的人,邵、邹两位对我来说,都是曾蒙知遇,这时也同时告以心腹话,从邵还是从邹?实在很难下决定,即使在今日,如果时光倒流,我也一样犹豫难决。那时我在左右为难中,所能采取的态度,只好守口如瓶,什么话听见都不讲不传,绝对不泄漏半点他们两位的机密。临事而不能当机立断,这就是我自审智慧不如金庸、邹文怀处,然而在整个事件中,我还算能保持品格。

我拙于谋己而工于谋人,对他两位的看法,是分手终不可免,则不必"和稀泥"把时间拖后,因为他们两位那时都在巅峰状态,无论智力、精力、斗志皆然。损失对方,只是使工作辛劳一点,问题不大,若拖个几年,巅峰状态未必能保持,彼此的影响都可能较大。再从整个香港电影界来看,"定于一尊"的时间已久,出现一个对抗力量是件好事。这话似乎有点不"帮"邵先生,但若以近事印证,我在第二章第二节《"邵氏"兴衰》中说,我判断"邵氏"院线将租予"德宝"继续经营,并说出书时可见我预言是否正确。今则不待出书，此事已见分晓，邵逸夫已公开声言，院线将租由“德宝”经营。其所以不出我所料者，是提得起放得下的邵逸夫，自不肯再背上这副担子，而若租予“嘉禾”，则四条华语片院线中，“嘉禾”独占两条，未免造成一面倒的优势，亦非邵逸夫所乐见，故我那时的想法，客观地看，也不为错。

邵、邹两位的智慧都高过我，本不需听取我的意见，但我对他们两位仍表示了我的看法。对邹文怀，他在迁入何东道新居时，要我写一幅字，我写的是：

知己酒千斗，人情纸半张；世事如棋局，先下手为强。

这幅字许多朋友都看到过，要等邹文怀再迁居山顶白加道时，才未继续悬挂。

对邵逸夫，我在《张彻近作集》里的《电影杂写》中写：

邵先生平常见我，当然是叫我到他办公室，就算出去喝茶，他照例也都在半岛酒店；这一次，他约我在国宾酒店大堂见面，我自然料到事情机密，不同寻常，他说：

“雷蒙（我们都惯常叫邹先生的英文名字）打算离开，是留住他还是放他走？”

我只略一思索，就说：

“放！”

邹文怀终于正式脱离“邵氏”，自创“嘉禾”，同时跟他走的人自然有，主要是何冠昌、蔡永昌两位，何冠昌为他处理制片业务，蔡永昌为他处理发行业务。邹文怀本善能放权，这两人一直是他的左右手，以迄于今。还有一位梁风，就是当初提出“武侠世纪”口号的人，也随邹文怀同去“嘉禾”。邹对他始终以“老臣”优礼，名义还可能是总经理（现已去世)，常作为“嘉禾”对外的代表。

(三) 独立制片人制度的开始与李小龙

独立制片人的制度始自“嘉禾”，现在又成为香港电影界的主流。发展到“金公主”崛起后，演变成监制重要过导演，这相信非始料之所及。美国自“八大公司”衰落后，早已行独立制片人制度，这情况邹文怀当然清楚。但在他创立“嘉禾”之时，“邵氏”的工场化制作正如日中天，当然很难判断独立制片人制度在香港推行的效果如何。

“嘉禾”初创时，一则由于邹文怀的个人声望，再则“邵氏”独霸已久，人心思变，多投“嘉禾”同情一票。因此，宣传声势很大，实际是在艰辛中创业。故自不能放手推行独立制片人制度，且对独立制片人制度，也只是着眼于自负盈亏，财务(特别是主要的人的酬金)上负担较轻，对方的利益来自把影片拍得赚钱，而非由“嘉禾”付出而已。“嘉禾”的开展，尚待得到李小龙之后。

至于我自己，就在犹豫不决下拖了下来，对邵、邹两位都仍保持密切关系，也仍保持绝不泄露他们任何一人的机密的原则，除非他们说明叫我传话对方。当时双方的情势很尖锐，两家公司的人“各为其主”，互相攻击。邵、邹两位是都知道我同对方来往的，由叫我传话可知，但似都相信我不会出卖他们。这倒不是我脚踏两头船，我仍在“邵氏”，只踏在一条船上。事实上，那时我一直踞香港导演卖座首席，也殊无用手段踩两条船的必要。另外一个原因，是我同“邵氏”有合约，当时双方合约官司纠缠，互有输赢，但我总觉和邵逸夫公堂相见未免太过尖锐。说来可笑，结果还是不免在双方官司中被传上堂，自然仅是作证人，并非原告或被告，而香港居民是有应传作证人的义务的，不能拒绝不去。在盘问证人时，我当然不能不保护自己，但相信绝未说谎，或说过不公道的话。回想起来最奇怪的一点，是我当时总是只想到如何避免在尖锐对立中，不损害任何一方，从未想到利用形势，谋取自身的利益。这不是“清高”，我认为该谋取利益时就应谋取，只是我少壮时总自负“天生我才必有用”，又“不到老之将至”，不往那方面着想而已。

“嘉禾”最初的几部片，仍是“邵氏”模式，并无重大突破。独立制片人制度首先行之于罗维的“四维”公司，与李小龙的出场正好若合符节，成为“嘉禾”的转捩点，也是香港电影发展的一个关键。

当时，“邵氏”的工场式古装武侠片，以及虽非“邵氏”而同样模式的，充斥整个影坛，是应该求变的时候，我之认为“嘉禾”自立门户是好事而非坏事便因此故。我个人尝试开辟民初装拳脚片的新路线，接连开拍两部，一部是前面说过的《报仇》，姜大卫为主而狄龙为辅，另一部是《大决斗》，则是狄龙为主姜大卫为辅。但民初装拳脚片的高潮，仍是李小龙出现才到达巅峰(又是“英雄”、“时势”的配合)。

李小龙还是我最早注意他的，但与“中国功夫”全然无关。我那时尚在“电懋”未入“邵氏”，也仍然在写影评“何观影话”，故常会去看一些并不受人注意的影片。我看到一部黑白片，叫《人海孤鸿》(可能是旧片重映)，吴楚帆主演，李小龙演他的儿子，是个问题少年，拍此片时他年纪应在二十以下。片中也全看不出他会“功夫”，但我觉得他气质极好，有叛逆性。我即刻同那时“电懋”的制片主任宋淇讲，许多无聊的人以“中国占士甸”(又译詹姆斯·狄恩)标榜，这才是“中国占士甸”！我建议他立刻找这个人，结果宋淇打听了告诉我说，这人已在美国，入了美籍，且现在美军中服兵役。这事自然没有往下进行。

事隔多年，有一天我和内人在一家西餐馆晚餐，有一个年轻人过来招呼，内子介绍他是她弟弟的同学(我内弟要小我近二十岁)。那人说他刚从美国回来，他有个朋友叫李小龙，功夫很好，在美国开武馆，还参加拍摄电视片，也是担任武打角色，因为看过我的电影，感到很钦佩，希望能有机会合作。我虽对他的功夫尚无所知，但有那部黑白片的印象，认为是个好演员，就答允立即向“邵氏”推荐。推荐之后，李小龙有了位“代表”小麒麟(真名不知，这是他做“武师”的艺名，现已因车祸去世)和“邵氏”洽谈条件。我一向不喜欢谈钱的事，条件自主要是片酬多少，既有“代表”，便不插手，这条件也一直没有谈妥。检讨我自己的心态，则是当时姜大卫、狄龙正当红极一时，手上有两个“超级巨星”，自不急于找人，且对李小龙仍只是那部黑白片印象，故也没有插手力促其成。

“嘉禾”其实也是误打误撞，当时郑佩佩已离“邵氏”结婚去了。在美国，“嘉禾”由罗维的太太刘亮华(现已离婚多年)去美国洽谈郑佩佩加盟，但没有谈成，刘亮华不想空手而归，就签了李小龙。其中的合同细节，我自然不知道，但李小龙是和“嘉禾”同罗维的“四维”都有关系，也就是说他的酬金是分开负担的。独立制片人的制度，也随李小龙之大红而建立，亦属于“无心插柳”。

李小龙一开始也并未受重用，派去泰国拍一部利用当地资金合作的《唐山大兄》，这当然是小制作，导演是吴家骧。此君是旧式导演，观念自与久居美国的李小龙格格不入，且有旧式导演对新人随意呼喝的习气。因此拍了一部分就关系恶劣而拍不下去，同时是他的老板的罗维只好去泰国收拾残局，结果又一次“无心插柳”。

后来的发展众所周知，李小龙立即成为超级功夫巨星，取代了姜大卫“最红”的位置。香港本来是我这个“百万导演”以一百万元以上的卖座纪录高踞首席多年，《唐山大兄》却一下收入三百万元，打破我的纪录且差距相当大。我是个“愿赌服输”的人，故说这些事实丝毫没有不开心之处，且即在当时也未懊恼“交臂失之”。因为姜大卫、狄龙仍继续红，不过失去“最”字，我也只要一年让李小龙一部片，那时我年拍四五部片，其余的影片也在一个相当长的时期，仍然保持一流(仅仅不是第一)卖座纪录。重要的是“嘉禾”不但自此站稳，打进国际影坛亦由此而始。就香港说，则是“嘉禾”兴而“邵氏”未衰。

平心而论，我的始终无缘和李小龙合作，是一个损失，损失的倒不是他个人或我个人，两个人都曾领一时风骚。只是李小龙在生的时间仍早了一些，那时香港观念和他一致的导演太少。香港写电影剧本最多的倪匡(是一位多方面的名作家)，同时写过我和李小龙的剧本，而他的观念大概只和张彻一致。罗维比吴家骧高明，但基本上仍是老派导演(此话并无贬义，邹文怀主政“邵氏”时，罗维同我可说皆在“麾下”，他就对我说过："你其实不够通俗，罗维比你通俗！"），故李小龙认为他在《精武门》中的角色的结局应该死，罗维还坚持主角不能死的老观念，二人争执甚久。至于李小龙在《精武门》穿白色学生装的造型，则显然是受我《报仇》中姜大卫造型的影响了。

那时"邵氏"和"嘉禾"对立尖锐，李小龙既如此之红，自然"邵氏"也动脑筋挖角。李小龙本身也想利用形势，常和"邵氏"来往。当时颇有人"说合"，认为李小龙和我合作，将是最好搭配。但我还是一贯地不愿插入邵、邹两位之间，故对与李小龙合作的事，始终不积极。而李小龙早逝，我亦与他毕生无缘。

李小龙来香港拍戏时，已在三十岁左右，死时似是三十三岁，在短暂的电影生涯中，他只拍了《唐山大兄》、《精武门》、《猛龙过江》、《龙争虎斗》等几部片，最后一部《死亡游戏》且未完成，但影响极大，由于他而全世界都知道"中国功夫"。以香港来说，拳脚片也自他成为主要片种，迄今也仍未完全过去，即说主流，也要到前年吴宇森导演的《英雄本色》带起了"英雄片"，才转为枪战。"嘉禾"不但在香港站稳，邹文怀也挟李小龙的声势步上国际影坛，制作了多部西片，间接也引带成龙进入美国和日本市场。

李小龙拍片如此少而影响如此巨大，他究竟好在哪里？这似乎是一句多余的话，尽人皆知他"功夫"好。但我以为他功夫当然好，却不是就如此简单，只凭"功夫"好是不能有如此巨大的成就的。我以为，他的长处是把中国传统和现代结合！他把传统的中国功夫"咏春"练得很好，再吸收了"跆拳道"和"空手道"（这两项虽出自韩、日，已是今天国际承认的体育项目），而他本身亦充溢着现代气质。我要"电懋"找他，和推荐给"邵氏"时，是全然不知道他的"功夫"的，只是欣赏他的气质。演员的气质十分重要，李连杰青春俏皮，内地之所以至今还未再出个李连杰者，就是以为只要武打，练过什么什么功夫就行，不知道选演员首在气质。李小龙死后，香港和台湾出现了一大批不同姓而都叫"小龙"的武打演员，有的甚至是因为有点像李小龙而跃登银幕，但其中并无一个

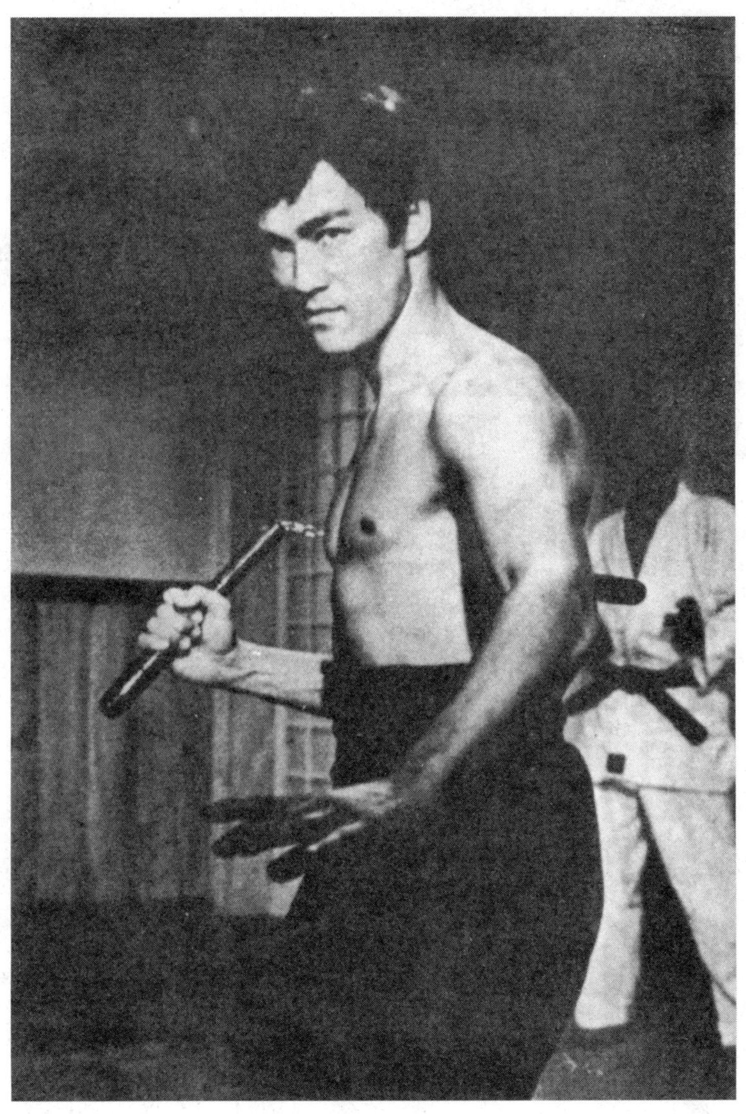

《精武门》剧照

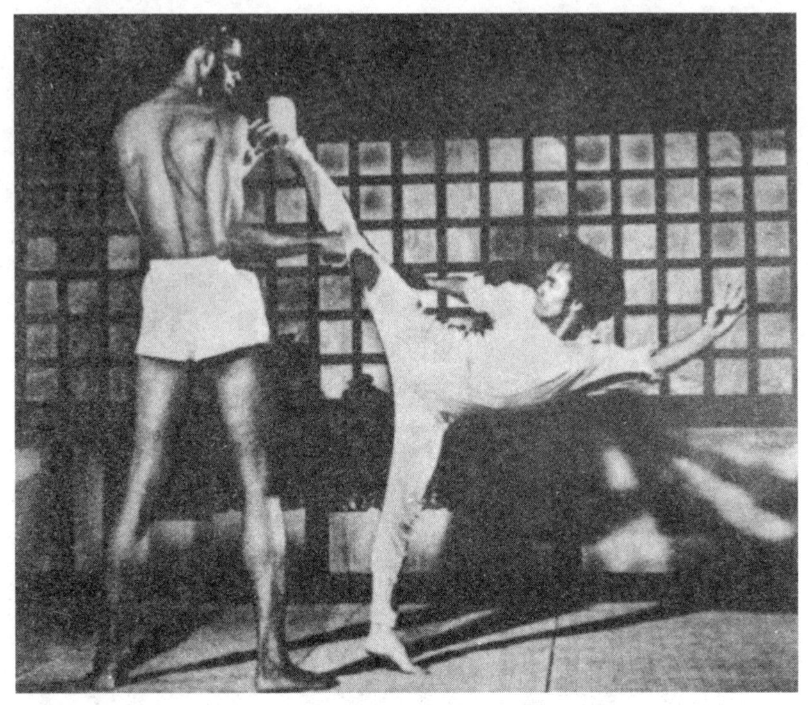

《死亡游戏》剧照

成功。“形似”无用，必须“神似”，也就是说要有内在气质，并不是照踢三脚，便可成为第二个“李三脚”的。

(四)“邵氏”保持现状

我那时对“嘉禾”的成立，认为是好事而非坏事，结果确是未曾看错。“嘉禾”果如我所希望的带动了新形势，开始树立独立制片人制度。当然，李小龙的出现是未曾估计到的，而“邵氏”也并未受到影响，正如我所预料。

李小龙只是一年一片，“邵氏”一年三四十部工场式生产的影片，自不会因年“输”一片而动摇，我自己也仍然是这工场生产的主力。我拍民初装拳脚片，原在李小龙出现之前，《报仇》且在亚洲影展为我取得

1970 年，《报仇》连夺第十六届亚洲影展两项大奖，图为“最佳导演”张彻（左四）及“最佳男主角”姜大卫（左三）与“邵氏”参展团其余成员摄于机场记者招待会上

张彻与因《马永贞》一炮而红的陈观泰

“最佳导演”和姜大卫“最佳男主角”奖。但李小龙的出现，却也引起了我再物色一个专长于拳脚片的演员的念头——姜大卫和狄龙惯熟的戏路，究竟还是古装武侠片。

于是有了陈观泰，他是那一年东南亚国术比赛冠军，代表他所习的“大圣劈挂门”（猴拳一种）。陈观泰以《马永贞》一片而红，《马永贞》也成为我重要作品“名片”之一。后来一些“上海滩”片，皆受此片影响。这部片在那时收两百余万元，并未能打破李小龙的纪录，但却打破了我自己的百万纪录。在影片开拍前，我找了几个人试镜，也放映给公司高层人看，听听大家的意见。结果却是“力排众议”的决定，因为陈观泰并不英俊，我却反而取他那时的（后来他成熟了自又不同）朴厚稚拙的气质，以为正合马永贞的角色，倒也并非仅仅因为他能打而已。

很有兴味的一件事，是初期国语片“起飞”时代，演员大部分来自大陆，如王羽是上海人，罗烈是印尼侨生从大陆来港，本地味道都不浓。现在，狄龙、李小龙、陈观泰等，以及稍后的傅声、李修贤等，全是香港本地人，武术方面也全是学香港流行的“南派”拳，只是影片以国语发音（再后来的更不消说）。似只有姜大卫和王钟出生上海，但却襁褓中已来香港，上海话已不会说（国语当然是能说的），日常都说广东话，所以演员已全部广东化了。相反的，到后来影片都以粤语发音，作为动作片主流的成龙、洪金宝、元彪们，却是从小受京戏训练，实际中国味道很浓，两者都正与表面现象相反，实在是极有兴味的一件事。

我本身的发展，回顾起来，也甚“有兴味”，我不是广东人，来香港已三十年，广东话甚流利而发音不正（究竟不是母语），与香港人沟通自无问题。这时，我合作的主要演员几已全是香港人，至少是全已香港化的，我后期也带着浓厚的本地化色彩，复兴了“粤语残片”时代的南派少林拳脚片。最后，一方面是和我合作了十多年（做武术指导）的刘家良自任导演，他本是“洪拳”世家，乃弟刘家荣，也是先做我武术指导而后自任导演。另一方面，是张鑫炎以少林寺实景拍了《少林寺》，双方面把

“少林功夫”片推到巅峰。

但也正好相反，作为国语古装武侠片的殿军的导演楚原，却是不折不扣的香港人，且是粤语片导演出身，他父亲还是粤语片名演员张活游(楚原姓张)。我的武侠片自拍了不少金庸小说(包括《射雕英雄传》一、二、三集，《神雕侠侣》，《碧血剑》，《飞狐外传》等)，后来金庸已不再写武侠小说，而台湾却崛起一位叫古龙的武侠小说家(此君在壮年就去世)，楚原在“邵氏”拍了他的《流星·蝴蝶·剑》，立即轰动一时，接着又拍了《天涯·明月·刀》，亦极成功。于是“邵氏”工场式的制作，又一度掀起高潮，港台两地电影界以及电视台，纷纷竞拍古龙武侠小说，连这种三段式片名，也大为流行。

那时我正组织了“长弓”在台湾拍戏(见第二章第二节《“邵氏”兴衰》)，正在大拍“南派”拳脚片，像《少林五祖》、《洪拳小子》、《方世玉与胡惠乾》、《少林弟子》等等。我一直以唐佳、刘家良、刘家荣几位为武术指导。刘家良昆仲前面已介绍过，他们曾同我去了台湾拍戏。唐佳也是广东人，却是粤剧舞台上“北派”武师出身，他那次没有随我去台湾，继续留在香港，便转为楚原拍古装武侠片的主要助手。

这似乎有点像“北人南相”、“南人北相”，颇为有兴味，但实际上似偶然而并不偶然。北人厚重，南人机灵，故“北人南相”、“南人北相”是兼有厚重、机灵之长，那自然是佳相。上述这些有兴味的事实，骨子里也同样证明了一点，如前说李小龙的情况，便要中国传统和香港比较现代化的作风结合，三十年来凡成功的香港电影皆如此。

我的“长弓”在影片的营业上都相当成功，特别是《少林五祖》、《洪拳小子》也是我的重要作品，把“小子”一语带进了香港词汇，以后有所谓“小子片”。但它在独立制片人制度方面，并未能在“邵氏”的范围里做成功，终于结束了重回“邵氏”。楚原的电影摄制比我的工场化更工场化，迅速而大量地拍了许多古龙小说武侠片。“邵氏”逐渐盛极而衰，独立制片人制度和本地化代替成为主流。

（五）趋向本地风味的前奏

香港独立制片人制度的建立和粤语片的复兴，都起自"嘉禾"。粤语片复兴的主要功臣是许冠文，关于他，要下一章里再说。但演员本地化，其实从李小龙电影已经开始，虽则表面上仍说的国语。然后是我这个"国语人"，前面已说过我的演员早已全部香港化，到我组织"长弓"，又加入了一批新演员，傅声、戚冠军、梁家仁、王龙威、陆剑明等等，无一不是香港人。王龙威和陆剑明现在也是香港少壮导演。而从"长弓"的第一部戏《方世玉与洪熙官》起，连拍片题材也本地化了，只是表面上仍是说国语，和李小龙电影的情形一样，也是很有兴味的一点。我这些广东化的影片，却大半在台湾拍摄。无意中由此而得到中和我之趋向本地化的拳脚片，无可讳言是受到李小龙的影响。但在观念上，还有许冠文的影响，却鲜为人知。我在《明报》的《电影杂写》里写过，我在台湾有一次和他在电梯里偶遇，恰巧两人都有空，就在那家酒店的房间里长谈了一个下午。

许冠文那时是还在拍"邵氏"的国语喜剧片《大军阀》(他做演员，导演是李翰祥)，还是已过"嘉禾"自导自演粤语喜剧片？倒记不清楚，但重要的仍是他的主张！本地化可以扩大电影的观众基础。我很同意他的见解，影响我的决心很大。我复兴了粤语片中关于少林拳脚功夫一系的影片(李小龙不是，他的影片和火烧少林寺、方世玉到黄飞鸿这一系列广东民间传说全然无关。张鑫炎也不同，他的《少林寺》的时代背景远在唐朝)，但粤语片的全面复兴，还是由于许冠文自己，他使香港影片的语言，从国语重回广州话世界，以迄于今。

这些事差不多同时发生，这又是"英雄"、"时势"交互作用之一例。所以我记不起和许冠文那次谈话的时间，究竟是在他离开"邵氏"前或后，但事情发生差不多在同时是可以确定的。因为就在许冠文将离"邵氏"未入"嘉禾"时，我自组"长弓"的"打炮戏"，原想找许冠文的，如现在流行说法之"度身定造"，一个人以七种不同面貌姿态出现，片名好像就

楚原(左一)及正在拍摄《火并》的演员宗华(左三)、汪萍(左四)与参观片场的宾客合影

张彻在台湾主持长弓公司的一次记者招待会上

叫“七面人”，已记不清楚，反正许冠文不能来拍（我未同他直接谈过，只由邵逸夫转洽），我对那剧本已消失兴趣，后来落在一个不高明的导演手里，拍得很差（是听说，我连看一眼的兴趣都没有）。既得不到许冠文，我就把原准备给另一位导演的剧本《方世玉与洪熙官》收回自拍，作为“长弓”的“打炮戏”，起用了新人傅声，他也如《马永贞》的陈观泰一样“一炮而红”。

《方世玉和洪熙官》复兴了南少林一系的广东拳脚片，但并非我和傅声合作的代表作（我和演员合作的代表作品，王羽是《金燕子》，姜大卫是《报仇》，狄龙是《刺马》，陈观泰是《马永贞》），代表作要待稍后的《洪拳小子》，开了“小子片”的戏路，成为后来成龙早期“谐趣打斗片”的滥觞。成龙成名作《醉拳》里演师父的，也已先在我导演的《洪拳与咏春》里演傅声的师父。同一个人，造型也相仿，就是《醉拳》导演袁和平的父亲袁小田。（《醉拳》是香港电影史上划时代的作品，导演袁和平的父亲袁小田，原是大陆京戏武生，袁和平幼承家学。主角成龙从小学艺的师父于占元，又原是大陆京戏武生，其渊源所自，十分清楚明白。）

傅声在当时极红，他早死，但遗作仍踞当时“邵氏”卖座首席。许冠文更加不在话下，他不但当时极红，直至如今。他主演的《鸡同鸭讲》，卖座也仍踞今年（1988）暑假上半期首席。傅声的活泼俏皮，在动作片中引进喜剧成分，影响后来的香港动作片甚大，也开成龙的先河。许冠文的影响之大，更不消说。但我前面的“最红”名单，未列入他们两位（王羽、姜大卫、李小龙、成龙、周润发），便因时间差不多同时（许冠文略早），一时瑜亮之故。当然，许冠文红的时间很长，远非傅声的昙花一现可比。

傅声的声望自仍在“最红”的李小龙之下，他拍戏的时间也长过李小龙，在工场化制度的“邵氏”，拍的片也远比李小龙多，但他是开始得早，死时比李小龙还更年轻，要小李小龙起码也有四五岁。此人只活了二十几岁，到死都是顽皮小伙子，简直和他影片里的角色一样。他一路虚报大年龄，结婚时自称是二十二岁，他的姐姐那时却只二十一岁！我

在《大军阀》里的许冠文(右)与何莉莉

许冠文(左)和许冠英(右)兄弟二人在《鸡同鸭讲》里的趣怪装扮

傅声

拍他的影片,虽发挥他的活泼顽皮之长,加入了喜剧成分,但也常用“悲剧的喜感”,如傅声所演的角色在“方世玉”系列影片和《洪拳小子》的结局都死。由于他的年龄(他签约“邵氏”时才十七岁)和外形,我自然会想到让他演“哪吒”(这部戏拍的时候,香港的特技仍在幼稚阶段,故影片很失败),我是把哪吒作为古代问题少年来处理(和台湾林怀民在云门舞集的演绎一样,后来也是自杀)。傅声死后,一时“影城”(“邵氏”)“鬼话”甚多,“鬼话”之一就说他是“哪吒转世”。我想这是由于他平日活泼顽皮,大家怀念他之故。那时“邵氏”每年例必全公司千余员工同吃“年夜饭”,他死的一年,吃年夜饭时,往常和他一起表演的刘家辉(这两位“武打明星”唱歌却颇有职业水准),提到傅声今年不能一同表演,全场一片哭声!香港电影界虽常有我和演员间“契爷”(干爹)、“契仔”(义子)之说,其实我和演员从无此种关系,傅声也不例外。但他平日惯常叫我“老窦”(粤语对父亲的俗称),叫我内人“阿妈”,我们自是叫他“声仔”。他死时我恰在台湾,内人胆小,“鬼话”流传之余,晚上临睡总默祷:“声仔,我们这样好,你知我细胆(胆小),莫来吓我!”可见“鬼话”之盛。

我原是傅声家庭的朋友,傅声是富家子,父亲张人龙是一位香港富商名流,“太平绅士”(英女王封予香港华人的一种荣衔),在政治方面也是一位很活跃的议员。家庭环境既好,少年从影,又一炮而红,始终不衰。他和当时也同样极红的女歌星甄妮结婚(傅声自称二十二岁,实际恐要小两岁),使用了整个美丽华酒店大堂,筵开两百余桌,有舞台唱“堂会”表演,盛况一时无两,邵逸夫在参加婚礼后对我说:“年轻,漂亮,身体强壮,有钱,有名气,真是什么都齐全了!”谁也想不到,结婚不过六七年就死!世事常无形中有一种“公平”,“什么都齐全”就是不能长久。

傅声从少时就爱玩电单车(摩托车),开快车,他父亲却禁而不止。有一次,我在他家吃饭,不见傅声,他父亲事忙,这时也想起似乎一两天没看见过他,便在他房间里把他找到,原来是骑车受伤,裹着绷带,不敢让父亲看见!他父亲怒骂他一顿,说他总是骗父亲,做他父亲不让做的

傅声遗孀甄妮赴《义胆群英》开拍酒会，向张彻致贺

事。后来，他拍片成名，结婚，自然不再住在一起。后来，他从电单车玩到跑车，开快车开到驾驶执照都被吊销。他父亲无法管束，终以和另一个年轻演员汪禹斗快车撞山，因肋骨断折刺穿内脏致死。他死后，记者访问他哥哥，问傅声生平最爱的人，他哥哥说："第一阿妈（他自己的母亲），第二甄妮，第三张彻，第四老窦（他自己的父亲）。"我想，我排名第三，还是我这个假"老窦"，总不便如他真父亲一样严厉管束他之故。

我讲到傅声，说了许多似属私人感情的事，这自是由于我同他情若父子，下笔不能自已。但他也是香港电影重要演员中与我极熟悉而唯一可总结一生、盖棺论定的人。

（六）"少林"系列

粤语"残"片中的动作片，几乎全和少林寺有渊源关系。张鑫炎拍的少林寺在河南,似同流传南方的少林故事并无关连,究竟福建莆田有无少林寺?却查无实据。是确实有过,因火烧少林寺而被湮没,或根本只是一种传说?很难查证指实。清朝似近而实则史料被朝廷故意毁灭者甚多,尤其关于事涉反清者,真是无可奈何。民间传说可能是假托,可能是事出有因而添枝加叶(如杨家将故事),也很难断其必无。治史必求实证,但在文艺作品中,则不必非求合于史实不可,若必求尽合史实,则古今中外许多小说、诗歌、戏剧都不能成立,包括莎士比亚的戏剧在内。海峡两岸,都有时以"不合史实"来对付一些文艺作品,其实反倒是限制创作的"清规戒律"。

少林故事流传民间者,都以火烧少林寺为发端,被烧的似是指福建莆田少林。一类关乎"洪门",大致是说原来郑成功的部将五人,投入少林寺,火烧时逃出,创立"洪门",称为"五祖",名字是蔡德忠、胡德帝、李式开、方大洪、马超兴。"洪门"中人是确定相信这些的,"洪门"流传全国的程度如何?我未加研究过,至少在闽南、广东以及由这一带去海外的过去华侨社会中,是普遍流传的,且对反清革命起了一定的作用。我拍过一部《少林五祖》,便以此为根据,讲地域关系,应该是莆田"少林",故这部戏是在台湾拍的(我从未去过闽南,根本也未去过福建,想来台湾应和闽南相近),但演职员皆去自香港,因为无论就动作,就习惯意味,香港的演员和武术指导,甚至服装、道具,香港人都较适合处理这类影片。

《少林五祖》由于是当时的一流强大阵容("五祖"是姜大卫、狄龙、傅声、戚冠军、孟飞),卖座极好,但我关乎"洪门"的少林片,仅拍了这一部。在这之前和以后,都是拍的另一类少林片。另一类少林片则全然是与粤语"残"片同类题材,根据广东民间流传的故事,开端也是火烧少林寺,一批人从少林寺出来到了广东,故人物截然不同。老一辈的是至善(和尚)、白眉(道人,说是至善的师兄,少林习过艺但是"武当派",故是道人)、五枚(师太,这更古怪了,少林怎会有尼姑?)等。小一辈的则有方世玉、胡惠乾、洪熙官、陆阿采、三德和尚等。当然,他们都是反清志士，其中以方世玉最出名，故事最多，但他很年轻就死了，未见有什么功夫流传下来，事实上很难确定有无此人真实存在。胡惠乾的故事也不少，也同方世玉一样以抗战清兵而死，而真实性也有问题，但他的故事比方世玉的似较可信，在广州打机房(手织绸缎，已经很着重外销了)可能实有其事，也有功夫流传下来，就是“花拳”。真实存在可能性较大的，是洪熙官、陆阿采，因为他们未在反清活动中死去，“洪拳”可以追溯到他们。据说黄飞鸿是由陆阿采传艺，而黄飞鸿的真实存在(事迹或有夸大渲染)全无可疑，他的继室莫桂兰，至少于三十几年前仍健在(现在如何？未查询过)，就在香港，是香港武术界辈分最崇高的“莫老师太”。黄飞鸿的弟子林世荣，更是活生生的真实人物，武馆就设在香港洛克道(当然，现在已去世，武馆也不存在)。他的弟子之一赵教今仍健在，是我朋友赵威的父亲，赵国基的祖父，另一位弟子刘湛，便是香港(也可说所有华语片)电影的第一位武术指导，现已去世，他的儿子就是眼前的名导演、名武术指导刘家良、刘家荣昆仲。

这些人自是绝无可疑的真实存在，但其源流是否出于假托？则很难查考实在。他们的功夫，是实实在在的功夫，毫无那些玄之又玄的“异能”武术成分。“洪拳”的棍法十分实用，出于实战的枪法也十分清楚，决非京戏耍棍式的“武术”。但是否出于杨五郎在五台山出家变枪法为棍法(“洪拳”中人称他们的棍法为“五郎八卦棍”)？则太难证实。出于“李全妻杨氏”的“杨家枪法”自也可能，但亦完全无法证实。

另外一系是香港流行仅逊“洪拳”的“咏春”，同样是可确定其近者，而远者难以查考。“咏春”以创派人严咏春之名为名，严咏春是个女子，这大致可信，因为“咏春”确是很实用的女子自卫术，一切设计都是为女子设想，不斗力而利用对方攻击之力来应付变化，没有大动作，待来力近身而移转其力，用“短劲”反击，处处都适合女子。中国所有武术都讲求“马步”沉稳，即两腿分开且下蹲，如骑马姿势，取其重心降低，求磐石之固。只有咏春的“马步”是两腿并拢，足尖内向，视敌来势而转动相迎，自是为女子两腿分开不雅(古代女子“骑”马，亦常并腿侧坐而不是两腿分跨),且适于着裙,可完全不觉其在“扎马”而保持仪态娴静。后来男子之习咏春,亦是取其斯文,近世的三代咏春名家,佛山(广东一市名)梁赞是教书先生,一般人称他为“赞先生”,他弟子陈华顺是钱庄伙计,被称为“找钱华”,从这两人的职业看,应是着长衫的。陈华顺的弟子便是香港人熟知的叶问,毕业于浸信会书院(相当于大专程度),终身着长衫,为港人惯见。着长衫则“扎”咏春的“马”看似未“扎”,实已有备而望似无备,自觉潇洒,这正是咏春之长。叶问就是李小龙的师父,故至少自梁赞起的一系递传,是绝无可疑的。

梁赞之艺传自严咏春的丈夫梁博涛,所谓“夫传妻艺”,但严咏春的师承就可能出自假托,她的师父五枚,似是传说中人物,同时也是方世玉母亲苗翠花的师父。五枚师太既是尼姑,怎会同少林寺有关?在这些少林故事中,白眉道人是“大反派”,至善和方世玉都死在他手中。他助清廷残杀志士,但也说是出身少林,是至善的师兄,后来在“武当派”做了道士,关系模糊,也只似传说中的人物。但香港现在还有个“白眉派”,悬挂着“祖师爷”白眉道人的画像,并说他晚年对所做的事甚为后悔云云。前几年且有个“白眉派”的弟子,在比赛(自由搏击)中打死了对手,成为一时轰动的新闻。

总之,国人喜欢“托古改制”,广东到香港,传播海外的各门各派武术,如同“诸子出于王官”,都说源自少林,因火烧少林寺而开枝散叶,流传散布。事情很难查实其真有,但亦不能断其为必无,反正武术界人以至一般群众皆深信不疑,这就是张鑫炎拍了少林寺实景,即刻轰动一时之故。那时,大陆的旅游还未充分发展,香港和海外华人听讲了几十年的少林寺,一旦得睹真面目,自是大感兴趣。虽然张鑫炎拍的《少林寺》,取材与前述流传的少林故事,并不相同。

我导演的第一类的少林故事,只拍了一部《少林五祖》,第二类的则拍得较多,像《少林寺》、《少林弟子》、《方世玉与洪熙官》、《方世玉与胡惠乾》等等。其中以傅声饰演方世玉(他似乎是最像一般人心目中的方世玉)的最多。此外也是傅声演的《洪拳小子》和《洪拳与咏春》亦很重要，因为它开启了新局，但只取材于“少林”系的武术，并与前述的少林故事无关。刘家良也导演了不少取材自少林故事的影片，如《陆阿采与黄飞鸿》，再后洪金宝又导演了也属这系列的《三德和尚与舂米六》、《赞先生与找钱华》等片。其中，《赞先生与找钱华》所拍的咏春拳，十分出色。

民间传说永远是文艺创作的重要源泉之一，小说和戏曲皆如此。传说中的少林故事，其所以从当年的粤语片，到我重新开始，刘家良和洪金宝都拍过一些颇受欢迎的影片，原因也正相同。由于民间传说已深入人心，有广大群众基础。文艺不是科学，也不是历史，不应以“不合史实”来诛杀，用框框来限制其发展。

在国语片取代粤语片，成为香港及海外华语电影的主流一个长时期之后（这还无形中大大帮助了国语片在香港及海外的推行），如前所述，香港电影本地化的倾向实际从李小龙时候已开始。李小龙的个人风格强烈，不管给他穿上什么时代的服装，说什么语言（配音），他总是一个十足现代化的香港人。少林系列影片，则动作和剧情更进一步本地化了，而许冠文已同时开始了语言的本地化，两者终于合流，完成香港电影本地化的过程。

“嘉禾”所起的重大作用，第一是先后推出了李小龙和许冠文，第二是独立制片人制度。独立制片人制度，本已在欧美流行，取代了好莱坞的工场式生产，香港也终于走上这一条道路。这制度的要点，是由一个独立制片人（名义是“监制”、“出品人”甚或“导演”都不重要），在一家有发行网（以香港范围来说，是一条院线）、有企业组织的公司，以有限度的财务支持下拍摄影片，事先在题材、剧本和主要演职员方面取得同意，事后则由该公司控制其发行权。财务支持的程度，对题材、剧本、人事上的干预程度，利润的如何分配，各因双方合同而异。主要的一点是自负盈亏则同。这比工场式的制作一是减低了财务的负担（酬劳和制作费永远是在上升，越来越高），至少也不用付出越来越是天文数字的高薪；二是对各组戏的控制减弱，独立制片人常按照本身的性格和观念发挥。就第一点说,是减少了利润(因为是双方分配),但也可以吸收有才能的人投入,因为若影片成功,利益不受固定的薪酬限制。就第二点来说,是工场制度的破毁,但也造成了多姿多彩,易于打破框框发展。故最后来说,究竟是否减少了利润?也是不一定的事。

总之,从“嘉禾”开始,独立制片人的制度逐渐成为主流,至“金公主”而蔚为大国。“德宝”代替“邵氏”经营院线后,“邵氏”的工场正式结束,而后又有“新宝”,就形成了今日香港电影的现状。

此外,“银都”机构和其院线,自仍继续存在,且大体似仍接近“邵氏”模式,看来与时下独立制片人制度有异。日后的发展自尚未可知,以目前来说,还不属主流。

趋向于本地风味
——许氏兄弟与"金公主"

(一) 从明星制度说起

许氏兄弟是指许冠文、冠杰昆仲(他的另一位兄弟许冠英也是影星,但起的作用不大)。许冠文自然是"明星",许冠杰则把明星制度更推上高峰。

趋向于本地风味是"时势",李小龙是第一个"英雄",首领风骚。稍后的傅声也是(巧合的是这两人都短命),"承先启后",下开成龙"谐趣打斗"之局。但是,使香港电影本地化不仅是影片内涵的趋向,而彰明较著地用粤语发音,这"英雄"仍是许冠文。当然,这里面有个关键,李小龙、傅声都是动作明星,语言对他们只是次要,许冠文则是喜剧明星,语言非常重要。后来的成龙合动作与喜剧为一,两种本地化的趋向,到他身上合流,又成新一代的"英雄"。

英雄就是明星。

古今中外的戏剧、电影都须有明星(音乐、体育等何尝没有明星),中国传统戏曲也是,梅兰芳、程砚秋、马连良、麒麟童(周信芳)、裘盛戎、叶盛章等等,随手写写就是一长串名字。大陆实行社会主义之后,也终于觉得"平均主义"的错误,文化方面的领导人也说:"一种剧种没有杰出的表演艺术家,这剧种就站不起来。"(大意)外国通讯社发这条电讯的时候,就直截了当地说:"需要明星(star)。"

实际上,幕后的人往往更重要,香港电影"起飞",谁的重要性能超过邵逸夫、邹文怀?任何明星也不比胡金铨、李翰祥、张彻这些导演重要。但站出来面对观众,代表一时风气、代表一种流行片种的恰是明星。幕后的人物,是明星“制造者”,必须造成明星才能号召观众。而任何一种片种也同剧种一样,没有明星就“站不起来”。古装武侠片是王羽、姜大卫、狄龙,拳脚功夫片是李小龙、陈观泰、傅声。粤语喜剧片由许冠文带起,而他除了是明星外,也同时是监制和导演,集幕前幕后于一身。后来的“谐趣打斗”片是成龙、洪金宝,且他们亦很快也集监制、导演于一身。最近的“英雄片”是周润发,他以徐克监制、吴宇森导演的《英雄本色》而红。目前因片拍得多,仍是工场式的明星,但在独立制片人制度已成主流的今日,相信其现状难以持久,仍可能似许冠文、成龙、洪金宝,走上本身就是独立制片人的道路。

在戏剧、电影发展到相当高度的阶段,必须有明星,即使是社会主义国家,除非戏剧、电影的发展停滞不前,也必须有明星。“表演艺术家”仅是称呼不同而已,不能继续“平均主义”下去的(连在香港的“银都机构”,要想能融合入主流,也必须“制造”出明星)。今年(1988)我颁发最佳导演奖予《秋天的童话》的导演张婉婷时,我说目前香港导演依赖明星是一个危机。这番谈话曾引起一些人误会,以为我反对明星制度,有朋友(黄霑)在他写的专栏中,就指出我拍出过很多明星,并说如李翰祥和我这样的导演,本身就是“明星”。其实,我怎会反对明星制度?那种颁奖典礼,奖项很多,颁奖的人也多,谈话不能不简短;我的意思是导演不能依赖明星(颁奖那段时间,导演以抢到周润发为第一要务),必须继续不断“制造”出明星来,否则电影的发展,就会受到来来回回几张熟面孔的局限,每次低潮形成,这都是原因之一,故说依赖明星是危机。这还是我没把话说清楚,应该说:“不能只依赖几个已成功的明星,而须不断制造出新明星。”

回头且说许冠文。

许冠文复兴了粤语片,尽人皆知,但他在银幕上前期却是拍国语片的(许冠杰也是先拍的国语片,且拍片比乃兄在前,但关于他的事须留待后述)。在拍电影之前,他和弟弟冠杰,合作了一个很成功的电视节目《双星报喜》,那自然是采用粤语了(香港电视全部使用粤语)。他拍国语片，还由于一个偶然因素，那时李翰祥重回“邵氏”（李翰祥一度离开“邵氏”，在台湾创办“国联”，开始倒也轰轰烈烈，但后来失败结束），开拍《大军阀》，男主角本欲找崔福生（台湾演员），但崔福生因台湾片务忙而不能来，才用了许冠文。当然，以许冠文的才能，终会在电影上有所表现，但若不是崔福生这一辞演，香港以后的电影历史，只怕有若干部分会改写了。

许冠文拍了《大军阀》后本身大红，亦使沉寂了好几年的李翰祥重振声威，但这仅仅表现了他在喜剧表演方面的才能，若从以后的事实发展来看，就在喜剧表演方面，他都未尽展所长。他在喜剧演员中，用流俗的话讲，是属于“冷面滑稽”一类，在后来香港喜剧片泛滥成为胡闹搞笑的时候，他始终能保持自己较高的格调。他出身于香港大学，是道地的知识分子，头脑敏锐，就从电视节目中的表现，已可看出他具有编剧才能。至于其导演的才能也只待经验积累而已。这样的一个人，自然并不以他的现状为满足。

所以，在“邵氏”工场中拍了几部片之后（都是李翰祥导演，卖座也都不差），还是过了“嘉禾”，制、编、导、演“一脚踢”，才真正施展了他的浑身解数，这也证明了独立制片人制度对人才的吸引力。他在“嘉禾”的第一部影片，系与其弟弟冠杰合演的《鬼马双星》，卖座一下就破了李小龙保持的纪录。

人常会喜欢一些亲近的朋友，有时也未必全出理智，可以连优点带缺点一起喜欢。有些人也能够佩服本领高强的人，本领高强的人可能是无情“杀手”，且可能是敌人，但也一样可以佩服。但若以“欣赏”两个字来形容，迄今为止，在电影界我最欣赏两个人，一个就是许冠文，虽然我同他并无多少交往。我算是个尚有知人之明的人，但决不缺乏自知之明。我对自己评估的理智客观，只怕还超过对我亲近的朋友之上。我这个人，一生常“但开风气”，总是犯老子“不为天下先”的戒条，什么都走早了一步，常须待我的后来者在条件成熟时完成，是孙策而不是孙权，是项羽而不是汉高。同时，走得太快，常失于霸气和粗糙（我的书法

许冠文(右)和许冠杰(左)昆仲主演的《鬼马双星》剧照

就充分表露了这一点),也有时浅尝即止,如作曲方面有了《高山青》之后,就再无作品。我的古装武侠片有时也颇见神采,但个中精品却出于胡金铨。我以《报仇》开始了民初装拳脚片,但其中高峰却来自李小龙。我用傅声在动作片里加进了喜剧成分,但“谐趣打斗”片的完成,则尚待成龙、洪金宝。更极端的一例,是我在十几年前拍了《死角》,这是狄龙、姜大卫主演的第一部影片,可见还正在古装武侠片高潮之中,我却拍了这部时装片。在片中,狄龙带了女孩子在下班后到办公室里,在办公桌上做爱,姜大卫疯狂地玩老爷车,还有“监狱风云”(约一年前的一部卖座片片名)这类情节,只怕比十年后的新潮文艺片更“新潮文艺”了,在当时自完全不能为观众接受。可是,无论我这种种缺点,霸气、粗糙,无论我当红当黑,别人都会觉得我这个人有些锋芒。许冠文自无我之起落,但在喜剧片一度极尽通俗热闹之时,他的一柱擎天式的高格喜剧,也曾稍感寂寞,然而无论如何,他总使人感觉到他有个人才华。

另一个我最欣赏的人,也是无论得失,都不能掩其才气的徐克。徐克如今正在巅峰时期,他监制或导演的影片多数成功,也有虽卖座不差,而制作费庞大难以相称的,也间有失败之作。但无论如何,他的才华，锋芒终不可掩。早在他第一部导演的影片《蝶变》上映时，卖座不佳，我就在报上写过，无论《蝶变》卖座好坏，徐克都是好导演，那时我尚未认识徐克。

许冠文在这次经过中，有两个特别情况，一是电影界常有说某某人“东山再起”，但实际上极少成功。李翰祥这次东山再起伙拍许冠文，是极少数成功例子之一。二是演员有一拍戏即红的，如李小龙。有浮沉多年而一片扭转的，如成龙，他在罗维导演的片中浮沉有年，《醉拳》一片而成天皇巨星(吴思远监制，袁和平导演，此前还有一部《蛇形刁手》已开始扭转)，周润发在演出《英雄本色》之前，甚至有说他是“票房毒药”。但从未有演员如参演《鬼马双星》以后的许冠文者，既红之后，中途又更上一层楼，再一片而红的程度较前平添数倍。

许氏兄弟的情况都相当特别，像许冠杰，他从少年时起便是红歌星(到现在仍然是)，我有个过早的时装片时代(这差不多被讲张彻的人忽略)，那时找过他，但他已与“嘉禾”洽谈，我无意“争”，找了另一位从台湾来的歌星林冲拍了《大盗歌王》，并不成功，接着发掘了狄龙、姜大卫，再拍时装片《死角》，又不成功，还是回头拍古装武侠片，才拍红了狄龙、姜大卫。许冠杰进了“嘉禾”，但不是拍歌唱片，而是拍罗维导演的武打片。妙得很！李小龙、成龙、许冠杰这三位天皇巨星，都经过罗维的手，他却都曾是形成他们红的因素。许冠杰仍是只红于歌唱界而在电影界不红，然后和他哥哥合作，由电视而电影，却始终是他哥哥的附庸。要过好几年，许冠杰才因挖角而在电影界大红，这要留待后面“专题”叙述了。

(二) 成龙、洪金宝

三十年来，香港重要的明星很多，但在国际声望来讲，自是李小龙第一，成龙次之。这两位超级巨星正好相反，李小龙在银幕上说国语，他本人的气质和动作皆是香港本地风味。成龙是北方人(他原名陈港生，是出生在香港的，但“港生”这个名字，却显示了他家庭的北方色彩。

香港人出生在香港是自然的事，何须名曰“港生”？)，动作是以中国传统戏曲的训练为基础，简言之就是从小学京戏，但在银幕上是说粤语。

这种相反情况，是巧合也非巧合，正好证明了一点，香港电影的发展，一直是在中国传统和本地风味中交叉相互结合。

成龙在拍《蛇形刁手》和《醉拳》(两片皆是吴思远监制，袁和平导演)之前，当他在罗维导演的影片中，是否说国语呢？我未留意过，但也不用去查，因为并不重要。我平常是算能“识英雄于未遇”的，成龙却是例外。香港的影星和导演，参加电影工作的第一部影片是和我合作的，开起名单来，正如香港俗语说：“一疋布咁(那么)长。”李小龙和许冠文、冠杰昆仲虽未合作过，但我都曾在他们未红时找过他们，不能说我不“识”。即如成龙的师兄(同从一师学京戏)洪金宝，我过去也未与他合作过，有一次偶然看到他主演的一部《肥龙过江》(洪金宝是胖子)，就立即引起注意。我觉得他不仅身型肥硕而动作却灵活，且别有种可爱之处，对于这一点，我的朋友黄霑也有同感。他正如京戏花脸张飞、牛皋之另有妩媚，对动作设计亦颇具巧思，《肥龙过江》中就有昆剧《和尚下山》(“男思凡”)耍念珠的变化动作。因此，有一次在邹文怀家中闲聊，说到洪金宝要开一部《三德和尚与舂米六》(他自任导演，题材也属少林系列)。邹文怀还说“×××对开这部戏还在犹豫不决”，我就力赞其成，并引述黄霑对洪金宝的看法为证。当然，我的意见对这部戏的终能开拍，未必起什么作用，但至少可见我是“识”了。

可是，我对成龙却“走眼”，全未留意，甚至罗维导演他的影片，我一部都未看过。那时正是少林系列的影片泛滥，多的是一些精壮小伙子，打了赤膊在影片中挥拳踢脚，有什么可以注意？记得第一次见到成龙，似是狄龙在旁介绍，我仅一握手点头笑笑而已，全未特别注意。成龙在那时很不得志，古龙的武侠小说以楚原的《流星·蝴蝶·剑》而风行一时，罗维自也照拍了些片名分成三段的“古龙片”。据说有一次古龙当面对成龙说：“我的小说是给狄龙、姜大卫拍的，不是给你拍的！”古龙如此说话，自是过分，但也不能全说他无眼光。成龙的外形，确是不适于

成龙(右)和石天(左)在电影中的搞笑演出

洪金宝(右)与陈勋奇(左)联手演出《提防小手》

古装。再往后,我脱离了“邵氏”(那时工场制度已显无前途),却先去台湾,最后又到了大陆拍片,自身便和香港的主流疏离,“识”与不“识”都不起作用,故周润发之与我全然无关,已是理所当然,但我仍找了现在红的程度仅次周润发的刘德华,去台湾拍了一部片,也算并非全然不“识”。

这次,“识”成龙“英雄于未遇”的是吴思远,此君是香港电影界一匹“黑马”,不时有奇兵突出,徐克导演的第一部影片《蝶变》便是由他监制,导演用袁和平,也属“奇兵”。袁和平参加过我多部影片的工作,间任武术指导,但当时有唐佳、刘家良在他“上面”,我也惭愧未让他尽展其才。袁和平是北方人,虽生在大陆而长大在香港,父亲袁小田原是大陆的京戏武生,和成龙的师父于占元一样,他的动作基础也是家传的京戏底子,这一切都和成龙十分接近。因此,两人的配合自如水乳交融,都是京戏的动作基础而加本地化的包装,香港观众自易接受。第一部电影《蛇形刁手》已引起注意,第二部作品《醉拳》一出,便大红特红,成绩直追李小龙了。

成龙以高难度动作知名,近期更是高难度再加高“险”度,但不可忽略的,是他节奏感极好,高出一般演员之上。演戏须要有节奏感,喜剧犹然,成龙以此成为“谐趣打斗”片的巨匠。《醉拳》便以成龙特强的节奏感取胜,尤其“何仙姑”的一段,掌握节奏妙到秋毫,确非一般人所能,其成功实不仅是动作的“难”与“险”了。成龙节奏感的天分极高,京戏的训练是否有帮助呢?我想也有。京戏的“武术”实际上是舞剧,演员必须要掌握节奏,凡京戏的好武生,节奏感必定不差。我近年在大陆拍的演员中有个董志华,属于京戏好武生之列,节奏感就相当好。袁和平的能善于运用成龙节奏感之长,也未必和京戏训练无关。

于占元这位老先生也很特别,他原是在大陆的京戏武生,本身实在说不上有什么成就,但却将儿女、门人尽训练成一时俊彦。他女儿于素秋是粤语“残”片时代的首席武打女星;大弟子是洪金宝,弟子中有成龙,有元奎、元华。另一个吴元俊,其实身手外形也都不俗,只是际遇较差，进“邵氏”时，它已值衰落中的末期。后来又去了台湾，只在电视剧中任主角。小徒弟元彪，由于年龄较小，成名在成龙、洪金宝之后，现在也很红。所谓“七小福”似只有个元德较弱，也是“邵氏”末期的演员，近况如何？我不大清楚。一个私人办的小科班，而能出现这么多人才，可谓异数。

成龙大红，但罗维手中仍握有合约。为罗维计，当时应与成龙、吴思远、袁和平联手合作，自可大有作为。因为成龙在他那里郁郁不得志，以际遇吴思远、袁和平而大红，自难再回头甘心受他控制。然而罗维计不出此，一纸合约，对付得了吴思远、袁和平，却对付不了“嘉禾”，“嘉禾”打官司“功力深厚”，可与“邵氏”分庭抗礼(最近香港轰动一时的转播“奥运”官司，“亚视”便败于邵逸夫主持的“港视”之手)。故此，罗维如何能是对手？“嘉禾”一插手，官司一来二去，结果是成龙被“嘉禾”捡了现成便宜。“嘉禾”要争取有号召力的演员，自是“商战”中应有之义，基本上是成龙不能再安于只在罗维旗下，这是人情之常，人人都看得出(当时“邵氏”也想插手)，罗维看不出，十分失算。

“嘉禾”得到了成龙，一直到今日，仍是“嘉禾”主将。今年(1988)暑假，7 月“嘉禾”落在下风，8 月反攻胜利，仍是成龙的《警察故事续集》高踞暑期影片卖座首位。然后，“嘉禾”又拥有洪金宝，我前面已有记述。在当时，我只“识”洪金宝是好演员且有导演潜质，后来的发展却远超于此。洪金宝在“明星”的立场来说，虽红然不如成龙，但他发展方面之广，却超乎成龙之上，也不仅是导演(成龙后来也都是自导自演)，还是监制，在独立制片人制度下，他不仅导演影片(不同于成龙只以自己演出的为主)，还自己有了“宝禾”(成龙虽也有“威禾”，但重要作品不多，仍以自身为主)，他和潘迪生合作“德宝”，又另创新局。近年虽已不参与“德宝”的事，但最近又和台湾片商王应祥合创“宝祥”。在发行方面，也在“嘉禾”之外，另参加了“新宝”院线。洪金宝声势之盛，由被称为“大哥大”可知，“大哥”尚不足，下面要再加一个“大”。

洪金宝发展的方面之宽，自不止我前面所说对动作设计的巧思，即

于素秋(中)与邬丽珠(左)、梅兰在《关东三女侠》中的造型

以这一点而论,他的导演作品如《赞先生与找钱华》,就充分表现。该片是写“咏春”名家梁赞和陈华顺的故事,在此之前,我也拍过一部《洪拳与咏春》,成绩在当时也算不坏,其中趣味性的练功,很影响了以后许多部影片,包括成龙、洪金宝的影片在内。但就拍“咏春”的动作而论,洪金宝这部戏是后来居上,他把“咏春”拳理的“来留去送”(留来劲送去劲),用动作画面表现得十分具体而生动,而自然地运用在打斗之中,是动作片里的一流杰作。在“谐趣打斗”片流行的时期中及其以后,洪金宝个人的表演及导演的作品,常能庄能谐,有时且拍出相当的深度。

成龙、洪金宝的小师弟元彪,现在也已是香港很红的明星,且在日本亦是仅次于成龙受欢迎的中国演员(成龙近年来一直踞日本最受欢迎的外国明星首席,今年,《末代皇帝》在日本上映时,该片男主角尊龙曾一度升到首位,成龙降为第二,但到《警察故事续集》在日本暑期上映后，成龙又恢复到第一位）。元彪长有一副娃娃脸，调皮可爱，可走傅声的“小子”戏路。论身手，他的轻巧灵活，在港、台不作第二人想（当然也是京戏训练的底子），与大陆的李连杰，可谓一时瑜亮。

（三）“金公主”

我在本章的第一节说起明星制度，“世有伯乐而后有千里马”，有明星潜质不遇他的“伯乐”（制片人或导演）也是枉然。但明星是电影的表象，电影兴隆，必有明星，一个兴盛的电影组织，必有其代表性的明星。如果一个电影组织再也“制造”不出明星，就表示了这个组织已消失活力，趋于衰落。相反地，如果尚未“制造”出明星，如今之大陆（偶有李连杰、刘晓庆等，以广大的地区比，只似晨星疏落）与在香港的“银都”，则显示尚未充分发展。

“嘉禾”本已有许冠文、成龙冲击发生之后，又迅即插手取得了成龙，然后再加洪金宝，时为“嘉禾”的全盛时期。“邵氏”初时是独霸，王羽、姜大卫、狄龙都是当时的超级巨星。“嘉禾”分立，但“邵氏”的活力未失，对手中仅李小龙一人特别突出。因“邵氏”有强大“星群”：姜大卫、狄龙、陈观泰等等，故还是双雄并峙。李小龙虽死，而“嘉禾”又有了许冠文，“邵氏”这时还能有余勇再“捧”起一个傅声。双雄并峙之局仍能延续。到成龙、洪金宝出现，傅声猝逝，“邵氏”就再也“制造”不出第一级明星，这就衰微毕露。任何人（包括演员和导演）在“邵氏”都红不起来，本来红的也要变黑，原有及新加盟者都是（许鞍华、章国明都去“邵氏”而由红入黑，近年许鞍华正力图振作，在大陆拍的《书剑恩仇录》叫好不叫座，《今夜星光灿烂》，至执笔时尚未见分晓）。“邵氏”旧将而今在影坛上活跃的，都是先离开“邵氏”另行发展的，姜大卫几乎已全放弃了演员工作，而在导演中挣出地位。李修贤自己在银幕上塑造了警察的形象，红在离“邵氏”之后，也同时转向导演和监制发展。午马是作为洪金宝的左右手，而在监制、导演、演员多方面发挥。至于刘家良、家荣昆仲，家良的路程颇为曲折，先去大陆拍了李连杰的《南北少林》，又回香港在“新艺城”拍周润发。家荣的导演也是早脱离了“邵氏”而自己发展。吴宇森尚留待后述，其余的人情况也类此，凡留而不去的现状似多不佳。唯一始终其事而现仍活跃的，似只有一个狄龙，但也要待拍了吴宇森的《英雄本色》而重振雄风，现在是“新艺城”的合约演员。

至于女明星方面，我提出的“阳刚”口号，虽实际上已经观众确定，但仍不免“政策跟在事实后面”，电影界本身仍难忘以前女明星的风光。“嘉禾”初成立时曾力“捧”过苗可秀，并未成功。找郑佩佩不得才“退而求其次”找李小龙，李小龙大成功后，苗可秀在他的影片里成为无足轻重了。此后是许冠文、成龙、洪金宝，男明星极一时之盛，再也不会去想到女明星。“邵氏”初有“黄梅调”留下的李菁，“文艺片”留下的井莉，还有个何莉莉，极具“明星格”，但观众所欣赏的只限于“美女”，影片也不大成功。大势所趋，我之“阳刚”，也只是顺应潮流，并非任何人要“重男

张彻正在指挥拍摄《刺马》时的情况

轻女”。我拍井莉在《刺马》中的戏份，她本身的演出，都堪和狄龙分庭抗礼，但至今人人记得《刺马》的狄龙，要问谁是女主角，只怕少有人想得起。谁还记得歌星陈美龄的两部电影，都是我导演的呢？直到近年，女性电影始略为抬头，其中钟楚红较为突出，但仍未能掩盖男性电影的主流，正如我前面提过，直到今年暑期，香港报上的“片账小结”仍说：“暑期片收入强弱，无疑是男的较女的优胜，观众仍是喜欢阳刚味十足的电影。”一切都是由观众主宰，不管你个人的意愿如何，“形势比人强”，此之谓也。

本节说“金公主”而讲了许多关于明星的话，因为“金公主”之崛起，正是明星制度的表象，且把香港的明星制度更推进了一步。

“金公主娱乐有限公司”是一条院线组织，首脑是雷觉坤，雷氏家族在香港财势雄厚，娱乐事业虽非主要，但也拥有多家第一流戏院，协助雷觉坤的冯秉仲，对其他戏院的组织能力也很强。以财力的雄厚论，远在“嘉禾”之上，院线本身也至少不弱于“嘉禾”。那时“邵氏”工场式出品的叫座力虽日趋衰弱，但因是工场式，片源不需外求。“嘉禾”有许冠文、成龙、洪金宝，影片的叫座力极强，但数量上不足，仍须吸收一部分所谓“独立制片”出品(与我说的“独立制片人制度”无关，只是老板较“小”而已)，“金公主”则全倚仗“独立制片”出品。由于“嘉禾”声势太盛，“独立制片”出品第一目标自是“嘉禾”，要排不上“嘉禾”线才去“金公主”，或是“嘉禾”本身消化不了，分润予“金公主”，因此“金公主”永远是跟在“嘉禾”后面。这种情形，“金公主”自不甘心，于是突出奇谋。

“金公主”支持的一个独立制片人集团“新艺城”，以两个出色的喜剧演员麦嘉(同时是导演)、石天为主，再加上一个作为编剧和“智囊”的黄百鸣，突出奇谋，以两百万元港币拍一部片的空前高价，“挖”许冠杰加盟。这究竟是“金公主”的主意，还是“新艺城”本身的主意？我不知道。总之，钱是“金公主”出无疑，而出面的是“新艺城”。这在当时，是空前的高酬，直至今日，红如元彪、刘德华也只百万元一部片酬，恐怕要“最红”的周润发，且是后期才能达到此数。而当时的许冠杰，在一般人

左起：黄百鸣、麦嘉、张艾嘉、许冠杰、曾志伟

心目中只是乃兄许冠文的附庸，是无论如何不应出如此高酬的。

我是看报纸上的消息知道此事，也未免有所怀疑，因此在一次和邹文怀聊天时求证，他证实确有其事。邹文怀的高明，自非罗维可望其项背，他既认为两百万一部戏的片酬，对演员而言是过高，他无意用此高价拉住许冠杰，便大大方方地放人。

这一招，事后证明是高招，正因为片酬高似不近情理，便成为“宣传费”，立即耸动一时，“金公主”—“新艺城”的声势大振。许冠杰加盟后的第一部影片《最佳拍档》，是麦嘉喜剧加上动作特技，投资之大正与许冠杰的片酬高成正比，结果卖座也创纪录，一部片便尽展露“金公主”—“新艺城”的魄力与本领，形成后来居上之势。

此举对香港影片自起了若干推动作用，尤其在扩展制作的多元化方面。以前对飞车特技之类，是认为只有西片才能做到的，现在开始有了香港也能做到的信心，使得香港影片更趋向现代。但重要的影响远不止此，而且还很难判断这些影响是否全属正面，有无负面成分？第一，就是本章第一节里说的把明星制度更推进了一步，一流明星（还包括一流导演）的片酬要以百万计。第二，影片重视“包装”、豪华、特技和大明星(且常不止一个)，以前当然也有大制作，但是偶一为之，后来的卖座片却非大制作不可，小制作除极少数例子外，在市场上几无立足余地。这两点，归结于同一个结果，就是制片费的日益增高，在庞大的制作费下，必须有大明星作卖座保障。在付出大明星巨额的片酬后，也必须有大制作费"包装"，作为卖座保障，成为一种继长增高的循环。在这种情况下，很少人敢于冒险，即或有人冒险，希望"以小博大"，但失败的比例大，成功的比例十分微小，一年中"爆"一次两次"冷门"而已。

在新形势下，第一，所有独立制片人，都须要依靠某一院线集团，否则不易筹足资金。因此，相对地，亦须要接受院线集团的控制，难于真正的独立。"嘉禾"仍是实行双轨政策，一方面自身也拍片，一方面支持独立制片人。"金公主"则自身不拍片，完全支持独立制片人制作，"新艺城"之外，又有了"电影工作室"(徐克)、"永佳"(陈勋奇、黎应就)、"万能"(李修贤)等等。它们在"金公主"所有的"始创行"大厦，各踞一层，蔚为大国。此后又有"德宝"(取代了"邵氏"，租用其院线)和再晚的"新宝"两线。

第二，新明星产生十分困难，由于必须有大明星保障投资，无人肯以庞大的制片费给新人来冒险。院线集团因为投资重，性格多趋于保守。它们一开始或肯冒险作突破(如许冠杰事件)，但随后必然是"逆取顺守"(突破是"逆取")，故即使独立制片人肯冒险，后台老板也难以通过。题材方面的情况也一样，流行题材总是比较稳妥的，因此即使有创造性的人如徐克，也不免受后台老板的限制，形成题材越来越窄的局面。

香港目前的电影事业，仍甚兴旺，但在这种形势下，实有隐忧。以各国各时期的电影发展历史来看，凡发展到题材狭窄，一切依赖为数不多的大明星撑持的时候，就是由盛而衰的征兆。正如许多位电影界人(如午马等)指出，目前的卖座明星，多是浸润电影界十年以上，或者是已在电视上走红多年，影圈中已长久不见新人。事实上，现时的卖座明星，已少在三十岁以下的，且来来去去几张熟面孔，纵使演技出神入化，终有观众厌倦之日。依我看来，香港电影若无突破性的发展，依照目前情况，少则一年，多则两年，香港电影事业必走下坡。现在是1988年已近尾声，写在这里，“立此存照”，且看我的判断如何。

(四)“新艺城”、“电影工作室”、“英雄片”

由许冠文带起的喜剧浪潮，曾一度成为主流，也出了不少喜剧明星，如岑建勋(后来也是重要的独立制片人)、吴耀汉、曾志伟等走红至今。成龙出而一变，许冠杰与乃兄分手后，加上麦嘉、石天又一变，《最佳拍档》一再拍续集，每年一度(明年即1989年“贺岁片”亦见其续集)成为“新艺城”的“招牌片”。

自此以后，许冠文式的纯粹喜剧片，便显得有些“曲高和寡”了，虽未就衰，1988年在“新宝”线上映的《鸡同鸭讲》且成为暑假前期(7月份)的卖座冠军(暑假后期即8月份的卖座冠军，是成龙的《警察故事续集》)，唯中间一度出品较稀，后来许冠文且脱离“嘉禾”改投“新宝”。成龙、洪金宝的动作片，本已有喜剧成分，《最佳拍档》的冲击后，也趋于现代风格，相应加进了枪战、飞车、爆破、特技之类。一般的动作片，亦逐渐自拳脚演变为以枪战为主，下启“英雄片”之局。至于喜剧片则借胡闹“搞笑”以自存，声势便逊于新型的动作喜剧。

其中异军突起的是徐克，他才华横溢，喜剧片也一样能处理，且自具风格，而全非喜剧片所能局限。他导演的第一部电影《蝶变》(此前拍过电视剧)，是我前面说过的“黑马”，吴思远监制，是古装特技武侠片，只是这方面的牛刀小试，后来又在“嘉禾”拍了《蜀山剑侠传》，这是还珠楼主的小说，想象瑰丽雄奇，不可方物，我们几个朋友，金庸、倪匡和我都很“崇拜”这部作品，倪匡改编过，我也请他写了剧本，交到“邵氏”，欲拍又止，始终踌躇。这部片在“嘉禾”是刘亮华以独立制片人身份拍的，她衔邹文怀之命来问我意见，我极力赞成，并认为徐克是拍这部小说的第一人选。徐克是否也是采用倪匡写的剧本？我不知道。但远比我同倪匡商量写的剧本高明，完全只拍原著的精神而不为其故事所拘泥，而

许冠杰在《最佳拍档》里的一个惊险镜头

想象之瑰丽雄奇，直逼还珠楼主本人，实在是中国电影中的一部杰作！好几年之后，徐克主持“电影工作室”，又监制了一部古装特技武侠片《倩女幽魂》，导演程小东是“邵氏”一位出色的导演程刚的儿子，颇有才具，是很优秀的武术指导，但所导演的影片常叫好不叫座，直到本片才在卖座上有了突破。这部片有徐克的风格，程小东本身也想象丰富，正是珠联璧合。一时仿效这部片的电影纷纷出现，唯一发即收，究竟这类古装特技片投资太大，卖座即好也有风险，不为老板或幕后老板所欢迎。即如《蜀山剑侠传》卖座极盛，然而投资更大，徐克以此和“嘉禾”分手，几经辗转，才在“金公主”支持下（开始是间接的），有了“电影工作室”。徐克导演过不少出色的影片，自不限于古装特技武侠，但个人风格都极强，无论何种类型，皆才华显著，如《上海之夜》、《刀马旦》等均是。近年自导较少，倾力于“电影工作室”的监制工作，其影响远大过古装特技片的是所谓“英雄片”。这两三年可谓领袖风骚。

“英雄片”之得名由于《英雄本色》，正如《洪拳小子》之后有“小子片”，少林系列片常是某某“与”某某。《英雄本色》的导演是吴宇森，是我十分欣赏喜欢的后辈朋友，这不只是因为他的才具，也因为他的性格。当初许冠文拍《鬼马双星》领导了一时风气，但那是他第一次导演影片。作为许冠文的助手，吴宇森因同我合作而积累了副导演经验。邹文怀亲口告诉我：“吴宇森的贡献很大。”唯以吴宇森与我渊源之深，他从未向我提及这一点！他后来自己导演的影片，尤其是“英雄片”虽不无我的影响，但至少也是青出于蓝而胜于蓝，而对我十年来始终谦逊执礼如故，这非唯电影界少见，也是近世所难睹。

吴宇森在“嘉禾”初期导演影片，由于他对许冠文的“贡献”，都让他导演喜剧，卖座也不差。接连两年暑期，皆正好同我的片子同期上映，那时“邵氏”已渐不振，他的影片卖座全好过我很多。以我同他过去的关系，在这种情况下，通常是我有忌心，他有骄意，彼此交往很容易渐有不自然处，但我们两人全无此种情形，交往十分自然，一切如旧，说句笑话，几是“可风末世”了。

然而吴宇森不以追随许冠文路线为满足，他拍了两部武侠片，意境、风格都佳，却是卖座不好，因此他在“嘉禾”很不得意。后来，他还被派去泰国拍片，那部片很久都没有排期上映，要直到他《英雄本色》大成功，才改名《英雄无泪》上映。这是一部制作粗陋的影片（我由于关心，自然去看了），故虽借《英雄本色》的“余威”，卖座仍是不佳。

吴宇森加入“电影工作室”，遇上徐克，这才如鱼得水。从我前面的叙述，自可看出他不是个善做自我宣传的人，故我常公开说，他是“实力超过声誉的导演”（香港未必真有实力而善作“自我推销”的人很多）。他拍了《英雄本色》，上片前我适不在香港，回港先看到我们一位共同朋友、女作家林燕妮的文章，说他“期待掌声已久，现在掌声排山倒海而来”（大意），就不胜之喜。林小姐的男朋友，也是我们共同的朋友黄霑，写字条给我：“拍得极其悲壮，犹如你以前拍的盘肠大战，不过是现代化的枪战。”当我到戏院里看这部片的时候，卖座已打破香港有史以来华语片纪录，三千几百万了，果然“掌声排山倒海而来”。

这部片，拍出了吴宇森温文尔雅的外表下的壮烈浪漫情怀；拍出了朋友之义、手足之情，用流俗的话说，可谓“剧力万钧”。三个主要人物性格跃然银幕，狄龙以此声威重振，被认为是他继《刺马》后的最好演出。该片把周润发拍到最红，报纸上说“有发仔（周润发的昵称），冇（没有）穷人”，周润发至今仍是香港影片卖座的万应灵丹。张国荣虽已是极红的男歌星，但也因本片而在银幕上大红。

（这里要插述一下，前面说过香港卖座影星已几无“影龄”在十年以下的新人，也说过周润发、刘德华等都是先已在电视走红，另一个“来源”是歌星，许冠杰之外，钟镇涛、谭咏麟都是红歌星，谭咏麟更后来居上。钟、谭二人都出身于“温拿五虎”，初使“温拿五虎”歌星上银幕的，是黄霑导演的《大家乐》。这位黄霑是香港人“多面手”的代表“杰作”，畅销书作家，作曲，作歌词，可说是香港写歌词的第一把手，又是出色的电视节目主持人，同时还是电影编剧、导演和演员，而其本行却是广告业！他本经营着业务很发达的广告公司，从去年放弃了，准备专心从事

周润发在电影《英雄本色》中

吴宇森与《英雄本色》三大主演狄龙、周润发、张国荣为影片宣传

电影工作，目前成绩未显，且拭目以待。女歌星方面，近年以梅艳芳最为突出，现在也成很红的女明星。张国荣近年在歌唱界其势锐不可当，问鼎谭咏麟原踞的红歌星首席，《英雄本色》后，继之以《倩女幽魂》及《胭脂扣》等，又成为极红的影星。）

吴宇森拍这三个人，狄龙稳重，势镇全局；周润发活，举手投足皆是戏，能庄能谐，亦可激情悲壮；张国荣纯真冲动，十分可爱。《英雄本色》大获成功后，换了别人，必然飞扬跋扈，但他仍默默留在“电影工作室”埋头工作，一年后方推出《英雄本色Ⅱ》，成就虽略逊《英雄本色》，但其悲壮激越的戏剧张力，仍非年来其他风起云涌的“英雄片”所能比拟。像片中写张国荣之死，以电话中与其妻临产对话，安排颇见匠心，而壮烈感直逼前集的周润发之死，同样极具神采。

（五）“德宝”和“新宝”的现状

香港华语片的院线，以主流而论，原是“邵氏”与“嘉禾”两雄并峙，有了“金公主”后，成为鼎足之势，自《最佳拍档》而“金公主”声势大盛；于是正谓合久必分，分久必合，“邵氏”与“嘉禾”便常联映来对抗“金公主”。但“嘉禾”仍拥有成龙、洪金宝与许冠文，而“邵氏”已无什么突出人物，联线便势成附庸，终于“邵氏”院线落入“德宝”之手。此后“邵氏”虽间有出品，方逸华监制，多数是王晶导演，反倒成了“独立制片人”了。

我与“邵氏”可谓同盛衰，但事实是事实，不能以怀旧而不说真相。这基本上是独立制片人制度取代工场式生产的问题，从好莱坞起，“邵氏”已算是鲁殿灵光了。我生平至今拍片九十三部，恐其中有八十部以上在“邵氏”所拍，做了二十年“工场”主力。如今从好莱坞到“邵氏”，庞大的片厂都拍上电视，这是世界性的大势所趋。邵逸夫如方在英年，自可改弦易辙，但他年事已高，无意再改事支持独立制片人的烦剧。方逸华“守”住工场，诚如邹文怀有次对我说：“目前负责‘邵氏’工作，没有比方逸华更好的了。”然而形势比人强，终告“失守”。后期加入或原在“邵氏”的导演、演员，除非离开及时，无人能逃过衰落的命运，其中自然亦有才智之士，唯能重振者就不多了。

创立“德宝”的人是潘迪生，香港随着社会的发展，出现了许多聪明能干的年轻人，我前面说黄霑是香港人“多面手”的代表“杰作”，潘迪生就是香港聪明能干的年轻人的代表“杰作”。我认识他在他组织“德宝”之前，在和十多个朋友宴会席上，知他家中富有，看来是翩翩佳公子，很英俊，聪明而不多说话；他经营着很兴旺的高级精品钟表珠宝公司，但只以为承父荫而已。后来忽听他插手搞电影，年轻有钱，好“玩”也不出奇，而他还是以花花公子姿态出现，挥金结客，追求女明星。可是，越来越感觉此人不简单，不能以年轻（那时他才二十七八岁，要在“德宝”已做得有声有色后，方始过三十岁生日）和秀美的外貌忽视之。他以岑建勋为智囊，重金拉拢洪金宝合作（“德宝”英文名字是 D and P，就是迪生和洪金宝的“宝”字的第一个字母），虽然后来洪金宝并未多预其事，但一上来已造成声势，在公开场合说话也恰当，且富于机变不逊于邵仁枚（邵逸夫的三哥）、邹文怀。再后来，他已把“德宝”经营得成功，他追求的女明星杨紫琼，被他捧红成“德宝”的“当家花旦”，是郑佩佩之后最出色的武打女星，和他结了婚，退出影坛了，他自己也从此不理“德宝”的事，收购了“杜邦”这种跨国公司，做他的大生意去！我和他无甚交往，不深知其为人，表面上看来，搞电影似只不过一种手段，提高他的“知名度”，花的钱不过是他大生意的宣传费，而且还赚了回来，要是果真如此，这样年轻便这样“胸怀韬略”，真是十分惊人！香港有一两位电影、电视巨头，第二代虽也不差，似均不及潘迪生，这正是“天下英雄曹刘，生子当如孙仲谋”了！

“德宝”取代“邵氏”，仍是三国鼎足之势，这自然是在潘迪生主政时完成的事；他既把“德宝”经营得很成功，在当时“邵氏”既有二三十年辉煌历史，结束院线经营是一般人不能想象的，他却看准了邵逸夫年高而身家富厚，无意再有改弦易辙之烦，工场制度既已过时，院线在邵逸夫已是个负担，就向“邵氏”接洽租用其属下戏院。在邵逸夫而言，放手是如释重负，但继续经营的必须是具有实力的人，否则只怕连租金都收不到，而在心理上，究竟不愿“邵氏”看来似被“嘉禾”并吞，所以如潘迪生者，也正好是理想的对象。

潘迪生在短短两三年之中，把“德宝”做到能和“嘉禾”、“金公主”分庭抗礼，后生小子也已是香港名人，便即“功成身退”。他自仍是“德宝”股东，但已觅得合伙人来负责经营，自己不管事了。继续经营的人，才具如何，尚未有明显表现，至少是财务方面，不会如他的得心应手，而且与“邵氏”租期将满，更显得不稳定。一时被后起的“新宝”凌驾其上。“德宝”与“邵氏”的续租谈判久延不决，后来忽然急转直下，仍由“德宝”续租。我在前面第二章第二节和第三章第二节中，曾预测和分析其原因，不须重复。其中谈判的内幕，我全然不知，不过，很可能最后还是由潘迪生出面，并作了某种承诺，事情才急转直下的。“德宝”既已续约，自可有相当时间的稳定，至于往后经营得如何，还只能拭目以待。

“新宝”是这一年来才有的新院线，负责人冯秉仲，原是“金公主”的一分子，现在也未脱离，我前面曾说过他很有组织能力，他在“金公主”以外，以陈荣美的戏院为主力，再结合一些戏院，组成了“新宝”线。在筹组和初组成时，都有人说四条院线太多，片源必然不敷，在近来戏院收入减少时，也有人说四条院线分薄了观众。这些话都很对，但片源不敷中，片主把片子送去哪条院线上？观众分薄下，哪条院线分得多，哪条院线分得少呢？这就看各人经营的手法了。冯秉仲运用得相当灵活，“新宝”组成后不久，片源就已显得并不如料想之差，许冠文同“嘉禾”分手后，也投入了“新宝”线，《鸡同鸭讲》成为暑假前期的冠军卖座片，到后期“嘉禾”推出成龙的《警察故事续集》，才争回了 7 月份失去的优势。最近洪金宝脱离“嘉禾”(至少是部分脱离)，又投向了“新宝”，看来“新宝”虽是后起，也仍可与原有的三条院线，争一日之短长。

现状是四线分立之局，将来此消彼长，好戏还在后头。但问题不在孰消孰长，也不在观众分到哪一条线去，只要观众总数在增长，至少不降低就不要紧，可是香港目前电影的趋势却使人怀忧。我在前面已说过两年内若无新的突破，便必然会走下坡。因在香港事繁，为完成本书，我离开了香港一段时间，临走时写了一篇稿给《明报周刊》，也说了这个看法。才一回到香港，看了家中留着的旧报，就发现几乎在我于“明周”上这篇稿发表的同时，一位导演张坚庭，也在报纸上说“香港电影已到了一个严重的地步”，并且说“一般圈内人只看好两年”，则估计的时间，也同我一样，足证香港的电影人也不糊涂。我在“明周”的那篇文中还说道：“香港曾有一个时期，导演且胜明星，而如今香港导演地位之不重要，恐是世界之最……题材已限定，演员已安排定，要‘度身定造’，成年累月的会开下来，什么‘桥’（故事情节）也已‘度’定，除了极少数几个尖端人物和本身也同时是监制者以外，导演全无个人风格可言，成了‘依本子办事’的现场执行人，这是够资格的副导演也胜任的事。”也就在这篇稿发表的同时，另一位导演许鞍华（女性，香港现在的优秀导演之一，作品有《投奔怒海》等，我在前面已提过她），又在报纸上说：“现时香港导演的地位，不及十年前高，反观监制与策划（就是我稿中所说限定题材，安排定演员的人），地位较为重要，许多时导演仅是负责执行工作而已。”她也提到我：“以前张彻的时代，导演地位就更重要。”影评人秋子（邱山）在《明报》上又据她的话加以分析：“十年前，影坛流行捧新人，观众也能接受新人，于是导演地位自然重要，由于没有明星可选择，观众只有选择导演……那时候，影圈的真正主角，确然是导演。但随着明星制度的复苏……观众看电影，不再选择导演，他们选择的是自己喜欢的明星。渐渐明星几乎主宰了影片票房上的成败，只要找到某星与某星主演，影片就有收钱的保证，否则，纵是某某大导掌舵，也是无济于事……真正有把握叫座的明星，更集中在那六七个人身上。影片公司要找他们拍戏，自没有那么容易，因此便要监制或策划度卡士（cast，意即选派角色）。我曾在本栏报导，有老板声言，有人能替他度一男二女之卡士，致酬二十万，监制策划地位之重要，由此可知……导演是人家‘煮好、摊开’才埋位（就位）的，地位自然没那么重要。”

这种现象之绝不健康，十分显然。

第一，这还不是明星制度的问题，我前面说过“一个电影组织，再也

‘制造’不出明星，就表示了这个组织已消失活力，趋于衰落”，并举后期“邵氏”为例。如今是全香港电影界再也“制造”不出明星，“集中在那六七个人身上”，就表示了整个香港电影界消失了活力。当这“六七个人”终于使观众看厌时，香港电影界便灾祸临头！第二，监制和策划是行政人员，不是从事艺术创作的人，只能“度卡士”而不能“制造”明星，但导演现在已无“制造”明星的机会，只能拍拍别人已现成“煮好、摊开”的卡士，老板为了“收钱的保证”，根本不容许导演冒险，只好永远靠“那六七个人”，拍到同归于尽为止。第三，行政人员(监制、策划)重要，而从事艺术创作的人(导演)不重要，电影缺乏了艺术创作的动力，前途如何？不言可知。因此我只看两年，而且“一般圈内人只看好两年”，连秋子形容观众“三千宠爱在一身”的周润发，也在报上说，不看好两年后的香港电影。

当然，还有两年。

四线分立之局，在这两年中，仍有热闹可看。

(六)“银都”

“新宝”组成前后，三线变成四线，是电影圈热门话题。其实，不是三线或四线，而是四线或五线，因为还有一条华语片院线“银都”。

在我前面的叙述中，似乎忽略了“银都”，但并非我忽略，讲三线、四线的人都忽略了“银都”，也并非他们忽略。事实是这二十几近三十年来，“银都”和其前身都脱离香港电影的主流。近年来已算好一些，不过，如论分薄观众的问题，“银都”并不起多大作用。目前一部成功的影片，上映前几天的每日收入，常过港币一百万元以上，日收三十几万元时便要下片。但“银都”上片时能收到四十万元已是上上佳绩。最近一部由外国人主演的拳脚“中国功夫”片，上映首日收入四十万元，大家已惊奇其收入会这么好。香港现在小型制作以收入七八百万元为及格，中型片非上一千万元不可，大制作则一定要两三千万元，否则便被认为失败。而在“银都”上映的影片，收入好的两百多万元，中等的一百多万元，只收几十万元也是常事，超过此数的一年偶见三数部，如今年(1988)的《芙蓉镇》、《童党》、《红高粱》等，票房收入也只是四百万元到七百万元而已，要上一千万元，一年中只有一个春节才有可能，故在观众中占的比例很小，讨论分薄观众与否的问题，自然会“忽略”“银都”了。

其实，改组为“银都”后，情况已比以前好得多，在过去六七十年代一段日子的“凤凰”、“长城”时代，简直是“遗世独立”，在香港而和香港绝大多数影人“老死不相往来”，在香港拍的影片而不像香港片。我在大陆也偶然遇到大陆影人们看“香港片”研究，一看是“凤凰”、“长城”，我竟要赶快声明这并不能代表香港，以免误导大陆影人，以为香港观众就接受这种影片。大陆影人也有说“香港片”粗制滥造的，实则香港片制作的讲究远胜大陆，这也是那时“凤凰”、“长城”片所造成的印象。这倒并不怪当年“凤凰”、“长城”诸君，而是那时大陆的政策使然。

自从大陆政策转为开放之后，“凤凰”、“长城”等也已改组成为“银都”机构，情况已好得多，院线也经营得渐趋香港作风，如加开午夜场等。“银都”放映的大陆作品，近年来逐渐受到注意，尤以不久前的《芙蓉镇》、《红高粱》等片为然，这些片的导演谢晋、张艺谋等屡次来港，也同香港电影界人有了交往。“银都”的高层最近改组，由原在新华社香港分社主持文体部的韩力出任董事长，应是熟悉和了解香港文化、电影情况的人。原副总经理马逢国代总经理，年轻而熟谙香港业务。另一位兼任副总经理是马石骏，原是“南方公司”的总经理，富有大陆的发行经验，应该是兼顾各方面的不错的搭配。

不过，这仅是刚起步，“银都”目前拓展业务争取观众的最大困难，是全然缺乏可以号召吸引观众的明星。我前面引述过，“没有杰出的表演艺术家，这剧种就站不起来”，电影公司必需明星，而明星是可以“制造”的。我也说过一个电影组织如“制造”不出明星，便表示这组织已消失活力。但刚起步的“银都”，却并非消失了活力，而是还没有发展活力。我前面也说过：“尚未‘制造’出明星，如今之大陆与在香港的‘银都’，则显示尚未充分发展。”我以为“银都”当务之急，是“制造”出本身所属的明星，且有大陆广大的“人力资源”，应该是有可为的。

此外，同这相应配合的，是要争取香港原来有分量的监制和导演，才可逐渐涉足主流，这应该不是“邵氏”模式，而是现在成为主流的独立制片人制度；照说，大陆的开放、改革政策，不可能倒退，应对“银都”不会多所掣肘。

《芙蓉镇》剧照

前瞻——香港与中国

(一)

世上是有许多热爱电影的人的。

徐克、许冠文、许鞍华等等都是,成龙(不然为什么那么拼命?为钱?应该是已经够了)、洪金宝相信都是。此外,当然还有别的许多人。前面说过我和吴宇森之间的关系,“可风末世”自然是一句笑话,我和他也未必是人品特高。为什么?只为彼此都热爱电影,那些妒忌、骄傲之类情绪,无从占有心胸。

照说,两年后香港电影的盛衰(那时我已年近古稀,已是六十八岁),对我的关系并不大。我曾给一位朋友的信里说:“有盛有衰,本事理之常,不过身为电影人,未免只愿见其盛而不愿见其衰。”为什么?也为热爱电影之故。

年来我常对平日来往,现在都很成功的电影界朋友说:“千万不要以眼前所有为满足!”我在前面写只看两年,在接受“明周”访问时和为其写的稿中也这样说,还自以为独到见解。等离开了一段时间回港,翻阅旧报,才知道几乎同时有许多人都说了,像张坚庭、周润发……还说:“一般圈中人只看好两年”,简直是人同此心,毫不“独到”!香港电影界原多聪明人,现在都有了“夕阳无限好”的末日感。

(二)

可惜不可惜?当然可惜!

这三十年来,多少人花了心血(我是其中一分子),促成香港电影的“起飞”,不但如石琪所说“把动作从世界最坏拍到世界最好”,使“中国功夫"名扬天下，后来更进一步，特技、枪战，西片所能我们也能。在这小小弹丸之地，从"粤语残片"的收入以万元为单位，拍到以百万元为单位，再进而拍到以千万元为单位，一部收入三千万元以上的影片，观众需有一百五十万人次，而全香港人口不过五百万，几近每三个人便有一个来看这部影片。其他电影大国市场建筑在以亿计的人口上，也是在以亿计的人口中找人才，而香港只能在五百万人中求之。再说，香港几全无外景可拍，实景也范围极窄，在片场电影已衰落之后，仍能在这狭窄到无可狭窄的空间中，保持电影事业的盛况，实在不能说不是一个奇迹，正如香港繁荣的奇迹一样。

如果这些努力，最后是一场空，当然可惜之至。

尤有进者，电影是外国传来的艺术，而中国人的电影，又必须有中国传统，香港正好是这个交汇点。我在前面也已指出过。中国传统自不会因无香港电影而消失，但最善于运用中国传统的却是比较现代化的香港人，如胡金铨、李翰祥和我，如李小龙和成龙、洪金宝，因为传统须要和现代化结合。另一面，香港影人在这三十年来，已操练出不亚于外国人的本领，对中国电影的现代化，当然会有极大的帮助。

所以，为中国（兼指海峡两岸）电影的前途计，也应该不让这三十年心血培养的香港电影成果，风流云散！

没有香港电影，大陆的电影会要重走一遍三十年来香港结合中国传统和现代的路；没有香港电影，台湾的电影，会萎缩成足不出台湾的"乡土电影"。前几年，台湾颇有人标榜乡土电影，但几年来种种事实证明并非是一条康庄大道，香港的本地化，骨子里还是结合了中国传统和现代，并非回到以前的粤语片时代，而台湾的乡土电影，则未能与外面呼吸相通，仍受到封闭（事实上和观念上的）局限，台湾片固早没落，乡土电影也难于发展，究竟不是多年来作为自由港的香港可比。只在台湾足不出户，市场小投资不能大，就不免制作简陋，这是一定不易之理。

写到此处，看杂志上有说许鞍华参加导演协会的筹备会（开会时我也在场），觉得导演们都似困兽在斗求出路。同一杂志另一篇文章中，却说9月份卖座低落,未必便是香港电影趋于低潮。写那篇文章的不是电影工作者,不能体会到我们的感觉,我在"明周"上写那篇稿时,根本未知9月份的票房记录,相信同时说一样话的人也未知道。我写那篇稿(也是本书前面说这话同时)的时候,正是同许鞍华一样感觉到许多人在作困兽之斗,"度"剧本开会成年累月,在狭窄的题材范围中(英雄片和喜剧片)搜索枯肠。许鞍华所指的人和我看到的人都是目前香港电影界的精英,没有再比电影人自己的切肤之痛,感觉更实在了。

(三)

常说"话分两头",这件事要分三方面来探讨。

首先说香港影人方面。许多朋友在去年已听我常说"千万不要以眼前所有为满足",这自然与今年(1988)9月份票房低落无关,没有根本问题,一时的得失是不重要的。其实,我大前年去上海拍《大上海1937》便是有感而"去",觉得要自己亲眼看看究竟怎样。这"感"当然也是有关基本问题,决不是着眼在一时一片的得失。我在决定接拍《大上海1937》之前,曾同黄霑说过,我这样做是根据西方人的所谓"造型"的结果。

第一,片厂里的影片,从好莱坞到香港,已可决定是再不能拍了,只有电视片为争取时间仍在搭布景。因此,观众看用布景的影片,何不在家中看电视?那就只剩拍外景和实景一条路。我后来在香港拍戏,已没有"看外景"这件事,因为所有的外景,我全可背出来,而且还越来越少,一处处都起满屋了。于是,再减缩范围只拍实景,这就是目前香港影片只限城市喜剧和城市动作片的根本原因。最后兴起的英雄片其实是"集大成",张彻的精神加上城市动作片的外衣。事情到了"集大成"便已达到巅峰,下来就只能下坡,更何况弹丸之地,实景拍来拍去,"熟口熟面"何来新鲜感?而电影是永远需要推陈出新的。

第二,大环境的狭窄,势必造成题材的狭窄,此所以大家说"只剩英雄片和喜剧两大片种",此所以会成为"困兽"。谁不知道要创新?但大环境所限，只有这“两大片种”是适合环境的。不适合环境的片只能“偶一为之”，“爆冷”，此所以《倩女幽魂》拍得好而卖座也不差，但继起者只能浅尝即止，便因不适合香港环境之故。勉强去“创新”，老板觉得无把握，投资的意愿不高，事情自搞不下去。只在“两大片种”中兜圈子，已经拍过数以百计的了，怎么都难有新意，此所以剧本越来越难“度”，一开会便往往成年累月。

第三，既然难于创新，创作便越来越不重要，编剧甚至导演只成为无休止的会议中成员之一。事实上，今天香港的电影，是由一些行政人员，如监制、策划在拼“七巧板”，把一些可能卖座的因素拼来拼去，把一些可有号召力的明星拼来拼去，拼凑成功，导演“按本子办事”。电影的创作成分越来越低，这局面如何能久？

第四，新人必待新片种而后出，无武侠片便无狄龙、姜大卫，无拳脚功夫片便无李小龙，无粤语喜剧便无许冠文，无谐趣打斗片便无成龙、

张彻在《大上海 1937》记者招待会上发言，该片是他在大陆拍摄的第一部电影

洪金宝,无英雄片便无周润发。且如成龙、周润发本早“存在”,然无新片种便不能脱颖而出。故现在不能拍出新人来,根本原因在无新片种。因此,来来回回是这伙子所谓“六七个人”,随便任何一个稍有头脑的人,也能看出来观众必有厌倦的一天,到那时怎么办?

我前面说过我常常走得太早,但检查起来,太早则有,走错则无。1985年,我去拍《大上海1937》,可能是走早了,但经过“造型”分析,前述的那些问题,当时已经存在。事隔三数年,这些问题逐渐表面化,已成共识,“一般圈内人只看好两年”了。

这些问题的根本原因,在于香港的环境狭窄。老实说,在这样弹丸之地,能把香港电影拍得比一些电影大国无大逊色,已是难能可贵。如何突破这狭窄环境呢?这也可以“造型”分析。去外国拍?无论美国、日本、欧洲,我们究竟是拍的中国片给中国人看,怎能成为主流?去台湾拍?不少人去过,结果如何?众所共知。有若干香港所无的缺点,政令和观念都比香港封闭,而优点不大,环境狭窄和香港是五十步百步而已。去新加坡?不如台湾。去印尼、泰国、菲律宾、马来西亚等,那还不如去更先进的外国。所以,这答案很清楚,应去中国大陆,所以我去“探路”拍《大上海1937》,天下事,总是眼见是实,耳闻为虚。

事情有原则性的也有“个案”,这件事有两种情况根本不可行,即在香港做“困兽”也只好认命。一是去拍片要求主题先行,为政治服务,二是拍摄的过程中有种种的干预。探路的结果,这两个基本问题不存在。我去拍片,从未有任何人要求我放进任何主题,我说“艺术应不涉政治”,也从无任何人表示异议。我自未能了解他们对大陆的电影界怎样要求(至少表面看起来也日见放松),对香港影人确无如此要求是事实。一位当时属部级的负责人对我说:“照你的拍,不要照我们的拍,照我们的拍,大陆的导演很多。”下面一句话自不用说出来:要你来干什么?在拍片的过程中也绝未受到干预,这当然是指政治上的干预,导演和制片等等有时会有技术上的争议,这天下拍片皆然,不能谓之“干预”。

这两个原则性的问题既不存在,事便可行,要说有不习惯或不满意处，则去香港以外任何地方，都会有工作习惯不同的不方便。如要放吃饭，到时间要收工，美国、日本也一样遵守八小时工作制，而且工会规定，执行还更严格，香港习惯是不能放诸四海而皆准的。前些时，有位台湾记者过港，访问我，说："为什么香港人去大陆拍片常常不满意？"我反问："去台湾拍片都满意吗？"其实，香港人在香港拍片，又有多少时候一切完全满意？再说，就因为同香港不一样，有若干香港的先进经验和技法可以引进，才需要香港影人，香港影人才有插足余地，否则他们不会自己拍？不但"导演很多"，演员和哪一种工作人员都多得很，要香港人去干什么？

消极方面说过，再说积极方面，"中国电影"是"电影"加"中国"，电影是外国传入的，故越现代先进越好，中国电影则还要加上中国传统，否则和美国电影或是印度电影有什么分别？前面说过，香港电影的优胜处，正是中国传统和现代的结合。这些前面已说了很多，简单举一个例，成龙原名陈港生，这名字就说明了他生在香港，前几天报上已登载他师父八十六岁的于占元由美国来港，他们师兄弟接机并将为师父安排一些节目，他就是从这位老师父学晓传统京戏。现代化对于香港来说不是问题，但要找一个更年轻的成龙只怕难了，现在香港还有谁像于占元（八十六岁！）那样办京戏科班呢？别的传统也情况相近，我看不出香港电影界里，谁是刘家良、家荣昆仲的后继者。

（我常用"传统"和"现代"，因为觉得"东方和西方"的观念，已不适用于今日。拉丁美洲和美国一样在"西方"，日本却还在我们东面。但美国和日本是一类，拉丁美洲却和菲律宾、印尼这些同类，何"东方""西方"之有？！）

如论中国传统，香港开埠不过百年，自是不够深厚，台湾则是在文化还未充分发展时已落入日本之手，并经其长期统治，中国传统更见削弱。现当局虽是由大陆撤去，但那时一切都是临时草创作风，谈不到移植文化传统。所以虽比香港多标榜"中国文化"，其实未必胜于香港。这话并不是我现在才说，多年前我在《大华晚报》上写的专栏中已说过，这些文字都收入琼瑶的皇冠出版社所出的《张彻杂文》书中，应该还找得到的。新加坡呢？当初南洋华工刻苦勤劳的开拓功绩，自然令人钦敬，但却也未曾移植多少在中国文化方面。这两处的中国传统其实还薄弱过香港，究竟还是香港地域上离“母体”较近。我在《大华晚报》撰文时，在台湾拍《少林五祖》，竟找不到中国茶杯，除了玻璃杯，这里的瓷器茶杯都是日本式，要从香港带茶杯去。现在社会比较富裕，自然比那时的因陋就简稍好，但文化传统是一时培养不出来的，由大陆去台湾的人虽心里如此想，口中如此说，实际在民间并无深厚基础。

现代化和传统其实并不抵触，它们貌似相反，其实相成。唯其现代化了，才更领悟到传统的可贵，而传统的选择接受(不能一味食古不化)，也要具有现代知识、观念才行。日本是最好的例子，传统保持得很好，也充分地现代化。香港前几天是重阳节(阴历九月九日，1988 年是公历 10 月 19 日)，报上有人写：“香港是中国传统的保卫者，以重九为例，此日街道上堆满了男男女女手持鲜花的人，去天主教坟场的孝子贤孙……络绎于途。慎终追远，是中国人的信条。不是现代文明所能洗脱的。”

香港现代化，但也是“中国传统的保卫者”。吸收现代化观念和技术，在香港不是问题，而中国传统文化，也同样需要不断吸收补充。前面分析过不能取之中国台湾或新加坡，则仍是要从大陆吸收。究竟五千年文化根基深厚，并非十年“文革”浩劫所能摧毁，而文化不是“急就章”的事，故虽中国台湾、新加坡在经济发展上占先，文化根基仍是浅薄。

大陆地域广大，西北、西南、东北、江南，不知有多少可拍的风格各异的外景。长江、大河，五千年历史宝藏，真是发掘不完，正好补救了香港题材范围狭窄的缺点。而现代化的地方也有，我拍《大上海 1937》，感觉上海仍是老样子(虽然对我这部戏来说正合适)，但最近有一部在香港上映的《中国刑警》(原名《最后的疯狂》)，看得出导演很年轻，想求新，拍得努力，可惜大概是只看过外面去的一些不高明的录影带，取法乎下，成了外面三流片的模仿品。不过，戏里的背景是相当现代化的城市，剧中人物也算有点现代味。一问，哪里拍的？大连。我听说青岛也不错，可惜两处都尚未去过。

这部戏是西安制片厂出品，西安厂近年一些片颇受海外注意，但从《黄土地》起直到《红高粱》，拍的不过是半个陕西省——陕北。试问，全陕西省有多少可拍？全国各省市又有多少可拍？眼前的例子，程小东在拍了《倩女幽魂》之后，至今在香港未开新戏，其原因在前面已说过。如今程小东去了大陆拍《秦俑》，还是西安厂，还是陕西，不过是在西安，也仍是在这一隅之地！我事先并不知道有这部戏要拍，只是为写本书，反正是离开香港，暂时摆脱事务，就去西安看看兵马俑，一看到就颇为激动，回来写信给黄霑和林燕妮：

> 昨天去临潼（用了两千年的地名！），看到骊山下的秦始皇墓，这里秋意已深，天晴，落日显得大而且红，正是李白词“西风残照，汉家陵阙”之境。
>
> 我看了兵马俑，两千年帝国幻梦！一代霸主，死后还组织了地下大军，三坑，仅第一坑就有土俑六千……我少壮如拍《金燕子》时，拍此当也可以……但第一人仍当是徐克！徐克拍此，必想象瑰丽不可方物，如《蜀山剑侠传》也。

徐克自是第一人，但现在的导演程小东，我前面也介绍过，拍此片应也不差。还有一个能拍的人是许鞍华，以她女性较细致的感情，拍来也会另有所长。我自己如信中所说要“少壮如拍《金燕子》时”，现在的年龄，恐难驾驭此类“大”题材。黑泽明当然非我所能比拟，而且他近年拍《乱》此类大作，想必也有得力的助手（我们电影界如有这种能力的助手，他自己早就去做导演了）。此片自需庞大资金，我在大陆听说“中影”（全国性的唯一发行机构）预购版权提供了一千万（约合港币两千五百万元）。《大上海 1937》在大陆发行（自然也是“中影”）迄今年（1988）

上半年收入居全国影片首位(第二位是徐小明导演的《海市蜃楼》,第三位是“银都”的张鑫炎导演的《黄河大侠》),这当然对《秦俑》的筹措制片费有助(监制同是朱牧、韩培珠夫妇,也是“蜃楼”的监制),但我有自知之明,并不认为自己现在适合拍这种“大”题材,并无坐失机会之感(事实上,我已整年没在大陆活动,我不想我力主的台湾应该开放的观点,被误会成有个人私图)。但是,一般来说,这种“大”机会,是任何导演所想望的,程小东如在香港,是很难有机会拍这种“大”题材的。

(这部戏的开镜典礼,听说好“大阵仗”,香港有记者去,那里在广播电影电视部主管电影的副部长陈昊苏也去了,不过我已先离开,并未“躬逢其盛”。《大上海 1937》的旧班底,倒是全去了西安等程小东,自不免见面,我告诉他们:“将来卖座如何,虽不可预知,但程小东的戏一定拍得很好。”)

这是摆在眼前很明显的例子,聪明的香港电影人亦何尝不知道?香港的一位出色的编剧(《杀出西营盘》、《我爱太空人》、《中国最后一个太监》等)同时也是导演(《唐朝豪放女》和《郁达夫传奇》)的方令正,最近说:“我相信香港电影如果继续按现在的规律走的话,前途应该是相当悲观的……但是如果香港电影界愿意和大陆电影界合作的话,不但成本可以降低,而且电影中也会出现新演员、新面孔,这应给观众带来极大的新鲜感。我想这样的做法,可能会为香港电影带来一条新的出路。”我记得许冠文、吴思远、狄龙、曾志伟和别的一些人,也表露过希望能去大陆拍片或合作的意向。

为什么意向不能成为事实?众所周知,障碍在于台湾。台湾的政策能不能开放是一件事,我们香港影人应该有所主张,该有勇气去争,正如向中共争关于“九七”的种种,争“基本法”等等一样。而且,我们是可以争得理直气壮的,任何雄辩家也找不出基于文化、艺术上的理由,来反对香港影人去大陆拍片,唯一只是政治上的理由。政治应该干涉和限制文化、艺术活动吗?在民主、自由已成举世共识的今日,台湾也正如此标榜,只怕也是任何雄辩家都不能找出理由来,说应该干涉限制。我们还有个“自由影人总会”，按正理是应由影人自由组织，民主选举的，这个总会的存在，是应该为影人争取自由呢，还是用来束缚影人的自由呢？任何雄辩家也难对现状自圆其说。

《倩女幽魂》成功之后，程小东很久开不了戏，去大陆现在拍规模很大的《秦俑》，是正面的例子。不妨再举一个反面的例子，徐小明在大陆导演的《海市蜃楼》，在香港收入一千几百万元，他在香港导演的《乌龙贼替身》只收四五百万元，不到前者的一半。虽然前者档期较好（春节），但却排在弱线（银都）上，戏院少，后者是排在强线（新宝），戏院多，应可互抵。同样的徐小明，分别只在前者有西北丝路作背景，天地广阔可供施展，但《乌龙贼替身》这样的题材（演员有吴耀汉，卡士远强过前者），能有什么作为？

向台湾当局讲理，我们是绝对理直气壮的，唯一能用来做挡箭牌的只是法令。什么法令呢？不是“宪法”一类“根本大法”，只是“戡乱时期国片处理办法”，临时性的“办法”而已。另外还有一个似是称为“附匪影人审查办法”，也属同类。这些临时性的办法条例，三四十年过去，早与现实脱节，连国民党的政策文件，也取消“戡乱”、“匪”等字样了。台湾“最高法院”下令把下级法院判决商人“资匪”案发回“更审”（后来判决无罪），据台湾《联合报》报道：“依据四十年前制定的所谓‘惩治叛乱条例’，惩治四十年后谋取商业利益的普通商人，是不公正的。”那么以同一类的“戡乱”、“附匪”条例来对待香港电影界，又是否公正?!

不公正的还不止此，香港拍的电影《恶男》在台禁映，理由是女主角陈冲在大陆拍了《末代皇帝》，不久之后，《末代皇帝》就在台湾上映，而《恶男》至今仍禁，分别只在《末代皇帝》是美国片而已。这种双重标准，吴思远指出过，我也指出过，最近看报上岑建勋（喜剧明星，也是重要的监制人，“德宝”创立时，潘迪生以他为左右手）说要在台湾向新闻局申请到大陆拍外景，“对港片不公平”，“为什么《末代皇帝》、《北京故事》可以在台湾上映，他们却不可以，如果台湾认为是香港人投资不可以，他们可以引进外资”，“申请以外资投资一半的公司名义，如果都不答应，索性用外资公司名称”，这样一步追一步的争取的态度是对的。再说，为什么香港人投资不可以，美国人投资就可以（实际上《末代皇帝》也有部分香港资金），也是任何雄辩家无法自圆其说的。

香港各界人士，为“九七”问题敢于与中共争，为什么唯独电影界如此理直气壮的事，都不敢向台湾争？

张彻在《恶客》里客串登场

只有争取到突破香港弹丸之地的限制，能自由到任何地方拍片（“自由”影人总会！），才能摆脱“只看两年”的噩梦！

（四）

第二，要说台湾方面。

我在去年（1987）和今年都没有去大陆拍片（自不是为了什么满意不满意，前面已说得很清楚），一则是我不愿在提出这些主张的同时，涉及自身个人利害；二则是我要把我的主张约束在言论自由范围之内，不是行动。言论自由是今之举世共识，在现时文明世界的标准来说，我的立场是决然无误的。

台湾常自称“自由地区”，无论说是自由世界也好，文明世界也好，现在已确立了若干标准，无人可以不依照这些标准行事，最顽固不化的也在逐渐改变，不改变，其失败就指日可待，而且至少是无人公然反对这些标准。言论自由自是其一，政治不应干预文化艺术也是其中之一，可以随自己的意向去任何地方，更是基本人权之一，不在话下。台湾对香港影人的控制，实在很难说符合文明世界且自命“自由地区”的标准。不可以自由到某一地区拍片才承认是“自由影人”，才能加入“自由总会”，才可以获得签发证明而影片能进入台湾，不免是对“自由”二字的一种讽刺。

“戡乱”、“附匪”这类字眼，是写在政策文件上也自觉不要了，而其“办法”、“条例”仍施行于香港影人身上。种种不合文明世界标准，与“自由”二字背道而驰的做法，怎能永远继续？我相信，台湾当局开放《末代皇帝》时，也未必不知道对港片不公，但对方是美国人，一些不合文明世界标准的话说不出去，只好“欺负”一下香港人了！

好了，如我上节所说的事例，岑建勋来申请，“认为是香港人投资不可以，他们可以引进外资”，“申请以外资投资一半的公司名义，如果都不答应，索性用外资公司名称”。关于《秦俑》，我从香港报纸所公布过的，知道它是由加拿大“天艺公司”投资，导演程小东告诉记者说，“由于是外国资金”，程小东是打工身份，“所以台湾方面没有问题”。该片的执行监制甘国亮面对记者时，也说该片于 11 月(1988)开拍，可望 2 月(1989)底完成，其间他会返港，到台湾参加“金马奖”……较早前，他执导的《神奇两女侠》被提名为“最佳影片”与“最佳原著剧本”两个奖项。

这些事，将如何处理？

承认外资可以，假如香港就此涌现一大批“外资”公司——资金的真正来源，是很难考查确实的，即使说要外国汇款凭单，香港汇兑出入

刚赴西安拍摄《秦俑》的导演程小东,返港出席《义胆群英》酒会向张彻祝贺

自由,由香港汇出一笔钱再原封不动汇回来也不是难事。那时候怎么处理?岂不是掩耳盗铃、导人诈伪,只使忠实的人吃亏?要说外资也不可以,必须主其事的不是香港人,那就不仅双重标准,说不上是什么标准了。香港影人可能有些已有外国国籍,至少是原来电影界而现在已移民外国的就很多,请他们来担任名义好了,那又怎么处理?总不能说即使有外国籍也不可以,必须没有中国血统才行吧!(即使如此,也可以找真正的洋人挂名。)

世上只有保护本国人,决无驱本国人改做外国人的政策。香港的《明报》出过“台湾新路向”的几个专辑,在 1988 年 8 月 26 日的社论中提到台北政论家司马文武说:“有关香港问题,台湾只有对策,没有政策。”同一篇社论中又说及台湾对香港的政策:“不仅没有‘主动性和前瞻性’,而且还可说缺乏逻辑性和现实性。”以对香港电影界的政策来说,其“缺乏逻辑性和现实性”到了已不能成为政策的程度,连作为对策都将图穷匕见了。

这样不成为政策的“政策”，其“缺乏逻辑性和现实性”到了如此明显的地步，台湾主管电影和文化政策的人，当然不可能不明白。譬如国民党文工(文化工作)会副主任朱宗轲就说：“开放是一个必然的方向，大势所趋，潮流的发展，将使影视主管单位无法退缩。”看起来，新闻局的邵玉铭局长劝人劝得很累，今天劝林青霞不要去(她入了美国籍能不能再劝?)，明天劝徐枫，后天劝胡慧中，可能不久又要劝岑建勋，总是说忍耐地去等政策决定。最初是说“于 5 月份检讨电影的大陆政策”，然后一再说“最近几个月内即可公布实施”，然而到现在已有半年(执笔时是 1988 年 10 月)，还是只听楼梯响。

究竟是什么人什么原因，在如香港人常说的“阻住地球转”?

台湾有人喜说“稳扎稳打”，但却只见停滞不前的“稳扎”而未见“稳打”，原因是什么？有说是为了“安全”。别的我不敢说，也不在本文讨论范围内，香港人去大陆拍的影片有什么不安全处呢？如果说大陆要求香港人去拍的片“为政治服务”，自然是另一说。但至今任何一部香港人去大陆拍的片，都可以检定其决无政治色彩。唯一可以猜测的理由，是看到大陆历史文物、山河大地，可启人“故国”之思。但这种近乎“愚民政策”的鸵鸟埋首沙内的方式，在资讯如此发达的今日，本已不能成立，何况既已开放探亲，目击尚不怕，还怕在电影里看到？再说，台湾口口声声说发扬中国传统文化，除非并无诚意，否则为什么要隔断香港电影对中国传统文化的联系？“故国”之思也正好对“台独”起免疫作用。

真正是令人百思不得其解。

基本上，台湾是一个海岛，凡海岛皆具外向性，宜开放而不宜封闭。台湾在经济上所以成就骄人，正因为是走开放外向型的路子。台湾在电影上的成就，明显地不如香港，甚至本来走红的香港明星和导演，一长期滞留台湾，便沉落下去(例子很多)。其中原因，我在前面也提到过，香港和台湾都是海岛，在经济形态上都外向开放，但香港在思想观念上，在文化电影上亦如此，而台湾不然，以此台湾电影总无起色。即使说“乡土电影”,亦要以现代化的、开放的观念来看“乡土”,才能有前景。这就是香港电影的本地化并不妨碍电影发展之故,“乡土”在今日世界上,也不能孤立绝缘的。

香港是海峡两岸之外的最大的华人社会,具有现代化开放型的优点,故台湾若不想在海外华人中萎缩不出头,是需要香港的。现在固已如司马文武说的“没有政策”,更不可行之于“九七”之后。本文范围以外的姑置不论,至少台湾电影不能没有香港这个“窗口”,否则连这并不佳妙的现状都不能维持。台湾电影之进一步开放,或连香港这“窗口”也封杀,也许是台湾主管电影文化当局的事,不必香港人来置喙;但香港电影界是有权争取自身不受封杀的,至少还算是港澳“同胞”对不对?台湾动辄就说香港影人去大陆拍片是“利之所在”,其实香港影人除了一两个(三个都数不出!)例外,并无什么人在大陆赚到钱,他们着眼的还是艺术天地的放阔。许鞍华和我如此,相信程小东、甘国亮也都如此,至于拍戏拿片酬是当然的事,在香港、台湾拍也拿的。“利之所在”其实是在台湾,如秋子常说的“一千九百万人口的市场”也。

靠“利之所在”来控制,本已非一个以“民主自由”自许的当局所应有,且若有朝一日“利”不“在”这里,那怎么办?如果有一天香港影片在台湾的收入再下降,如果有一天香港电影界计算本港加上台湾收入都不足自存,局面就无法控制,而这一天的来到,可能并不遥远。

“主动性和前瞻性”希望不仅坐言,还要起行,否则会“政策跟在事实后面”,都来不及“跟”的。

这是我对台湾当局出自衷心的忠告。

(五)

第三,要说大陆方面。

大陆电影需不需要香港呢?

答案很简单:需要。

大陆要现代化,需要香港。大陆电影也须现代化,所以也需要香港。

我看过不少大陆电影和电视片，也去大陆拍过两部戏，感觉由于三四十年来的封闭，基本观念和技法，仍以 40 年代为基础。此所以大陆影人和台湾影人有了接触之后，感觉彼此相像的程度，超过像香港影人，这正是由于封闭的程度相近，五十步与百步而已，香港则一直处于完全开放状态。

我在大陆常听人说起两件事，一是说中国电影之不能发展是由于票价低，二是说大陆观众对电影的口味不同。我以为票价低并不是问题，因为市场之大足以补偿而有余。我在前面已分析过香港的一流卖座影片，观众和人口的比例是一比三，则是每三个人中间有一个去看电影。十亿人口的三分之一是多少？而且用不着三分之一，十分之一好了，一亿人看电影，几毛钱一张票也有好几千万元，若折算起港币就有一亿几千万元，所以市场的潜力其实远超过香港，只在有没有人去看电影而已。第二，观众口味的问题。我觉得大陆和香港的观众并无根本不同之处，两地人情本不甚相远，何况同属中国人！大陆现代化的道路，不论如何迂回曲折，倒退总很少可能，她总是往生活水准提高繁荣的路上走，那大陆和香港就越来越更接近。尤其是年轻一代，而电影观众总是以年轻人为主的。台湾的社会本较香港接近大陆，这从大陆和台湾的影人见面，都感觉彼此间像过香港的可见，台湾观众却也欢迎香港影片，远超过本地制作。问题其实是掌握电影的人（包括管的和拍的），以为观众如此。香港的影评人石琪也兼写杂文，在他的专栏中说：

> 笔者一直觉得，中国很多知识分子的思想包袱太多，还不及普通民众开通……
>
> 例如知识分子至今还在中化与西化的问题上争论不休，这些对于普通人来说是不必争论的，因为大家热爱中国家乡，不愿毁宗灭祖，这是肯定的。同时大家都喜欢新鲜进步的东西，谁会反对用电灯代替油灯，用汽车代替牛车，用水厕代替茅厕，用电饭煲代替

> 烧柴，用民主代替专制？好的就是好的，不管这是新旧中西，都愿接受，也不必争论。
>
> 知识分子爱说中国民族性是保守、文弱，不科学、不重工商，缺乏冒险精神，而且都有阿Q性格，这些其实应该说是某些文人的特性。说到普通中国人，一旦获得松绑的机会，往往鬼马反斗（调皮捣蛋），喜欢冒险赌博，做生意开工厂成功，钻研科学得诺贝尔奖，小孩子在外国读书往往数理成绩奇佳，中国武艺亦令外人侧目，跟那些书生之见真是大异其趣。

石琪真是看得透彻，所以我忍不住成段抄下来，所谓“平民”、“普通中国人”，用大陆惯常用语来说，就是“群众”。

一些知识分子不了解群众，以为群众就是如此，掌握电影的人是知识分子，也常以为观众（群众）如此，这现象在大陆和台湾都一样。香港本来也一样，以为中国观众“文弱”，其实“中国武艺”可以“令外人侧目”，功夫片扬威世界，以为观众要看女人，以为观众不接受主角死亡，结果是没有一条不被打破，前面都已说过，不须重复。到今年上半年计算，大陆影片卖座以《大上海1937》最高（台湾请勿又误会是“利之所在”，我是受薪导演，并非老板），由于当时文化部负责人叫我“照自己的方式拍”，故该片仍然是我的一贯“阳刚”作风，事实证明并不为大陆观众拒绝接受，卖座第二位也是香港的合作片《海市蜃楼》，上述两片的导演都是“纯香港”的导演。第三位是“银都”出品，是作风较接近大陆的香港片。从此可见大陆观众的口味到底如何，岂不十分明白？

所以，大陆的电影需要香港电影来促进其现代化，从技术到观念，才可以打破40年代的旧框框，而且并无不能接纳的因素存在。最近看到报上说正在讨论电影审查法，要求电影有“娱乐性和可观性”，这正是香港电影所优长。

“银都”在大陆拍片的情况，我不知道，但从她完成的影片来看，倒也不见其“主题先行”。其他香港影人去大陆拍片，更从未见要“主题先行”，要求为政治服务，也并未发现在拍片过程中，遇上政治上的干预。我在前面已经说过，这两个基本问题解决，此中已无障碍存在，且看上去，政策在这两三年中，只见其继续开放，看不出有改变的迹象。去年春节我在北京过年（不是拍戏），在一个宴会上，电影局的滕进贤局长对我说：“自我接任局长以来，还没有任何一部影片，因为上级的意见而遭禁映的事。”当时，在广播电影电视部主管电影的副部长陈昊苏（陈毅的儿子）也在座。

现在外在的障碍来自台湾，以香港影人的立场，当然希望这障碍能消失，但也不是全无办法，这就是大陆市场对香港电影相对地开放。我所谓“相对”，就是并非绝对的凡香港片皆可。台湾也并非每部香港片都能在那里上映的，一种是台湾当局认为有“不良意识”或其他原因（例如《恶男》以陈冲主演而被禁），一种是影片被认为不能有市场价值而不为片商、戏院商所接受。

故而大陆对香港影片之接受与否，也同样可着眼在这两点。一是经济上的观点，我前面已分析过市场承受力绝无问题，观众可能的人数之多，远可补偿票价低而有余。台湾对香港影片除了自行发行的以外（可能有突破但也有风险），片商购入，多者也不过港币三百万元左右，只要有人看戏，这是无论如何可以超越的数字。这大可按市场规律办事，只要检查一下某个导演、某个制片人过去的记录，能否购入，或是应按什么价格购入，便很清楚。第一次自然难一点，因并无在大陆过去的记录可按，但根据影片的素质，在香港的记录，有经验的发行公司也应该可以判断。发行电影这件事，自无法策诸万全，唯以常理论，在大陆发行香港影片，扯平来说，总计应该可以赚钱，还大可能赚大钱，故在经济观点上应无问题。

至于内容方面，自是第二点要着眼之处，但基本上应可放心，因为艺术不涉政治，早就是香港电影界的共识。台湾其实不须担心香港影人去大陆拍片，会“宣扬共产主义”，相反地，也绝无“宣扬三民主义”之可能。大陆现既并不要求“主题先行”，如前所述在讨论电影检查法时，说要注重“娱乐性和可观性”，正是香港电影之所长。而另一方面又说要不失其“思想性和艺术性”，在“思想性”方面，既非定要“主题先行”，那就《不必一切都载道》（我在香港《明报》上写的一篇文章），仅是要求其无不良的思想意识，只要有法可依（如电影审查法），不是漫无标准，自然可以适应。在“艺术性”方面，应该是群众所喜闻乐见的艺术，相信也不会是“曲高和寡”式的知识分子自闭于象牙塔中要求的“艺术”标准，那自然更不成问题。所以说，其间并无根本上的障碍，至于一些工作习惯不同之类，只是小节，不对的可以改进，不同的可以互相适应。

再从长远处来说，大陆有广阔空间和历史传统，都非香港或台湾所能有，这本是有其优势，像《红高粱》等电影便受到外人注意。唯大陆电影缺少的是现代精神、先进技术，以及对市场的敏锐感觉（如前面说的以为观众文弱、保守，要看女角，怕见死亡之类）。开放香港影片以后，自然会带来新刺激，一定会促成大陆的影片进步。此非从“凤凰”、“长城”的几部旧片（和现在的香港片全不相干）和粗制滥造的录影带所能有。大陆影片在现代化，吸收了先进技术，增加了市场敏感之后，以广大民众的无穷潜力，进军海外市场，反而可以赚入更多外汇。这和现在引进外国技术，管理方法，来发展大陆工商企业，基本的道理是一样的。

开放、交流是两利的事，要叫香港的人才、资金投入，而市场对其关闭，不论台湾开放与否，“单行道”总难一直走下去。而利人亦即利己，开放、交流对大陆的电影发展，实更是有利，也绝无疑问。

（六）

据报纸报道，最近美国《商业周刊》的一篇特稿，提出一个看法：“中国大陆、台湾和香港，正在逐步融合成一个新的超级经济实体——‘经济大中国’。‘大中国’将成为继日本之后亚洲的下一个经济强权。”香港的《明报》在社论里提出的意见是：“短期内采取‘政经分离’的原则，尽量避免让政治因素阻碍经济合作的进展，并且在长期内采取‘经济主导’的原则……三大地区的十一亿中国人民，面对最迫切的问题是：如何在经济上立于不败之地……如果让政治考虑阻挠三大地区的经济合作，将是中华民族的悲剧。”

我不是经济专家，经济问题也不属于本书谈及范围。事实上，经济与政治的关系也较为密切，“经济主导”的原则固然极对，可在政治考虑上遇到的阻力仍不免较大。但在文化、艺术方面来说，应不涉及政治，这已是文明世界之共识，而且电影在中国大陆、台湾和香港，其“立于不败之地”之急切需要，比经济更是“面对的最迫切问题”，三个地区都有相同情况。

建立一个“电影大中国”如何？

张彻论同行

论岳枫

普通观众只注意明星,会看戏的才留心到导演;现在观众们已经渐渐注意到一张片子的导演人,这是观众的进步,而观众的进步正是电影事业进步的基本条件!岳枫是目前经常拍戏的国片导演中资深的一位,故而笔者在此为导演们作小论时,先从他写起。

被圈内人尊称为“岳老爷”的岳枫,你可以想象一个世故圆熟的长者,温和而有耐心地为青年人讲述含有教训意味的故事——这就是岳枫导演的基本风格。

从这里可以演绎出他的特色:包含有道德教训的主题,细腻的手法,流畅的叙述,圆熟技巧,不铺张扬厉,也不炫奇弄巧。

以拍流俗所谓“小戏”而论,岳枫是在目下无有抗手的,他善于在狭小的范围里挖掘出戏来,例如《畸人艳妇》(1960)洞房之夜一场,在一间普通卧室里,只有乐蒂和金铨两个演员,而且对白都很少,这场戏却足足拍有一本片子,表现出两个人复杂的感情和心理,丝毫不使观众有沉闷的感觉——过去朱石麟也号称“细腻”,但近年来却退化了。

说到“退化”,现存的国片导演中,与岳枫同样资深的老导演也不是没有,但或则退化,或则停滞不进,落在时代的后面,而岳枫几乎近二十年来,始终在一流好手之列,只是技巧更圆熟,更返博守约,炉火纯青。

有时,在比较年轻的人看来,他的某些片子,似乎道德教训的意味太重一点——这里,有艺术与人格的一致,岳枫这个人看上去世故成熟,实则外圆内方,有些私生活不大检点的演员,即使在当红的时候,岳枫往往拒用——而且觉得他近年太收敛,太炉火纯青了些:在我们的记忆中,岳枫的才能是多方面的,他也曾有过“粗线条”的、大气磅礴的杰作,不仅以细腻温婉见长。

幸喜他最近又有“放”的趋势，去年的《燕子盗》(1961)，是那时一窝蜂乱拍武侠片中，格调独高的作品，今年又开了《白蛇传》(1962)；“老成典型”，今已无多，希望他能为后起者多留几部多方面的“典型”之作！

1962年4月1日

论李翰祥

将参加康城影展的《杨贵妃》(1962)的导演李翰祥，在今之导演群中，是一个霸才；惜乎还有点杂而不纯，正如一个锦袍银甲的霸王，袍角下露出了一把算盘！

艺术是人格的反映，人有霸气，艺术才有霸气，一个人本身小家败气，即使拍片的老板有“金”可“挥”，他也会“挥”得寒酸相；李翰祥能把邵氏的钱，挥金如土，《杨贵妃》仅日本出一趟外景(拍片中的战争场面)，便用去港币六十万元之巨，就因为他私底下用自己的钱也挥金如土。

李翰祥确把国语片的古装戏带进去一大步，我看过《杨贵妃》的试片和《武则天》(1963)(也是他导演的戏)的片段之后，曾戏言：“有这两张片子出来，《江山美人》(1959)应该烧掉了。”他更早导演的《貂蝉》(1958)，自不消说，因为一直到《江山美人》为止，中国的古装片，一切服装、道具、布景、化装，还脱不了旧戏的影响，很少人能直接到史料里去钻研；《杨贵妃》、《武则天》(还有未完成的《王昭君》/1964)则已“脱胎换骨”，彻底摆脱了那似是而非的一套。

严格说起来，作为电影导演，李翰祥并非举世无双。论戏剧的掌握，他不如岳枫，论镜头的运用，他不如陶秦；但如作为一个古装片的艺术指导(art director)，他可说是当今权威，即使外国要拍中国古装片，找他去做艺术指导，也是最恰当的人选。他在这方面的成就，与他私人的“挥金”有关，凡能供研究古代文物参考的东西，只要他见到，不管价值如何昂贵，他就是举债求之，也在所不惜；这方面的功夫，没有任何一个中国导演，有他下得深的。

所以他的古装片，镜头位置都可以无所谓，正如他自己所说：“摆在哪里都好看”;他的戏纵横跌宕,无不得宜,故而我说他是霸才——他这人,独立制片用不起,电懋不能用(因不合主事人的“持重”性格),今日影坛上,能用他的只有邵逸夫而已。

但所谓“月满则亏”,“福兮祸所伏”,一个人的优点同时也是缺点,失败的因素从来就埋伏于成功之时;李翰祥是纵横之才,凡一切“霸才”,都有杂而不纯之弊。他纵横奔放之下,《貂蝉》里就有了脱衣舞,《杨贵妃》里就唱了“四季相思”,《武则天》里武则天对徐有功一篇对白,眼睛如何如何,下巴如何如何,活像王尔德(Oscar Wilde)的《莎乐美》(*Salome*)看约翰头颅的诗句。

这些“神来之笔”,目的是取悦观众,取悦观众并不错,但要从戏的全局下手,出一些花招,是向观众弄权术,便非正途——这里又有艺术和人格的一致,凡霸才都有弄权术的嗜好。

权术有时有用,例如《手枪》(高立、李翰祥,1961)本是死症,就靠他的权术救活(加插许多旁枝,用大明星客串),但权术必有时而穷,这也是无待深论的常识。锦袍银甲,霸王之姿,却是内藏算盘,别人不防他“粗中有细”,很容易“掉进”,但一阵风过,吹起衣着,露出了算盘,法宝从此失灵,一切权术,都可作如是观。

权术可以起家,但不可久恃,这就是所谓“逆取顺守”,“马上得天下,不能马上治之”的道理。彩色宽银幕、大场面、宫闱、战争、脱衣、出浴、服装、布景的考究,到《杨贵妃》、《武则天》快到尽头,今后纵能精益求精,但突变式的进步恐无可能;极盛之下,最难乎为继,今后只有掉转头来,“高明柔克”,从放而收,下沉潜深入的功夫,返博为约,去其杂求其纯,然后才能从“纵横家”成为真正的艺术家,从“霸才”而成“王佐之才”。

一个人的成功,半赖才智,半赖机缘,李翰祥有才智,有机缘(遇到能用他的人),在今日国片人才缺乏的情形下,实深望他好自为之!他“挥金”的另一面,是“挥金结客”,座上客常满,杯中酒不空;“大丈夫得意之秋”,最易生骄心,骄心一生,便耳听谀辞,目迷巧色,“马仔”来而诤友去——世上许多“眼看他起朱楼，眼看他楼塌了”的悲剧，无不望此而起。

人才不易得更不易培养，毁之却在一旦，个人的才智机缘之外，还有百万巨金才培养出李翰祥今日的经验和地位，所以也就特别值得他自己和别人宝爱！

从本文起，我将逐个分论现时国片导演，或限于篇幅，一篇论之未尽，并可再论——文中自不免有所褒贬，但用意在劝善规过，共策国片之百尺竿头，更进一步也。

1962 年 4 月 23 日

论易文

易文是今之国片导演中，书生气较重的人物，故他的戏长在雅洁，短在力有不足；善淡抹，不长浓妆，所谓“却嫌脂粉污颜色，淡扫蛾眉朝至尊”，可为易文写照。

正与李翰祥的霸气纵横相反，易文是清雅透逸的。他本人看来像一个书生，而气质上也是书生；他的魄力逊于李翰祥，驾驭大题材、大场面非其所长，故《星星·月亮·太阳》(上、下集)(1961)虽卖座鼎盛，实际上不算是他的佳作，但他有的戏纯净雅洁，别具细水潺湲之致，而无沙泥夹杂之弊。

他的长短都在“趣味”好。因为“趣味”好，所以纯净；低级的，粗俗的，过火的，都被淘尽，不会在他的戏里存留；但也正因为这一点，他的戏不够过瘾，没有什么“洒狗血”，足使人痛哭、狂笑之处，好像常常“点到为止”，一接触即收敛，很少放尽，不能淋漓痛快，不时觉得他把戏轻轻放过——故他长于淡，拙于浓，宜细水潺湲，而不能如飘风骤雨。

是以战争宫闱、大刀阔斧之作(这正是李翰祥所长)，非其所宜；但是他没有“杂而不纯”之失，儿女言情，婉转细腻，或是轻喜剧，都出色当行——总之，他是柳永而非东坡。

我草此小文，似乎也受他的气质感染——写李翰祥非酣畅淋漓，不能尽其人；写易文却只可含蓄蕴藉，方克称其忠。

1962年5月7日

论陶秦

陶秦导演的《千娇百媚》(1961),是去年本港国语片的卖座冠军;如果说岳枫是东方气质的长者,陶秦则是现代都市型的,他有“语不惊人死不休”的气概,是时下导演中最接近欧洲风格的一个。

香港的国语片一向只有“歌唱片”,而无“歌舞片”,自称要“无中生有”的陶秦,正如他自己的豪语把歌舞片建立起来,昔之《龙翔凤舞》(1959)就曾有过颇高的卖座纪录。去年的《千娇百媚》继以现在的《花团锦簇》(1963)——这就是陶秦,一个敢作敢为,敢于“无中生有”,走新路子,求新创造的人物。

中国的导演风格,大体是承袭美国的,即镜头的运用和连接,先求顺适,不尚诡异,也就是说先“通大路”。欧洲(日本大体承袭这一体系,尽管在剧情内容上战后已大为美国化,但导演手法仍未有变)的风格,则是求突出的强力表现,镜头舍弃“平角”(flat angle)而多用“高”、“低”、“侧”的角度,甚至“反常角度”(crazy angle)亦在所不惜,只要表现有力,连接则多用“切入”(cut in)硬接,而少用“化”、“淡”——在这方面来说,陶秦是中国导演中最接近欧洲风格的,这也是依据他敢作敢为、“语不惊人死不休”的性格而来。

所以岳枫若是诗人中的杜甫,雍容雅正,各体皆备;陶秦便是李贺,另辟蹊径,不由陈轨。这两人的风格截然相反,但是各有千秋,可称“双璧”。

陶秦的戏如《四千金》(1957)、《龙翔凤舞》、《千娇百媚》都是卖座片,又如《欲网》(1959)、《狂恋》(1960),风格独特,是国片中的一流杰作,但卖座并不理想——有人归咎他过于“西化”,正如现在有些人拿这一点抨击胡适一样;他的一位“同行”,说他专爱拍圣诞节,以致自己拿到剧本里有写到圣诞节的硬要改成过旧历年。其实，今之香港，根本就是一个相当“西化”的都市，如以年轻一代来说，对圣诞节的兴味，就远在过旧历年之上，这都是现实情形。如果艺术应反映现实，表现“此时此地”，则“西化”势不可免——要是说陶秦脚步走得太快，有时超过观众前面，吃了“曲高和寡”的亏，这倒是真的。

艺术要普及也要提高，走得太快、太新，并不是错误，只要加一点技巧引导观众，提高使跟得上脚步便可。史蒂文逊说：“有希望的旅行，胜于达到目的地”，如果“目的地”不过是从九龙到香港，“达到”自然很容易，要是目的在环游世界，达到便不免困难一点，然而却是“有希望的旅行”——陶秦是在作“有希望的旅行”，同时也可以相信，他是会一个又一个，达到他新的、更新的目的地！

1962 年 4 月 16 日

论张彻电影

《独臂刀》(1967)

纵观华语武侠片发展历程，不少观众影迷乃至专业研究者都会将崛起于上世纪60年代的“武侠新世纪”作为一段承前启后的重要时期，因其非但较过往的类型题材创作吸收了更广泛且多元化的元素，并将之融汇为全新的武侠风貌，更对其后四十余年的武侠片产生重要影响，尤其自90年代始，几乎所有的武侠经典，都能从这一时期的影片中找到对应的“蓝本”。

开“武侠新世纪”风气的核心人物有二，其一为塑造银幕女侠的胡金铨，代表作为《大醉侠》，其二则是开阳刚时代的张彻，代表作为《独臂刀》，这两部作品或许在许多方面都称不上是成熟而完善的杰作，但对整个武侠电影而言，却为之开创了两大潮流，其后无论各显千秋，抑或相互融合，《独臂刀》与《大醉侠》皆可谓令武侠片焕发新貌的两大“鼻祖”！

近百年来，武侠片多以男性为重，反观女侠虽不乏代表性人物，却始终较男侠逊色一筹，即使《大醉侠》的“金燕子”(郑佩佩)极具侠女风范，高潮的正邪大战仍由岳华及杨志卿两男出马，至于《独臂刀》，则更是男性武侠神话的一大“典范”之作，从对英雄形象的塑造，到热血激愤的侠义精神，无一不为人津津乐道，如今看来，仍未脱于时代。

说到张彻在《独臂刀》里祭出的两大标志，便是肢体与兵器。

尽管此前《断肠剑》(同为张彻拍于 1967 年的作品)已有主角李岳(王羽)遭剖腹身亡的结局,但大肆展现人体断肢、腹间插刃、血溅身躯场面,仍以《独臂刀》为首遭;其次,张彻让男性赤裸上身,露出健硕的肌肉后,再让他们被刀剑劈斩,呈现腹部破裂时的鲜血及伤口,继而痛苦挣扎,直至死亡的设计,亦以《独臂刀》为始,故仅看片中谷峰与郑雷两场“盘肠大战”,便可称作张彻追求惨烈的典型象征;再者,过往香港拍摄的武侠片(尤其粤语片),由于武打动作舞台化,加上常卖弄粗制滥造的神怪斗法,往往都是“杀人不见血”,但到了张彻这里,却变成极力突出那种被刀剑切划时的肢体创伤,因此片中所有被杀者,都要用镜头对着他们身上一道喷血的伤口,连主角被断去右臂,也用上许多近景强调他的伤残及疼痛,充满凌虐之意,当然亦是张彻“暴力美学”的基础,后来吴宇森用慢镜拍摄人体被子弹击中时伤口“开花”的场面,则属一脉相承;最后,张彻对肢体残缺的偏爱,更成为阳刚英雄的生理标志,非但他自己后来拍了《独臂刀王》、《新独臂刀》、《残缺》等,吴宇森将此路线改良为现代枪手后,也屡用伤残去激发人物的尊严及生命力,甚至用于呈现死亡的惨烈,《喋血双雄》里被枪打烂双眼的周润发,就有如《新独臂刀》里被谷峰将身体斩成两半的狄龙,都在最痛苦的肢体伤害下死去,甚至其他导演拍的《旺角卡门》、《天若有情》、《永霸天下》等都市江湖片,主角(都是刘德华)也在后脑重伤、血流不止,或血糊眼眶、双目失明后完成复仇,由此可见,张彻对血腥暴力的“开山立派”意义实前无古人。

至于兵器,张彻在《独臂刀》中构思的“金刀锁”,亦是武侠片的一大发明及突破。过去武侠片的兵器决战,大多是生硬之极的碰撞,加上音效技术尚未成熟,看起来往往是以面对碰,斩杀人体时视觉上亦感受不到兵器的杀伤力,因此虚假之极。但《独臂刀》以金刀锁锁齐家刀,再让独臂刀破金刀锁的设计,无疑较传统武侠片多了一番“智斗”,也为全片制造了悬念,不再是打来打去那么粗糙。此外,《独臂刀》以刀刃碰撞的音效配合人被刀斩杀时的伤口及痛苦表情,亦在很大程度上提升了武打场面的真实性，既超脱了舞台化的表演，也打破当时类型片“不可渲染血腥暴力”的创作规矩。其后，兵器在张彻片中的作用也越来越大，如《新独臂刀》的三节棍、《少林寺》的钢鞭、《南少林与北少林》的梢子棍与鱼尾棍、《街市英雄》的关刀与长戟等，风头皆凌驾拳脚之上，也无一不看出张彻对兵器的重视。

当然，无论人体的残缺，抑或兵器的威力，《独臂刀》仍显著受到日本电影的影响(尤其“盲侠座头市”系列)。如方刚每次拿起父亲留下的断刀，就会响起一阵武士片的音乐，后来方刚习独臂刀法由上至下破开木桩，再到与郑二郎桥上决斗，先一阵缓慢走位再冲前，亦是日本盲侠片的变奏，甚至一刀就能给敌人致命伤害的迅猛身手，也是黑泽明剑客片中用于强调武士刀的手法。但张彻的聪明之处，便是在吸收日本片创作技巧的同时，加以中国式的改良及发挥，因此《独臂刀》才能在华语武侠片发展历程中拥有重要地位。

既然《独臂刀》迄今仍被奉为张彻式“阳刚武侠”的先声作，除血腥暴力，亦在于其独尊男性的作风。片中，张彻就借小蛮之口，道出女性对阳刚男儿的迷恋——“这种人逞英雄、争面子，看上去有义气、有血性，堂堂的男儿，最容易使女人迷惑，喜欢上他们。”而其后《大刺客》、《报仇》、《独臂刀王》及《新独臂刀》等片中的女角(焦姣与李菁)非但仍延续着同样的感情观，即使是《金燕子》，女侠金燕子虽有一副好身手，但面对师弟银鹏的示爱，却由始至终都无从抵御，因此不仅在银鹏身受致命之伤时对其坦承：“我其实是喜欢你的！”更在银鹏战死后毅然守于墓旁。至于银鹏的名妓情人媚娘，情深为对方所负，却依然不离不弃，当知悉爱人行将赴死，她能做的只是为其包扎伤口，助其实现自我殉道，再主动将自己置于“断守者”的身份地位伴于其墓，这与张彻强调的男性个人英雄主义形成鲜明对比，也承接了中国传统女性那种“永远不了解她们的男人对自我、师门和其他男性所负的责任”的“保守的乡土和家庭观念”(见田彦：《没落的偶像——八十年代看张彻》一文，载《七十年代香港电影研究》，第 42 页)。

《独臂刀》后，这种显著的“男尊女卑”观念仍被其他香港影人沿用，尤其是现代枪手片《杀出西营盘》(1982，唐基明导演)，杀手秦祥林遭暗算负伤后逃回西营盘，令两个不同年龄的女人——焦姣与叶童对他产生感情，后者更只因他记得自己的名字，就义无反顾地将身体交给他，甚至在主动承诺“我这一辈子也跟着你”后，欣然接受了他结束自己性命的一枪！这一点，不难叫人联想《独臂刀》里齐佩及小蛮都喜欢方刚，小蛮更在救下方刚后不久便对他托付以情的安排，只是张彻仍恪守传统仁义，不让方刚辜负小蛮心意，因此在挽救师门危机后与之归隐山林，唐基明则将之膨胀至极端，让女性沦为男性阳刚神话的“附庸品”甚至“牺牲品”，剥削与歧视态度不言而喻，追根溯源，张彻电影堪称滥觞。

《独臂刀》当年票房超过百万港元，张彻也因此被奉为“百万导演”，同年，他的另一部作品《大刺客》也取得百万票房。1968 年，《独臂刀》、《大刺客》及《金燕子》先后在台公映，据“台北市商业同业公会”公布的“1968 年台北十大卖座国语片”，张彻这三部武侠片高踞前三甲，《独臂刀》票房更达两百九十八万新台币(《金燕子》两百九十六万、《大刺客》两百六十四万)，为全年票房冠军，而台湾导演徐增宏执导的《七侠五义》票房两百五十万，比《独臂刀》足足少了近五十万元，张彻武侠片之受欢迎程度可见一斑！

1969 年，张彻执导续集《独臂刀王》，在港票房近一百三十万，仍为全年票房冠军；1970 年，创立之初的嘉禾将王羽从邵氏挖走，并让他与胜新太郎合演《独臂刀大战盲侠》，结果邵氏一方面以侵犯版权为由与嘉禾对簿公堂，另一方面又命张彻开拍“正宗”的《新独臂刀》迎战嘉禾制作、由王羽自编自导自演的《独臂拳王》，最终《新独臂刀》取得一百六十万票房，《独臂拳王》则为一百零二万，至此，张彻的“独臂刀三部曲”终落下帷幕。

不过，在《新独臂刀》之后，张彻便未再拍摄以断臂大侠为主角的影片，反而王羽乐此不疲地沿用“独臂”招牌，在台湾拍了《独臂拳王大破血滴子》(1976)、《独臂拳王勇战楚门九子》(1976)、《独臂侠大战独臂侠》(1977)等片，还找姜大卫跟他合导兼合演了一部《独臂双雄》(1976)，总之，似乎只要有王羽，“独臂”系列便不会失诸原味！

除王羽曾一而再、再而三地演绎“独臂”英雄，张彻以《独臂刀》缔造的武侠神话，也在其后多年为众多后辈借鉴甚至翻拍，当中包括徐克(《刀》，即《断刀客》)、李仁港(《94 独臂刀之情》)、陈可辛(《武侠》)等，甚至昆汀执导的《杀死比尔》(2003)，“新娘”手持武士刀将敌人斩至断肢乱飞，亦十足张彻式，其后更传来昆汀欲翻拍《独臂刀》的消息……

更有趣的是，在《独臂刀》里还见到好几位后来的著名动作指导，除唐佳与刘家良，还有袁和平、袁祥仁、刘家荣等，有如更早的“黄飞鸿”片，以“刘家班”(刘湛)及“袁家班”(袁小田)为两大武指班底，他们的子女徒弟则担任龙虎武师或临时演员，此时，刘湛之子刘家良及袁小田之徒唐佳已晋升武术指导，自然不忘提携其他兄弟，如此传承，终令众人在十年后成为功夫喜剧热潮的重要力量，由此可见，《独臂刀》实有“前瞻性”。

张彻在世时，除将《独臂刀》当作是自己的成名之作外，并不认为它多能代表自己，因而自称：“《独臂刀》名气至今还不小，我本人却不太喜欢这部影片，自觉它过于商业化。”如今四十五年已过，当观众影迷再看《独臂刀》，更会觉得本片有许多不足之处，甚至海内外电影机构评选影史“百大”、“百佳”华语电影，《独臂刀》名列其中，亦出于其本身对武侠片近半世纪的不朽影响，而非其本身质量有多么出类拔萃。但无论如何，《独臂刀》作为张彻毕生最重要的作品之一及上世纪 60 年代“武侠新世纪”的重要符号，已足以名载史册。

(文/阿蒙)

大刺客

《大刺客》(1967)

众所周知,《大刺客》剧情源自《史记》的《刺客列传》,而这亦是张彻首次尝试从史实中寻找题材,正如其所言:"知识分子都读过点书,中国历史以至民间故事、传奇小说中,有无数武侠故事可供选择。"

《大刺客》里的聂政,即是坚守"士为知己者死"的悲壮侠士,因韩国客卿严仲子与他结拜为兄弟,并向他奉送百金为母贺寿,他便在母亲逝世后,心甘情愿地为严仲子卖命,性情实与豫让口中的"士为知己者死,女为悦己者容"(出自《战国策·赵策一》)不谋而合,而亦与片中聂政"这一把剑,这一腔热血,该交付给谁?"异曲同工。

事实上,《大刺客》虽取材自真实人物,并对聂政故事进行了改编创作,但或因始终受历史局限,从头到尾都未对聂政这种近乎于"武士道"的精神做出更全面的阐释及演绎,反而盛赞他对友情和义气的尊崇,因此聂政最终剖腹取肠剐目自尽,张彻就特意用一个近乎全黑的单人远景,拍摄聂政倒地身亡一幕,将他升华至豪杰之层面,由此可见,《大刺客》整体更近乎于历史背景下的张彻片!

十二年后(1979),吴宇森将《大刺客》的故事另塑为《豪侠》时,已较恩师再延伸一步——神刀张三有如聂政,同样是怀才不遇,却因受"贵人"相助而为其卖命,但与《大刺客》不同的是,片中大反派"高朋"是个不折不扣的野心家,非但使借刀杀人之计让张三代之出手,更欲在目的达成后除去张三,在此剧情设置下,吴宇森对"士为知己者死"的认同自然转移到那个本受命杀张三,却与其结成生死之交,最终代其牺牲的杀手“青衣”,《豪侠》也因此成为吴宇森早期作品中对男性情谊描写最深刻的一部,追根溯源,《大刺客》可谓功臣。

值得一提的是,当吴宇森转拍时装英雄片后,这种对友情的绝对信任也不时成为他电影中的一大主题。《英雄本色》的 mark 哥就因宋子豪与他并肩作战,甘愿将汽艇开回码头,即便枪林弹雨,亦不忘给挚友一个坚定的笑容;《喋血双雄》的小庄面对四哥的背叛,仍拒以他为敌,最终四哥豁出性命只为“对朋友总算有个交代”时,他痛苦万分地开枪让其解脱,亦已凸显这种主题;至于《喋血街头》的当代青年阿 B,更可在好友阿辉被欺辱时毅然为之出头,即使闹出人命也愿与好友流落异乡……凡此种种,多少都沾上了《大刺客》的影子。

当然,吴宇森镜头下的男性友情虽不乏如聂政般一往无前、义无反顾的忠诚,却也不忘在《义胆群英》中借这样一句对白“指出”恩师当年的不足:“义气有时也要划分界限,如果义气被人利用是很可悲的!”因此,那个对“泰哥”忠心不二的义气小弟“小奇”,便成为全片最讽刺的人物,实质亦是在回归《豪侠》主题的同时,为观众感叹其悲剧性的一面。

张彻本人对《大刺客》并不满意,认为“扮嘢,扮艺术而且扮费穆”,甚至将该片在《独臂刀》后再赢百万票房称为“侥幸”,反而不如舆论般对其大加赞赏,但说张彻谦虚也好,要求高也罢,在技术环节上,《大刺客》却称得上是他的一部重要作品。

据蔡澜言,张彻在尚未当上导演时,曾当面问他:“日本的武士片,坏人包围着英雄,一直瞪着他和别人厮杀,但是站在他后面的歹徒从来不一齐上把他杀掉,为什么?”在拍《大刺客》时,张彻给自己找了一个解答,这一点,尤其体现在结尾那场大战上——

从聂政持剑刺杀韩傀开始,张彻已有意在弱化这一漏洞,例如大兵围攻时,镜头下的聂政便斩断布幕将众人遮盖,继而跃上城墙,又或是在众敌尾随而至之际将铁门紧锁,甚至在狭窄长廊杀敌时遭围困,也可以让他以轻功飞出人群,总之,不会出现大堆人一拥而上将英雄乱刀斩杀的结局。此外，在其后聂政遭弓箭手伏击又于四面受敌时，张彻心知低角度摄影无法规避，结果宁愿让镜头间的衔接不连贯，也不愿拍明明数百人在场，却仅数人上前被英雄斩瓜切菜，其他人在后面走来走去这样的矛盾场面，加上聂政身处的空间位置，得以在不断“运动”的状态下左右穿梭、前后移动地杀敌，比起后来那些超级英雄在一个空间极其有限的室内竟将大群打手揍得落花流水的功夫片而言，在视觉上至少更“合理”一些。

尽管未必能说张彻这般考量对其后的武打功夫片乃至时装动作片有重要启发，但他对聂政死战这段高潮戏的处理，却多少有些“先行”意义。毕竟当时除极少数人如黑泽明对这类场面做出突破，无论华语武侠片抑或日本剑客片，都无法扭转这样的矛盾，就连张彻本人，也只能缝缝补补，而没找到真正的解决之道，所以综观《大刺客》的动作戏，就屡有剪辑生硬、镜头过快的问题。而在 80 年代成龙、洪金宝等拍摄的影片中，则已学会利用摄影机角度和后期剪辑将动作场面处理得灵活快捷，即使众人齐冲上前与主角肉搏，也不会出现“等打”或“打谁”的毛病，堪称动作电影的一大成就。但 60 年代张彻就能考虑到这一点，并主动在技术上做出调整，功劳也不应小觑。

再者，借男性身手展现肢体美，也是张彻武侠片中不断强调的一大元素。在《大刺客》里，聂政就不再呆板地拿着把剑乱砍乱杀，反而颇为挥洒轻盈，更不时来个三百六十度旋转，利刃一出便杀死半圆范围内的敌人，由此从四面包抄的人群中杀出一条血路，这也应了蔡澜所称：“像芭蕾舞，把他们都杀死，观众看得好过瘾。”非但突出其英雄绝非莽夫之意，片中聂政血溅白衣，却仍以可称为“迷人”的肢体动作勇战至死，也在视觉上为观众构建出一个惨烈却浪漫的英雄形象。

更叫人难忘的是，张彻在《大刺客》中，对“盘肠大战”这种残暴特色的凸显，实有另一番“仪式”之感：同样是成堆敌人来给主角屠宰，英雄则在杀毕后伤重身亡，但张彻多数影片都是在尸横遍野后，让主角在无人“见证”之下，以“死亡之舞”完成个人英雄主义的“仪式”，但《大刺客》却是让聂政在无从突围之际，面对数十双眼睛的“注视”挣扎而起，破腹身死,此时仿佛所有的敌兵都成为这一“仪式”的“见证人”,无形中也为这种“孤独英雄”添入一股“崇敬”意味。

(文/阿蒙)

《金燕子》(1968)

在张彻眼中,《独臂刀》只属"成名"之作,《大刺客》则属"尝试"之作,直至1968年的第九部作品《金燕子》,才成为他真正认可的"树立"之作——树立起他在武侠片领域的个人风格,因而是"首部自己比较满意的作品"!后来,影评人蒲锋在其著作《电光影里斩春风》中,亦不吝其词地盛赞:"从尽现张彻个性和艺术成就而言,《金燕子》都算是张彻巅峰的代表作。"足见该片在张彻电影创作生涯中的重要地位。

正因不像《大刺客》那样在历史题材的背景下作发挥,《金燕子》的剧情设计得相当简单,甚至很牵强粗陋,无非是两男一女三侠客的三角关系,从中穿插对抗反派金龙帮的副线,在张彻芸芸影片中,实算不得"精品"。但从另一方面而言,《金燕子》却是张彻片中少有的写情之作,主题并非《独臂刀》的个人恩怨或《大刺客》的家国仇恨,反而突出"儿女情长,英雄气短"的浪漫情怀,而此片过后,张彻电影里的女角便渐沦为花瓶似的摆设,从而将"独尊男侠"演绎至巅峰,可见,《金燕子》称得上是张彻一次少有的另类创作。

虽取名为《金燕子》,但每位看罢该片的观众影迷,却无一否认核心仍为男性侠士,这也同样符合张彻一贯的阳刚本色。正如片中的白衣大侠银鹏,因暗恋同门师姐金燕子,不惜冒用其名,在江湖上大开杀戒,目的只为让其露面,此举表面看似"英雄难过美人关",实质却勾勒出银鹏内心孤寂又备受误解的"个人英雄"面貌——热情难掩,却不谙如何表达;即使与金燕子同对,银鹏亦如张彻的其他个人英雄,将情感藏在心底,因此对她全无热烈外放的示爱,只有一句波澜不惊的“我想看看你从前的样子”,而当受到致命伤害,他亦坚持在心爱之人面前维持英雄形象,面对对方的告白,也仅是背对回应:“有你这句话我死也瞑目了”,继而慷慨赴死,可见最后一场盘肠大战,是英雄对其难以倾吐的内心情感的最后宣泄,虽言遗憾,却已无悔。

此外,受传统道德驱使的大侠往往不近女色,银鹏却与之不同,非但以妓院为宿,妓女媚娘还是他的情人,但面对暗恋的金燕子,银鹏却也毫不回避这份感情,即使无从道尽,也不自我压抑,这种对性与爱的外放态度,亦是过去银幕武侠所缺少的性格。

更重要的是,张彻的银幕英雄向来在性情上标新立异,兼充满反叛性,因此比起正直的韩滔,张彻显然更偏爱亦正亦邪的银鹏,正如片中韩滔求其饶有份残害孩童的家丁性命时,银鹏二话不说,挥剑便杀,且面对韩滔的指责,他更针锋相对地直言还击,足见他绝不遵循传统的仁义道德,反而近乎自负地坚守个人原则,这种将自我价值升华至无以复加的性情与气概,恰是张彻式“个人英雄”的典型写照。再者,尽管银鹏每到一处便杀到不留活口,张彻却未对这种在传统价值观中绝无“侠义”可言的行径做出批判,反而将之作为其个人英雄敢作敢为的象征,因此银鹏将金龙帮赶尽杀绝后,画面中满地死尸已凸显他的心狠手辣,而结局盘肠大战后,银鹏亦要挣扎走上山坡,并俯观大堆死于其手的敌人,方能疾呼一句畅快淋漓的“我还是天下第一剑侠”,此时,尸横遍野已近乎于实现自我终结的一道图腾,其后张彻屡让其英雄在尸堆中挣扎翻滚,力竭死亡,便说明这一点。

相比之下,金燕子的性格特征便显然不及《大醉侠》那么别具一格,反倒近乎一个纠结于两个男人爱慕之间的普通女子,因而面对韩滔的发问,她只会说“我不知道”,面对银鹏的真情流露,她也只能以“你情深,他义重”表达难以取舍之意。同样,在推崇男性阳刚的张彻看来,女性终究无法隐瞒逃避对这种阳刚气息的折服之情,因此她无法拒绝韩滔，更对银鹏难以招架，因此毅然恢复女儿身，与之同桌对饮、和衣而眠，银鹏死后，她更决心守于墓旁，凡此种种，即使武功再高，女侠仍无法与男侠相提并论，终究只是另一个对男性阳刚的崇拜者。

《金燕子》既有张彻式的招牌，在技术方面也较《独臂刀》及《大刺客》更进一步，但并非如前两作般仍充满“实验性”，而是有相对娴熟的运用：以片首为例，在“窥视”镜头下，拍摄金燕子与歹徒交手，先于画面上方开出一条“缝隙”，让金燕子立于正中；继而角度一转，“缝隙”扩大，出现在镜头右侧的金燕子拔剑迎战；后“缝隙”下移，只见敌人脚步乱踏，便陆续被金燕子杀倒，此时“缝隙”再回至中位，变成金燕子双眼迷离、行将昏倒的特写；接着，画面更被分成横竖两块，右下“横块”是金燕子倒地、敌人围上，左上“竖块”则是韩滔出镜，数秒杀敌，画面上方再被分成左右两块，在韩滔说话时，左边方块则突出他的“金鞭”，让观众看个清楚；其后，张彻更用近乎对角线式的角度拍摄韩滔鞭指敌人，这时武器被置于正中，既强调其威力，又突出韩滔的武功高强；最后，则是再于“缝隙”中见昏倒在地的金燕子被韩滔的手抱起，但未见韩滔之脸，画面便成全黑。尽管整场戏约长两分半钟，完整镜头却只有金燕子被暗箭所伤一幕(一秒)，但已流畅地完成了交代剧情的过程，张彻的创新态度，已见一斑。

另一个技术上的突出之处，则是张彻再以手提摄影及俯拍镜头处理武打场面，但比起《大刺客》而言，也显然减少了杂乱无章：尤其银鹏闯入金龙帮，在以银镖射杀头领后，拍摄他力战众敌，镜头就先随其动作来个一百八十度旋转，后在俯拍视角下，又见银鹏如跳芭蕾舞般回身杀死一群敌手，最后再以手提摄影跟拍他在大堂将其他手下追杀剿尽，张彻在这场戏中对镜头位置、画面构图及剪辑节奏的把控，已然流畅自如；至于银鹏在古墓遇伏，画面中只见他一高一低地跃起挥剑，但在他落地后，镜头切回远景，却见整排敌兵倒下身亡，而这样的处理手法，无疑将银鹏潇洒而超卓的英雄形象放大至极……

在《金燕子》里，张彻也再次流露出他对暴力的狂热渲染。《大刺客》中聂政掏腹剐目的结局已是血腥悲壮,但《金》片中金龙帮的分尸之刑、剖腹挖心等,却更为触目惊心,更有被诬偷鹅的孩童利刃切肚(该情节取材自金庸小说《飞狐外传》)、其父遭刀口贯腹等场面,而这些受害者无论自残或遇害,也往往是被剥去上衣,裸胸露肉地展示鲜血淋漓的伤口,强调出张彻的一贯特色。

此外,结局银鹏身受腹破肠流之伤,仍以黑色布条扎住伤口与敌人拼杀,固然是张彻热衷的"盘肠大战",也属对《大刺客》的延续,但银鹏在这段打戏中的造型,却影响到后来吴宇森的《喋血双雄》一幕——杀手小庄(周润发)左臂受枪伤,起先镜头亦直观呈现他白色西装上的大片血迹,待恶战将至,则以慢镜拍摄他解开黑色领带扎于伤处的动作,其后连场枪林弹雨,这块黑带始终与白衣红血互相映衬,耀眼夺目;更何况,《喋血双雄》高潮枪战,从大反派汪海(成奎安)到其手下,若非穿黑(或深暗)西装便是白工服,既形成强烈对比,亦在肢体遭子弹击中伤口喷血时展现"暴力美学",而这一点亦恰与《金燕子》一脉相承,仅看四个黑衣敌兵用绳索捆绑银鹏,继而在俯拍角度下将之旋转一幕,便知两者间在视觉上的紧密联系。

值得一提的是,张彻在《金燕子》里还秀出他的一笔好字,这便是片中银鹏挥毫所题的"萧然一剑天涯路,鹏飞江湖,九霄云高不胜寒,关山万里,枝栖何处"一诗,继而银鹏握剑站于字下,既与诗意融为一体,亦将他的英雄特质尽情展现,此后,张彻片中也再也未出现如此潇洒的英雄人物。

(文/阿蒙)

鐵手無情

《铁手无情》(1969)

《铁手无情》在张彻的作品中有着特殊的地位。或许再没有一部张彻的作品呈现出如此的质感,也再没有一部他的电影情节如此细腻婉转。

论质感,从弥漫于片中无处不在的美工细节,即可看出主创的用心。同样是摄影棚内拍摄外景,该片的布景远不止一条山路两座小桥那么简单。前半段芦苇丛中的追逐戏,利用草丛的重重遮挡突出缉捕大盗的凶险。寻觅时,敌我在绿影中,行踪扑朔迷离,有种《野战排》中丛林战的窒息感,一旦交手,为渲染相互追击的迅猛,摄影师龚慕铎利用了大量的横移镜头来突出速度感,最长的一个镜头长达十秒,完全见草不见人,在当时相当难得,效果出奇地抓人。

季节感是片中着重营造的细节之一,张彻自己还曾在《回顾香港电影三十年》一书中特意提及:"《铁手无情》自问拍得还不错,季节感可能在华语片中尚少见。"影片发生在炎热的夏季,前半段,路边卖瓜的小贩,对峙双方脸上淋漓的汗水,既丰富了影片的层次,也直接参与了刻画人物。山中的雷雨烘托出客栈恶斗的阴郁气氛,而最后决斗中山谷里的大雾,为残忍的厮杀蒙上了一层脉脉的温情,恰如桂姑眼中的云翳。在摄影棚中营造出如此细腻的自然景观,在当时的武侠片中是非常罕见的。

该片中的音效同样值得称道。一般来说,邵氏电影在电影配音方面是能省就省,断不会靡费金钱,《铁手无情》中的音效同样称不上丰富,但用得很巧。大反派手中纸伞旋转时发出的呜呜声和飞砣回转时发出的咻咻声,有效地衬托了打斗场面的惊险。蝉声、雨声突出了可信的季节感,而最后决斗中的风泣和虫鸣则突出了这场厮杀的悲情气氛。各种音效堪称入情入景,当时少有。

看过《铁手无情》的人,多半会惊讶于其剧情的曲折和细腻,全不似后期的粗疏豪放,倒有些接近胡金铨和程刚的作品。例如酒馆中的"智斗"一折,先是郑雷饰演的捕快用计识破了房勉饰演的大反派,遭恶人格杀,后来到的铁无情从地上的血迹与店小二的言语中明白了真相,反复盘诘,终于逼得歹徒揭开伪装,这才痛快开打。这样有情趣的段落放在张彻后期,基本上不太可能出现。倒是在同时代的《大醉侠》和《十二金牌》中可以找到呼应。

影片最精彩的地方,自然是"娃娃影后"李菁扮演的盲女桂姑这个角色。老辣的大反派马威甲居然有个乖巧美丽的女儿,得到他全心全意的疼爱,这个设定本身已经叫人意外,铁无情受伤后被识途老马驮到她家中,更是意外中的意外,细想想,却又全然合理。铁无情与马威甲在旧宅中遭遇,无疑是影片文戏部分的高潮。从马老大远远看到盲女房中亮着灯,就判断出家中有客,到两人在房中以"恶狼"和"去很远的地方"为话头暗藏机锋,都是既能体现人物关系,又充满张力的好段子。所谓"文戏武拍"和"武戏文拍",这两种高明的处理方法在《铁手无情》中都得到了极好的展示。

这部影片的美学风格,在当时的香港电影中可谓相当前卫,并且可以在"剑戟片—武侠片"这一源流中找到线索。众所周知,新武侠电影在当时借鉴了不少日本剑戟片的手法,张彻本人也是剑戟片的拥趸,对这种影响直认不讳。

《铁手无情》一开始在画面上以方正的黑影带入字幕,是当时很稀罕的做法,而在日本电影而言就很常见,例如五社英雄的《牙狼》系列。前文所说的季节感和芦苇丛也是很多日本片喜爱表现的内容,在《罗生门》、《野良犬》等黑泽明作品中俯拾即是。其余如山地、暴雨、大雾这些元素，在多山多雨的日本可谓是剑戟片中的家常便饭，尤其在日式杀阵注重周边环境的传统下，形成了不少好的处理手法，这些都被张彻吸收进了本片中。当然，摄影师龚慕铎（本名宫木幸雄）来自日本可能也是原因之一。

影片的武术指导依旧是刘家良和唐佳，但影片最后的大决斗却明显带有日式风格，不但有"貌似胜利者其实已经中招"这种段落，而且双方最后都累得动作走形，踉踉跄跄滚在草地上互殴。这种处理方法在强调动作干脆华丽的华语动作片中可谓绝无仅有，却比较接近剑戟片追求实战的设定。典型的可以参见中村锦之助主演的《宫本武藏》最后的"一乘寺决斗"，剑圣被累得气喘吁吁、吓得面无人色这种事情，日本人表现起来不但不以为耻，反而觉得充满了人性的真实。

今人说起《铁手无情》，总是充满了"例外"、"异数"这种字眼。确实，在讲究猛火急炒的邵氏片厂时代，能拍出这样一部剧情精致、制作齐整的影片，实在是殊为不易的一件事，也让我们看到了"倪匡编剧，张彻导演"组合的真正实力。后来根据本片衍生出的《万人斩》、《喋血双雄》等影片，亦无一不是精品。这足以证明，好的电影不怕岁月的磨洗，终究能在影史上留下自己的痕迹。

（文/风间隼）

保镖

《保镖》(1969)

最寂寞是少年时，连老去都遥遥无期。

我见那少年骑马而来的时候，不去想那马瘦，不去想那人有些郁郁寡欢，只在想这么一路跑去，竟是跑到哪去。天宽地窄，他纵然浑身本领，可有知道行止何处的本领？记得有人说过旧时戏子唱的定场诗中有文可安邦、武可救国的句子，虽然烂熟，却读来恻然。我想的是纵有文韬武略，卖于谁家可好？譬如骆逸可否艺不压身？譬如骆逸花落谁家？

骆逸使剑，锋利薄脆，多少长枪短剑应声而落，比他快的只有淡淡白烟；骆逸身轻，可以于千万人顶上行过，比他高的只有皑皑白云。骆逸骑得好马，而这匹马也着实救命。但救得急，救的是饿。因为骆逸没有出处。

浮云出处元无定，出处从来自不齐。这两句话用现在话讲蛮文艺青年的，如果是普通青年的话就是：麻烦，请给我看一下你的各类证书。还有，你哪人？如果是二逼青年的话，那就直接是“地域帖”。中国的话一般都是好的不灵坏的灵。譬如人穷不能志短，说明大多数的情况下一定是饥寒起盗心。譬如英雄莫问出处，就是说哪怕事后给你盖旗还是要量一下你的尺寸的，一丝不苟。

话说向定拿住骆逸最死的一句话就是“他来历不明”，因为哪怕你爱上了骆逸你都得承认这是实话，更何况哪里来那么多人爱他。所以整出戏我最伤心的并不是骆逸最后惨死的一幕，而是电影开头洛阳无敌庄庄主殷可风(井淼饰)面试骆逸那段：少侠师从何处？

自古英雄最苦不是白头，自古英雄不怕横死沙场，宝剑沉埋不复所用，夜夜长啸并非在哭自己的断折，而是喑哑地叹息：为谁拂拭，为谁锋芒？也许，为了一个姑娘。

少年总遇得到姑娘。

可是在遇到姑娘之前，少年还特别容易饿。世上无如吃饭难。特别是要别人给你口饭吃。

所以最大的悲剧就是在你最想吃饭的时候遇到了那个你最想遇见的她。

骆逸第一次有机会帮人的时候其实算是雪中送炭，可惜被冻着的人家高楼大厦，门槛还没有垮掉。一边是光明堂皇的英雄侠侣，一边是孤孤单单的来历不明。骆逸自然不是讨饭的，这时候还没有饿到不得不去讨饭。但是姑娘还是看到他饿了，姑娘并不在乎他的本领，也并不是他长得多么少年。少女多少有些温存，少女多少有些腼腆，所以看得出少年温存地已经快拿不起剑，也看得出少年腼腆地想留下吃一口饭。

结果竟然有饭有菜，菜还是上好的一只肥鸡。俗谚有云，好吃不如鸡(饥)好吃，看骆逸满嘴的鸡骨头，看他近乎黄日华般地说："姑娘，你不知道，我下一顿还不知道在哪里呢。"而这时候，他不见得和这个姑娘熟，他甚至忘记了在屋子里不止是他和姑娘。

这时候，云姑娘和向师兄还是觉得骆逸有些本领的，就算他是一个乞丐，也是个能唱个小曲的乞丐，再说，对他们这种名牌大学毕业的，一只鸡算什么。可是对于骆逸而言，这就是一顿饱饭。

于是骆逸一次次要去报恩，或者说，他一次次想对人诉说：我是有本领的，虽然我没有出处。

可惜人家最多礼貌地笑着说：骆朋友，我知道。

那位姑娘纵然体贴到了背着骆逸买下了马，纵然若无其事地面对骆逸紧缩的眉头，她始终没有读出骆逸心中的孤傲清高，他的本事何止于此，他的心又怎么真的会在乎三餐一宿。她只觉得足够好，足够尊重,甚至足够知道了他的本领是盖世无双。她张开了怀抱,可是骆逸毕竟不是一只小鸡,骆逸甚至不止是海东青那么仅仅要冲天厉啸。他可以划破青天,他可以犁破大地,他本身就是剑,他本身就是犁。“你那疲倦的手,能在黑暗中找到我的手。”善良的姑娘,你可知道,骆逸的手早已经不是手,铁是怎么变成钢的,你知道吗?

可惜剑还是没有什么地方可以用,犁更是到处碰壁。唯一的路就是老路,唯一的方向就是走向死亡,但至少这样那个姑娘会开心一点?骆逸大概这么想。那一身本领啊,空负经年,杀人取义吧,至少面子上可以如此去看。

骆逸大战古塔一幕其实颇有螳臂当车的味道,他并不是堂吉诃德那样的理想者,更不是赤膊而战的傻瓜,但既然他放弃了最为明智的危邦不入,他又要在意她喜欢的他,而且那个他还自作主张地一再发傻。与其说骆逸活得不耐烦,不如说骆逸活得发怒了。中国人最喜欢唠叨的就是“宁为玉碎,不为瓦全”,可是哪里来那么多玉石俱焚,骆逸既然都把自己碰在碑上了,不过是石做的瓦,连瓦都不如的石头。萧萧风寒,少年终于死在了那不归的路上。他的马没有卖成,他的剑倒是断了,但这一切,都和他早已无关。和他有关的该是那朗朗蓝天,那泛滥的春光里,一切都是新的,然后路看不到尽头的远。不过这样好的一面是他不会再因为任何原因老无所依了,他连老去的机会都没有了。我们只是眼睁睁地看着电影结束罢了,他会回来吗,他还会紧缩眉头然后粲然一笑吗?那浸透他的,我的,我们的时光的笑还会有吗?

所以骆逸最后的赴死与其说是灿烂的绽放,不如说是寂寞的解脱:在那血池骨山的幽冥,再也不会有人要他出示学历证明。

请把我埋在春天里,因为他也在那里。

(文/本来老六)

《报仇》(1970)

重看《报仇》印象最深刻的便是电影中嘹亮凄厉的小号，类似早坂文雄在《七武士》里，类似埃里奥·莫里康内在“镖客三部曲”里。悲伤虽可侵袭入骨毕竟伤之于凄婉，雄壮虽然发愤于胸到底失之于矫饰，小号在夜风中嘹亮而唱，恰好中和了这两张情绪，是为“悲壮”。

男儿当流血，但流血往往虚掷。一次次地流血，究竟哪一次才是真正拿到了仇人头，解了心头之恨？

电影开场有一行短字：

国民革命军北伐前夕
中国内地某城市

张彻弃政从影，满腔抱负总不免郁郁寡欢，他不可能忘记年轻时候在上海得到张道藩的赏识，他也不舍得忘记蒋经国在台湾对他的期许厚望(他在拍《八道楼子》的时候还特意唏嘘一番)，所以如果说他的电影存在母题的话：不是热血，不是江湖道义，不是男儿情怀，而就是简简单单五个字“国民革命军”。

电影的后半段小楼在对心爱的人诉说的时候有这样的陈词：“到南方去，我们可以过完全新的生活。”

在当时的背景下,“中国内地某城市”几乎全部沦陷在军阀割据的黑暗里,南方也许是一个希望,至少是一个开始。

电影虽然是一个为兄报仇的故事,可是虽然众奸伏首,我们都知道不过就是“胡”大帅换了“说”大帅,再多的小楼也只能倒在血泊里,花正芳的前面是什么呢?最好的出路都或许有人来霸占了。一身好本领又如何,一把刀,一腔血,奈何不了漫漫长夜。

电影是从小楼的哥哥被杀开始的。他的思维就更为简单:“我们唱戏的人不是好欺负的。”但是人家欺负到头上来又如何呢?不过就是单枪匹马杀他个痛快,结果是又痛又快地被人家杀了个眼破肚烂浑身是血。他到死大概也在想:如果我背上不是先中了那把飞刀……

所以小楼不是玉楼。相较于关玉楼敢去踢馆的胆大心粗,关小楼的胆子就比较小。

他首先害怕花正芳的变心。他并没有足够的信心觉得花正芳不是另外一个花正芬,对于后者他尚且没有勇气一刀杀掉,遑论对自己真正深爱的人。记得他对花正芳近乎喃喃自语地说道:你要走可以走的。这个时候的小楼甚至可以用大汗淋漓来形容,哪怕面对再多的钢刀和子弹都不会让他如此汗流浃背,他只是等待着,犹如等待中国电信迟迟没有发送成功回来的一条短信,就像死刑犯那样等待那句“恭喜您了”。还好他等到了花正芳的微笑,不是简单地说:我当然不会走;而是近乎嗔怪地微笑:你真傻,我怎么会离开你!

这一刻的关小楼可谓如释重负,这一刻的关小楼可谓死了也无所谓了。

这就是关小楼天生胆小的地方,他可以死,但他真怕死的时候没有人会为他流一滴眼泪。

那么关小楼是不是真的慷慨赴死呢?中国有句老话叫做“慷慨赴死易,从容就义难”。

张彻通常不会让姜大卫的角色有猝然而亡的机会,总是分好几次死。在每一次恐惧的边缘他还会用慢镜头去数他美丽的刘海。这个始终是我比较头疼和喜欢的地方,真所谓眼睁睁看着生命从这具美丽的肉体里消亡。这种恐惧是很可怕的，就如慢慢旋紧螺丝，把一个人的恐惧全部挤压出来，不疾不徐。

也许是因为他"这些年一直在南方唱戏"，这带来的不同不仅仅是哥哥叼烟斗提笼架鸟弟弟抽卷烟皮鞋皮箱，而在于他已经开始知道分析报仇的对象不仅仅是"快腿小黄"、"小虎头"乃至封开山这样的打手恶霸，而是他们背后的胡大帅。

关小楼的勇气几乎在杀掉飞刀"郑雷"之后就消耗殆尽了。在面对地方黑恶势力和中央军队压力面前，他是近乎绝望地在逃命，他胡乱地挥着刀，只求解脱，可是竟然成功了。我一直觉得这是一种嘲讽，宿命一次次让他逼近失败的边缘，一次次又让他活过来，小楼就像一只小白鼠那样狼奔豕突。所以他要什么前程？他早已经被那几近黑色的血锈压到昏厥。

小楼最后刺杀大帅的前一个晚上，他丝毫没有任何痛饮仇人血的渴望。他是勇敢，但他不是白痴，他知道这次必死无疑。并不是打不过对方，而是根本就没有什么对方。所以他要送最心爱的人离开，他非常害怕，犹如很多年前那个别姬的霸王。

这么小个子的项羽见过吗？何况还是那么胆小。

胆小了自然就该逃避，胆小了就该躲在角落里瑟瑟发抖，胆子小个子又小的孩子更是可以理直气壮地做这一切。

可是关小楼施施然拿着刀走到了血泊里：这个前程，我关某人不要了。

多么遏云绕梁，多么至大至刚，可是他还是个子小。就因为个子小，所以他一翻身从楼梯上纵下就显得轻巧，就因为个子小，所以他歪歪斜斜地倒在地上就像一个婴儿。他有眼神，他有背影，他有刘海，这些都是他的刀，都是他夺人魂魄的刀。

白衣映照鲜血，的确使得少年的牺牲显得触目惊心，我们听到张彻用喧闹沸腾的锣鼓点衬托江湖仇杀的刀光剑影，其实使人联想到看似慷慨激昂的男儿本色其实就是"画鼻点脸"的唱念做打，热闹也好，门道也罢，别人看了热闹觉得值了票钱，自己可就躺在冷冰冰的地上。

他最后满身是血地倒在花坛边上,圆形的花坛似乎在诉说,尘土过后,无善无恶。

悲兮壮兮？胡不归?

（文/本来老六）

十三太保

《十三太保》(1970)

在日语里,樱花的意思是殉青春。张彻早年拍摄的《十三太保》就如一首边塞曲,写了那一群少年的青春,开到荼蘼,瞬间粉碎。

倪匡曾经说所有语焉不详的历史都是编故事的好题材,所以这里不去讨论历史上的李存孝如何,更不去说一个人的消亡对于时间有什么意义。逝者如斯夫,不舍昼夜,又何止昼夜。

整部电影开始于青空之下,少年们跃马而出。他们的头顶只有天,他们的脚下是无边的大地,李存孝单枪匹马杀入我们的视野,他将不断地这样来来往往,直到电影和记忆都告一段落。他是什么呢?他是那火光边流淌的烈酒,他是那大地渴望被染红的鲜血。那酒是浓的,那血是烫的。

看姜大卫主演的张彻作品基本就是一个看张彻怎么花样百出把他"弄死"的一个过程。而本片无意在创意上到了一定的高度,之后似乎再也没有这么大的排场。张彻几乎被定性为血腥暴力的番茄酱导演,其中一个经常被用来攻击他的也就是本片结尾处的"五马分尸"。张彻近乎丧失理智地举出《椿三十郎》片尾和《切腹》竹刀剖腹的例子为自己辩护:如果说流血多,那两部享誉国际的电影远远超于本片。我的想法就是:直接承认暴力血腥又怎么样?

说起这部电影真可谓用一句"记得当时初见"。我看这部电影的原因完全是因为喜欢倪匡的原著小说,意外发现竟然有改编的电影当然不会错过。可是我记得我第一次看这部电影的时候感觉非常糟糕,现在回想起来是没有熬到李存孝出场。之后看过也比较潦草，大概是在2010年我重新看了一遍。一帧一帧用镜头肢解姜大卫的电影我总共干过两次，一次是《义胆群英》，一次就是这少年唇边的血。

电影开头就是陈星演的朱温像发猪瘟一样叫人讨厌，谷峰斜靠在椅子上醉眼惺忪地看着他，连傻逼都不耐烦地骂出口：你到底想要怎样？陈星像卖萌一样无知回应：除非你把敌将擒下。满堂少年跃跃欲试，谷峰微微一笑：只叫我那十三儿去，不用带一兵一卒。

冷兵器时代，单枪匹马几乎有种奇特的魅力：一个人面对惊涛骇浪，一个人面对排山倒海。何况十三儿连马都没有，他听着朱温愚蠢地加上玉带彩头，从睡梦中伸出懒腰：你等我。如关公温酒斩华雄，如赵云千里破重围，李存孝就像春游一样出城去了。他一个人从城头跃向千军万马，一个人就这样驰骋沙场所向披靡，李家十三郎，天下莫敢当。他似乎是不会疼的英雄，因为他的疼都是他的勋章，他的疼更是众人为了瞩目他高高挂在天上的礼花。

李存孝的好是真的不会去想蓝天上除了白云还会有什么，大地上除了敌人还会有什么。他只知道痛饮美酒，因为他觉得可以随时醉倒在兄弟的身边；他只知道单枪匹马奋勇杀敌，因为他的背后都是期盼他凯旋的儿郎。他觉得谁都是他的兄弟，他觉得他的兄弟都会和他一起痛饮美酒，奋勇杀敌。

于是朱温仓皇而退，少年们大笑饮酒，连火光都为之颤抖。少年们拿着断裂的玉带掷在地上，荣华富贵万里江山又怎么及得上杯中美酒可以穿喉，可以让那脸红得就像不落的太阳。

可是少年们毕竟不止一个少年，就像天下哪里还真有不在乎疼的人。所以少年们该盘算谁的名字在前面啊，少年们开始狐疑为什么只有他才被众目睽睽，于是少年们开始一个个凋零，他们还不够老，不知道其实最后都会一样。

李存孝更不懂，他总以为哥哥们也有他们的道理，他总以为自己不过就是冲杀的速度太快，于是他会为害他的人求情，于是他会在下一次冲杀的时候后悔怎么不是第一个死在了桥头。

于是，绳索加身，斧钺临头。昔日的兄长笑嘻嘻地和他打招呼：实在对不起啊十三弟，你实在太厉害了所以只能把你捆得紧一点。

他疼吗？他想到这昔日的兄弟在被他从父王面前救下，还是不假思索地出卖他陷害他的时候，他疼吗？当他盼望父王赶来挽回这个错误，但望穿秋水的时候他疼吗？父王在疼其他的少年，早已无心顾他。

他咬着牙，他的嘴里自然没有一个“疼”字。于是我们都知道战场上没有人可以杀死的英雄要死了，于是我们知道从未怀疑过兄弟的少年破灭了。可是我们最最清楚的是，此刻的十三郎，浑身无一处不疼，五脏六腑五内俱焚，七窍生烟却喑哑无声。

这时候，如果他能叫一句：疼，那该多好。

风卷帐幔，骏马奔腾，我们只见那血就那么写满我们的眼睛。我们眼睁睁地看着不久前还在笑，那曾经让火光都相形见绌的笑容，就那么不见了。

那红从你的骨头里烧出来，一直烫到了我的眼睛里，我们所能做的也只能是：疼。

少年终将是要毁灭的，少年必然是会不在的。我们看着那粉碎的十三郎，哪里有办法去拼凑出一个只有我们才知道的少年。只有那边塞曲啊，那高亢惨烈的旋律去何处绕梁，又在何方吹云裂石，硬生生积郁在我的回忆里，唱着那曾经这么美的少年。

临火照颜，炼化出我难以忘怀的少年。不死又何待，不死归何方？

青空之下，我眼睁睁看着那喊不出疼的少年，只有他。

（文/本来老六）

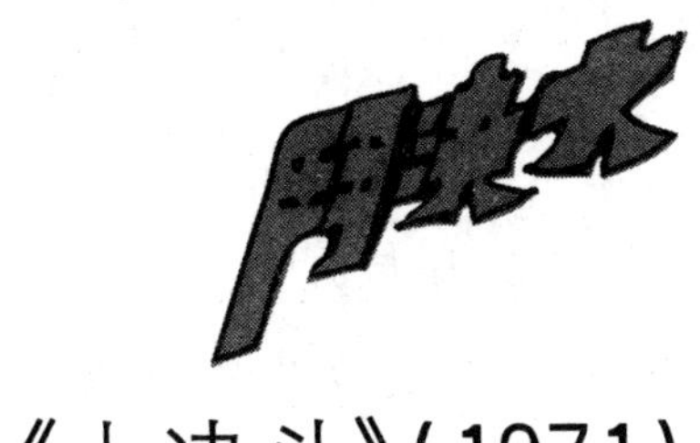

《大决斗》(1971)

一、惯于长夜过春时

记得看《圣斗士星矢：冥王十二宫篇》，童虎终于站起来的一刻，我不由热血沸腾：这不就是背上多了只老虎的星矢吗？而现在回忆江南浪子就会想到，如果当年的关小楼竟然不死，就该是这个模样吧？

张彻的电影有个极其特殊的特点，就是他所有的电影其实都是一出大电影的分镜头。很多喜欢斥责他题材雷同、手法陈旧的人也许没有意识到，正是这种近乎盲目的重复，翻拍，除了确实有商业考量的因素，大量粗制滥造地炮制行货之外，张彻其实也许近乎无意识地通过一部部电影在为他心目中的那幅画卷加加减减，他一辈子只拍了一部电影，他一辈子都想写出一个只属于他的少年。当然，这种直接把实验残次品拿出来大卖的人也算是时势造英雄，霸占四个摄影棚什么的只能说他是什么机中之霸，电影摄影机。那么，仅仅相隔一年之后。张彻再拍一次关小楼会怎么拍？故事当然已经完全不同，可是那个白衣少年已经敞开了衣衫，甚至捂上了脸。

作为古龙的好朋友，张彻非常酷爱“浪子”这样的人物。他曾经在文章中直言最讨厌中国传统戏曲里的“蠢书生”，在他的眼里头巾气估计就像沙林毒气那样叫人避之唯恐不及。所以他更愿意写那些游侠，写那些漂泊江湖的浪子。而江南浪子无意是其中最为璀璨的人物，那是在张彻和姜大卫都最好的年代里写出的浪子，没有之一。

江南浪子属于“浪”到刚刚好。他已经成熟到不会再像小楼那样耿耿于怀收买与背叛，他也已经“无耻”到不在乎流连花丛是否会让心爱的人侧目喟叹。如果说之前的关小楼是哀莫大于心死，那么光鲜的江南浪子已经完全是行尸走肉。但恰恰是这样的浪子，才是纯真刚刚好，少年正当年。

浪子无论出现在哪里都是未见其人，先闻其声。著名武侠作家温瑞安坦承自己就是从这个人物身上触发了灵感创作出了《温柔一刀》里的苏梦枕。

这样的人来自何方？

二、城头变幻大王旗

民国算是中国历史上比较混乱的年代，仅仅报得出字头的派系就有二十多家，不夸张地说可谓“三十六路烽火，七十二路烟尘”。更不要说其中夹缝生存的散兵游勇，各路堂口。仅就本片而言，前一家老大还在灵堂哭丧，后一家老大马上在庆功宴上死于混战。奸计得逞者刚伏诛于正义，背后的黑手却一层层地正伸出来。

黑夜给了黑色的眼睛，却无处可寻光明。

所以《大决斗》虽然打得惨烈血腥，可是还是不折不扣的蜗角之争。这个闹哄哄的舞台从浪子高高在上的眼睛望出去越发显得滑稽和庸碌：楼起楼塌，人来人往，浪子可以在其中推波助澜，可以如《用心棒》里的三十郎那样把这盆污水搅得更浑。他微笑着却波澜不惊，他杀人不眨眼却打着哈欠。他就如金庸小说《笑傲江湖》里的衡山莫大到处杀人，本该是千里不留行，本该是事了拂衣去，可是天网恢恢，片叶不沾身的江南浪子终于遇见了唐人杰。

三、月光如水照缁衣

唐人杰其实有各种不好,但是浪子看见的并不仅是对方的血肉之躯,更多的是从记忆里的镜子里走出来的自己。他可能有所察觉自己的改变,但这一次他放弃了抵抗,放弃了所有经验的抵挡。他玩弄着透明的火,直到在对方的眼睛里看到了躲不掉的自己。

浪子终于不必再去下一个城市,他也不必再让自己成熟下去,他已经找到了死的地方,他终于找到了可以一起去死的人。

电影结尾处张彻奉献了所有作品中最为酣畅淋漓的死亡之舞:

大雨倾盆,血肉模糊,两个不知疲倦的少年杀戮着,挣扎着。他们在被这个世界咀嚼,他们在被这个世界吞噬。他们只是在榨干自己所有的青春,他们不求胜利,他们只求在死亡的时候最后让这个世界为之凝滞:就因为会有这样的少年不断在死去,这个世界一定才可苟活,才会慢慢透出亮光。

“我虽然死了,可是我依旧是少年。”所以他们和我都回到了那已经被遗忘的少年。那我们记了一辈子的少年。

那是我一生一世唯一在银幕上遇见的纯真年代,只属于他,只属于他都不再多提的少年。

(文/本来老六)

《无名英雄》(1971)

英雄该是什么样子的？脚踩七色祥云，顶天立地横过来就能阻塞交通？在张彻的镜头下，英雄可以是小无赖。

这部电影讲的是一笔军火大买卖，可是革命党人交托的竟然是一对小无赖。为人仗义的街头浪荡客孟刚(姜大卫)、铁虎(狄龙)一个好色，一个好赌。当然好色的其实也就是摸摸大姑娘的辫子顺便拿点烧饼油条，好赌的那个更是一开始豪气干云地直拍胸脯：要枪好办，长的短的？要子弹也有。

可是当谷峰扮演的革命党人一脸狐疑地报出“三千把步枪，二十八万发子弹”的具体数字，两个小伙伴有些吓傻了。但是也许也因为刺激过度竟然答应下来了。张彻的电影里都是这些不知道轻重，视自己生命为儿戏的少年。他们只要一句话，甚至一个肯定的眼神就会把自己的一切交出去，草率、荒唐，甚至像一出闹剧。

譬如电影里孟刚和铁虎千辛万苦偷出了情报，可是两个人都不识字。所以他们吃不准有没有偷对，孟刚还责怪铁虎说：你不是会看牌，怎么会不识字？铁虎理直气壮地反驳说：牌上哪有这么多字。

他们没有政治主张，他们没有对荣华富贵的期许，他们只是感到被托付的一种荣耀。这种近乎孩童的自尊心在老奸巨猾的各种势力面前就会变得非常可笑，革命党人心安理得地让他们去死，大帅也会慢条斯理地和他们推牌九以凑出调兵遣将的时间，他们就像小孩一样拿着黄金在闹市中行走浑不自知。当然，他们手里的黄金不是他们千辛万苦拿来的文件,而是他们在肮脏的世道里没有被污染的赤子之心。

张彻的电影从来没有顶天立地的英雄:

序号	摘　　要	主角职业
1	1969 年　保镖 / *Have Sword, Will Travel*	流浪汉
2	1970 年　报仇 / *Vengeance!*	戏子
3	1970 年　游侠儿 / *The Wandering Swordsman*	流浪汉
4	1971 年　大决斗 / *The Duel*	花花公子
5	1971 年　双侠 / *The Deadly Duo*	小门派
6	1971 年　无名英雄 / *The Anonymous Heroes*	小混混
7	1971 年　新独臂刀 / *The New One-Armed Swordsman*	小伙计
8	1972 年　四骑士 / *Four Riders*	退伍老兵
9	1973 年　刺马 / *The Blood Brothers*	山贼
10	1974 年　五虎将 / *The Savage Five*	小偷

从这些当年张彻的主要电影作品来看,类似《保镖》里那种师出名门、人高马大的少侠向定这样的主人公不是几乎没有,而是完全没有。

不同于那些以"泽被苍生,侠之大者"为已任的人物几乎都有"我本佳人,奈何做侠"的无奈性,大有当年英国海军将军纳尔逊的气度:船沉了,我不得不变成英雄。

乍看起来,《保镖》里的骆逸主要是为了在云姑娘面前赌一口气;《报仇》里的关小楼基本是为了报自己哥哥被杀的私仇;《游侠儿》里的游侠儿更是喊出:"菩萨果然难当,把钱财刚散给老百姓吃饭,我又吃什么去呢";《大决斗》的江南浪子看上去就是个无差别杀人的暴虐凶手;《双侠》的边幅更是连口号都不会喊的哑巴;《新独臂刀》里的雷力只是个被人欺负都只会忍气吞声的小伙计;《四骑士》里的金义更是个醉生梦死的退伍兵;《刺马》里的张汶祥根本就是个只知道杀人放火的强盗,业余生活也是以吃喝嫖赌为主业;《五虎将》里的陈登和本片里的孟刚更是偷鸡摸狗不务正业的街头混混。

可是阅读之后才有真相，而且必须是精读。

恰恰是这些毫无根基、身如飘萍的浪人做了很多大英雄、大知识分子都避之唯恐不及的事情，义所当为也好，情势所逼也罢，如果没有他们的存在才真正叫做一个不堪设想。天上可以没有神仙，地上不能没有剑仙。而在张彻笔下，这些剑仙都是一副惫懒无赖的模样。

骆逸面对盗贼的邀约不为所动，甚至没有接收任何委托就锐意赴难；关小楼面对整座孤城的黑暗近乎痴呆地掷地有声：这前程我关某人不要了；江南浪子更是慢慢抽出自己的工作证：我是在完成任务；边幅在大家都顺利脱围之后，自己用实在瘦弱的身躯挡住了为数巨大的利箭；雷力在可以远走高飞的时候还是一只手一把刀地杀入满是敌人的远方；金义血污满面却死得其所地笑颜如花；张汶祥更是把匕首扭成麻花那样也要把负心的大哥结果；陈登在被喊破身份之后也淡然地为曾被他偷鸡摸狗的乡亲们去赴死；孟刚虽然整日吊儿郎当，最后还是和铁虎、小辣椒死在了血泊之中，只当是回到了故乡。

就是这些小人物，边缘人物，无名无姓的人物，却用自己的血激荡出最为炽热的浪花。他们种种可笑，种种仓皇，可是在英雄装聋作哑的年代，只好让他们这些连大字都不识得几个的人舍身赴死，杀身成仁。他们不需要留下自己的名字。他们的名字就是他们曾经的鲜血。

不必在乎我是谁，张彻笔下的英雄就是这样的无赖汉，无名无姓的浪荡少年。

（文/本来老六）

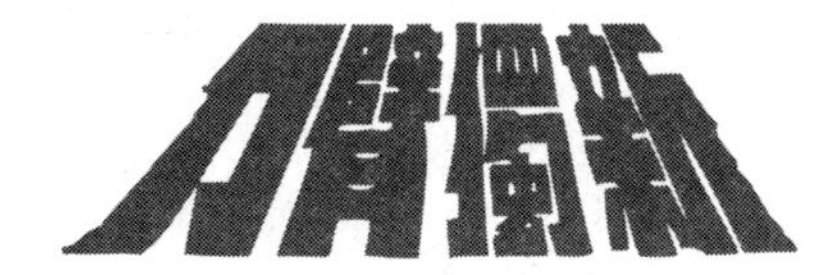

《新独臂刀》(1971)

据说姜大卫先生起初非常不愿意接拍《新独臂刀》一片，因为觉得王羽先生的《独臂刀》系列珠玉在前无法超越。可惜珠宝商人张彻显然由不得他不高兴，于是还是逼着他把手砍掉，乖乖愁眉苦脸。张彻一直觉得姜大卫在电影里笑得太多，甚至给出一部电影只能笑一次的物理指标，问题是文艺男一定要按照理科男的方法思维，产生的效果往往非常囧。客观上姜先生在《新独臂刀》里笑得的确很少，毕竟刚出场就被砍掉一只手，只要不是白痴，应该不会整天如无锡大阿福那样笑眯眯的，否则不是缺心眼就是豁达通透，雷力显然都不算是。

于是我们还是看到了张彻笔下出现了第三次独臂（前两次是《独臂刀》和《独臂刀王》），我们当然知道这部电影的魅力不在于姜大卫减少了微笑数量，而是我们发现这部戏里竟然不止一个雷力。

如果雷力双手俱全活到老，他就是龙异之。

看原著就知道其实雷力很快就发觉有人在诬陷他坠入失镖的阴谋，但是他不想辩护。他觉得更理想结局是只要镖局一方磕头恳求，非但一定出头而且分文不取。

他要的是名，他觉得这一次的被诬陷其实是商机无限。最根本的原因是他认为练好了武功便可以使得一切变得理所当然，水到渠成。

其实这一点龙异之同样是这么想的，无论是小说还是电影都用了一定的篇幅描绘了他细致设计武术套路刻苦钻研杀人业务的场景，也就是说他同样是"一分耕耘一分收获"的信徒，撇开正邪不谈，他无论是砍下了雷力的胳膊还是封俊杰的脑袋可谓单打独斗堂堂正正，明刀明枪英雄好汉。

龙异之和雷力的不同在于善后。少年人喜欢的是一飞冲天，至于降落基本属于被击毙之后的事情，所以不会纳入飞行计划，而老年人想的是下次再飞的可能性，所以不在地上燃起篝火烧上粪堆是不会跃离地面的。龙异之用话拿住雷力不得不砍下手，龙异之用话撩拨得封俊杰忘记自己有三两三还是三两四，都是因为他不如对方有那么多的再来一次，再拔一次刀，再砍什么仇人头之类的慷慨激昂。

如果雷力从来没有遇见过龙异之……

他就是封俊杰。

雷力遇见封俊杰的真正快乐其实就是看到了昔日的自己。有句很文艺的话叫做“所谓的幸福，就是在照镜子的时候我看见了你”。虽然我其实不知道这句话在讲什么，但一个人的快乐真的莫过于看见一个曾经的自己，而自己确实已经离那个曾经很远很远。伤痛也罢，欢愉也好，千山万水就这么已经被抛在后头。所以雷力第一次意识到他可以阻止封俊杰，他可以阻止曾经的自己。

其实如果到此为止，两个人开开心心去太湖并不一定就是好事，因为封俊杰倾慕的依旧是那个双刀雷力。他替雷力不值，他替雷力扼腕，他并没有觉得如今断臂的雷力更为珍贵。他只是下意识地想，如果你的手不够用，就用我的。这个如果真的变成现实，后果甚至可以说是可怕的。因为封俊杰可不是给一只袖子就低头浅笑的芭蕉，他有的是力气。非常不厚道地说，幸好封俊杰被龙异之杀掉了，他被凝固在最美丽的回忆里。他是一块琥珀，他是一抹彩虹，他是雷力再也不用具体面对的一个人。

可是雷力遇见了龙异之，又遇见了封俊杰，他只好做他自己。

我一直不是很懂衣服款式和颜色的搭配，基本觉得只要没有明显的破洞就算得体。可是我始终觉得奶糕白这种颜色是比较铤而走险的，哪怕是姜大卫这样漂亮的人来穿，特别是古装。白色雷力出场我始终觉得是比较病态亢奋的,直到断手之后我觉得反而有种宣泄后的松弛感。他的衣服上何止不怕有灰尘,有血渍,有什么都无所谓了,因为他再不是那个万众瞩目的少侠,他只是个灰溜溜的小伙计。

雷力的成名路几乎从开头就是注定失败的,都不用说木秀于林而风必摧之,他最大的失误是根本不在乎分辨各种矛盾的来龙去脉。双刀在手,似乎天都可以捅破了。要知道曾经有一位叫做李元霸的同志也曾经这么想过,但结局就像王羽在《武侠》里那样给雷劈死。相较而言,雷力断手除了有些事情做起来的确会有些不方便,更多的时候,他不得不去想:力量是否是解决问题的唯一办法?

雷力最后战胜了龙异之,不是因为他是主角所以可以近乎奇迹地杀光整整站满一座桥双手俱全的英雄好汉,也不是他像突然短路那样阵前悟道般琢磨出怎样从一只手变成三只手,他只是像王朔在《看上去很美》里发现到处都是方枪枪一样,在这个其实完全封闭的江湖里,每一个人都是雷力的过去、现在和未来,无生无灭。我们可以杀死别人,可是我们无法杀死自己。

(文/本来老六)

馬永貞

《马永贞》(1972)

陈观泰可以说就是我心目中的奔雷手文泰来。也许是因为他演过豪气干云的《大刀王五》,又或者说因为他演过让昔日的仇敌方世玉都不得不折服的洪熙官(《方世玉与洪熙官》),但最重要的还是他的第一部代表作《马永贞》。

《马永贞》这部电影张彻自诩为后期上海滩黑帮题材的滥觞,这部电影令“十里洋场”成为银幕黑帮争霸的集中地,启发了后来蔚然成风的“上海滩”题材影视剧的陆续出现。它的重要性还可以用一个比较奇特的例子来证明。邵氏曾经发行过一套明星纪念的扑克牌,除了从 2 升序排到 A(没有大小王),其中老 K 是姜大卫,入选影片竟然不是他获奖的那部《报仇》,而是这部以陈观泰为主角的《马永贞》,陈观泰入选的是作为 J 的《残缺》,而姜大卫在《马永贞》里扮演的谭四爷在电影的一半进程左右就被杀掉了。

也许很多人没有想到的是,马永贞这个人和黄飞鸿一样是历史上确实出现过的武林人物,在《黄浦区志大事记》里是这么记载的:

> 光绪五年(1879)三月二十二日(4 月 13 日),山东拳师马永贞(回族)在南京路一洞天茶馆喝茶时,被马贩顾忠溪纠集的打手先用石灰粉撒面,再用刀砍伤。当夜,伤重致死。

而在电影里自然不会如此平铺直叙,《马永贞》严格地说可以算是暴力的一阕挽歌。

提到张彻电影,最先让人想到的就是鲜血横流,开膛破肚。委婉一点就是什么死亡之舞,浪漫暴力;直接一点就是血腥刺激,暴力低俗。最容易被提及的例子就是《十三太保》和《马永贞》。陈观泰身中斧头党乱刃加身,血肉模糊依旧杀敌不止,很容易往"张彻宣扬暴力"这样的思维定势上引导。

陈观泰大概是张彻五虎将(姜大卫,狄龙,陈观泰,王钟,李修贤)里身手最好的一个,他是大圣劈挂门陈秀中的弟子,1969 年东南亚国术比赛荣获轻甲级冠军,可以说是一打成名。光凭外形就会给人硬桥硬马的感觉,由他来诠释一身蛮力的马永贞恰似叫风度翩翩的福山雅治去演东野圭吾笔下的汤川学,天造地设。

马永贞(陈观泰)的思维就是一双手打遍上海滩,打出自己的未来。好看的女人,好看的马车,他觉得只要他肯打,能打,一切都那么顺理成章。

这让人想起 1991 年的电视剧《外来妹》,里面常戎扮演的外来务工者在被问及是否担心找不到工作,小伙子一脱外衣,露出穿着背心的精壮身子,前胸写着五个大字"先进劳动者"。一脸自满的意思就是:凭我这把力气,花花世界不在话下。

马永贞初到上海也是这么想的。可是除了拉车的时候能够多跑几趟,他的力气多得只能蹲着看唱歌的歌女,因为他买不起票。这时候他遇见了谭四。

陈观泰之后曾经在《一代枭雄》里自己扮演过谭四,似乎是从另外一个角度诠释了马永贞和谭四的前世今生。谭四恰如已经打出名堂的马永贞,他的外套、帽子、烟嘴、马车甚至那根马鞭都晃得马永贞头晕目眩:活生生的高富帅站在了活生生的屌丝面前,还是个非常能打的屌丝。

之后谭四给了他很多打的机会,甚至谭四因此都被打死了。马永贞坐上了昔日谭四的马车,他拥有了自己梦寐以求的女人,但是显然他不能从此幸福地生活下去，因为这个世界其实和打的关系非常肤浅。

于是，张彻开始浪漫了。

张彻的主角也许个个不同，但有一点是不会改变的：他可以死，但是他不会妥协，他更不会同流合污。

马永贞同样如此。

当马永贞单枪匹马去茶楼的时候，他非常清楚这是如何的一条不归路：君子有所为有所不为，虽千万人吾往矣。他一定无法说得如此头头是道，他也不是觉得他有多少慷慨激昂。可是他应该是有想叫这个乌压压的上海滩天翻地覆的想法，哪怕用自己的血，哪怕被劈到血肉如泥粉身碎骨。

谭四不在了，做这件事的人只能是他马永贞。

所以最后的暴力是一种对暴力赤裸裸的讽刺，无所谓对方人多势众，无所谓对方刀快斧利，可以砍得对方血肉如泥还是无法真正杀死像马永贞那样的人，他会让更多人开始思索，这样的暴力不是不可以去抵抗的，更关键的就是，这样的暴力不是不可战胜的。

张彻从来没有说过“以武止戈”这样的漂亮话，就像他从来不觉得羽扇纶巾就可以叫“谈笑间，樯橹灰飞烟灭”。他只知道像马永贞这样的人必须前赴后继，必须一个个近乎自杀一样地冲向黑暗，他，或者说因他而蔚为大观的他们才可以用自己的鲜血让被乌云遮蔽的太阳重新变得鲜红。

张彻是极其讨厌暴力的，所以他选择用暴力去毁灭暴力，他不想洗干净自己的手，因为他知道要还那朗朗乾坤一片干净，首先就要不怕自己的手染上血污，犹如马永贞，或者说像陈观泰那样一身侠气的马永贞。

马永贞终于还是不在了，犹如陈观泰这样至大至刚的人物也在银幕上昙花一现，可是我们不妨回顾这样一部老电影，世上到底是有过这样的好汉，这样叫人顿生“天翻地覆慨而慷”之感的好汉陈观泰。

（文/本来老六）

《水浒传》(1972)

要提这套电影首先要提牵涉到张彻非常有名的一个公案。

张彻屡屡被指责为耍大牌主要有两条罪证，第一在片场打骂演职员(注意是打和骂，不仅仅是大骂)，这一条被蔡澜力证，并扬言张彻如果敢骂他就和他肉搏，而且相信可以把张彻打倒在地；第二就是这套《水浒传》电影。因为牵涉到邵氏的另外一个著名导演张曾泽。

张曾泽的《吉祥赌坊》是1972年的过百万港元作品，也算是风靡一时。但就是关于这部电影，他在晚年曾经如此控诉(转自网友“半辈子”的评论)：

> 《吉祥赌坊》开拍没几天，午马就被张彻挖走了……承张彻抬爱，居然又看上了我戏里的男主角岳华，张彻的戏中从来没有用过岳华，一向都是用他自己的契仔主演，这次不知道为什么忽然看上了岳华。……岳华在《吉祥赌坊》中饰演正派第一男主角，张彻却把他拉去演一个大反派，我心里就不大高兴……我心里对张彻不禁起疑：你张彻表面上对我好得很，派车到机场接我，为我接风，到棚里探班，可是私下却处处挖我墙脚，我要拍《水浒传》中《大名府》的那一段，你说你也要拍那一段，我退而求其次，选拍《一丈青》，你又说《水浒传》中所有情节你都要拍，我放弃《水浒传》改拍《吉祥赌坊》，你不但挖走了我的副导演，还拉我戏里的男主角去演

个大反派，实在是欺人太甚！

同行是冤家，这里张曾泽真正想控诉的并非圈内司空见惯的挖角，而是指责张彻对他两面三刀。根据张彻早年从政的经历，于是大家水到渠成地开始联想：张彻善搞阴谋，皮里阳秋的大奸臣嘴脸不免跃然纸上，栩栩如生。

这里整理一下邵氏最后关于"水浒"的电影大致有这么几部：

第一部：《水浒传》，1972 年；

第二部：《林冲夜奔》，1972 年，非张彻作品，程刚（程刚之子就是著名导演程小东）作品；

第三部：《快活林》，1972 年；

第四部：《群英会之〈白水滩〉》（岳华主演了第一部分岳枫导演的《铁弓缘》，第二部分是程刚导演的《胭脂虎》）；

第五部：《荡寇志》，1975 年。

其他还有李翰祥的两部作品：

《金瓶双艳》，1974 年；

《武松》，1982 年。

然后自然只说张彻。

首先要解决前面提到的"岳华被拉去演了一个大反派"是指什么。1972 年的《水浒传》里的确有岳华，他扮演的是八十万禁军头领林冲。除了在电影开头群像里出场，在之后攻打祝家庄的对决里还有一出戏。而同年岳华还出演了也许是他邵氏时期最重要的作品《林冲夜奔》。于是这一年岳华被借走非但不能都算在张彻头上，而且演的也根本不是什么大反派，如果林冲可以不算反派。

引用上面这个插曲的一个重要意思就是一面之词是非常可怕的，而且人云亦云真的可以众口铄金。张彻固然有自己的算盘，但难道别人都是白求恩吗？少说是非，那么关于张彻号称要拍《水浒传》中大名府的那一段是否拍了呢？当然拍了，于是回到电影《水浒传》。

张彻曾经反驳过别人对他的同性恋指责，举的重要例子就是历史上最为著名的桃园三结义和水浒一百零八将。既然满坑满谷的兄弟情深喷薄欲出，那么还有什么比水浒题材更好宣泄的呢？

但是其实张彻的重心并非如此。

张彻的电影念念不忘的其实恰恰是他非常忸怩不肯承认的“文载以道”：一般意义上梁山群雄都是被塑造为英雄好汉的，那么在张彻的镜头之下又是如何呢？

《水浒传》拍的是智赚卢俊义，《荡寇志》则是拍身为前草寇的梁山好汉去剿灭现任草寇方腊。鲜血淋漓涂得那山河都变了颜色，可是我们看去，那心中之贼从来是贼，哪里有什么英雄好汉。

先说《水浒传》。

《水浒传》这部戏里最妙的还是吴用那句：李逵你不可去，你去便要闯祸。

这种诸葛亮派关羽去守华容道的做法真可谓明火执仗，心思昭然若揭。李逵必然会闯祸，闯到不可收拾之处，卢俊义如何置身事外？

张彻欲写卢俊义，先写燕青。扮演燕青的姜大卫身材虽然并不魁梧，但却别有那一番“风月丛中第一名”的风流俊俏。他不惜玩耍相扑给相好的小翠去买花来戴，亡命天涯回来之后第一个想到的也是要对着小翠说一句：“我想见你，就是杀头也要见你。”

撇开梁山好汉的三头六臂，其实无论胜败，这次重新杀回大名府，从前的燕青要么横死沙场，要么浪迹天涯，和她终究是再也不会见面了。所以这个时候他可以不管不顾地说出自己一直想说的那句话，死到临头，就那么轰轰烈烈一把。纵然明珠暗投，纵然众人侧目，这一刻的燕青已经浑然不把天下放在眼里。

所以，燕青知道再也回不去了，那么卢俊义呢？

电影临近结尾，众人看着卢俊义是否手刃淫妻。大家都是递过投名状过来的，就等着看昔日的富家翁如何踏上这不归路。燕青举刀过顶：员外你就动手吧，天下之大我们已经无处可去了。卢俊义还要犹豫，燕青手起刀落，这条路便这么血茫茫地荡开。

所以如果说大名府的官员都青面獠牙般诬陷良民，那么梁山好汉们就是不折不扣地逼良为娼了。可惜一番计划之后，石秀当堂大骂梁中书的“你这给奴才做的奴才”声犹在耳，在《荡寇志》里，我们的好汉无论在功用上还是编制上一样集体转制为不折不扣的奴才了。

《荡寇志》里最值得一提的是一对好儿女：菜园子张青和母夜叉孙二娘。与其他好汉杀一个够本不同，孙二娘在临终之前还是奋力爬到张青身边。不知道他们此时此刻会不会想起那在十字坡上卖人肉包子的快活时光，如今被人派遣其实不过就是派来牺牲，但总算没有到头来孤孤单单。

而这里面的李逵、石秀乃至燕青，都属于不得不死、不可不死。悲壮乎！悲凉乎！我只想起那落草之时燕青的长叹：天地之宽，我们再无可去之处。

写到这里就可以图穷匕见，张彻非但不觉得梁山之上是什么世外桃源，水泊之间更不是只有渔歌唱晚，他只是冷冷地看着那火热的酒里是污浊不化的男儿之血，他只暗暗地看那苍天之下的疏而不漏。

英雄好汉，天地间但凡有一指之宽，总想封妻荫子，总想“学成文武艺，卖与帝王家”，安邦定国。退一万步，便只求一个可退之处。但是斗转天回，海沸山摇，这天地间从来又哪有什么可退之处，哪怕走过那万里迢迢。

（文/本来老六）

《刺马》(1973)

年少最苦无事可做，打劫也好，杀人也好，山坡上是洒落一地的青春。如果没有遇见马新贻，黄纵和张汶祥也就只能如此草木成灰。当然非但人生没有什么如果，电影同样没有。

电影始终是从张汶祥的呈堂证供里流淌而过的，似乎张彻借此在强调所谓的真相到底也是一个人眼睛里的真相，所谓故事眼见又何尝能够为实。

马新贻一袭白衣长衫，高头大马而来。纵然日后掏出他血淋淋的肠子时，张汶祥也无法忘记第一次见到他的光景，只觉得那日山坡上艳阳高照，可是他的眼里却只有一人一马，如此的耀眼如此的艳。他曾经无数次回忆和他在一起的时光，开头总是漫山遍野，他来了。

笑自然有千变万化，那不叫万紫千红，那叫做千山万水。

这个形象应该对张汶祥的刺激非常之大。相对黄纵而言，他识文断字，武功也要高出一筹。他不是不知道天外有天，他只是懒得去想。在这片天下，他其实才是王中之王，可是马新贻轻轻揭开了这层面纱。

长身玉立，人如剑，马如龙。他心中该想，跟着他去闯天下吧，天下哪里都可去得。

马新贻在这部电影里大抵上可以称为理直气壮，甚至可以算是光明磊落。他在家乡中举，上山不过就是曲线度假，人家喝酒吃肉他还坚持学习和训练，除了和二嫂活动一下，可谓夙兴夜寐周公吐哺。兄弟不爱学习就手把手交，兄弟爱出事他就用手臂上的血肉去换，待到加官晋爵时，二弟三弟一起做官，除了生活问题连经济问题都没有。

苟富贵，勿相忘。张汶祥和黄纵是扎扎实实靠着他的举荐换来了顶戴补子，虽说后来张汶祥强调是昔日兄弟的鲜血染红了他的顶子，可是一将成名万骨枯，更不用提我们的马大人可谓身先士卒，冲锋陷阵。

他所有的问题就是旧情难忘，如果他早一步在冲锋陷阵中让两兄弟去做炮灰，甚至不过就是和米兰逢场作戏始乱终弃，如果最后的校场上他挥手让手下万箭齐发一拥而上，只要他表里如一般心狠手辣，他就真的可将过去一脚踢开，前途无量也许还谈不上，可是何尝需要如此惨淡收场？

撇开老大老三，说说老二黄纵。黄纵最后可以说不是死于乱刀之下，而是大叫“谁要杀我”而活活累死。作为单细胞生物，只要有钱有女人，他今天可以做长毛明天可以杀长毛，手里的雁翎刀过处，砍瓜切菜一般。但是，他又怎么会真是草木瓦石。

应该说他心里未尝没有米兰。嘴巴里叫着要去城里冒着杀头风险也要寻花问柳，其实怀里还是牢牢攥着给她买的簪子。应该说他也不是只知道荒唐度日，最后上了圈套何尝不是渴望再立军功挣下前程。可惜他拥有米兰，他到死都不明白的就是大哥已经是盖世英豪，怎么还会对自己的婆娘念念不忘。

乱世洪炉，人在其中还有力气去坚持什么。三兄弟各有各的明白，又各有各的糊涂，他们到底还是有兄弟情深。哪怕肠子里有血，血里有肠子，那还是兄弟的血兄弟的肠子。

天头地脚，他陪着他红了眼。

他看着他，麻花样的匕首如同他自己搅碎的心。可是他依旧用着浑身的力气搅动着，在所有人的惊呼声中，大家都看到了，可是大家其实都看不到只有他和他可以看到的东西。

他恶狠狠地用完所有的力气，他要他偿命，为了那三兄弟早已不复存在的同生共死。

马死了多少，刀断了多少，马和刀都默默地回忆那青春年少，那寂寞的山坡上，蓝天白云竟然从没有断过。

电影结束在米兰的回忆里，那条改变一切的小河里。所以请至少一次忘记这是什么清末四大奇案。这只是张彻想说的一个超级浪漫的故事，浪漫得那么傻气，浪漫到你要试着去相信这个世界还有兄弟义气，这个世界上还有爱情。

一次就好。

（文/本来老六）

方世玉與洪熙官

《方世玉与洪熙官》(1974)

1973年,随着电视荧屏对电影工业的影响不断深入,以粤语对白公映的《七十二家房客》又打破票房纪录,加上香港人对“本土意识”的日趋重视,港产粤语片得以成功复兴,更逐渐压倒“国语片”,成为“香港电影”的主流标签。

在此大环境下,众多流传于世的南方民间传奇随之成为电影人争相取材的“宝库”,尤其南少林抗清事迹与广东民间英雄(很多来自清末小说《万年青》),更是多次被搬上银幕,个中代表便是张彻成立“长弓”后的创业作《方世玉与洪熙官》,尽管仍属“国语片”,但在当年颇受欢迎,更压倒了由“正宗黄飞鸿”关德兴复出主演的《黄飞鸿少林拳》;此外,《方》片的面世,也为数年后的功夫喜剧热潮奠定了一定基础,其后,许多以《×××与×××》为名的类型片,在商业上都有不俗反响,这亦称得上是张彻对影坛的另一贡献。

不过,因张彻并非广东人,虽说他自己在“探索广东武术界一些口述流传和民间故事”,但纵观他几部以广东民间英雄为主角的影片如《方世玉与洪熙官》、《方世玉与胡惠乾》、《少林寺》、《广东十虎与后五虎》及《少林与武当》等,对人物本身的刻画却始终缺乏广东风味,反而从头到尾都是很“张彻式”的英雄。相比之下,张彻对洪拳这一南派拳法的介绍与演绎,才是他在创作上的“重头戏”。因此,当年《方世玉与洪熙官》上映时,便于正片前加映了短片《洪拳三路》,具体内容据张彻所述:“短片由三段片段构成。第一段是陈观泰演出的‘工字伏虎拳’。

第二段是傅声演出的‘虎鹤双形拳’。第三段是戚冠军演出的‘十形拳’。这‘三合一’短片，正式在香港电影中介绍了洪拳的风貌。”所以，与其说张彻拍的是“广东英雄传”，不如说他拍的是“少林南拳片”。

但回头再看，张彻即便用“国语片”形式包装广东功夫民俗，在港产武打片的发展脉络而言，却比五六十年代不少粤语片要来得“正宗”，正如张彻自己在专栏中所言：“当年的粤语片虽拍广东民间英雄甚多，但动作却是龙虎武师打北派，且是海派京戏的末流。”而张彻片中的南拳能打得似模似样，也当然要归功于武术指导之一的刘家良(当年不谙洪拳的关德兴，正是在他父亲刘湛的指导下，于“黄飞鸿”系列影片中打出硬朗的洪拳套路)，因此无论观众懂不懂功夫，也至少觉得好看过瘾，并非花拳绣腿那么简单。

如今看来，《方世玉与洪熙官》除用上两个传奇英雄之名，全无令人印象深刻的剧情可言，无非是清廷火烧少林寺，幸存逃出的少林志士学成拳法，最终复仇成功，而且细节处理得粗枝大叶，与后来成龙、刘家良和洪金宝等人的功夫喜剧比起来，反而难称水准之作。不过，在同年的《洪拳与咏春》中，张彻却得以在《方》片的基础上，增加了练武学艺的篇幅，如陈保荣习咏春，就专门拍出他为练成“寸劲”而用手指弹钟的过程，而李耀拜老师傅梁鸿学“虎鹤双形”，也“讲口兼讲手”地介绍一些原理，并在练功场面中加以表现，至此，广东南拳英雄片才真正形成较清晰的创作模式——以南方观众熟知的传奇人物为主角，并以练功戏为一大卖点，高潮则以正邪决斗为“实践”，而“如何破敌人武功”一环，更成为片中的重要悬念，这点在《洪》片中四弟子各自拜师，欲以不同招式破铁布衫及气功，就已拥有较完整的叙事。

《方》片与《洪》片推出后两年(1976)，脱离“张家班”独立执导的刘家良就依循此路，执导《陆阿采与黄飞鸿》，以青年黄飞鸿随师公陆阿采学习洪拳为主，而黄飞鸿如何打败大盗甄二虎，则无疑是他习武成果的反映。1977 年，刘家良再导《洪熙官》，则不局限于师徒练武，而是描写洪熙官与方咏春成亲并生下洪文定，除自己苦练虎形拳，又与妻儿一同练功，最后洪文定在功夫不及亡父的情形下以“虎鹤双形”破了白眉道人的金钟罩铁布衫，则同样糅合了《方》与《洪》的成功元素。至于1978年的《少林三十六房》，刘家良更是在张彻的“少林片”基础上另辟蹊径，将三德在少林寺中逐房练武展示得清清楚楚，从而为“少林片”带来另一大突破。

除了刘家良，几个北派武术指导亦在昔日张彻开创的路线上得到灵感，如1977年洪金宝自导自演的《三德和尚与舂米六》，剧情仍是“换汤不换药”的反清传奇，但具备更多南方风味的特色之余，也比张彻及刘家良的同类作品更有谐趣效果。翌年洪金宝再导《赞先生与找钱华》，就进一步发挥张彻的师徒练武过程情节，将咏春拳法讲授得细致而有纹路，因而与数年后的《败家仔》一同被誉为“咏春教学片”。而更重要的是，这几部早期作品的成功，亦奠定了洪金宝在香港影坛的地位，说张彻有间接之功，并不过分。

与洪金宝互相辉映者，则是成龙与袁和平，就说令两人大红大紫的《蛇形刁手》与《醉拳》，老师傅以近乎“虐待狂”式的训练方法调教年轻小子，就与《洪拳与咏春》中袁小田用藤条教傅声的设计不谋而合(何况两片亦皆由袁小田本人饰演师傅)。而成龙在后者中饰演少年黄飞鸿，在年龄与性格方面也与《方世玉与洪熙官》中的方世玉相去不远，加上袁和平尝试将民间杂耍技法与南派拳术融合，也终令功夫喜剧在“广东英雄”与“师徒练武”两大核心上创出新路，成为70年代后期此类型片热潮的中坚力量，且亦为80年代过渡至时装动作片发挥重要作用。

在张彻本人的众多影片中，《方世玉与洪熙官》(及《洪拳与咏春》)并不是最具代表性的作品，但从香港电影史而言，却别有一番意义，尤其在于对南拳的研究及表现，对刘家良、成龙、洪金宝、袁和平等人自立门户拍功夫喜剧，都有所启发。但更“巧合”的是，当年张彻下定决心拍摄南派功夫片，竟是因在台湾某饭店与许冠文谈电影时，对方提出“应走本地化道路”，才让张彻在返港后“同家良研究拍南拳”(这在张彻生前专栏中有写及),而《方》及《洪》推出那年,许冠文也以粤语老千片《鬼马双星》大破票房纪录,冥冥之中,莫非有“英雄造时势”之意味?

(文/阿蒙)

《洪拳小子》(1975)

影评人石琪曾将1967年至1976年的十年间,称作是张彻的“黄金时代”,该说法本身亦是正确,因从1977年至1993年,张彻能叫人留下印象的作品着实凤毛麟角:除个人风格过度滥用让观众麻木外,与他本身年事渐长,行动不便,故基本只于摄影棚内拍厂景,导致场面粗制滥造亦有关系。

若按石琪的说法作划分,则1975年的《洪拳小子》,应属他此阶段的最后一部佳作,尤其为香港电影开创了“小子片”之风气:“在香港流行语中,(我)引进了两个名词。五六十年代的‘阳刚’,久已成为口头禅;‘小子’也本是北方话,香港人说‘小子’,是由于我《洪拳小子》的片名。”至于首位在此题材中挑起大梁者,便是英年早逝的第三代弟子傅声。

傅声得以成为张彻眼中“小子”的不二人选,在于其性格活泼可爱,既与王羽的愤世嫉俗、陈观泰的鲁直豪放对比鲜明,亦与姜大卫的潇洒浪荡区别甚大,因而在张彻打造的芸芸银幕角色中,也颇有自成一格的特点。此外,《洪拳小子》里的傅声,还同时被打上张彻的几大烙印,包括与《小煞星》的姜大卫类似的少年反叛,如《马永贞》的陈观泰般腹插利刃杀敌,似《大刺客》的王羽身穿白衣上演“盘肠大战”,战至惨烈一刻,更像《报仇》或《大决斗》的狄龙那样袒胸露肌,展示伤口,最终则是漫长的痛苦挣扎,直至死亡。如此“精选”,多少可窥知张彻对“小子”的喜爱和重视。

当然,作为张彻中期的代表作之一,《洪拳小子》也流露出强烈的“反英雄”色彩,毕竟过往除却一往无前、舍生取义的个人英雄,即使如马永贞、仇连环这类“自我毁灭”的悲剧人物,张彻也不忘突出他们“道不同不相为谋”的坚毅个性,但相比之下,关风义虽更率真风趣,却因此遭奸人利用而几乎沦为卖命“忠犬”,且待他醒觉,已难逃惨痛收场的宿命,而这也是张彻所言的“悲剧的喜感”。

在角色的命运上,《洪拳小子》显然与《马永贞》一脉相承,即出身下层社会的青年人穷志不穷,凭其身手不断向上爬升,最终身居高位(关风义成了总管,马永贞则成为上海滩的“大天二”),有钱有势。但就在此时,原与其携手闯荡的好友也渐渐“疏远”,关的师兄黄汉更痛斥被利用的关“只是一条狗”,就连与女主角(张彻一向不重视)的一段模糊情缘,也因此无疾而终,从而延续“张彻片”的原则:维系“孤独英雄”形象。

再者,《洪拳小子》也比过去多将主角事迹放入国仇家恨、族群恩怨等“大背景”下的武侠/功夫片来得真实,如关风义面对老板的奖赏,仅提出要一双“合我脚的鞋子”,而这双鞋子也成为他的“图腾”——临死前仍要将鞋子穿上。至于关风义跨入上流阶层的描写,张彻则着重刻画他在追名逐利中迷失自我的心理,其实这在他的武侠世界里亦是一大“犯禁”,因此为寻回一贯坚守的侠义精神,关风义必须要以“盘肠大战”这样一段血腥“仪式”完成个人的救赎及殉道,换言之,尽管最终仍回到张彻的老套路,但其中涉及的人性思考与批判,却很不同于其过去极力渲染个人英雄主义的创作路线。

《洪拳小子》令“小子片”走入银幕,“型格”深入民心的傅声除再接再厉拍了张彻的《蔡李佛小子》、《唐人街小子》等片,即使在《射雕英雄传》(三部曲,张彻导演)、《绝代双骄》(楚原导演)、《御猫三戏锦毛鼠》(刘家良导演)等改编自武侠小说的古装片中,傅声也同样维持这种“小子”式的演法,无论观众是否接受,至少也倍感亲切。

当然，《洪拳小子》之后，“小子片”也不再是“张彻＋傅声”组合的专利。同年刘家良首次执导的《神打》便捧出另一个小子汪禹，其在假扮上身时“装神弄鬼”的谐趣演出并不逊傅声，因此票房再获成功(张彻在回忆录中谓，刘家良拍《神打》“是我为他约了倪匡一同谈剧本”，而倪匡亦是《洪拳小子》的编剧，在人物形象及性格等方面有共通之处，不足为奇)。1979 年，汪禹又在刘家良的《茅山僵尸拳》及《烂头何》中饰演小子，尽管比起傅声乃至成龙、元彪等人而言，星途并不顺畅，但汪禹的小子面貌，已让观众建立起良好印象。

但说到成就更甚者，还是几位“七小福”成员，当中又以成龙为首：在早期的《蛇形刁手》、《醉拳》及《拳精》等片中，成龙鬼马顽劣的作风就比傅声和汪禹更诙谐，甚至破戒(《拳精》中与和尚围坐开荤)又不尊师重道(《醉拳》中将苏乞儿淹进水缸逃跑)，且从功夫身手来说，也缺乏传统武德，反而会随时“偷鸡”打倒对手，性格上更反英雄。

洪金宝的肥胖身材与搞笑表情虽属“诙谐武星”而非“搞笑小子”，但他胜在能转向导演之职，将更具小子“型格”的元彪捧为主角，经《杂家小子》、《败家仔》等片后，在影坛大红大紫。比起成龙，元彪同样以俏皮出之，但显然更“乖”些，甚至有点胆小，加上一张娃娃脸和一副短小精干的体格，演起小子自然游刃有余。所以到了 90 年代，三十余岁的他仍能演出《西藏小子》和《马戏小子》等片，而不会像《醉拳 2》的成龙那样“超龄”。

至于同属北派武指名家的袁和平，在与成龙分道扬镳后，随之让弟弟袁信义在《南北醉拳》(1979)中接棒该形象，尽管难复《蛇形刁手》及《醉拳》热势，但袁信义难得的喜剧演出，却显出鲁憨小子的幽默一面。可见，在 70 年代末的功夫喜剧风潮之时，“小子”是为关键核心。

值得一提的是，在以上提及的不少影片中，也或多或少地将《洪拳小子》开创的模式沿袭下来：《醉拳》里的成龙本是顽劣不堪，但就在被杀手黄正利毒打并尝到胯下之辱的滋味后，方诚心拜袁小田为师学艺，实现从自我迷失到自我醒觉的过程(后来《败家仔》中的元彪从装模作样的“派通街”成长为青出于蓝的咏春好手,也属“小子片”的主题表现,但相比傅声,则不再以死亡作结)。到了《笑拳怪招》,成龙的角色依然是年轻气盛,好勇斗狠,结果因给武馆做打手而暴露“形意拳”传人身份,致其祖父遇害,如此安排,就与《洪》中傅声不谙世事险恶而身陷诱惑不谋而合。至于《杂家小子》的元彪与梁家仁兄弟,也有傅声与戚冠军的影子,前者顽皮活泼,后者硬朗有劲,但本性都纯真善良,不同于麦嘉那类一精一蠢、互相算计的“光棍拍档”。甚至于《林世荣》的洪金宝,亦是轻易相信“友情”,结果遭恶少利用,弟弟更惨遭毒手。凡此种种,都让《洪拳小子》更具先声意义。

此外,《洪拳小子》“小子打洪拳”的卖点,也让其后不少同类作品都自觉走上这条路,如《醉拳》的醉八仙、《南北醉拳》的“醉螳螂”、《杂家小子》与《疯猴》的猴拳、《林世荣》的十二指桥手、《勇者无惧》的沾衣擒拿、《败家仔》的咏春等,皆让小子打出一套门路各异的拳脚,同时将《洪拳小子》中仍“工整”的招式板斧做出改良,变得更喜剧化,亦更迎合小子活泼好动的性情。至于“小子”在性格上的独特之处,也往往会取代这些功夫明星所饰演的角色本身的传奇性,如成龙在《醉拳》里演少年黄飞鸿,就毫无“武侠宗师”的风范,反为仅取其名,独立成章罢了。而其后元彪在《败家仔》中演梁赞,李连杰在《方世玉》中演方世玉,也皆如昔日傅声,即使角色内外再经变化,本质仍是“小子”一名。

1983 年 7 月 7 日,傅声车祸离世,终年二十九岁。十年后(1993),翻拍自《洪拳小子》的《赤脚小子》也告公映,饰演傅声当年角色者则变为郭富城,而于同年推出且票房大卖的《方世玉》(李连杰主演),亦曾让人想起十多年前傅声在《方世玉与洪熙官》、《少林子弟》、《方世玉与胡惠乾》及《少林寺》等片中饰演方世玉的记忆,无形之中,既对傅声有所“纪念”,更重要的是,昔日由张彻打造的“小子”类型,对八九十年代的香港功夫(动作)片实有深远影响。

(文/阿蒙)

《八国联军》(1976)

在张彻芸芸影片中，1976 年的《八国联军》应是最命运多舛的一部——至少是之一，尤其曾被电检处以“可能破坏香港与临近地区的友好关系”为由禁映，更开港台功夫片之“先例”，何况说辞还如此不经推敲，难怪张彻日后提及，始终耿耿于怀，毕竟，这既是他少数有较明确的时代背景与史实素材的作品，他本人更难得评价“我对自己的影片向来少许认可……但自认这套《八国联军》拍得不差”。

比起李翰祥与胡金铨，张彻显然不是一个愿意花太多心思去考究历史细节的导演，加上本身风格粗枝大叶，往往重主题而疏细节，久而久之，观众倒也习惯了这些常识性错误，至少张彻片总有阳刚暴力、盘肠大战等无人可及的“招牌”坐镇，且做到每部片即使再炒冷饭都有一处“看点”，便不必拘泥其他有多不合理了。

张彻第一部拥有历史背景(战国时代)的影片是 1967 年的《大刺客》，而之所以从《史记》的《刺客列传》中取材，在张彻而言除“在不显然违反历史的空隙中，找到合于我的角度，来表现自己的意图”，也力求实现与“并不打算放弃表现那个时代，悲歌慷慨的战国之世”的融合。尽管《大刺客》塑造的聂政终究是基于“自由改编”下的张氏英雄，但张彻在片中划分及描绘的历史脉络，却相当清晰有序，如魏、韩、齐国之恩怨纠缠就已在剧情推进中有所交代，而高潮聂政刺杀奸相，剖腹挖眼毁面而亡的结局在还原历史的同时，凸显张彻崇尚的“暴力美学”，由此可见，《大刺客》对张彻以历史题材杂糅个人特色的创作方式而言,可谓先声。

也正因《大刺客》的成功实践,仅在70年代初,张彻就在至少四部影片中改编真人历史,包括《十三太保》(讲述后唐太祖李克用手边得"太保"头衔的十三个义子,核心为十一太保史敬思与十三太保李存孝)、《马永贞》(来自山东、威震上海的著名拳师,打倒外国大力士终遭暗杀而死的事迹在当时上海滩无人不晓)、《刺马》(张汶祥刺杀两江总督马新贻案乃清末"四大奇案"之一)及《大刀王五》(清末义士王五勇救戊戌六君子事迹尤其著名,也比后来洪金宝拍的《一刀倾城》更接近史实),皆是有迹可循;至于其他如《马哥波罗》、《大海盗》(用香港传奇海盗张保仔之名)也都有历史蓝本存在,只是张彻因制作条件等因素而选择巧妙回避。

当中,又以《刺马》最为突破,皆因张彻为尊重时代,坚持一反当年香港影坛"南洋观众不喜欢看到鞭子,会引人耻笑"而拒拍辫子戏的共识而行,让众角以此造型出镜,此外,张彻还让人物留辫子而不剃头(其实是剃掉了额头前面的部分,而非露出大半个光头),这一与历史不符的细节当然惹来批评,但张彻始终以此为他拍摄清装片的鲜明标签,只是后来的影片中,居然让主角们在"小子"式的披头发型后面"绑"上辫子,不伦不类之极!

张彻对历史的改编,到了《方世玉与洪熙官》及《少林子弟》阶段,又再行变化,改由广东民间英雄故事搭配清廷火烧少林寺的背景出之,更具传奇性。事实上,张彻在他一系列"少林片"创作中所看中的,正是诸如至善、白眉、五枚师太乃至方世玉、胡惠乾、童千斤等人物没法明确考究的身份,且"火烧少林寺"之说本身亦版本甚多,将这些孰真孰假的素材合并在一起,无疑比较方便,也不会让观众太挑毛病,因此从张彻自己执导的《少林子弟》、《少林寺》、《方世玉与胡惠乾》、《街市英雄》及《少林与武当》等片一路下来,方世玉、洪熙官、胡惠乾、高进忠及白眉道人等的故事乃至死法甚至都不一样。当然,张彻仍会在这些作品中考究一下历史,如《少林五祖》便改编自"西鲁故事",而片中"五祖",亦是后来的洪门帮会(为他们成立的“天地会”后身)之祖……

说到《八国联军》，虽则同样发生于清末时期，但并非《马永贞》或《大刀王五》那样的真人真事，而是借真实的历史事件(八国联军侵略北京)及民间团体(义和团)来包装虚构的人物故事，换句话说，片中曾献汉(傅声)、帅风云(戚冠军)及陈章(梁家仁)，即使原封不动地放入其他朝代，除造型外也不会有多少分别，因都是“张彻式”。

在制作规模上，《八国联军》与张彻同年另一部作品《八道楼子》皆是不折不扣的大片，但比起得台湾当局协助的后者，《八国联军》的成本主要来自当地片商林崇丰高达百万港元版权费的支持，而张彻拥有提升格局的空间，当然倾力而为，“联军服装我相信在台湾都做不好，就通过蔡澜从欧洲高价租用；联军统帅瓦德西也由他重金延聘英国演员理查德·哈里森(Richard Harrison)饰演，还从美国请回已退休的李丽华演慈禧太后”。而开场慈禧梳头、穿衣、戴饰、着鞋、早饭、听戏等，更是张彻片中极其罕见的细致与华丽，几乎有与李翰祥的《倾国倾城》一斗之意！

此外，《八国联军》实质也有张彻的一些野心在内，即“着重义和团方面，指出群众的盲目激情”，“不同情义和团，但肯定民间反抗列强侵略的民族意识”，后者对拍过“少林片”，大讲“反清复明”的张彻来说当然是老生常谈，但前者的主题却能看出为何张彻对《八国联军》被改名为《神拳三壮士》而愤愤不平，而片中义和团出战一场，还不忘借戚冠军之口道出导演之意：“这里面很多还是小孩子，都要去送死。”这种扭转传统英雄特性，对鲁莽而激进的“武斗”之举持反省态度的立场，当然也是张彻中期的“反英雄”思想所驱。

《八国联军》在港台两地都被留难，尤其香港，更遭电检处扣了一顶“可能破坏香港与临近地区的友好关系”的大帽子！事实上，在70年代香港电影的审查制度而言，这已是一项“重罪”，轻则大幅删改，重则直接禁映。在《八国联军》“中枪”之前，最早的是1967年的西片《圣保罗炮艇》，其后意大利的《阿尔及尔之战》(1970)及北越的《九号公路大捷》

(1975)、《六二五高地战役》(1975)都同样难逃此“劫”,至于第一部因同样理由禁映的香港片,则是女导演唐书璇的《再见中国》(1974),由此得知,张彻是第二个。

虽然《八国联军》最终经删减改名后获准公映,但比起作品十多年未见天日的唐书璇,张彻也并未幸运到哪去,原因在于他“连中两元”:其一,正如张彻自己所说,“那时香港在港英治下,自不愿见反抗西方国家的影片上映”,所以大陆片《林则徐》就曾被港府禁映近三十年,直至1985年才以《鸦片战争》片名解禁,至于《阿尔及尔之战》亦因“过分暴力及强烈的反殖主题”被毙,就连徐克的《第一类型危险》原版也出于宣泄反殖民主义立场,而在一开始遭禁映,可见张彻选此题材,已注定凶多吉少;其二,张彻还称:“恰巧其时内地正进行‘文革’,正好给港英借口,指义和团是影射红卫兵。”当时在向来难让与内地有关的题材影片过审的电检部门眼里,“文革”恰为禁映影片的一大说辞,不过,与《再见中国》及后来台湾拍的《皇天后土》等片比起来,说《八国联军》用义和团影射红卫兵,则实在是很牵强的“过分解读”。

令张彻气结的是,《八国联军》非但被随意改名,影片上映时,更因八国联军和义和团部分被大肆删减而“面目全非,支离破碎”,结果香港票房只有一百一十七万港元,无疑惨败！而且,作为张彻唯一一部从未能以完整版在港公映的影片,《八国联军》实令人想起1970年龙刚执导的《瘟疫》,同因涉及政治原因遭电检处大动剪刀,最后也是改名为莫名其妙的《昨天,今天,明天》,且片长只有七十七分钟,原版胶片更是失踪至今。无论对张彻还是龙刚,心血之作得如此结局,又怎不痛心疾首?

可以发现,自1977年至1993年,除《海军突击队》及《大上海1937》能恢复一些当时的实景拍摄,张彻电影中的时代背景已被进一步模糊,几乎连具体年代和地点都不提,只能靠布景服装辨认出以清末民初时期居多,加上此时张彻除了《生死门》全在厂棚内拍室景,看起来也是简单粗陋,观众自然也懒得注意,仅看片中武打场面足矣;而且,张彻后期电影中的一些历史常识也更比过去作品难经起推敲,尤其《五遁忍术》

居然让极其高傲的日本武士专程请忍者刺杀中国大侠，就是让人难以忍受的 bug。如今看来，这种题材上的“样板化”，与张彻因《八国联军》受到的打击，又是否有某种程度的关联呢？

（文/阿蒙）

《八道楼子》(1976)

多年来,香港影人最不敢触碰的题材之一便是战争片,因往往需要极高的成本和大量的人力物力,且即便有这两大要素,“寸金尺土”的香港也缺乏可供拍摄的外景,所以像张彻拍《八道楼子》那样既有台湾军方提供飞机、大炮、坦克、装甲车乃至部队为协助,又获准在台中成功岭取景的港产片,无疑是罕见之例(除此之外便是翌年的《海军突击队》)。

当然,张彻得以在台湾军方支持下拍摄该片,应得益于此前丁善玺的抗日片《英烈千秋》大卖,继而让“军教片”如雨后春笋般冒出,包括《吾土吾民》、《八百壮士》、《笕桥英烈传》、《梅花》、《战地英豪》和 80 年代的《八二三炮战》等,《八道楼子》在制作环境及主题思想上,实质与这些作品相差无几,换言之,即是当年顺应台湾当局思想的“主旋律片”。

张彻的一大“特色”,便是能将任何题材、背景及人物都处理成“张彻式”,所以《八道楼子》一开场就是千军万马,但越往后看越是功夫至上,甚至连“盘肠大战”都再次出现,结局也是战士们鲜血染身,痛苦挣扎而死。这究竟是张彻坚持以其个人风格突破一般战争片面貌,还是因过分强调“自我”致场面儿戏失真?只能说见仁见智。

但无论如何,都必须承认张彻及其团队并未将《八道楼子》拍成一部出色的战争片,主要在于香港导演处理这类场面总避免不了“难以置信”的弱点,正如片中无论国军、日军抑或伪军,基本都要用刀剑或肉搏混战连场,反观机关枪、手榴弹等威力都被夸大为足以与炮弹相提并论的“超级武器”,何况编导还加插保卫“八道楼子”的七壮士的个人身世,拍出来却有种“信不信由你”的尴尬，结果奇情武打成分完全掩盖了近代战争的规模气氛，观众自然难以感受到战场上的残酷与震撼。

因此，《八道楼子》在香港“战争片”的尝试方面较有代表性，但从电影本身质量而言，之后其他香港导演拍摄的同类作品却多少都沾上了该片的毛病。

其中一个很典型的例子，便是吴宇森执导的《喋血街头》。尽管该片是香港电影史上为数不多能拍出史诗格局的作品，但吴宇森在片中还是犯下恩师在《八道楼子》里的错误，一方面极力将自己的招牌烙在枪火场面里——因而就算拍越战也出现许多冗长拖沓的慢镜头，实质并无“暴力美学”之感，另一方面也不顾情理硬往“神话”上靠——因而片中的梁朝伟、张学友和李子雄原本只是香港普通青年，却能用枪大杀四方，等于《八》片中那群仅用刀就能杀光上百敌人的国军战士的翻版罢了。

除了吴宇森，这种将人的力量“提升”至不合情理的地步的拍法，也多次出现在其他以战争时代为背景的港产片中：《夕阳之歌》（徐克导演）的大反派驾驶坦克追杀主角，明明只要按下发射键就能让对方粉身碎骨，却偏偏被主角连人带车炸死；《安乐战场》（曾志伟导演）的菲军明明装备精良、人数众多，却被一队不足十人的香港游客打得落花流水；《爱人同志》（黄泰来导演）仅靠一班囚犯“暴动”，就能将敌人的一座监狱夷为平地……所以，说到香港影人拍摄该题材的局限及弱势，《八道楼子》也该算是“滥觞”。

不过，抛开影片的缺点不说，《八道楼子》仍能体现张彻的聪明之举。其一，当年港台制作的战争片常脱不开对好莱坞大片东抄西袭、生搬硬套、缝缝补补的习惯，这往往让观众既觉堆砌，又看不出本土特色，还不如直接看西片来得爽快，而张彻拍此片时，便尽量利用他擅长的各种素材取代这种“先天不足”，因此就算观众批评不够真实，此起彼伏、紧张激烈的武打场面也能在视觉上做出弥补，后来洪金宝拍《东方秃鹰》，亦承袭了张彻这一考量。其二，《八道楼子》也在一定程度上展现香港导演处理大场面的功力，多年后如吴宇森、林岭东、唐季礼等人，都由此得到踏入好莱坞的资本，尤其林岭东执导《大冒险家》，尽管剧情苍白、场面陈套，但能拍出战争般的效果，便已令好莱坞片商对其垂青。其三，敢拍近代战争题材，也反映张彻不断求变的创作热情，何况在此之前，他已先后从历史人物(《大刺客》)、京剧武戏(《报仇》)、长篇小说(《水浒传》、《封神榜》)、民间奇闻(《刺马》)、少林传说(《少林五祖》、《少林寺》)等题材中汲取灵感，而《八道楼子》同样取材自抗战时期的真人真事，故可知张彻给予自身的尝试空间很大，比起许多后辈而言更为积极。

(文/阿蒙)

殘缺

《残缺》(1978)

张彻生前向来对自己在武侠类型创作上曾受日本武士片影响直言不讳,如《边城三侠》他便承认"是从日本片改编",而盲侠"座头市"更成为他拍摄《独臂刀》的灵感之一,从而令"肢体残缺"成为其武侠世界中的重要标签。

张彻电影迷恋暴力与死亡,且无论结局是否丧命,也往往不让英雄得到一副完整的肢体,因此非但生者手臂截断(《独臂刀》、《独臂刀王》及《新独臂刀》),死者更会腹裂肠流(《断肠剑》)、双目剐破(《大刺客》、《报仇》),要么便是利器插肚(《大决斗》、《马永贞》),甚至遭五马分尸(《十三太保》)……而这种对血腥断肢的直观处理,更影响到后来"新浪潮"时期的几部武侠片——徐克的《蝶变》各角若非被烧得面目全非,便是被打断手臂或压断双腿,更被"炸弹"袭击而亡;吴宇森的《豪侠》结局主角则被利刃直插胸口,血肉绽放,睁目身死;谭家明的《名剑》更为极端,让反派整个身体被劈成两半飞散出去,惨叫凄厉却不见尸首;至于程小东的《生死决》,结局则让死者以剑刺穿脚背,屹立不倒,而生者也已在激战中失去手臂,从类型发展流程而言,确有传承。

作为开路大旗手,张彻自然不会仅停留于展示各种身体缺陷的阶段,因此在《残缺》(1978)一片中,他就选择将四种不同的残缺状态合为一个"整体",即盲眼货郎、聋哑铁匠、断腿小贩及弱智侠士,与之对立者则是心理残缺的恶霸及其失去双臂的儿子,相比数年前另一部《独臂刀大战盲侠》,更是不折不扣的"残缺之战"!

从《残缺》到之前提及的几部“新浪潮”武侠片，皆可见从中贯穿的“反英雄”气息，即“在英雄之中带有反英雄的荒谬感，企图正反兼具，从平面进至立体，比较符合真实”(影评人石琪语)。例如货郎及铁匠，就因仗义执言致失明聋哑，而两人这种性情在过往的传统武侠片中往往成为“极端英雄主义”的象征，至于因打抱不平而被害成弱智的侠士，亦曾是传统武侠片中的典型豪杰，张彻在《残缺》中让他们为这种举动付出“代价”，显然有所寓意。另一方面，影片亦未对残缺者由始至终地表达崇敬，尤其他们合力对付一个硬功师傅，张彻便将此人写成光明正大的汉子，最终反而中了残缺者的计，被铁脚踢胸身亡，因此才愿赋予其“站立而死”的荣耀，毕竟在过去的作品里，张彻从未对这类反面人物有此“敬重”。

不过，不知张彻是借此表达讽刺主题，还是为硬拍一场“样板”大战而前后矛盾，竟在指出“身残尚可补救，心残就无可救药”后，让三个残缺者仿若炫耀自己学成功夫已与正常人无异般，将行径虽可恨，却只害残废而不伤性命的恶霸全家赶尽杀绝，甚至对其有恩的侠士牺牲后也置之不理，实非“英雄”所为！因此，若张彻创作时考虑的是后者，反而无意中触及了较深刻的层面，对早已充斥陈腔滥调的武侠片而言，也未尝不是“创新”。

《残缺》之后，新人陆续以武侠片走入影坛，而在其镜头下，武侠人物的“反英雄”意味也日趋显著。以前处提及的几部“新浪潮”武侠片为例，《名剑》的李蓦然在生死一霎侥幸取胜，较邪不胜正或同归于尽的大侠更叫人难忘；《生死决》的中日两大剑客，尽管以生死决战收尾，却只是身不由己而为之，无论胜负，都未有成就而言；至于《蝶变》那群会武功的侠士就更无善者，反为各谋私利、心怀鬼胎之人；就连其后许鞍华拍《书剑恩仇录》，主角陈家洛亦是拖泥带水、矛盾不堪，全无大侠风范及气度。因此，他们或应以“残缺的英雄”为归纳，且“残缺”的并非武功或身体，而是心理与处境。

另一较有特点之处，是张彻在《残缺》中将激发人体力量极限的“催化剂”,从早期作品里的致命伤害,转变为与外部因素融合而成的产物。本来,张彻片中肢体受损的主角若非死亡作结,便是保持残缺之躯复仇,而《残缺》的恶霸之子及断腿小贩被安上铁臂和铁脚后,武功皆今非昔比,可见张彻深谙:生命力的爆发并非要将角色的生理状态推向极端,外部因素的刺激亦会令他们奋勇而起。

80年代后,吴宇森亦在延续这一题旨,如《英雄无泪》反派越南军官被打瞎一只眼睛,却因“我可以失去一只眼睛,但不可以失去我的尊严”而发誓复仇;《英雄本色》的mark哥瘸腿后,独自走回停车场一幕,却较许多“正常人”更有力量及气势;就连《辣手神探》里的杀手,也在仅余单眼时,与主角杀至难解难分……可见张彻对人物肢体的破坏从“死亡”转为“崛起”,在一定程度上为日后时装英雄片奠定了基础。

《残缺》在张彻后期的所有作品中,也称不上是经典代表,不过对70年代末80年代初的“新武侠”,而至80年代中期现代黑帮英雄形象的影响,却有其不可替代之处。

（文/阿蒙）

街市英雄

《街市英雄》(1979)

1976年至1993年，张彻先后执导了近四十部影片，但除了《残缺》(1978)和《五毒》(1978)较有特色外，很多都是经流水作业线生产出来的俗品行货，滥调过频，款式陈旧，也就不受欢迎了。当中，拍于1979年的《街市英雄》也说不上鹤立鸡群，但片中一系列翻腾跳跃的北派身手与杂耍功夫，却是张彻片为数不多的尝试，或可一提。

说到京剧对张彻电影的影响，最为人熟知的当然是《报仇》(1970)，关玉楼在舞台上演《界牌关》，舞台下亦如戏中罗通，遭戳穿腹肚，鲜血淋漓仍盘肠大战，终不支身亡，尤其垂死一幕，以慢镜展示关玉楼的痛苦挣扎，并交叉剪辑他在台上表演的画面，相当残酷壮烈。至于更早的《大刺客》(1967)，除耀目的“白衣大侠”(张彻本人称这是“受京戏武生造型和旧小说《白袍小将》的影响”)，结尾聂政杀敌的肢体动作亦是潇洒流丽，事实上，这同样是张彻在京剧中汲取灵感的表现，即“京戏的武戏其实就是舞剧，接近芭蕾舞和现代舞”，何况在他眼里，中原武术出于历史原因，“脱离实战，演变为近乎舞蹈表演的杂技”，这样化“武”为“舞”出之，反而在凸显大侠气势之余，充满凄美的浪漫，一举两得。

70年代初，阳刚大侠被李小龙功夫片取代，李小龙猝逝后，张彻本人曾以《洪拳小子》开“小子片”风气，尽管片中打的是硬桥硬马的洪拳套路，但在张彻眼里，始终“胜在动作优美，富于节奏感、舞蹈感”。不过，从张彻 70 年代所拍的拳脚技击片看来，基本都是“地面作战”，缺乏攀高爬低、翻滚跃动的灵巧，直至 1976 年，张彻找来郭追、江生及鹿峰等有京剧基础的演员参演《少林寺》，其后三人成为他的第四代弟子(其他尚有孙建、韦白及罗莽)，又兼任武术指导，才让张彻片中的北派特色更加明显。

《少林寺》的主角是傅声(方世玉)及戚冠军(胡惠乾)，郭追饰演的“林光耀”，江生饰演的小和尚，以及鹿峰饰演的朝廷武将都戏份有限，但剧情安排郭追为晒经而习轻功，学成后从洞底翻上地面，就是北派身手，而结尾他与鹿峰决战，也是大翻跟斗，更利用兵器发力弹起，皆为过往张彻片少有的设计，由此可见，《少林寺》对这种“杂耍”式功夫的尝试，比成龙、洪金宝及袁和平都来得早。

1978 年，张彻再拍功夫片《残缺》和《五毒》。《残》中郭追与江生以铁环练武，再到最后从郭追使铁棍战鹿峰，及郭、江用两副铁环将其杀死的大段武戏最体现北派功底。至于《五》也以五毒门的“壁虎功”(郭追)最出风头，而他与师弟(江生)配合壁上而立、翻跃夹攻，便破了其他三人的功夫，极具京剧功架感，且较之张彻过去的刀剑大侠，还提升了实战方面的威力。

说回《街市英雄》。除郭追照例身手灵活，时常在房梁屋顶上翻来翻去，还为张彻片设计了几段诙谐过招的场面，如与罗莽“抢”豆腐板及争碗争菜，都显出北方民间杂技的特长。而高潮耍长凳躲过对手的兵器攻袭，亦早于成龙的《师弟出马》(此前《醉拳》是长凳对拳脚，《师》则变成长凳对长棍)。另一场王力与鹿峰及其四大高手的死战，及孙建练七星桩的身手，也是频繁地翻跃伸展、灵活闪避，与硬汉肉搏、套招技击大异其趣。

此外，《街市英雄》亦是张彻后期的功夫片中，与当时主流元素较贴近的一部，除同样有洪熙官、方世玉这些广东英雄，主角也是出身市井的小人物。1979 年是功夫喜剧的高峰期，影坛遍布顽皮小子，且大都打具诙谐色彩的北派功夫，身手充满杂耍味，这其实是对张彻开创的

“小子片”路数做出改良与变奏，并将张彻在《少林寺》中演绎的北派身手进一步拓展发挥，因此与其说张彻拍摄该片是跟风后辈，不如说是分享自己有功在内的“成果”。

与《街市英雄》一脉相承者则是同年的《杂技亡命队》，这也是张彻眼见北派功夫喜剧大行其道时，以正统杂技融合武打的一次表现。据《张彻：回忆录·影评集》资料，影片的杂技打斗包括“蹬加官”、“乌龙绞柱”、“滚背”、“入被窝”、“窜扒虎”、“三人旋子”、“死人提”、“踹扒虎”、“搭肩”、“后双飞”、“转包”、“过包”、“捧提”等，虽然普通观众都是“外行看热闹”，但片中的杂耍功夫，却多少让后来的袁和平看到创作上的可行性，毕竟《奇门遁甲》、《天师撞邪》等魔幻功夫片的出现，除袁家班本身的技巧风格，你能完全否认八爷从未从张彻此番尝试中得到灵感吗？

张彻虽非开杂耍功夫先河之人，但他在拍过多部功夫技击片后，主动将此元素融入其中的考量，却颇积极有效。而在《少林寺》推出第二年，洪金宝就自导自演了《三德和尚与舂米六》，将硬狠阳刚、南方趣味及北派武打共冶一炉，大受欢迎。到成龙与袁和平拍《蛇形刁手》及《醉拳》，更是将此风气推向顶峰。甚至于刘家良拍《烂头何》，也不搞硬桥硬马，而强调北派式的功架及造型。就连麦嘉与刘家荣也玩起北派风味甚浓的兵器对拆，合作《搏命单刀夺命枪》(事实上，张彻《残缺》的铁环大战一场已拍出激烈而幽默的效果)。凡此种种，称张彻为先锋，并不过分。

当然，后辈们虽在张彻之后启用这一特色，却显然走得更远，成绩更佳。1980 年成龙在《师弟出马》里，就将舞台式的翻腾动作用于展示拳脚力量，正如片中黄仁植将押运狱卒逐个踢飞出几米远，就被石琪称赞为“戏曲北派大战的出色电影化，精彩绝伦”，后来成龙与黄仁植交战，也是被他一脚踢得在半空旋转几圈才摔落地面。至于后来的《A 计划》，成龙以钟楼坠落成就经典，并成为他电影的招牌特色，也属于另一种逼真的杂技表演形式。甚至转拍时装动作片后，成龙的身手也不离杂技，《警察故事续集》中在巴士顶上翻越穿过广告牌的动作，便是例证。

被张彻评价为“不仅身型肥硕而动作灵活，且别有种可爱之处”的洪金宝，也同样活用北派与杂技，故其作品中常有从几层楼的高度上翻腾下地的动作出现（如《鬼打鬼》及《富贵列车》），就连《鬼打鬼》神灵上身打功夫，也可看作是张彻当年有份参与创意的《神打》的某种延续……

张彻曾将香港动作片分为五次循环，其中从傅声到成龙的“小子”崛起为第四次，这也恰好是从南拳到北派的一次演变，那若以此为标准，则其间张彻为功夫武打注入杂技式的北派特质，也算是重要之举了。

（文/阿蒙）

《大上海 1937》(1986)

《大上海 1937》算是张彻提前给我们带来的春节联欢晚会番外篇。这部 1986 年的电影在当时的确有一种与众不同的新奇感，犹如那时候春节联欢晚会上寥寥无几的港台元素：张明敏或者是万沙浪。他让当时还在为《少林寺》春心荡漾的我们又被呛了一下：这就是腐朽的香港文化吗？多么的暴力血腥。

张彻拍《大上海 1937》是受香港三洋公司的邀请，本来开口要价导演片酬二十五万，但老板朱牧、韩培珠夫妇认为张导演该跟李翰祥一个级别，五十万，张彻遂来内地。这部电影标志了一个时代的开始：从 1986 年一直到 1993 年的最后一部张彻电影《神通》，张彻开始了众口皆“碑”的最后的一段电影旅程，直至这些都变成他的墓碑。

拍摄《大上海 1937》对于张彻首先等于是一次返乡之旅，他见到了当年上海时期的老朋友，此时已经从上海电影厂退休的张骏祥以及已经被平反的吴祖光。更让他欣喜的是觉得大陆的平剧(京剧)水准还是尚有可观之处，其中的一个发现就是他在《大上海 1937》里起用的董志华。

张彻的电影有个特点就是因人成事，譬如当年他会根据姜大卫和狄龙这对难得的搭档来设计剧情，而到了后期，他更是有意无意地希望把这种“双生”风格延续下去：王钟和陈观泰，傅生和戚冠军，郭追和江生，直到他的最后一代班底：徐小健和董志华。

其中对董志华可以说到了赞不绝口的地步，甚至说“这董志华竟是我所见‘短打’第一！所以也就做了第一次‘戏迷’行为，要人介绍他认识(《张彻近作集》，第 91 页)”。也因为认识了董志华这批人才，张彻才大量起用当时的京戏演员饰演了他一系列的内地电影作品，譬如在本片中扮演杜月笙的杜玉明、主角徐小健等。张啸林四大保镖除了神枪伊凡扮演者朱钦飞没有更多资料以外，其中的和尚和长衫阿五的扮演者骆焕友、王响伟都是著名武生，其中骆焕友还是著名武丑张春华的弟子，而猴子金秋生扮演者贾永泉主打戏还就是《闹天宫》。

由于演员都有扎实的功架，这部电影的动作戏其实非常凌厉。猴子金秋生爪裂爱国学生穆立新，烟嘴长衫阿五和林怀部大战浴德池都是非常精彩的动作戏。不过相对于张彻电影一贯的硬桥硬马、鲜血淋漓，这里还是想多讨论一下垂垂老矣的张彻在这部电影里的一些变化。

无论是神枪伊凡模仿长枪小杨，猴子金秋生手上铁爪模仿大豹袁海，长衫阿五烟嘴里可以吐针和烟嘴如出一辙，包括男二号小刀杨藩脱胎于快刀项方，乍一看《大上海 1937》很容易让人想起张彻在台湾的一部电影作品：《上海滩十三太保》。但是如果撇开这些属于技术层面的武打设计全面模仿，可是仔细推敲，他的主题内涵还是要追溯那部 1971 年的电影作品《大决斗》，弹指一挥间，这时候已经整整过去十五年。

这里直接切到电影末尾，浑身血污的林怀部(徐小健)和杨藩(董志华)砸烂堂口的时候说了这么一句台词：砸烂这个黑社会。(虽然本片由上海译制片厂配音，但不存在粤语和国语版对白不一样这个问题。)乍听下来会觉得是为了被大陆引进而特意加的台词。殊不知在当年的《大决斗》里面，唐人杰对江南浪子就说过类似的话。并非仅仅是具体的人对他进行陷害，而是他觉得身处黑社会这个罗网本身就叫人窒息。不过不同于江南浪子明确表示自己的南方国民革命军身份，杨藩的盲目性就更大。他的反水动机更多的是来自自己保护的女人佘爱珍。

这里要提一下佘爱珍是历史上确实存在过的人物,就如电影中的张啸林、杜月笙、吴四宝一样。而吴四宝也确实是中毒身亡,其后佘爱珍嫁给另外一个传奇人物胡兰成终老。而佘爱珍这个人物的加入,其实使得这部张彻电影有了另外一个非常重要的意义:张彻原来也拍女人。

事实上本片一条重要的情节线索就是林怀部和杨藩共同喜欢上一个女孩:杜月笙旧友水果铺老板王国生的女儿王月英(孙懿雯)。王月英因为和佘爱珍是同学,于是做上了吴四宝的秘书,最后的毒药也是她倒进了吴四宝的杯子。这样一个非常正常的剧情在张彻笔下可以看作是一种妥协。

张彻历来的观点就是我们的戏曲或者话本小说都喜欢把事情成功的因素压在一个女人身上,譬如薛丁山躲在樊梨花的裙底,譬如杨宗保被穆桂英好好保护。而初涉大陆市场,他还是向习惯性的阅读思维低头:无论林怀部和杨藩如何打生打死,最后成功完成任务的不是刺杀张啸林成功的林怀部,不是从满堂杀手中杀出一条血路的杨藩,而是这个看上去弱不禁风的王月英。

上面提到一个水果铺,我稍微展开谈一下当时的外景地大兴街。因为那个地方就在我爷爷家的附近,取景的时候我都很好奇平日里的白墙被刷上了“老刀”牌香烟。而直到电影里看见风驰电掣的摩托车驶过深夜的上海街头,我竟然在电影院里叫出来:这不是我爷爷家那里嘛!虽然引起侧目,却有一种自己登上大银幕的打酱油感。

张彻提起自己的大陆之行是真心实意觉得是失败中的失败,相对于老对手李翰祥的名利双收,他可谓是人财两空。他的大陆作品基本都是在对自己过去作品的一种翻拍,他觉得他的血还是那么滚烫,他觉得他还可以在久违的山水之间留下一点足迹。可是他就如从急冻的70 年代直接穿越到了现在,他以为披上新的衣裳就能以梦为马,可惜他拍了那么多已经不是张彻痕迹的张彻作品,还是和张彻这个名字一起被丢在了他已经那么久都没有见到的长江里。

蔡澜说张彻就如电影里的大侠，乱箭穿身还是屹立不倒，其实那并不是张彻多么伟大，而是有一种结局叫做石化。

（文/本来老六）

附　　录

为张彻一辩

张彻曾经这样抱怨:"我们民族有许多良好传统,但也有若干不良传统,轻易给别人'戴帽子'就是其中之一。一顶'帽子'飞来——'附逆'、'附匪',等等,不需有任何罪行确证,就足以处理此人了。"(《张彻近作集》,第 50 页)

这是他针对当年上海电影圈"附逆"事件发的牢骚。张彻电影或许会被视为水平粗糙,张彻人品或许会被称为刚愎自用,但无论如何与"附逆"、"附匪"这样的罪名是无法相提并论的。可惜墓木已拱,张彻再无法像当年和专栏作家孙宝林女士那样起于地下笔墨自辩,那么作为他电影的一个爱好者不妨就几个对张彻的电影成见进行一番讨论。

当年和张彻同时期的工作者和晚辈现在如今或已雄踞一方,但是远香近臭,也许他们嘴巴里的张彻更加真实更加不堪。可是我觉得这并不影响我还是想替张彻辩上一辩,讨论讨论。

张彻讲了什么

有论者这样评价:

> 三十年过去,我们今日看到的所有张彻作品,果然只是自我满足于一度卖座的方程式的随开随解。在张彻的电影生涯中,仿佛从来都缺少一个真正的艺术创作者必备的创新精神和勇气。
>
> 以《大刺客》为例,张彻把一个中国古代历史上个人反抗暴政的故事,转化为一个士为知己者死的故事,把个人价值的实现纳入到感情的归宿中。几乎把政治的、家国的因素抽离殆尽。这一点

在本质上同描写与社会脱离的、爱情至上的男女关系的琼瑶小说/电影/电视剧何异？

曾经在政治漩涡中打过滚的张彻，作品尽管题材广泛，但多与江湖恩怨、个人意气、仇杀、复仇有关，多写个人英雄的悲剧，但与国家、政治绝缘或无涉——正是大卫·鲍德威尔对张彻电影的定义：冤冤相报的暴虐世界之中，如影随形的是沉迷于男性情义的题旨。（须兰：《文人武侠：张彻与胡金铨》）

总结一下张彻电影的最大问题就是在于空洞无物，表现为不谈政治；其次是热衷同性恋和性虐待，表现为没有女性角色和盘肠大战。虽然对张彻的指责非常之多，但这两点无疑算是比较具有代表性、学术性和普遍性的。至于说他缺乏创新实在属于无稽之谈，就不展开批驳了。

张彻本人的确提出过“不必一切都载道”(《张彻近作集》，第 118 页)，但恰恰是因为他“曾经在政治漩涡中打过滚”，他才会客观地说出：世事常是如此，有意载道，道却未闭合；不求载道，道反而会自然流露于娱乐自在欣赏之中。所谓“有心栽花花不发”，倒不如“无意插柳”，顺其自然的好(《张彻近作集》，第 120 页)。

须兰女士慷慨陈词不屑一顾，定性为《还珠格格》的《大刺客》，恰恰是由于张彻钦佩费穆先生而刻意学他的《孔夫子》，而选择聂政的题材，更有心向郭沫若《棠棣之花》挑战。张彻在对历史背景的使用上，探讨了中国古代的年轻贵族不惜牺牲生命以求刹那光辉的心情和激情。张彻自嘲“失在扮嘢，扮艺术且扮费穆”。

所以非但不是没有政治，而是政治过多。

这里可以再举一个张彻电影中非常有名的结尾：1971 年的《双侠》。

倪匡的原著小说是主人公被正义的武林人士误会以至于被乱刃分尸。整部小说的确有些偏向于批评者说的倾向于人物本身的“江湖恩怨、个人意气”，而张彻修改之后的结尾为陈星扮演的金国太子面对屹立不倒、乱箭穿身的边幅(姜大卫扮演)执鞭叹息：如果大宋国的子民个个都如这样，我们是无法占领宋国的土地的。

这里和国家、政治的相关岂是“无涉”?

而张彻倾其所有、大蚀其本的《八国联军》，在台湾当时的王升扬言：“八国联军丧权辱国，这种电影应该禁止!”在香港，由于当时是港英治下，自不愿见到反抗西方国家的影片上映，恰巧其时内地正进行“文革”，正好给港英借口，指义和团是影射红卫兵。在邵氏一再交涉之下，才删减八国联军和义和团部分，自然面目全非，支离破碎，变成不知所云的《神拳三壮士》，准予上映。难道专家们就是根据这样的电影得出之前的结论的?

那么张彻有没有他的政治抱负呢？当然有，而且简单讲其实可以概括为四个字：回南方去。

由于香港人把珠江以北的所有中国地区都称为北方，所以小楼来自的南方应该是岭南的广东地区。广东地区由于远离统治中心，又是沿海，形成了独特的岭南文化，这个在清末民初特别明显，例如辛亥革命也自广东发起。这时的岭南文化代表着一种开放、先进的现代文化。而张彻就是这样半明半暗地说着自己的主张。

最早在他 1964 年刚刚加入邵氏，张彻还是作为一个编剧的时候，他在邵氏挂名的第三部电影《血溅牡丹红》里就毅然写下：“我们为什么不回到南方去？那里才是我们的家园。”

然后就是在他那部 1970 年斩获第十六届亚太电影节(Asia Pacific Film Festival)最佳导演和最佳男演员两项金禾奖的电影，也许也是张彻最出名，或者张彻唯一为人所知的电影《报仇》中，姜大卫扮演的关小楼曾经这么说：“报了大哥的仇，我和你远走他乡，我们一起到南方去……我一直在那边，那跟此地不同，我们可以过完全新的生活。”到了第二年的《大决斗》，关小楼转世的江南浪子更是“我从南方来”。

再之后，在 1976 年的《八道楼子》里他更是近乎杜鹃啼血一般借着戚冠军喊出：“哪里？哪里能杀日本鬼子？参加国军，我们中国的军队在哪里？找到天脚底我也要找到我们的军队。”

其他的《无名英雄》、《海军突击队》自不待言，就连《铁旗门》这样的古装片都会安排给主人公一条逃往南方的船。

最后在《上海滩十三太保》里，更是写了一帮英雄好汉前赴后继护送孙中山代表逃离上海的事迹，据说陈可辛由此受到启发拍出《十月围城》那就是后话了。

在这么多的电影里，无论电影里的人穿着什么样的衣裳，留着什么样的发型，他们总会把目光看着南方，总会在想到底哪里才是他的故乡。

张彻“好发议论”，好发议论的人怎么会不谈政治呢？

张彻是同性恋吗

吴宇森算是张彻非常喜欢的一个晚辈。有人承认在他的电影里或多或少有着张彻的影子，当然是多是少就看说的人心情是开大还是开小了。而这里首先就要提出也有人曾经提过吴宇森的电影里角色具有同性恋倾向。

1987年的《江湖龙虎斗》里曾经有一个伙计冒冒失失地说：外面的人一直有种传说，都说你（邓光荣）和他（周润发）是同性恋。就因为里面邓光荣说过这样的台词：“为了你，我可以不要我的女人。”香港同性恋作家迈克更是得意洋洋地说吴宇森这是要和张彻滴血认亲。

说起来张彻是同性恋的最有力证据其实还不是他的电影，而恰恰就是迈克那篇风靡一时的好文章《张彻电影中的断袖疑云》，这篇类似权威医院出具的鉴定报告几乎对张彻电影、张彻本人，甚至张彻周边都做出了不露声色的盖棺定论：

> （张彻）气急败坏举出不少例子，在自己作品里尊贵的兄弟义气和同志“歪风”之间划清界线。如此坦荡荡以文字于性场割席，

不单对张导演来说是破题儿第一遭，华人电影界似乎也史无前例。

许多评论老早指出，张彻作品里的女性地位微不足道，通常是聊备一格的点缀，并没有实惠的存在意义。

其他还有：

全书对张彻的描述寥寥可数，还是不忘记刻意强调——

冤冤相报的暴虐世界之中，如影随形的是沉迷于男性情义的题旨。

张彻若为男主角安排了情人，那女子通常只发挥绿叶作用，在一旁默默支持，不解温柔的男主角只管沉迷于自己的事情。（《香港电影的秘密》）

著名日本电影专家佐藤忠男(《黑泽明的世界》的作者，日本著名影评人)也毫不犹豫地人云亦云：

张彻只讲阳，不讲阴。没有人可以记住他的任何作品里面的女性印象，因此他禁欲，因此别说他去塑造女性，也别去说什么山水柔情、马放南山，他面对的永远是刀山火海；因此他好走极端，好斗，好勇……所以，没有阴阳，没有协调，也没有什么"退一步海阔天高"的禅。也许，因为张彻的作品太阳刚、太雄性，也同时具有了它的最大弱点——永远粗枝大叶。（《中国电影百年》）

蔡澜更是春秋笔法地为张彻进行"辟谣"：

当大家工作一天辛苦之后，都跳进旅馆的大池子泡的时候，工作人员就从来没有看到过他出现，房间没浴室，也不见他三更半夜偷偷跑出来冲凉，一连两个礼拜，谣言就四起了。日本职员纷纷议

> 论："导演是不是个 Okama?"Okama，日语屁精的意思。到底是不是呢？张彻从来没有和女主角闹过绯闻，后来也娶了梁丽嫦为妻。在当年呼风唤雨的地位上，张彻要利用权威搞同性恋的话，机会大把。不，我并不认为张彻有断袖之癖。（蔡澜：《一趣也·悼张彻》，第 132 页）

这里首先要澄清的张彻电影里完全没有女性角色的其实只有两部：分别是 1971 年的《双侠》和 1974 年的《少林五祖》。

而且直到大陆拍片的电影晚期，张彻还挖掘出了也许是整个张彻电影时代最为漂亮的女演员：孙懿雯。而在《大决斗》和《报仇》里的汪萍，《保镖》、《新独臂刀》里的李菁，如果以"别说他去塑造"、"女性地位微不足道"、"女性通常只发挥绿叶作用"去评价，不由怀疑这些专家是否独臂刀转世，大力神魔附体。

毕竟我的确无法说张彻是否同性恋，或者说是双性恋。因为质疑者大可以说他结婚也是一种掩护，又或者问我你到底和他有没有发生过性关系？没有你怎么知道他不喜旱路？更何况现在同性恋有愈来愈吃香的趋势，说不定很多张彻的爱好者唯一喜欢张彻的理由就是这个呢？所以我并不纠结于同性恋是否是一种缺点，更遑论是否属于张彻的缺点。这里要着重讨论的，还是出发于电影回到电影，讲一下张彻对女性角色的描写。

"女性战斗，不合实际，重男轻女固然不对，重女轻男一样也不正常是不是?"张彻做如此想，希望张彻笔下的女主角像狄龙、郑雷那样屡屡露乳肉搏似乎电检方面问题更大，那么撇开张彻电影中最吃重的动作戏，他的女性角色是否的确可有可无呢？

先来说汪萍。《大决斗》里被折磨的妓女蝴蝶百般受辱，却还是等着心爱的人回来。"我换了那么多男人，就为了等你抱我一次。"而在《报仇》里天不怕地不怕的关小楼其实也是多么在乎她所扮演的戏子花正芳并没有在他最需要的时候弃他而去。她们的确不如李翰祥导演电影下的人物风姿绰约，甚至不如徐枫、郑佩佩那样英姿飒爽，她们只是等着心爱的人早日归来，她们只是告诉对方有人值得他们保护，值得他们珍惜自己。

而在《保镖》里云姑娘更是骆逸一切行动的终极目标，而《新独臂刀》里芭蕉的作用又岂是一句“给你一条袖子”就可以一笔勾销的？

再说其他如《五虎将》里比羊脂球更为勇猛奉献的老板娘，《四骑士》和《小煞星》里为心爱的人坦然献出生命的风尘女子，更是一点都不输给男人的巾帼豪杰。她们也许袅袅婷婷，但是她们却也用自己的鲜血在乌压压的天空上打出了震耳欲聋的大霹雳。

所以对于张彻的电影而言，这些女性角色不仅仅是不可或缺，甚至是至关重要。

这里要着重谈一下张彻电影角色的双生现象，因为这种类似并蒂莲花一般的出场其实才是张彻被视为“基佬”的最重要原因。

应该是从王羽、罗烈和郑雷这种三角关系之后，几乎在张彻的每一个电影时期都会有我之前提到的双生现象：

第二代：姜大卫、狄龙

第三代：王钟、陈观泰

第四代：傅声、戚冠军

第五代：江生、郭追

第六代：董志华、徐小健

张彻笔下的大只佬（大块头）几乎都以反派、配角居多：郑雷、罗莽、陈星等。哪怕在两个人搭档里，传统意义上比较高大的美男子也多居于烘托的地位。

他最喜欢的几乎都是个子偏小的少年郎，他在提及最后一代班子里的演员董志华时这么说：“不动的时候，像当年高盛麟，有股懒洋洋落寞的味道，一出手，快、准、狠兼而有之，‘边式’好看，身手自然也是好的……”（《张彻近作集》，第 90 页）

当年姜大卫被简而清赞誉为“悍鸷”，也说他“细胸巧翻云”的灵动之势。个子虽小，却足以抵挡千军万马。“但是人类无爪牙之利，自古以来，就需以集体方式，狩猎觅食，抗御猛兽。故而男性为生存需要，须团结互助，也就是要讲义气，建立友谊。在求生难的社群中，便不免先以保存个体为急!”(《张彻：回忆录·影评集》，第77页)

男儿有豪情，男儿有深情。真是千山万水可以把我的头颅送来，真是千军万马我可以为你骨肉成泥：“一对痴心人，两个泼胆汉”，哪里来什么你侬我侬。

张彻的“头发”

> 就如他拍清装片那样，不会见到片中人物秃上半个脑袋，全都留发又留辫。所以，张彻最后还只能当上大导演而当不了一个大政治家。(《中国电影百年》)
>
> 他在《刺马》(1973)、《洪熙官与方世玉》(1973)中将清朝男子留辫剃顶的历史形象进行大胆改造，首创留发鬓、不剃前额的浪漫飘逸造型，令得后来港台影视剧争相效仿，但亦因此屡遭历史专家诟病。(须兰：《文人武侠：张彻与胡金铨》)

这几乎又算是对张彻的一个非常著名的指控，而张彻是如何自辩的呢?

> 当时香港圈内的说法，认为南洋观众不喜欢看到辫子，会引人耻笑。以致拍到清装，只在头上包一块黑布，十分滑稽，把《刺马》改成古装，原因正在此。我认为时代在进步，不必有此种顾虑；为美观起见，不妨用辫子而不剃头。我拍清装片不剃头，颇为人所诟病，却不知在当时是一种妥协。(《张彻：回忆录·影评集》，第69页)

要做事，自然便要妥协，但是在中国似乎就会变成一件天大的罪名，张彻电影《双侠》的原著小说，倪匡所著的《铁蝙蝠》里有这样的句子："鲍廷天那样的英雄人物，讲的是动不动就拼命，头可断，血可流，仿佛断了头，流了血，就什么问题，全都解决了。"

事实上也正是《刺马》等作品的成功，打破了当时清宫戏无法流行的僵局，功耶罪耶，观众关心的是什么呢？

另外一个关于头发的就是姜大卫的刘海。

> 我自己用慢镜，也以《报仇》最有神采，当年星马禁用长头发，公司一直劝我让姜大卫剪短头发，我总不肯，也是为了慢镜效果，日后用慢镜最有神采的，要数吴宇森青出于蓝。（《张彻：回忆录·影评集》，第69页）

中国人形容形势危急，总喜欢用"间不容发"、"千钧一发"这样的词，当特写的慢镜头历数演员额头飘过的刘海，我们都会不自觉地屏住呼吸，似乎每一根头发都在冒着汗，似乎每一根头发上都淌着血。

我们得感谢张彻的不讲道理，我们得感谢这个性格浓烈的老人替我们用慢动作写下那些时间的特写。

盘肠大战是否必要

> 张彻的片子送检总有问题，发行工作由我哥哥蔡丹负责，他在片子上映前总得四处奔跑，才获通过。星马是一个很重要的市场，邵氏公司再三要求张彻不要拍得那么血腥，但张彻一意孤行，照拍他的破肚子、挖血肠的结局。（蔡澜：《一趣也·悼张彻》，第132页）
>
> 70年代初，日本电影开始减产，低成本动作片输出量减少，香港功夫武侠片更所向无敌。功夫片为适应不同地方的电检条例，会以三种版本发行：最温和的版本送往马来西亚、泰国及台湾，较激烈的留给香港，而最血腥的版本，则拿到欧洲及北美这些电检较

宽松的地区。《残缺》这片名，用在张彻众多作品身上亦无不可。(《香港电影的秘密》)

的确在张彻电影里，对运动的“浓妆艳抹”也许是笨拙和粗俗的(绝无一丝诗意)。然而在思考其原因的过程中，难道不会从那笨拙与粗俗里发现一种力量、一种运动的真正姿态吗？我们那种只注重表面上的电影表现手法的精巧，并凭此来断定其“艺术”水准的态度，难道不比张彻电影里的要素还要笨拙、廉价和急躁吗？(《张彻镜头中的运动》)

除了最后一段话，前两段也是针对张彻“千篇一律”(是否真的如此呢?)的血腥粗暴镜头，可谓“风吹水面层层浪，雨打沙滩点点坑”。

这里其实牵涉到一个“俊扮”的概念。“文革”以后，在大陆的京剧舞台上，以前的“赤膊上阵”完全被禁止了，因此连带那种露出“前胸”叫做“漏肚”的快衣，今都在舞台上绝迹(《张彻近作集》，第107页)。

张彻种种破肚子、挖血肠的拍摄手法被正人君子嗤之以鼻同样是这个道理，这里不妨皱眉屏息地姑且放下遮蔽的双手，闻一闻这久久无法消散的血腥气深处究竟是什么，是否真的只是溃烂的肢体五脏，还是那碧血长虹的不灭意志、浴血精神?

这里还是以最为人诟病的两场戏(《十三太保》的“五马分尸”和《报仇》的“关玉楼殒命”)加以分析，不疾不徐，慢慢道来。

《十三太保》一片最为暴力的其实并非最后那让很多人觉得是卖弄残酷刺激的血腥画面。作为被自己义兄出卖的李存孝有万夫不当之勇，在整部电影里也可谓千军万马中取上将头颅如探囊取物、两军阵前擒获对方悍将酒尚为温的不世猛将。可他乖乖受缚，从期待到惶恐，从疑惑到绝望，他心里觉得这并非两个义兄的主意，而是对自己恩同再造的义父所为。那种类似“爹爹，你们的骨肉我还给你!”的呐喊喷薄欲出之时，犹如哪吒般的甘心受戮，当斯时也，身上的痛苦又算得了什么：“五马奔驰，慢镜中帐篷如天崩地裂”，气势磅礴之余，真如边塞曲响遏行云。我们可以忘记人世间的丑恶,可是却无法忘却那种无奈。

而在《报仇》里关玉楼的被挖眼切腹、肠流肚烂更是看上去恐怖无比。由于同时叠印了他之前在舞台上出现罗通扫北(历史上打的是越南)界牌关盘肠大战的戏,再加上凄厉无比的配乐,似乎惨无可惨,以此为甚。

何其惨烈乎?何其血腥哉?

可是此时的关玉楼代表的是什么呢?他其实只不过是那千千万万中被内地某城市的黑暗吞噬的小民之一。他固然死得百般辛苦,可是在局外人眼里何其微不足道。

他马上就会被抬走,他那鲜血沾满的尘土也会被打扫干净,如此惊天动地的惨烈,如此刺鼻欲呕的血腥,不过一会儿就全无踪影。

惨烈的其实是这个,而血腥的刺鼻也只是在毫无感觉之后。

所以即便是这两个也许是张彻最著名的血腥镜头,其实在思考一番之后,非但不是血腥暴力化的一种强化,反而是一种更深层次的内敛。

斧钺加身,乱刃分心,可即便这样又有什么痛苦比得过人之在劫难逃?

所以,生死间有大恐怖,张彻就是以大喧哗以观看的人大静默。静静想来,血腥暴力,不过是"如梦如幻,如电光泡影"。

张彻说得实在太多了

张彻电影被诟病最多的除了技术细节粗疏,还有个比较奇怪的就是,他的产品数量实在太多了。所谓成也萧何败也萧何,大量的电影作品使得张彻电影有了非常鲜明的个人风格,用张彻本人的话就是"性格化",但同时似乎就让人产生了行货必然粗制滥造的潜意识。

而对张彻电影始终嗤之以鼻的专家这次倒是说了帮忙的话。

> 乔布斯(Steve Jobs)催促下属完成苹果电脑的生产研究时奉上一句格言："真正的艺术家会准时交货。"这大抵亦适用于大量生产的电影方式。工业化的电影制作有其创意一面，使导演拥有不寻常的造诣成为专才。须知用电影讲故事又讲得有感染力，或者连麻木的观众也深受打动，可谓非同小可。大众电影的制作方式，能鼓励导演探索及改进那些能打动人的东西，要求他们不仅掌握公式，还要把公式运用得巧妙，导演把俗套搞得出神入化，通常都有回报，而这个回报，有时亦是制作方式的功劳。
>
> 因此，把电影大量生产的方式称作生产线是一个误导。米高梅制作的两部电影，决不能与 Dearborn 生产的两辆雷鸟相提并论。制作电影，就像马克思所说的"连续式制造"那样，由一组艺匠共同策划，制造独一无二的一件产品。商业电影是集体努力的成果，但不见得比剧团搬演其传统剧目更加划一。
>
> 任何电影制作方式，都必然会给创意设限，只有不知天高地厚的浪漫派，才会以为不受任何束缚才有艺术创意可言。"制度"委实使人生畏，但那本身却没有预设所有框限，创作其实是开放式的探索过程，大众电影如是，别的情况下亦如是。而大众电影的探索，却是从一套试了千百遍的技艺成规开始的。(《香港电影的秘密》)

张彻曾经坦言对自己作品的翻拍是为了摸索自己的主流。他抄袭自己，他模仿别人，也许是因为无可用之将，也许是最后还有一颗不甘之心而念念不忘。这些情绪的极端结果便是张彻以六十耳顺的高龄，非常不顺地由南至北，从地理到心理上，逆流而上地奔赴内地拍片，于1986年在阔别大陆近四十年之后重返上海拍摄了《大上海1937》。这部最后仅仅为他带来四万元人民币收入的电影正式拉开了张彻时代的最后一个帷幕：大陆电影时代。不折不扣的失败时代。

张彻是以何等的顽固奔向他的晚节不保。

“我永不言退”

在所有的张彻作品中，哪怕张彻自己都承认自己的大陆电影时代作品，也就是一般意义上的第六代电影作品算是强弩之末。在张彻的所有电影作品中，几乎也被看做是狗尾续貂。

那么最后就说说张彻的最后一篇，甚至不止是一意孤行，而可以说是一意孤行的最后时代。

古龙曾经在散文里这么回忆张彻：

> 个性倔强的人，总难免有点刚愎。做导演做惯了，习惯于发号施令，对别人的建议，也就很难接纳，所以一旦走错了路，就很难回头。如果他已经失去了这种力量和判断力，还要明知故犯，勉强自己去做自己做不到的事，那就是个悲剧了。这种个性，本来就是人性最大的悲哀之一。也许就因为如此，张彻才会做出那些原本不像张彻会做的事。

这还是作为朋友所说的话。

而张彻是怎么想的呢？

在所有张彻参与的作品中，1989 年由吴宇森、午马合作的纪念张彻从影四十周年作品《义胆群英》无疑是非常特殊的一部电影（大陆版名《龙蛇争霸》），而据当时还在张彻身边的第五代弟子郭追回忆：大家拍这部电影其实就是为导演（张彻）筹钱养老，可是他拿到票房就去内地拍戏。当时答应给张彻写《五遁忍术》剧本的沈西城（圈中人）见张彻双耳都需要依靠助听器，背已全佝，便好心劝他退休。张彻顿时双眼一瞪：“我永不言休。”当时第五代弟子的领军人物郭追这么和沈西城说：“契爷的脾气硬，谁劝也不听。”（沈西城：《顽强的张彻》）

所谓不识时务，张彻似乎在这件事情上放弃了他一生奉行的“我们做人做事要知进退”的原则，他觉得是不可为而舍得放弃蒋经国先生想请他参政的机会，而在电影这件事情大有不拍到一百部誓不罢休的决心。这用大陆的语言几乎可以说是顽抗到底，与天斗与地斗与人斗。

那么张彻在大陆究竟是一种什么工作状态呢？让我们把镜头往大陆拉近一点。

身为张彻第六代弟子的杜玉明（他最新的作品该是李仁港的《鸿门宴》）回忆道：他拿了一条毛巾，用来擦那支拐杖，他火很大，我在后面看突然好像擦一把剑一样。

这就是古龙所说的吗：“老骥伏枥，志在千里。”老年人当然也不该失去他的雄心壮志和好奇心，问题是，他们是不是还有驰骋千里的力量和选择方向的判断力？

也许张彻只是如他自己在文章中写的：咸阳，用了上千年的地名还在用啊！竟然就此流下泪来。

张彻之所以为张彻，并非张彻做出了“那些原本不像张彻会做的事”，而恰恰是，这些事情也只有张彻才会做出。

从翻拍角度看，第六代作品的确也是最为严重或者说固执的：

《大上海 1937》翻拍的是《上海滩十三太保》（顺便一提，《上海滩十三太保》部分翻拍了《广东十虎与后五虎》），其中《大上海 1937》结尾林怀部（徐小健）和杨藩（董志华）痛砸黑社会现场曾经被讥笑为迎合大陆主旋律，其实早在《大决斗》的结尾里唐人杰（狄龙）和江南浪子（姜大卫）就说过类似的话（而《大决斗》的翻拍之作是《铁旗门》）；《过江》翻拍的是《报仇》；《西安杀戮》翻拍的是《五毒》；《神通》翻拍的是《神通术和小霸王》；除了根据古典名著《西游记》虚构的《西行平妖》，勉强能说新创作的大概只有《江湖奇兵》。

这里要特别一提的是《西安杀戮》（又称《西安风暴》），非但因为这部电影的剧本和《大刺客》的剧本被一起收录在 1989 年明窗出版社出版的《张彻剧本选》里，还因为在本片片头张彻曾经加了这么一段话：“兵器，从刀剑到枪械，可以为恶，可以伸张正义，就看使用的人，电影，是艺术，也可以是娱乐，重要的是作者的诚意——张彻导演工作四十周年，谨献给国内朋友。”

此时的张彻“大脑状况每况愈下”了吗？

此时的张彻，甚至已经失去了邵氏的支持，他当年的弟子和合作伙伴都已经离开他自立门户，分道扬镳。张彻带着自己已经弯曲的身躯，就像大象走入自己的墓地那样一口气走入了千夫所指的最后岁月。

张彻总是像燃烧最后一把火那样，把自己这把枯柴一次次地投入一种叫做“电影”的熊熊大火之中，这可以说是精卫填海，这可以说是夸父逐日。

（文/本来老六）

张彻(含邵氏)大事记[①]

1896　邵醉翁出生。

1898　邵邨人出生。

1901　邵仁枚出生。

1907　邵逸夫出生。

1923　张彻出生。

1924　邵仁枚到新加坡、马来亚筹备电影发行公司。(年份根据邵仁枚为新加坡国家电影资料馆所做的口述历史访问所言。)

1925　邵氏兄弟在上海成立天一影片公司,创业作为《立地成佛》。

1945　抗战胜利前夕,为国民党要员张道藩赏识,委任为“文化运动委员会”专员,派驻上海。

1950　《阿里山风云》于台湾公映,随后被蒋经国赏识,进入政治部任职。

1950　南洋影片公司改名邵氏父子公司,由拍摄粤语片改为拍摄“国语片”,属下南洋片场亦改为邵氏制片厂。

1957　邵氏父子公司首次与韩国合作,摄制《异国情鸳》,由日籍的西本正(贺兰山)担任摄影。邵逸夫赴港接掌制片事务。邵氏官方电影杂志《南国电影》在港出版。

1958　邵氏兄弟(香港)有限公司成立,邵逸夫担任总裁,同时在九龙清水湾买地筹建邵氏影城。邵氏父子公司改为在香港经营戏院及影片发行业务。《貂蝉》于第五届亚洲影展中获最佳女主角(林黛)及最佳

---

① 此部分主要根据《张彻:回忆录·影评集》附录及吴咏恩整理的《邵氏年表》、部分网络资料整理。

导演(李翰祥)等五个主要奖项。

1958　张彻开始在《新生晚报》以“何观”为笔名发表影评。又以“沉思”为笔名,为台湾《联合报》写“沉思随笔”。出版诗集《沙漠之歌》(亚洲出版社)。

1959　《江山美人》于第六届亚洲影展中获最佳影片。邹文怀加入邵氏兄弟为宣传主任。

1961　南国实验剧团成立,由顾文宗任团长,为邵氏培训演员。邵氏影城于 12 月 6 日正式启用。

1961　加入电懋公司任编剧,转投邵氏公司任首席编剧。

1962　李翰祥导演的《杨贵妃》于戛纳影展获优秀技术大奖。

1963　《梁山伯与祝英台》在港、台两地屡创卖座纪录,掀起黄梅调电影热潮。李翰祥离开邵氏兄弟,往台湾自组国联公司。

1966　由胡金铨执导的《大醉侠》,标志新派武侠潮流的形成。邵氏兄弟另一官方杂志《香港影画》出版。美国《生活》杂志大幅报道邵氏影城风貌。

1966　在邵氏执导的第二部影片《虎侠歼仇》公映,成为新派武侠片中的一部开山之作。

1967　张彻导演、王羽主演的《独臂刀》上映,票房超过一百万港元,从此开创以男演员为主导的阳刚路线。

1969　方逸华加入邵氏兄弟,初在采购部工作。

1970　邹文怀离开邵氏兄弟。

1970　张彻凭《报仇》获亚洲电影节最佳导演奖,姜大卫亦凭此片获最佳男主角奖。

1971　与香港电视广播有限公司合作,成立演员训练中心,由孙家雯主持,取代南国实验剧团,全面培训新人。于 11 月发行股票,正式成为上市公司。

1972　李翰祥重返邵氏兄弟,首部作品为《大军阀》。电视红星许冠文被发掘,担任片中男主角。

1973　罗烈主演的《天下第一拳》，打入美国电影市场，深受西方观众欢迎。楚原导演的《七十二家房客》叫好又叫座，令已衰落的粤语电影重新兴起。与英国咸马公司合作恐怖片《七金尸》，由姜大卫、施思、彼得·库欣(Peter Cushing)主演。

香港邵氏基金会成立，以资助医院、教育机构、设立奖学金及师资培训为主。

张彻离开邵氏兄弟，组织长弓公司。

邵邨人逝世。

1974　吕奇创办金禾影业公司，包拍邵氏兄弟影片。

长弓公司开始在台湾拍片。

邵逸夫获英女皇颁发 CBE 勋衔，由港督麦理浩爵士主持授勋。

1975　邵逸夫宣布投资六千万港元拍摄詹姆斯·克莱威尔(James Clavell)的畅销小说《大班》，并于翌年在邵氏影城开拍。

邵醉翁于 2 月 17 日逝世。

1976　张彻结束长弓回邵氏。

1978　出版《张彻杂文》(台湾皇冠出版社)。

1980　邵逸夫成为电视广播有限公司最大股东，并出任公司董事局主席。

1983　张彻再次脱离邵氏创立长河公司，再赴台湾拍片。

1985　回内地执导《大上海 1937》。此后一直在内地拍戏。

1985　邵氏兄弟基本停产，院线则出租予潘迪生的德宝电影公司。

邵仁枚于 3 月 2 日逝世。

1986　邵氏兄弟将影城出租给无线电视。

1988　邵氏兄弟与电视广播有限公司合组大都会电影公司，由方逸华负责，创业作为《撞邪先生》。位于清水湾的无线电视城全面落成启用。

1988　出版《张彻近作集》。

1989　其门生吴宇森、午马、姜大卫、李修贤等为其拍摄纪念作《义胆群英》。出版《回顾香港电影三十年》以及《张彻剧本选》。

1992　获香港导演会颁赠“荣誉大奖”。

1993　制作了电视剧《刺马》,并完成最后一部电影作品《神通》。

1997　获香港影评人协会颁赠金紫荆奖“终身成就奖”。

1999　邵氏以六亿元将七百多部电影版权售予马来西亚财团 Usaha Tegas Sdn Bhd(该财团稍后在香港成立天映娱乐有限公司)。

2001　邵逸夫与方逸华成立电影动力有限公司,创业作为《绝色神偷》。

2002　邵逸夫创立“邵逸夫奖”,用以表扬在数学、医学及天文学三方面有杰出成就的科学家,每年奖金金额达一百万美元,被誉为“东方诺贝尔奖”。第一届颁奖礼于 2004 年举行。

天映娱乐将七百多部邵氏作品修复及数码化,重新推向市场。

2002　4 月获香港电影金像奖“终身成就奖”,6 月 22 日病逝于香港。

2003　邵氏与中国星合作投资十一亿港元,于将军澳工业村兴建“香港电影城”。

2007 年　邵氏兄弟公司成立五十周年,邵逸夫迎来百岁诞辰。

2011 年　3 月 31 日股权转移完成,TVB 逾四十年的邵逸夫时代正式结束。报道称,邵氏基金已将公司百分之两点五九的股权赠予数家教育及慈善机构。12 月 7 日,香港电视广播有限公司董事局正式对外宣布,邵逸夫将于 12 月 31 日卸任该公司董事局主席、非执行董事及董事局下辖行政委员会成员的职务。

(整理:本来老六)

张彻作品获奖记录

1970年《报仇》

第十六届亚洲电影节最佳导演奖(张彻)和最佳男主角奖(姜大卫)

1971年《新独臂刀》

第九届金马奖“最佳剪辑奖”(郭廷鸿)

1972年《水浒传》

第十届金马奖优等剧情片奖

1973年《刺马》

第十九届亚洲电影节“表现特出性格男演员奖”及第十一届金马奖“优秀演技特别奖”(狄龙)

1974年《朋友》

第二十届亚洲电影节“最有希望的青年男演员奖”(傅声)

1974年《少林五祖》

第十二届金马奖“最佳录音奖”(王永华)

1975年《洪拳小子》

第二十一届亚洲电影节“密特拉奖”及最佳音响奖

1976年《八道楼子》

第十三届金马奖优等剧情片奖

1979年《街市英雄》

第二十五届亚洲电影节“最佳动作片男配角奖”(鹿峰)

（整理：本来老六）

张彻作品目录

张彻参与电影作品一百二十七部作品目录(监制、策划、编剧、导演、演员、制片人等),根据《张彻:回忆录·影评集》及网上资料整理,若有错漏,欢迎订正。

序号	摘　　要
1	1947 年　假面女郎(编剧)
2	1949 年　荒原艳迹 / *A Lady's Body* (编剧)
3	1950 年　阿里山风云 / *Happenings in Ali Shan* (编剧)
4	1950 年　永不分离 / *Never Separated* (编剧)
5	1956 年　郎心铁心 / 日月潭之夜(编剧)
6	1958 年　野火(导演,编剧)
7	1960 年　黑蝴蝶(编剧)
8	1960 年　杀机重重 / *Death Traps* (编剧)
9	1960 年　桃花泪 / *Tragic Melody* (编剧)
10	1960 年　脂粉间谍网 / *The Tender Trap of Espionage* (编剧)
11	1961 年　桃李争春(编剧)
12	1961 年　无语问苍天(编剧)
13	1961 年　游戏人间 / *You Were Meant for Me* (编剧)
14	1961 年　贼美人(编剧)
15	1962 年　野花恋(编剧)
16	1962 年　珍珠泪 / *Her Pearly Tears* (编剧)
17	1964 年　潘金莲 / *The Amorous Lotus Pan* (编剧)
18	1964 年　双凤奇缘 / *The Female Prince* (编剧)

续　表

序号	摘　　要
19	1964 年　血溅牡丹红 / *The Warlord and the Actress*（编剧）
20	1965 年　鳄鱼河 / *Crocodile River*（编剧）
21	1965 年　蝴蝶杯 / *The Butterfly Chalice*（联合导演）
22	1965 年　江湖奇侠（策划）
23	1965 年　怒海情仇 / *Call of the Sea*（编剧）
24	1965 年　宋宫秘史 / *Inside Forbidden City*（编剧）
25	1965 年　鱼美人 / *The Mermaid*（编剧）
26	1965 年　鸳鸯剑侠 / *Call of the Sea*（策划）
27	1966 年　边城三侠 / *Magnificent Trio*（导演）
28	1966 年　虎侠歼仇 / *Tiger Boy*（导演，编剧）
29	1966 年　女秀才 / *The Perfumed Arrow*（编剧）
30	1966 年　文素臣 / *Knight of Knights*（制片）
31	1967 年　大刺客 / *The Assassin*（导演，编剧）
32	1967 年　独臂刀 / *The One-Armed Swordsman*（导演，编剧）
33	1967 年　断肠剑 / *The Trail of the Broken Blade*（导演，编剧）
34	1968 年　金燕子 / *Golden Swallow*（导演，编剧）
35	1969 年　保镖 / *Have Sword, Will Travel*（导演）
36	1969 年　大盗歌王 / *The Singing Thief*（导演）
37	1969 年　独臂刀王 / *Return of the One-Armed Swordsman*（导演，编剧）
38	1969 年　飞刀手 / *The Flying Dagger*（导演，编剧）
39	1969 年　死角 / *Dead End*（导演）
40	1969 年　铁手无情 / *The Invincible Fist*（导演）
41	1970 年　报仇 / *Vengeance!*（导演，编剧）
42	1970 年　十三太保 / *The Heroic Ones*（导演，编剧）
43	1970 年　小煞星 / *The Singing Killer*（导演）
44	1970 年　游侠儿 / *The Wandering Swordsman*（导演）

续 表

序号	摘　　要
45	1971 年　大决斗 / *The Duel*（导演）
46	1971 年　拳击 / *Duel of Fists*（导演）
47	1971 年　双侠 / *The Deadly Duo*（导演）
48	1971 年　无名英雄 / *The Anonymous Heroes*（导演）
49	1971 年　新独臂刀 / *The New One-Armed Swordsman*（导演）
50	1971 年　鹰王 / *King Eagle*（导演）
51	1972 年　仇连环 / *Man of Iron*（导演，编剧）
52	1972 年　恶客 / *Angry Guest*（导演，演员）
53	1972 年　快活林 / *Delightful Forest*（导演）
54	1972 年　马永贞 / *Boxer from Shantung*（导演，编剧）
55	1972 年　年轻人 / *Young People*（导演）
56	1972 年　群英会之白水滩 / *Trilogy of Swordsmanship*（导演）
57	1972 年　水浒传 / *The Water Margin*（导演，编剧）
58	1972 年　四骑士 / *Four Riders*（导演）
59	1973 年　刺马 / *The Blood Brothers*（导演，编剧）
60	1973 年　大刀王五 / *The Iron Bodyguard*（导演）
61	1973 年　大海盗 / *The Pirate*（导演）
62	1973 年　愤怒青年 / *The Delinquent*（导演）
63	1973 年　警察 / *Police Force*（导演）
64	1973 年　叛逆 / *The Generation Gap*（导演）
65	1974 年　电单车 / *Young Lovers on Flying Wheels*（出品人）
66	1974 年　方世玉与洪熙官 / *Heroes Two*（导演，编剧）
67	1974 年　怪人怪事 / *Mad World of Fools*（出品人）
68	1974 年　洪拳与咏春 / *Shaolin Martial Arts*（导演，编剧）
69	1974 年　哪吒 / *Na Cha the Great*（导演，编剧）
70	1974 年　朋友 / *Friends*（导演）

续 表

序号	摘　　要
71	1974 年　少林五祖 / *Five Shaolin Masters*（导演）
72	1974 年　少林子弟 / *Men from the Monastery*（导演）
73	1974 年　五虎将 / *The Savage Five*（导演）
74	1974 年　吸毒者 / *The Drug Addicts*（出品人）
75	1975 年　荡寇志 / *All Men Are Brothers*（导演，编剧）
76	1975 年　红孩儿 / *The Fantastic Magic Baby*（导演，编剧）
77	1975 年　洪拳小子 / *Disciples of Shaolin*（导演，编剧）
78	1975 年　后生 / *The Young Rebel*（出品人）
79	1975 年　马哥波罗 / *Marco Polo*（导演）
80	1975 年　逃亡 / *The Bloody Escape*（导演，编剧）
81	1976 年　八道楼子 / *Seven Man Army*（导演，编剧）
82	1976 年　八国联军 / 神拳三壮士 / *Boxer Rebellion*（导演，编剧）
83	1976 年　蔡李佛小子 / *New Shaolin Boxers*（导演）
84	1976 年　方世玉与胡惠乾 / *The Shaolin Avengers*（导演）
85	1976 年　少林寺 / *Shaolin Temple*（导演，编剧）
86	1977 年　海军突击队 / *The Naval Commandos*（导演）
87	1977 年　江湖汉子 / *Magnificent Wanderers*（导演，编剧）
88	1977 年　射雕英雄传 / 大地群英 / *The Brave Archer*（导演）
89	1977 年　唐人街小子 / *Chinatown Kid*（导演，编剧）
90	1977 年　应召名册 / *The Call Girls*（演员）
91	1978 年　残缺 / *Crippled Avengers*（导演）
92	1978 年　南少林与北少林 / *Invincible Shaolin*（导演，编剧）
93	1978 年　射雕英雄传续集 / 大地群英续集 / *The Brave Archer 2*（导演）
94	1978 年　五毒 / *The Five Venoms*（导演，编剧）
95	1979 年　广东十虎与后五虎 / *Ten Tigers of Kwantung*（导演，编剧）
96	1979 年　街市英雄 / *Shaolin Rescuers*（导演，编剧）

续 表

序号	摘　　要
97	1979 年　金臂童 / *The Kid with the Golden Arm*（导演，编剧）
98	1979 年　卖命小子 / *The Magnificent Ruffians*（导演）
99	1979 年　生死门 / *Life Gamble*（导演，编剧）
100	1979 年　杂技亡命队 / 亡命功夫 / *The Daredevils*（导演）
101	1980 年　大杀四方 / *The Rebel Intruders*（导演，编剧）
102	1980 年　第三类打斗 / *Heaven and Hell*（导演）
103	1980 年　飞狐外传 / *Legend of the Fox*（导演）
104	1980 年　少林与武当 / *Two Champions of Shaolin*（导演，编剧）
105	1980 年　铁旗门 / *The Flag of Iron*（导演，编剧）
106	1981 年　术士神传 / *Ninja in the Deadly Trap*（出品人）
107	1981 年　碧血剑 / *Sword Stained with Royal Blood*（导演，编剧）
108	1981 年　叉手 / *Masked Avengers*（导演，编剧）
109	1981 年　射雕英雄传第三集 / *The Brave Archer 3*（导演）
110	1982 年　冲霄楼 / *House of Traps*（导演）
111	1982 年　神雕侠侣 / *The Brave Archer and His Mate*（导演）
112	1982 年　五遁忍术 / *Five Element Ninjas*（导演）
113	1982 年　侠客行 / *Ode to Gallantry*（导演）
114	1983 年　神通术与小霸王 / *The Weird Man*（导演，编剧）
115	1983 年　撞鬼 / 喜神报仇 / *Attack of the Joyful Goddess*（导演，监制）
116	1984 年　九子天魔 / *The Demons*（导演，监制）
117	1984 年　擂台 / *Death Ring*（导演，监制）
118	1984 年　上海滩十三太保 / *Shanghai 13*（导演，监制，编剧）
119	1985 年　霹雳情 / *Dancing Warrior*（导演）
120	1986 年　大上海 1937 / *Great Shanghai 1937*（导演）
121	1988 年　过江 / 过江龙 / *Across the River*（导演，监制）
122	1989 年　义胆群英 / 龙蛇争霸 / *Just Heroes*（出品人）

续 表

序号	摘　　要
123	1990 年　西安杀戮 / 西安风暴 / *Slaughter in Xian*（出品人，导演，监制，编剧）
124	1990 年　江湖奇兵 / *Hidden Hero*（导演，编剧）
125	1991 年　西游记 / 西行平妖 / *Go West to Subdue Demons*（导演，编剧）
126	1993 年　神通 / *Ninja in Ancient China*（导演，编剧）
127	1993 年　刺马(电视剧，制作人)

其中张彻所称九十七部(未破百)导演作品("我一生导演了九十七部电影，其中动作片占九十四五部之多，也以用新人著称"，《张彻：回忆录·影评集》，第 97 页)，因此也产生了比较著名的六代张家班的说法，重新划分如下：

序号	摘　　要	划代
1	1966 年　边城三侠 / *Magnificent Trio*（导演）	第一代：王羽、罗烈、郑雷
2	1966 年　虎侠歼仇 / *Tiger Boy*（导演，编剧）	
3	1967 年　大刺客 / *The Assassin*（导演，编剧）	
4	1967 年　独臂刀 / *One-Armed Swordsman*（导演，编剧）	
5	1967 年　断肠剑 / *The Trail of the Broken Blade*（导演，编剧）	
6	1968 年　金燕子 / *Golden Swallow*（导演，编剧）	
7	1969 年　大盗歌王 / *The Singing Thief*（导演）	
8	1969 年　飞刀手 / *The Flying Dagger*（导演，编剧）	
9	1969 年　铁手无情 / *The Invincible Fist*（导演）	
10	1969 年　保镖 / *Have Sword, Will Travel*（导演）	第二代：姜大卫、狄龙
11	1969 年　独臂刀王 / *Return of the One-Armed Swordsman*（导演，编剧）	
12	1969 年　死角 / *Dead End*（导演）	
13	1970 年　报仇 / *Vengeance!*（导演，编剧）	

续 表

序号	摘　　要	划代
14	1970 年　十三太保 / *The Heroic Ones*（导演，编剧）	第二代：姜大卫、狄龙
15	1970 年　小煞星 / *The Singing Killer*（导演）	
16	1970 年　游侠儿 / *The Wandering Swordsman*（导演）	
17	1971 年　大决斗 / *The Duel*（导演）	
18	1971 年　拳击 / *Duel of Fists*（导演）	
19	1971 年　双侠 / *The Deadly Duo*（导演）	
20	1971 年　无名英雄 / *The Anonymous Heroes*（导演）	
21	1971 年　新独臂刀 / *The New One-Armed Swordsman*（导演）	
22	1971 年　鹰王 / *King Eagle*（导演）	
23	1972 年　恶客 / *Angry Guest*（导演，演员）	
24	1972 年　快活林 / *Delightful Forest*（导演）	
25	1972 年　年轻人 / *Young People*（导演）	
26	1972 年　群英会之白水滩 / *Trilogy of Swordsmanship*（导演）	
27	1972 年　水浒传 / *The Water Margin*（导演，编剧）	
28	1973 年　刺马 / *The Blood Brothers*（导演，编剧）	
29	1973 年　大海盗 / *The Pirate*（导演）	
30	1973 年　叛逆 / *The Generation Gap*（导演）	
31	1972 年　马永贞 / *Boxer from Shantung*（导演，编剧）	第三代：陈观泰、王钟、李修贤
32	1972 年　仇连环 / *Man of Iron*（导演，编剧）	
33	1972 年　四骑士 / *Four Riders*（导演）	
34	1973 年　大刀王五 / *The Iron Bodyguard*（导演）	
35	1973 年　愤怒青年 / *The Delinquent*（导演）	
36	1973 年　警察 / *Police Force*（导演）	
37	1974 年　方世玉与洪熙官 / *Heroes Two*（导演，编剧）	
38	1974 年　洪拳与咏春 / *Shaolin Martial Arts*（导演，编剧）	
39	1974 年　五虎将 / *The Savage Five*（导演）	

续　表

序号	摘　　要	划代
40	1974 年　哪吒 / *Na Cha the Great*（导演，编剧）	第四代：傅声、戚冠军
41	1974 年　朋友 / *Friends*（导演）	
42	1974 年　少林五祖 / *Five Shaolin Masters*（导演）	
43	1974 年　少林子弟 / *Men from the Monastery*（导演）	
44	1975 年　荡寇志 / *All Men Are Brothers*（导演，编剧）	
45	1975 年　红孩儿 / *The Fantastic Magic Baby*（导演，编剧）	
46	1975 年　洪拳小子 / *Disciples of Shaolin*（导演，编剧）	
47	1975 年　马哥波罗 / *Marco Polo*（导演）	
48	1975 年　逃亡 / *The Bloody Escape*（导演，编剧）	
49	1976 年　八道楼子 / *Seven Man Army*（导演，编剧）	
50	1976 年　八国联军 / 神拳三壮士 / *Boxer Rebellion*（导演，编剧）	
51	1976 年　蔡李佛小子 / *New Shaolin Boxers*（导演）	
52	1976 年　方世玉与胡惠乾 / *The Shaolin Avengers*（导演）	
53	1976 年　少林寺 / *Shaolin Temple*（导演，编剧）	
54	1977 年　海军突击队 / *The Naval Commandos*（导演）	
55	1977 年　江湖汉子 / *Magnificent Wanderers*（导演，编剧）	
56	1977 年　射雕英雄传 / 大地群英 / *The Brave Archer*（导演）	
57	1977 年　唐人街小子 / *Chinatown Kid*（导演，编剧）	
58	1978 年　残缺 / *Crippled Avengers*（导演）	第五代：郭追、江生、鹿峰、孙建、罗莽、韦白、程天赐、龙天翔
59	1978 年　南少林与北少林 / *Invincible Shaolin*（导演，编剧）	
60	1978 年　射雕英雄传续集 / 大地群英续集 / *The Brave Archer 2*（导演）	
61	1978 年　五毒 / *The Five Venoms*（导演，编剧）	
62	1979 年　广东十虎与后五虎 / *Ten Tigers of Kwantung*（导演，编剧）	
63	1979 年　街市英雄 / *Shaolin Rescuers*（导演，编剧）	
64	1979 年　金臂童 / *The Kid with the Golden Arm*（导演，编剧）	
65	1979 年　卖命小子 / *The Magnificent Ruffians*（导演）	

续 表

序号	摘　　要	划代
66	1979 年　生死门 / *Life Gamble*（导演，编剧）	第五代：郭追、江生、鹿峰、孙建、罗莽、韦白、程天赐、龙天翔
67	1979 年　杂技亡命队 / 亡命功夫 / *The Daredevils*（导演）	
68	1980 年　大杀四方 / *The Rebel Intruders*（导演，编剧）	
69	1980 年　第三类打斗 / *Heaven and Hell*（导演）	
70	1980 年　飞狐外传 / *Legend of the Fox*（导演）	
71	1980 年　少林与武当 / *Two Champions of Shaolin*（导演，编剧）	
72	1980 年　铁旗门 / *The Flag of Iron*（导演，编剧）	
73	1981 年　碧血剑 / *Sword Stained with Royal Blood*（导演，编剧）	
74	1981 年　叉手 / *Masked Avengers*（导演，编剧）	
75	1981 年　射雕英雄传第三集 / *The Brave Archer 3*（导演）	
76	1982 年　冲霄楼 / *House of Traps*（导演）	
77	1982 年　神雕侠侣 / *The Brave Archer and His Mate*（导演）	
78	1982 年　五遁忍术 / *Five Element Ninjas*（导演）	
79	1982 年　侠客行 / *Ode to Gallantry*（导演）	
80	1983 年　神通术与小霸王 / *The Weird Man*（导演，编剧）	
81	1983 年　撞鬼 / *Attack of the Joyful Goddess*（导演，监制）	
82	1984 年　九子天魔 / *The Demons*（导演，监制）	
83	1984 年　擂台 / *Death Ring*（导演，监制）	
84	1984 年　上海滩十三太保 / *Shanghai 13*（导演，监制，编剧）	
85	1985 年　霹雳情 / *Dancing Warrior*（导演）	
86	1986 年　大上海 1937 / *Great Shanghai 1937*（导演）	第六代：均为内地作品：徐小健、董志华、杜玉明、孙懿雯、穆立新
87	1988 年　过江 / 过江龙 / *Across the River*（导演，监制）	
88	1990 年　西安杀戮 / 西安风暴 / *Slaughter in Xian*（出品人，导演，监制，编剧）	
89	1990 年　江湖奇兵 / *Hidden Hero*（导演，编剧）	
90	1991 年　西游记 / 西行平妖 / *Go West to Subdue Demons*（导演，编剧）	
91	1993 年　神通 / *Ninja in Ancient China*（导演，编剧）	

续 表

序号	摘　　要	划代
92	1950 年　阿里山风云 / *Happenings in Ali Shan*（编剧）	早期作品
93	1958 年　野火（导演，编剧）	
94	1965 年　蝴蝶杯 / *The Butterfly Chalice*（联合导演）	
95	1965 年　鸳鸯剑侠 / *Call of the Sea*（策划）	
96	1989 年　义胆群英 / 龙蛇争霸 / *Just Heroes*（出品人）	晚年
97	1993 年　刺马（电视剧，制作人）	

（整理：本来老六）

鸣　谢

张家振
浮乐莲
黄家禧
陶敏明
孙明震
章家瑞
朱淑仪
陆　垚
竹聿名
囧大伯
新艺联
太湖旧梦

图书在版编目(CIP)数据

武侠大宗师:张彻/魏君子主编.—上海:复旦大学出版社,2012.12
(卿云馆)
ISBN 978-7-309-09346-9

Ⅰ.武…　Ⅱ.魏…　Ⅲ.张彻(1924～2002)-传记　Ⅳ.K825.78

中国版本图书馆 CIP 数据核字(2012)第 271411 号

武侠大宗师:张彻
魏君子　主编
责任编辑/黄文杰

复旦大学出版社有限公司出版发行
上海市国权路 579 号　邮编:200433
网址:fupnet@fudanpress.com　http://www.fudanpress.com
门市零售:86-21-65642857　团体订购:86-21-65118853
外埠邮购:86-21-65109143
上海市崇明县裕安印刷厂

开本 890×1240　1/32　印张 15　字数 383 千
2012 年 12 月第 1 版第 1 次印刷

ISBN 978-7-309-09346-9/K·390
定价:48.00 元